2018 改訂

黄金の星《ツァラトゥストラ》はこう語った

Also Sprach Zarathustra

ニーチェ　著
小山 修一　訳

鳥影社

二〇一八改訂　黄金の星《ツァラトゥストラ》はこう語った

目　次

第一部

第二部

第三部

二〇一八改訂　黄金の星《ツァラトゥストラ》はこう語った

万人のための一書なれど
真に読み解く人なからむ

第一部

ツァラトゥストラの序説

1

ツァラトゥストラは三十歳の時、故郷《ふるさと》と故郷の湖を離れ山に入った。そこで彼の精神と孤独を享受《きょうじゅ》すること十年、疲れを知らなかった。だが遂に、彼の心は変容した。——ある朝、彼は朝焼けと共に起き、太陽の前に出、太陽に向かってこのように語った。

「汝《なんじ》、偉大なる天体よ、もし汝の光を浴びるものがいないとしたら、汝の幸福とは何であろうか！

十年の間、汝は此処《ここ》我《わ》が洞窟に向かって昇ってきた。もし私と、私の鷲と蛇とがいなかったならば、汝は己《おのれ》の光とこの軌道に飽きてしまったであろう。

然し、私達は毎朝汝を待ち、汝から溢《あふ》れる豊かさを受け取り、汝に感謝の祝福を捧《ささ》げた。

見よ、余りにも多くの蜜を集めた蜜蜂のように、私は自らの知恵を持て余している。差し出される手を、私は必要としているのだ。

私は惜しみ無く分かち与えたい。人間の賢者が今一度自らの愚かさを楽しみ、貧者が今一度自らの豊かさを楽しむようになるまで。

そのために、私は深みへと降りて行かねばならぬ。汝が夕べに海の彼方へと沈み、なおも下界《げかい》に光をもたらすように。汝、余りにも豊かなる天体よ！

汝のように、私は降って行かねばならぬ。私の行手《いくて》にいる人間たちは、斯《か》くの如きを命名して降臨と呼ぶ。(1)

さあ、私を祝福してくれ、何《ど》んなに大きな幸福であれ、妬《ねた》まずに見ることのできる、汝安らかなる瞳よ！

水が金色の流れとなって出で、至る所へと汝の無上の喜びを反映させることを祈念《きねん》して、今満ち溢れようとしている杯《さかづき》を、聖なるものとして祝福してくれ！

見よ！　この杯は再び空《から》になるつもりだ。ツァラトゥストラは再び人間になろうとしているのだ」

――このようにして、ツァラトゥストラの降臨《こうりん》は始まった。

2

ツァラトゥストラは独《ひと》り山を下り、誰にも出会うことはなかった。然し、森の中に入った時、突然一人の老人が彼の前に現れた。この老人は森にある草の根を探し求め、自分の神聖なる小屋を離れていたのだ。老人はツァラトゥストラにこのように語った。

「この旅人には何処《どこ》か見覚えがある。幾年も前、彼は此処《ここ》を通り過ぎて行った。ツァラトゥストラと称していた。然し、彼は変容した。

あの時、汝《なんじ》は汝の灰を山へと運んだ。今日は汝の火を谷間へと運ぶつもりか。汝は火付けの報いを恐れてはいないのか？

そうだ、目の前にいるのは、紛れもなくツァラトゥストラだ。彼の眼は澄んでいる。口許に嫌悪《エッケル》の気配はない。踊り手のように歩いて行くではないか？

ツァラトゥストラは変容している。ツァラトゥストラは幼児《おさなご》となった。ツァラトゥストラは目覚めたる人である。ところで、汝は眠れる者たちの所で何をするつもりか？

海の中にいた時の如く、汝は孤独の中で生きてきた。海は汝を支《ささ》えていた。ああ、汝は陸に上がるつもりか？　痛ましや、汝の肉体を再び自分で引き摺っていくつもりか？」

ツァラトゥストラは答えた「私は人間を愛している」。

聖者は言った「なぜ私は森に入り、人里離れた生活をしたのか？　それは、私が人間を余りにも愛していたからではなかったか？

今私は神を愛している。人間を愛してはいない。人間は私にとって余りにも不完全な目標である。人間に対する愛は、私を殺害するのだ」。

ツァラトゥストラは答えた「私が愛について何を語ったか！　私は人間に贈物をするのだ」。

「彼らには何も与えるな」と聖者は言った「むしろ彼らから何かを取り上げ、彼らと共にそれを支えるがいい――そうすれば彼らは無上の気分に浸れるだろう。とにかく汝が良い気分になることだ！

汝が彼らに与えたい時、施し以上のものを与えるな。また施す前に乞わしめよ！」。

「否」とツァラトゥストラは答えた「私は施しはしない。それほど貧しくはない」。

聖者はツァラトゥストラを笑い、このように言った「ならば彼らが汝の宝物を受け取るように心掛けてみるがいい！　彼らは隠者に対して猜疑《さいぎ》の心固く、我らが贈物をするためにやって来るとは信じていない。

我らの足音は、余りに寂しく彼らの横丁に響き渡る。未明には遠い夜更《よふ》け、誰とも知れぬ男の行く足音に寝床の中でふと耳を澄ます時のように、盗人は何処《どこ》に行こうとしているのか？　と必ず彼らは自らに問う筈だ。

人間の許《もと》に行かずに森に留《とど》まれ！　むしろ動物たちの許へ行け！　なぜ汝は私のように――熊の中の熊、鳥の中の鳥でありたいとは思わないのか？」。

「ならば、聖者は森の中で何をしているのだ？」とツァラトゥストラは尋ねた。

聖者は答えた「私は歌を作り、歌う。また歌を作るとき、私は笑い、泣き、そして唸《うな》る。このようにして、私は神を讃える。

歌うこと、泣くこと、笑うこと、そして唸ることを以て、私の神であるが故に其の神を讃える。ところで、汝は我らのために何の贈物をしてくれるだろうか？」。

この言葉を聞いた時、ツァラトゥストラは聖者に挨拶をして言った「私が汝らに与える何を持っていようか！　逆に汝らから何も受け取らなくて済むように、早く私を立ち去らせてもらいたい！」。――そのようにして、彼ら老人と壮年は、宛《さなが》ら二人の少年のように笑いながら別れた。

然し、独りになった時、ツァラトゥストラは自分の心に対《むか》って語った「こんな事が在っていいのか！　この老いた聖者は彼の森に居て、神が死んだことについて未だ何も聞いてはいない」。

3

森林地帯に最も近い町に入った時、ツァラトゥストラは多くの民衆が市場に集《つど》っているのを見た。ある綱渡り師の演技が予告されていた。ツァラトゥストラは民衆に対してこのように語った。

私は汝らに超人を教える。人間は超越されねばならぬ何かである。人間を超越するために、汝らは何をした？

あらゆる生物は、これまで自らを超える何かを創造してきた。汝らは此の大いなる上げ潮の引き潮たらむとするか、人間を超越するより、むしろ獣へと引き返すつもりか？

人間にとって猿とは何か？　物笑いの種、或いは手痛い恥辱《ちじょく》である。超人にとって人間とは当にそれ、即ち物笑いの種、或いは手痛い恥辱であらざるを得ないのだ。

汝らは虫から人間への道を辿《たど》ってきた。然《さ》れど、汝らの中には尚多くの虫けらが巣くう。嘗《かつ》て汝らは猿だった。而《しか》も今尚人間は、何処《どこ》ぞの猿よりもむしろ猿めいている。

汝らの中の最も賢い者といえども、草木と幽霊との葛藤《かっとう》であり、半陰陽にすぎぬ。だからといって、私が汝らに幽霊の類《たぐい》になれ、或いは草木の類になれと命じるだろうか？

分かるか、私は汝らに超人を教えているのだ！

超人は大地の志《こころざし》である。汝らの意志は主張せよ、超人こそ大地の志であれと！

我が兄弟、私は汝らに誓って訴える。大地に忠実であれ、そして天国の希望を説く者を信用するな！　彼らは、それを知っていようといまいと、毒を盛《も》る輩《やから》なのだ。

彼らは生命を蔑《さげす》む者だ。麻痺しゆく者、自身中毒患者なのだ。大地は此の類《たぐい》の人間のせいで疲れている。それほど生命を蔑むのであれば、現世から去っていくがいい！

嘗ては神への冒瀆《ぼうとく》が最大の冒瀆だった。然し神は死んだ。同時に此の瀆神者も死んだ。今最も恐るべきは大地を冒瀆する事、究明できないものの内臓を大地の志より尊重する事だ！

嘗て魂は肉体に蔑みのまなざしを向けていた。当時、此の蔑みは最も高く聳《そび》えていた。――魂は肉体が痩《や》せ細り、凄惨《せいさん》になり、飢死《うえじ》にしかけることを欲《ほっ》した。そのようにして、魂は肉体と大地から抜け出ようとした。

おお、本当は此の魂自身が、余程に痩せ細り凄惨になり飢死にしかけていた。つまり、残忍さこそ、此の魂の肉欲だったのだ！

然し、我が兄弟、汝らも本当の所を私に語れ、汝らの肉体は汝らの魂について何を告げているか？汝らの魂は、貧困と汚辱《おじょく》と哀れむべき安逸《あんいつ》ではないか？

真に人間は汚《けが》れた河である。人が汚れることなく、汚れた河を受容《うけい》れることができるためには、どうしても一つの海であらねばならぬ。

分かるか、私は汝らに超人を教えているのだ。超人こそ此の海である。その中で汝らの偉大なる軽蔑は深まっていくことができる。

汝らの体験できる最も偉大なものは何か？　それは偉大なる軽蔑の時である。汝らの幸福も、同様に汝らの理性や徳も、汝らにとって煩嘔《エッケル》（むかつき）となる時である。

其の時、汝らは言う「私の幸福が何だ！　それは貧困と汚辱と哀れむべき安逸にすぎない。私の幸福は、現存自体の正当性を証明しなければならぬのだ！」と。

其の時、汝らは言う「私の理性が何だ！　それは、獅子が食を追い求めるように知見を欲しているか？　それは貧困と汚辱と哀れむべき安逸にすぎない！」と。

其の時、汝らは言う「私の徳が何だ！　未だそれは私の血を熱く掻き立てたことがない。私は自分の善悪になんとうんざりすることか！　これらは総《すべ》て貧困と汚辱と哀れむべき安逸にすぎない！」と。

其の時、汝らは言う「私の正義が何だ！　どう見ても、私は灼熱の火となって燃え尽きる石炭ではない。だが正義の人は、灼熱の火となって燃え尽きる石炭である！」と。

其の時、汝らは言う「私の同情が何だ！　人間を愛する人が釘で打ち付けられる十字架こそ同苦ではないか？　だが私の同情は磔刑《たっけい》ではない」と。

汝らは既にそのように語ったか？　既にそう叫んだか？　ああ、汝らが既にそう叫ぶのを耳にしていたならば！

だが実際は、汝らの罪悪ではなく──汝らの温和柔順が天に向かって叫ぶ。汝らの罪悪中の吝嗇《りんしょく》そのものが天に向かって叫んでいる！

炎の舌を以て汝らを舐《な》めるかもしれぬ稲妻は、一体何処《どこ》にある？　汝らが予め抗体を有《も》っておかねばならぬ、あの途方もない精神は何処にあるのだ？

分かるか、私は汝らに超人を教えている。超人こそ此の稲妻、超人こそ此の途方もない精神なのだ！──

ツァラトゥストラがこのように語った時、群衆の中の一人が叫んだ「綱渡り師の紹介は、もう充分聞いた。さあ彼を見させてくれ！」。群衆は皆ツァラトゥストラを笑った。然し、その言葉が自分に向けられていると思った綱渡り師は、仕事に掛かった。

然し、ツァラトゥストラは群衆をじっと見詰め、怪訝《けげん》の念を抱《いだ》いた。それから彼は、このように語った。

4

人間は動物と超人との間に張り渡された一本の綱——深淵《しんえん》に懸かる一本の綱である。渡りゆくのは危ない。途上にあっても危ない。後ろを振り返るのも危ない。怖《おじ》けづいて動けなくなるのも危ない。

人間が偉大であるのは、人間が一つの橋であり、目的ではないからだ。人間の愛される所以は、人間が太陽のように移りゆき、下降するものであるからだ。

私の愛する人間たちは、太陽のように下降する者として生きる以外に生きる術《すべ》を知らない者たちである。彼らこそ彼方へと移りゆく者たちなのだ。

私は偉大なる軽蔑者を愛する。なぜならば、彼らは偉大なる尊敬者であり、対岸への憧れの矢となるからである。

私の愛する人間たちは、消滅し犠牲となる理由を前以て星の背後に探し求めようとはせず、いつか大地が超人のものとなると信じて、大地にその身を捧げる者たちである。

私の愛する人間は、認識するために生きる者、即ち将来の超人の生存を念じて認識しようとする者である。このような者こそ礎《いしずえ》となろうとする。

私の愛する人間は、超人の住む家を建て、超人に相応《ふさわ》しい大地と動物と草木を用意するために研究し、創見を発する者である。つまり、このような者こそ礎となろうとする。

私の愛する人間は、自分の徳を愛する者。つまり、徳は太陽のように下降せむとする意志であり、一本の憧れの矢である。

私の愛する人間は、一滴《ひとしずく》の精神をも自らのために残しておくことなく、完全に自分の徳の精神でありたいと念じる者。そのように彼は精神として悠然《ゆうぜん》と橋を渡っていく。

私の愛する人間は、自分の徳を自身に到る坂道と心得、自分の運命となす者。そのように彼は自分の徳のために少しでも生きようとし、その役目を終えると敢えて生きようとはしない。

私の愛する人間は、余りにも多くの徳を有《も》とうとしない者。或る一つの徳は二つの徳より絶対に多数の徳である。なぜなら其の徳は、運命の坂道を織り成す、絶対に多数の結び目だからである。

私の愛する人間は、自らを惜しみなく与え尽くす魂の持主。此の人種は、感謝を期待するつもりはなく、見返りを求めない。つまり、彼は常に与え保身の翳《かげ》りは毫《ごう》も無い。

私の愛する人間は、賽《さい》の目が幸福をもたらした時、恥入《はじい》り、自分は如何様賭博師《いかさまとばくし》なのかと問う者。——つまり偶然の幸福よりも、彼は必然の根本を窮《きわ》めたいのである。

私の愛する人間は、自分の行為に先立って黄金の言葉を投げかけ、常に約束した以上のことを果す者。つまり、此の人種は礎になろうとするのだ。

私の愛する人間は、未来の者たちの使命を明らかにし、過去の者たちを救済する者。つまり、彼は現代人によって迫害され、根本を窮めることを厭《いと》わないのだ。

私の愛する人間は、自分の神を愛するが故に懲《こ》らしめる者。つまり、彼は自分の神の怒りに触れて、根本を窮めなければならぬ。

私の愛する人間は、たとえ傷ついていても其の魂は深く、小さな体験に依って根本を窮めることのできる者。そのように彼は遊楽の心で橋を渡って行く。

私の愛する人間は、魂の溢れる豊かさ故に自分のことは忘れても、万物が彼の中に収まっている者。そのように万物は、彼の太陽のような下降となる。

私の愛する人間は、囚われぬ精神と心の持主。彼の頭脳は彼の心の単なる内臓にすぎない。彼の心こそ、彼を太陽のような下降へと駆り立てる。

私の愛する人間とは、人間に懸かる黒雲から、一滴ずつ落ちてくる重い雨滴のような総ての者たちである。彼らは稲妻の到来を告げ、告知者として根本を窮める。

分かるか。私こそ稲妻の告知者、黒雲の重い一滴《ひとしずく》。此の稲妻こそ超人なのだ。——

5

これらの言葉を語り終えると、ツァラトゥストラは再び群衆をじっと見詰め、口を閉じた。「あそこに彼らは立っている」と彼は自分の心に対《むか》って語った「あそこで彼らは笑う。私を理解してはいない。私はこれらの耳に語り掛ける口ではない。

彼らが眼で聞くことを学ぶには、先ず彼らの耳を打ち砕かねばならぬのか？　太鼓《たいこ》や懺悔《ざんげ》説教師の如く怒鳴《どな》らねばならぬのか？　それとも、彼らは訥訥《とつとつ》と話す者しか信じないのか？

彼らは或るものを誇りにしている。彼らを誇らしくするものを抑《そもそも》どのように呼ぶのか？　彼らはそれを教養と呼ぶ。それが彼らを山羊番より上等だと思わせる。

だから彼らは自身について、軽蔑という言葉が浴びせられるのを嫌う。そこで、私は彼らの誇りにむかって話したい。

というわけで、私は彼らに最も軽蔑すべき人物について語るつもりだ。それこそ最低の人間である」。

そしてツァラトゥストラは群衆にむかってこのように語った。

今こそ人間が自らのために目標を立てるべき時である。今こそ人間が最も高貴な希望の芽を植え付けるべき時である。

人間の土壌は、未《いま》だ十分に地味豊かである。然し、この土壌はいつか痩《や》せて活力を失うだろう。すると、最早そこから高い木が育つことはできないだろう。

ああ！　人間が最早その憧れの矢を、人間を超えた彼方へと放つこともなく、弓《ゆみ》の弦《つる》を鳴らすことを忘れ去る時が来るのだ！

私は汝らに言う。舞い踊る星を産《う》むことができるためには、自身の中にせめて混沌《こんとん》を有《も》たねばならぬ。私は汝らに言う。汝らは、少しは混沌を自身の中に有っているのだ。

ああ！　人間が最早いかなる星をも産み出さない時代がやって来る。ああ！　最早自分自身を軽蔑することのできない、最も軽蔑すべき人間の時代がやって来る。

分かるか！　私は汝らに最低の人間を示す。

「何が愛だ？　何が創造だ？　何が憧れだ？　何が星だ？」――このように最低の人間は問い掛け、目配《めくば》せをする。

　すると大地は小さくなってしまい、その上で総《すべ》てを卑小にする最低の人間が跳ね回る。其の種族は地蚤《ぢのみ》のように根絶し難い。最低の人間は最も長く生きる。

「我らは幸福を発明した」――と最低の人間たちは言い、目配せをする。

　彼らは生活するのに厳しい地域を見捨てた、なぜなら熱くするものが必要だからだ。そのうえ隣人を愛し、隣人と摩擦を起こす。なぜなら熱くするものが必要だからだ。

　病気になり、不信を抱くことは彼らの間では罪に汚《けが》れたと見なされる。だから注意深く悠然と歩く。思いがけず石や人間に躓《つまづ》く者は、世間知らずの愚か者なのだ！

　時折口にする少しばかりの毒、それは心地よい夢を見させてくれる。そして最後に、毒気に誑《たぶら》かされた者たちは、心地よい死を求めて大量の毒を仰ぐ。

　彼らも矢張り働く。労働は娯楽だからである。然し、その娯楽の害には気を配る。

　もはや貧しくも、豊かにもならない。どちらも苦労が多過ぎるからだ。誰がなお支配するつもりか？　誰がなお服従するつもりか？　どちらにしても煩わし過ぎるのだ。

　一つの牧人なき畜群《ちくぐん》だ！　誰もが同じものを欲しがり、誰もが平等。そう感じない者は自発的に精神病院に入って行く。

「嘗て世界中が狂っていた」――と最も怜悧《れいり》な者たちは言い、目配せをする。

　彼らは抜け目なく、世の出来事は何でも知っている。だから嘲笑の種は尽きない。彼らも矢張り喧嘩はする。然し、じきに和解する。――さもないと胃を壊すからだ。

彼らは昼の逸楽と夜の逸楽とを有《も》つ。然し、健康は尊重される。

「我らは幸福を発明した」――と最低の人間たちは言い、目配せをする。――

ここで「序言」とも呼ばれるツァラトゥストラの最初の話は終わった。というのは、ここに来て、綱渡り見たさに騒然となった集団の叫び声が彼の話を遮《さえぎ》ったからである。「我らに此の最低の人間を与えてくれ、おお、ツァラトゥストラ」――そのように彼らは叫んだ――「我らを此の最低の人間にしてくれ！　そうすれば超人は汝に呉《く》れて遣《や》る！」。群衆は挙《こぞ》って囃《はや》し立て舌を鳴らした。ツァラトゥストラは暗澹《あんたん》となり、自分の心に対って言った
「彼らは私を理解してはいない。私はこれらの耳に語り掛ける口ではない。

私は確かに余りに長く山の中で生きてきた。余りに多くの小川や木々の声に耳を澄ましてきた。だから今、山羊《やぎ》番に語る如く、彼らに語り掛けている。

私の魂は揺るぎなく、午前の山の如く晴れ渡っている。然し、彼らは、私が恐るべき冗談で武装した冷酷な嘲り屋だと思い込んでいる。

そして今彼らは私を眺め、笑う。笑いながらも憎しみを一層募《つの》らせている。彼らの笑いの中には氷がある」。

6

然し、その時、凡《すべ》ての口を利《き》けなくし、凡ての眼をくぎづけにする事態が起きた。いつの間にか

綱渡り師は仕事を始めていたのだ。彼は小さな扉から外に踏み出し、二つの塔の間に、つまり市場と群衆の上に架かるように張られていた綱の上を歩いた。彼が丁度真ん中に差し掛かった時、小さな扉が再び開いた。すると、道化師の如くけばけばしい出《い》で立ちの男が飛び出してきた。そして、素早い足取りで前を行く者を追った。「進め、足萎《な》え」と男の恐ろしい声が叫んだ「進め、ナマケモノ、闇屋《やみや》、青瓢簞《あおびょうたん》、俺の踵《かかと》で擽《くすぐ》られるなよ！　こんな塔の間で何をしている？　汝は塔の中に居なくてはならぬ。塔に閉じ込められる筈の汝が、上手者の行く手を阻むのか！」——言葉を吐くごとに、その男は益益綱渡り師に近づいた。そして、彼の背後へ僅《わず》かあと一歩に迫った時、凡《すべ》ての口を利けなくし、凡ての眼をくぎづけにする恐ろしいことが起きた。——その男は悪魔のような気合を発すると、行く手を塞いでいる者を飛び越えたのである。勿論、飛び越された方は、競争相手の勝利を見た途端、気が動転し、綱から足を踏み外してしまった。平行棒も抛《ほう》り出し、この棒よりも速く、五体の渦巻の如く深みへと突進した。市場と群衆は、嵐が突然遣《や》って来る時の海に似ていた。凡てが右往左往、上や下への大騒ぎとなった。とりわけ、身体《からだ》の激突が予測された所の騒ぎは最も酷《ひど》かった。

　だが、ツァラトゥストラは動かなかった。そして、綱渡り師の身体は彼の直ぐ傍《そば》に叩き付けられた。惨《むご》く痛めつけられ、骨という骨は砕かれていた。然し、まだ息絶えてはいなかった。暫《しば》しのち、粉々に破壊された五体にも意識が戻った。彼はツァラトゥストラが片膝をつき、自分の傍にいるのを見た。「そこで貴方は何をなさるのか？」男は終《つい》に言葉を吐いた「悪魔が私の足を引っ掛けるだろうと長い間分かっていた。今奴は私を地獄へと引き摺っている。貴方は悪魔に逆らいなさるのか？」。
「友よ、私の名誉にかけて」とツァラトゥストラは答えた「汝の言うそれらは抑《そもそも》無い。悪魔も地獄も存在しない。汝の魂は却《かえ》って肉体より早く死ぬだろう。何も恐れるな！」。

男は俄《にわ》かには信じ難く見上げた。それから「貴方が真実を言っているならば」と言った「私は生命《いのち》を失っても、何も失わない。鞭《むち》と餌《えさ》で踊りを仕込まれた動物にすぎぬ」。

「そうではない」とツァラトゥストラは語った「汝は危険を汝の天職とした。それには何も侮《あなど》るべきものはない。今汝は天職の根本を窮《きわ》めている。それに賛同して、とにかく私の手で汝を葬って遣ろう」。

ツァラトゥストラがこう言い終えた時、瀕死《ひんし》の男は最早答えなかった。然し彼は手を動かした。恰《あたか》も感謝を示すべくツァラトゥストラの手を模索《もさく》するかのように。――

7

いつしか夕暮れが来て、市場は宵闇《よいやみ》に包まれた。群衆は四散した。好奇心や驚愕さえも疲労する。然し、ツァラトゥストラは地に仆れた死者の傍に坐ったまま、思いに沈み、時の経つのを忘れた。遂に夜の帳《とばり》が降り、一陣の冷たい風が孤独な者の上を吹き過ぎた。その時、ツァラトゥストラは立ち上がり、自分の心に対って語った
「真《まこと》に今日ツァラトゥストラは、有難い漁《すなど》りをした！　人間は掛からなかった。然し、確かに、亡骸《なきがら》は一体掛かった。
人間として現実に存在することは不気味であり、何が起きるか依然として一寸先は闇《やみ》だ。道化師

が悲運となることもある。

私は人間たちに彼らの存在の意味を教えてやるつもりだ。その意味とは超人、即ち人間という黒雲から発する稲妻である。

然し、私は未《いま》だ彼らから遠い。私の言わむとする意味は、彼らの感性に伝わらない。私は未だ人間たちにとって、痴愚とも亡骸ともつかぬ中途半端なのだ。

夜は暗く、ツァラトゥストラの道は暗い。来い、汝冷たく硬張《こわば》った道連れよ！　私は汝を運んでいく、汝を私の手で葬る場所へと」。

8

こう自分の心に対《むか》って言い終えると、ツァラトゥストラは亡骸を背負い、歩き始めた。すると百歩も進まない中に、或る人影が忍び寄って、彼の耳許に囁いた。——なんと！　話し掛けた人影は塔の道化師だった。「おおツァラトゥストラ、この町から去れ」と彼は言った「ここでは余りに多くが汝を憎んでいる。善人と義人が汝を憎み、自分たちを軽んじる敵だと呼ぶ。正しい信仰の信者が汝を憎み、集団の危険だと呼ぶ。汝が笑われたのは幸運だった。真《まこと》に汝は道化師の如く喋《しゃべ》った。汝が死んだ犬の仲間になったのは幸運だった。それほど自らを卑しめたからこそ、汝は自らを今日は救い出した。然し、この町から去れ——さもなければ、明日俺は汝を飛び越す。生きていてこそ死者を意の儘にできる」。こう言い終えると、その人影は姿を消した。そしてツァラトゥストラは暗い横町を更に歩いて行った。

市門で彼は墓掘人夫に出喰《でく》わした。彼らは松明《たいまつ》で彼を照《て》らし、ツァラトゥストラだと分かると、大いに彼を嘲笑した「ツァラトゥストラが死んだ犬を攫《さら》っていく。立派だ、ツァラトゥストラが墓掘人となったとは！　我らの手は奇麗好き過ぎて、こんな焼肉には触れない。ツァラトゥストラは自分の食う分を悪魔から盗むつもりか？　よし！　幸運な食事だ！　但し悪魔が一枚上手の泥棒でなければの話だ！——悪魔は彼ら双方を盗むぞ、生者も死者も貪《むさぼ》り食《く》うぞ！」。彼らは声を揃えて笑い、ひそひそと話し合った。

それに対して全く取り合わず、ツァラトゥストラは自分の道を進んだ。二時間程歩き、森と沼を過ぎた時、飢餓を訴える群狼の遠吠えをたっぷりと聞いた。そして彼自身にも空腹が訪れた。そこで彼は灯《あかり》の点《とも》る人里離れた一軒家の傍で歩みを止めた。

「空腹が強盗の如く私に襲い掛かる」とツァラトゥストラは言った「森や沼、そして深夜であっても、私の空腹は突然襲い掛かってくる。

私の空腹は驚嘆すべき気分屋だ。屡《しばしば》、食後に漸く現れる。今日は一日中現れなかった。一体どこにいたのか？」。

そう言ってツァラトゥストラは、その家の門を叩いた。一人の老人が姿を見せた。灯を手にし、問うた「何人《なにびと》が来て、邪《よこしま》な眠りの精となるか？」。

「生者一人と死者一人」とツァラトゥストラは言った「飲食《おんじき》を与えよ、日中は飲食を忘れていた。飢えた者に食事を施す者は自らの魂を元気づけると、知恵は語る」。

老人は立ち去ったが、すぐに戻り、パンとワインを供した。「周辺は餓《う》えた者には難儀な所だ」

と彼は言った「だから私はここに住む。動物と人間が隠者の私を訪ねる。ところで汝の連れにも飲食を命じよ。彼は汝より疲れている」。ツァラトゥストラは答えた「私の連れは死んでいる。説得は不可能だ」。「それは私とは無関係だ」と老人は不機嫌に言った「我が家を訪れる者は、私の供する物を受け取らねばならぬ。食べよ、後はさらばだ！」。――

それからツァラトゥストラは再び二時間程歩いた。星の光頼みの道に不安は無かった。つまり、彼は夜道を歩くのに慣れ、眠っている総《すべ》ての表情を見るのが好きだった。然し、夜が白みかけた時、ツァラトゥストラは自分が深い森の中にいるのに気づいた。道は最早見当たらなかった。そこで彼は死者を或る木の洞《うろ》に納め、自らはその根を枕にして――彼は死者を狼から護ろうとした――土と苔に身を横たえ、忽《たちま》ち眠り込んだ。肉体は疲れていたが、魂は揺るぎなかった。

9

長くツァラトゥストラは眠った。朝焼けのみならず午前も、彼の顔容《かんばせ》の上を過ぎて行った。然し、遂に彼は目を開いた。不思議そうにツァラトゥストラは、森とその静けさに見入った。不思議そうに彼は、自分自身の内面に見入った。やがて突然陸地を発見した船乗りのように、彼は素早く身を起こすと、歓呼の声を上げた。なぜなら、新たな一つの真理を発見したからだ。彼は自分の心に対《むか》ってこのように話した。

「分かったぞ。道連れが必要なのだ。それも生きている道連れが。――私の意の儘に運べる死んだような道連れや亡骸が必要なのではない。

そうではなく、自分自身に従おうとするからこそ私に従い――私の目指《めざ》す所に付いてくる道連れが必要なのだ。

分かったぞ、ツァラトゥストラは群衆に向かうのではなく、道連れに向かって話すべきだ！　ツァラトゥストラを畜群の牧人や番犬にしてはならぬ！

多くの心を動かして畜群から抜け出させる――そのために私は来た。群衆や畜群を怒らせるのは已《や》むを得ない。つまりツァラトゥストラは、どうしても牧人からは強盗だと悪口される。

牧人と私は言う。然し、彼らは自らを善人・義人だと呼ぶ。牧人と私は言う。然し、彼らは自らを正しき信仰の信者だと呼ぶ。

善人・義人を見よ！　彼らは誰を最も憎むか？　彼らの価値の石板を砕く者を、破壊者、犯罪者だと呼び、最も憎むのだ。然し、――この憎まれる者こそ創造者なのだ。

総《すべ》ての信仰の信者を見よ！　彼らは誰を最も憎むか？　彼らの価値の石板を砕く者を、破壊者、犯罪者だと呼び、最も憎むのだ。――然し、この憎まれる者こそ創造者なのだ。

創造者の求めるのは道連れであり、亡骸ではない。畜群や信者でもない。創造者は倶《とも》に創造する者を求める。彼らこそ、新たな価値を新たな石板に記《しる》す者なのだ。

創造者の求めるのは道連れであり、倶に収穫する者だ。なぜなら創造者に縁すると、総てが熟れて収穫を待つ。然し彼は百の鎌を欠く。だから穂を手で毟《むし》り、じりじりしている。

創造者の求めるのは道連れであり、自分の鎌の研ぎ方を知る者だ。彼らは善悪を侮《あなど》り滅《ほろぼ》す者と呼ばれるだろう。然し、彼らこそ、収穫する者であり、祝祭を喜ぶ者なのだ。

倶に創造する者たちをツァラトゥストラは求める。倶に収穫する者たち、倶に祝祭を喜ぶ者たちをツァラトゥストラは求める。畜群や牧人や亡骸と何の関係があろうか！

では汝、私の最初の道連れよ、さらばだ！　私は懇《ねんご》ろに汝を木の洞《うろ》の中に葬った。恙無《つつがな》く汝を狼どもから護った。

だが、汝とは別れよう。時は節目。朝焼けと朝焼けの間に、新たな真理が一つ来た。

私は牧人であってはならぬ。墓掘人であってはならぬ。私は再び群衆と話すつもりはない。一人の死者に対して、私は辞去の言葉を掛けた。

創造する者と、収穫する者と、祝祭を喜ぶ者と私は仲間になりたい。私は彼らに虹を示し、超人のあらゆる段階を教えたい。

隠者のために、また共に支え合う隠者のために、私の歌を聞かせてやりたい。未曾有《みぞう》の事にも猶《なお》聞く耳を持つ人の心を、私の幸福で濃密にしたい。

私は自分の目標を目指す。私の歩き方で進む。躊躇《ためら》う者や怠慢な者を、私は飛び越していく。そのようにして、私の歩く所に、彼らの没落(2)あれ！」。

10

こう自分の心に対って語り終えた時、太陽は中天に懸かっていた。このとき、彼は問うように上の方を見遣《みや》った。――頭上に鳥の鋭い叫び声を聞いたからだ。なんと！　一羽の鷲が広大な弧を描いて空を舞っていた。その鷲には一匹の蛇が掛かっていた。獲物《えもの》ではなく、女友達のように。なぜなら蛇は鷲の首に抱き付いて身を支えていたのだ。

「私の動物たちだ！」とツァラトゥストラは言い、心から喜んだ。

「太陽の下で最も誇り高い動物と太陽の下で最も賢い動物――彼らが偵察に現れた。

彼らはツァラトゥストラの生存を確認したいのだ。真《まこと》に私は未だ生きているのか？

人間の下《もと》にいるのは、動物の下にいるよりも危険だと分かった。危険な道をツァラトゥストラは行く。私の動物たちが私を導いてくれるように！」。

こう言った時、ツァラトゥストラは森の聖者の言葉を思い出し、溜め息を吐《つ》き、自分の心に対って語った。

「もっと賢くなりたい！　徹底して賢くなりたい、私の蛇のように！

だが私は不可能なことを願っている。だからこそ、私の誇りが常に私の賢さと共に進むように！と私の誇りに願いを立てる。

然し、いつか私の賢さが私から離れるならば――ああ其れは飛び去って行きたがるのだ！――そのときは私の誇りが満を持して私の愚直と共に飛ぶように！」。――

――このようにして、ツァラトゥストラの降臨《こうりん》は始まった。

ツァラトゥストラの話

三段の変化

私は汝らに精神の辿《たど》る三段の変化、即ち如何《いか》にして精神が駱駝《らくだ》となり、駱駝が獅子《しし》となり、最後に獅子が幼児《おさなご》となるかを説いておく。

精神、つまり生来の畏敬《いけい》の念篤き逞《たくま》しく忍耐強い精神には、多くの困難が待ち受けている。その強さは、困難それも困難の最たるものを敢えて求める。

何が困難であるか？　そう忍耐強い精神は問う。そうやって精神は駱駝の如く跪《ひざまず》き、困難を快《こころよ》く背負うつもりでいる。

何が最も困難であるか、汝ら英雄たちよ？　そう忍耐強い精神は問う。そうやって駱駝の精神は、困難の最たるものを引き受け、自らの強さを喜びたいと願う。

困難の最たるものとは、自分の高慢を挫《くじ》くために自らを貶《おとし》めることではないか？　自分の知恵を無視するために、自分の愚行を際立たせることではないか？

それとも、我らの目標が達成され勝利を祝う時、その目標から去っていくことか？　誘惑者を試すために、高山に登ることか？

それとも、認識の団栗《どんぐり》と野草を常食としながら、真理ゆえに魂の飢餓に苦しむことか？

それとも、病気でありながら、慰め手を追い返し、汝の主張に決して耳を貸さない者たちと友情を結ぶことか？

それとも、それが真理の水であるならば、汚《きたな》い水の中に入り、冷やかな蛙《かえる》や興奮した蝦蟇《がま》を、その身から振り払おうとはしないことか？

それとも、我らを軽蔑する者を愛し、幽霊が我らを恐がらせようとしている時に、幽霊にむかって手を差し伸べることか？

かくの如きあらゆる困難の最たるものを、忍耐強い精神は引き受ける。荷を背負い砂漠へと急ぐ駱駝の如く、忍耐強い精神は自分の砂漠へと急ぐのだ。

然し、究極の孤独を迫られる砂漠の中で、第二の変化は起きる。ここで精神は獅子となり自身のために自由を分捕ろうとし、彼自身の砂漠の支配者であろうとする。

獅子の精神はここで、最後に仕えた支配者を索敵する。この精神は最後の支配者と最後の神との敵となり、巨大な龍と格闘して勝利せむとするのだ。

獅子の精神が最早支配者とも神とも呼びたくない巨大な龍とは、どんなものか？　巨大な龍は「汝は我が意のまま」と号す。だが獅子の精神は「私は欲する」と言う。

「汝は我が意のまま」は、獅子の精神の道端にいる。金色に煌《きら》めく爬虫類《はちゅうるい》。すべての鱗《うろこ》の上で「汝は我が意のまま」が金色に輝く！

千年の価値が、この鱗の表面で輝く。そして、あらゆる龍の中で最も強大な龍は、このように語る「あらゆる物事の価値――それが我が身に輝く」

「あらゆる価値は既に創造された。そして、あらゆる創造された価値――それこそ我なるぞ。真《まこと》に『私は欲する』などと言わせておくものか！」そのように龍は語る。

我が兄弟、何のために精神は獅子を必要とするのか？　欲望を抑え、畏敬の念篤《あつ》き所の、労苦を担うことのできる動物では、何故不足なのか？

新たな価値を創造する――それは獅子も未だ能く成し得ない。然し、新たな創造のために自由を創造すること――それこそ獅子の力が能く成し得る。

自由を創造し、義務に対しても神聖なる否定を突き付ける。そのために、我が兄弟、獅子が必要となるのだ。

新たな価値創造の権能を手にすること――それは忍耐強く畏敬の念篤き精神にとっては、最も恐ろしいものを手にすることである。真に強奪であり、猛獣の所業《しょぎょう》なのだ。

この精神は嘗て「汝は我が意のまま」を最も神聖なものとして敬愛した。然し、今では最も神聖なものの中にさえも、妄想と恣意《しい》を見出す外ない。それ故、彼は嘗て自分の敬愛したものから自由を奪取せむとする。正にこの奪取のために獅子が必要なのだ。

然し我が兄弟よ、言い給え、獅子も能く成し得なかった何を、選《よ》りに選って幼児《おさなご》が能く成し得るのか？　何故に強奪する獅子が、また選りに選って幼児とならねばならぬのか？

幼児は無垢である。忘却、新たな始まり、遊楽、自ら回る法輪、最初の動き、聖なる肯定である。

そうだ、我が兄弟、創造という遊楽のために、聖なる肯定が必要なのだ。そこで精神は自分の意志を欲する。世界を失っていた者が自分の世界を獲得する。

私は汝らに精神の辿る三段の変化、即ち如何にして精神が駱駝となり、駱駝が獅子となり、最後に獅子が幼児となるかを説いた。――

このようにツァラトゥストラは語った。当時彼は斑牛《まだらうし》と称する町に留《とど》まっていた。

徳の講壇

ツァラトゥストラは或る賢者への賞讃《しょうさん》を聞いた。その人は眠りと徳の話が巧みで大いに尊敬され、高額の報酬を得、あらゆる若者が講話に来るという。ツァラトゥストラは彼の許《もと》に行き、若者に混じって講壇の前に座っていた。その賢者は次のように語った。

眠りには敬意と羞恥をもて！　これが先ず第一！　そして、善く眠れない者や夜中に目を覚ましている者は皆避けよ！

泥棒でさえ眠りの前では恥を知り、夜の間は常に足音を忍ばせて歩く。恥じらいのないのは夜番《よばん》だ。恥じらうことなく夜番は角笛を持ち歩く。

眠ることは決して些細な芸ではない。とにかく日中は気を張り詰める必要がある。

一日に十回汝は汝自身を克服しなければならぬ。それが快い睡魔をもたらし、魂の罌粟《けし》の実《み》となる。

十回そのうえ汝は汝自身と和解しなければならぬ。なぜなら克服は悲痛である。自身と和解していない者は善く眠れないのだ。

十の真理を汝は日中発見しなければならぬ。さもないと、汝は夜中に猶真理を探す。汝の魂は飢えた儘だ。

十回汝は昼間に笑い、明朗であらねばならぬ。さもないと、この悲哀の父である胃袋が、夜になって汝の安穏《あんのん》を妨げる。

これらは僅かの者しか分かっていない。然し、善く眠るためには、あらゆる徳を持たねばならぬ。私は偽証を犯そうとするのか？　私は姦淫を犯そうとするのか？

私は隣人の女中に思わず情欲を燃やそうとするのか？　この類《たぐい》は全て胸の中に浮かぶならば、良き眠りとは折り合えない。

そして、あらゆる徳をもっていても、尚一つのことを弁えておかねばならぬ。それは、徳さえも然るべきときに就寝させることである。

その目的は、数々の徳つまり小奇麗な女たちが互いに啀《いが》み合わないためだ！　汝の事で罵り合いになったら、汝は不幸になるのだ！

神や隣人と睦み合え。善い眠りはそう望む。また、隣人の悪魔ともなんとか睦み合え！　さもないと、悪魔は夜中に汝の傍《そば》をうろつく。

官憲を敬い、服従を宗《むね》とせよ、不正直な官憲であってもだ！　善い眠りはそう望む。権力が不正直な足で歩きたがるからとて、それに対して私に何ができようか？

羊を緑の草原へと導いてくれる者こそ、常に最善の牧人であらねばならぬ。そうすれば善い眠りと折り合える。

私は多くの名誉も大きな財宝も欲しくはない。そんなものは脾臓に炎症を起させる。然し、善い評判と小さな宝物が無ければ、善くは眠れない。

悪い集いよりは小さな集いが好ましい。とはいえ、始まりと終わりには節度を欠いてはならぬ。そうすれば、善い眠りと折り合える。

酒精の抜けない貧乏人も、私の大のお気に入りだ。彼らは眠りを奨励する。この類は、ほろ酔い気分だ。とりわけ、周囲が常に彼らの言い分に調子を合わせていれば。

有徳者の昼間は、このように過ぎる。さて夜になると、私は眠りを呼び付けないよう十分に注意を払う！　徳の支配者である眠りは、呼び付けられるのを決して望まない！

だから私は昼間したことや考えたことを思い浮かべる。牝牛の如く辛抱強く反芻しながら、私は自らに問う。汝の十の克服とは、いったいどんなものだったのか？

また十の和解十の真理、私の心が堪能《たんのう》した十の笑いとは何んなものだったのか？

こんな具合に吟味《ぎんみ》しながら、取り留めのない想念に揺られていると、呼び付けてはならぬ者、徳の支配者である眠りが不意に私を打ち負かす。

眠りが私の瞼《まぶた》を叩く。瞼は重くなる。眠りが私の口に触れる。口は開いたまま。

真《まこと》に、盗人の中で最も憎めない眠りは、柔らかい足の裏で遣《や》って来る。そして、私の想念を盗む。

私は何も知らずに、この講壇のように動かない。

だが、そうなると、私は最早長くは立っていられない。そこに今にも横になる。——

賢者がそう語るのを聞いた時、ツァラトゥストラは内心笑った。講話から見えてきたことが有ったからである。彼は自分の心に対《むか》って、このように語った。

取り留めのない思いにうつらうつらしているこの賢者は、私から見ると痴愚《ちぐ》である。然し、彼は眠るということを確かに熟知している、と私は思う。

この賢者の近くに住む者は、ただそれだけで幸せなのだ！　こんな眠りは伝染する。分厚い壁であろうと突き抜けて伝染する。

彼の講壇には、魔術さえ漂っている。若者たちは徳の説教者の前に、ただなんとなく座っていたわけではない。

彼の知恵は、善く眠るためには気を張り詰めるべしである。真に生命には何の意味もなく、私が無意味を選ぶ外ないとなれば、この事は私にとって最も選ぶに値する無意味であろう。

嘗て徳の教師が求められた時、人々が先ず第一に何を求めたか、私は今明確に分かる。人々は善き眠りを求めた。そのために、罌粟《けし》の花のような徳を求めたのだ！

この手のあらゆる名高い講壇の賢者には、知恵とは夢なき眠りだった。彼らは、それに勝る生命の意味を知らなかったのである。

今日なお確かに、この徳の説教者の類はいる。但、これほど常に明け透けではない。然し、彼らの時代は終わった。彼らは最早この先長くは立っていられない。そこに今にも横になる。

眠りに感染した者は、ほろ酔い気分だ。すぐに誰かにこくりこくりと頷《うなづ》かせられる。——

このように、ツァラトゥストラは語った。

背後の世界を妄想する者

嘗てツァラトゥストラも、あらゆる背後の世界の妄想者同様、想像を人間の彼岸へと馳せた。そのとき世界が私には、或る苦悩し責め苛まれた神の作品のように見えた。

そのとき世界が私には、或る神の夢にして作り話、或る神懸かった不満を懐く者の眼前に浮かぶ多彩な煙のように見えた。

善と悪、楽しみと苦しみ、私と汝――それらは創作者の眼前に浮かぶ多彩な煙だと私には思われた。創作者は自身から目を逸《そ》らそうとした。――そのとき彼は世界を創作した。

苦悩する者にとって、自分の苦悩から目を逸らし、我を忘れるのは酩酊《めいてい》の快楽である。嘗て私には、世界は酩酊の快楽と自己喪失だと思われた。

この世界、永遠に不完全な世界、或る永遠の矛盾の模造と不完全な模造――それらの不完全な創作者にとっての酩酊の快楽――嘗て私には、世界は斯《か》かるものだと思われた。

このように嘗て私も、あらゆる背後の世界の妄想者同様、想像を人間の彼岸へと馳せた。本当に、人間の彼岸なのか？

ああ汝ら兄弟、私が問題にした此《こ》の神は総ての神同様、人間の作品、人間の狂気だった！

その神は人間だった。而も人間と自我の貧弱な一部分にすぎなかった。自らの灰と残り火から此の幽霊は私の許に来た。本当に！　決して彼岸から来たのではない！

何が起きたか、我が兄弟？　私は苦悩する自身を超越した。自らの灰を山へと運び、もっと明るい炎を私のために発見した。なんと！　そのとき幽霊が私から消え去った。

こんな幽霊を信じることは、快癒した者にとって最早苦悩と呵責《かしゃく》である。今の私にとっては苦悩と屈辱《くつじょく》である。そのように、私は背後の世界を妄想する者にむかって話す。

苦悩と無能力だった――それが総ての背後の世界を創作した。最も苦悩から逃れたい者だけが経験する、あの束の間の幸福を摑《つか》もうとする錯乱《さくらん》のことだ。

比類なき跳躍で、決死の跳躍で、究極に到らむとする疲労感、最早意欲することを忘れた、貧弱で経験に乏しい或る種の睡魔、それが総ての神々と背後の世界を創作した。

私を信じよ、我が兄弟！　肉体に絶望したのは肉体だった。——肉体は縺《もつ》れた知性の指で究極の壁に触れたのだ。

私を信じよ、我が兄弟！　大地に絶望したのは肉体だった。——肉体は存在の腹蔵が独り言を話すのを聞いたのだ。

するとそのとき、肉体は頭を使って究極の壁を通り抜けようとし、また一方、頭を使うだけではなく——彼方へと渡り「あの世」に行こうとした。

然し「あの世」は人間には周到に隠されている。例の絶大なる無であるところの、脱人間化された非情の世界だ。存在の腹蔵は、全く人間にむかって話し掛けることはない。但し、人間として話すことはある。

真《まこと》に総ての存在は、証明するのが難しく、話をさせるのも難しい。それでもどうだ、汝ら兄弟、万象の中で最も不思議なものが逆に最も適切に証明されているのではないか？

然《しか》り、この自我《イッヒ》と、自我の矛盾と混乱が逆に最も正直に自我の存在について物語る。この創造し、意欲し、評価する自我、それは物事の尺度と価値にほかならない。

そして、自我というこの最も正直な存在——それは肉体から言葉を発する。そして、詩作し、熱中し、破れた翼で羽搏《はばた》く時でさえ、将に此処ぞと許りに肉体を必要とする。

その自我、それは益益正直に言葉を発することを学ぶ。そして、多く学べば学ぶほど、それだけ多くの肉体と大地を敬愛する言葉と出会う。

私の自我《イッヒ》は私に新たな誇りを教えた。その誇りを私は人間に教える。最早天空の事に頭を突っ込まず、大地の志を創造する現世の頭脳として頭を自由に持ち運ぶようにと！

私は新たな意志を人間に教える。人間の模索してきたこの道を求め、良《よ》き哉《かな》と肯定し、病人や死滅する者の如く、こっそりとこの道から消え去ってしまわないようにと！

肉体と大地を侮蔑し、この世ならぬものや救済の血を考案したのは、病人と死滅する者だった。然し、こんな甘く陰気な毒さえも彼らは肉体と大地から受け取っていた！

惨《みじ》めさから彼らは脱走しようとした。一方、星は余りに遠かった。そのとき、彼らは溜め息を吐いて言った「おお、他の存在に成りすまし、幸福へと忍び入る天国への道があればいいのに！」。

——そこで彼らは抜け道と血の滴る飲み物を考案したのだ！

自分の肉体とこの大地から今や抜け出たと彼らは思い込んだ、この恩知らずは。だが、彼らの我を忘れた痙攣と恍惚は誰のお蔭なのか？　彼らの肉体とこの大地のお蔭だ。

ツァラトゥストラは病人には慈悲深い。真に、彼らの慰安と忘恩の流儀に腹は立てない。願わくは、彼らが快癒する者、克服する者となり、より上等な肉体を創って欲しい！

また快癒する者が感傷的に自分の妄想を回顧し、深夜彼の神の墓の周りを忍び歩いても、ツァラトゥストラは怒らない。だが、彼の涙さえも病気と病体であることに変わりはない。

詩作し、神懸かりになる者たちの下《もと》には、常に多くの病的な群れがいた。彼らは真相を看破する者と、正直（レートゥリッヒカイト）と呼ばれる、徳の中で最も幼い徳を激しく憎む。

彼らは常に暗い時代を懐かしむ。その時代、妄想と信仰は無論、名称の異なる同一の事物だった。

理性の逆上（暴走）こそは、神の姿に似る事であり、それを疑えば、罪だった。

この手の神の酷似者《こくじしゃ》を私は余りに可《よ》く知る。彼らは自らへの信を求め、不信が罪である事を求める。彼ら自身何を最も信じているのか、私はまた余りに可く分かっている。

真に、背後の世界や救済の血ではない。彼らも、心底は肉体を最も信じている。彼ら自身の肉体こそ、彼らにとって彼らの物自体なのだ。

然し、その肉体が彼らに背き、病魔に魅入られている。彼らは出来れば皮膚の外に飛び出たいと思う。だから死の説教者に聞き耳を立て、自ら背後の世界を説教する。

我が兄弟、耳を澄ますのならば、健やかな肉体の声を聞くがいい。これこそ、病魔に魅入られた肉体とは正反対の正直で純粋な声なのだ。

健やかな肉体、完全で地を踏み締めた肉体は、より正直に、より純粋に語り掛ける。健やかな肉体は、大地の志から言葉を発する。——

このように、ツァラトゥストラは語った。

肉体の軽蔑者

肉体の軽蔑者に私の言葉を伝えたい。彼らに学び直し、教えを改めよとは言わない。ただ自らの肉体にさようならと言えと言いたい。——要するに、黙ってもらいたい。

「吾《われ》は肉体にして魂なり」——そう幼児《おさなご》は言葉を発する。なぜ幼児たちの如く言葉を発してはならぬのか?

然し、目覚めた者や学識者は言う。私は徹頭徹尾肉体である。その外《ほか》の何ものでもない。魂とは、肉体に纏《まつ》わる何かのための言葉にすぎないと。

肉体は一つの大きな理性である。未曾有《みぞう》の意味をもつ多様性、戦争と平和、畜群と牧人だ。

我が兄弟、汝が「知性」と呼ぶ、汝の小さな理性も、汝の肉体の道具である。汝の大きな理性に属する、一つの小さな道具兼玩具なのだ。

「私は《イッヒ》」と汝は言い、この言葉を誇りにする。もっと偉大なものは――汝は信じようとはしないが――汝の肉体とその大きな理性である。それは私(自分)とは言わない。然し、私を行う。

感性が感じること、知性が認識すること、それは際限がない。然し、感性と知性は、それらが総ての事物の結着だと汝を説得しようとする。それほど感性と知性は虚栄心が強い。

感性と知性は道具兼玩具である。それらの背後に更に自己《ゼルプスト》が広がっている。自己も感性の眼で探し求め、知性の耳を澄ます。

自己は常に耳を澄まし、探し求める。それは比較し、征服し、獲得し、壊す。自己は支配し、また自我《イッヒ》の統治者でもある。

我が兄弟、汝の思想と感情の背後に、或る強力な命令者、未知の賢人がいる。――それは自己と称す。汝の肉体の中に、それは住む。汝の肉体がそれなのだ。

汝の最良の知恵の中よりも、多くの理性が汝の肉体の中にある。何のために汝の肉体が態態《わざわざ》汝の最良の知恵を必要とするのか、一体誰に分かるだろうか?

汝の自己は汝の自我とその誇らしげな跳躍を笑う。「こんな思想の跳躍飛躍は私にとって何か?」

と自己は独《ひと》り言《ごと》を言う「私の目的への迂回路だ。私は自我を操る手綱であり、自我の駆使する概念に生命《いのち》と知恵を吹き込む鞴《ふいご》なのだ」。

自己《ゼルプスト》は自我《イッヒ》に言う「ここで痛みを感じよ！」と。すると自我は痛みに耐え、どうしたら痛みに耐えないで済むかと考える。――正にそのために考えさせねばならぬ。

自己は自我にいう「ここで喜びを感じよ！」と。すると自我は喜び、どうしたらもっと頻繁《ひんぱん》に喜べるかと考える。――正にそのために考えさせねばならぬ。

肉体の軽蔑者に一言伝えたい。彼らが軽蔑しているということ、それは彼らが尊重していることを意味する。尊重と軽蔑、価値や意志を創ったのは何か？

創造する自己が、自らのために尊重と軽蔑を創造し、喜びと苦しみを創造した。創造する肉体が、自らのためにその意志の一方の手として知性を創造した。

汝ら肉体の軽蔑者よ、汝らの愚行と軽蔑にも拘らず、汝らは汝らの自己に仕えている。私は汝らに言う。汝らの自己が自ら死を望み、生きることに背を向けているのだ。

汝らの自己は最もしたい事が最早できない。――自らを超えて創造する。それを自己は最もしたい。正に自己の情熱の全てだ。

然し、そうするには今や遅すぎた。――そうなると、汝らの自己は破滅（没落）[3]したくなる、汝ら肉体の軽蔑者よ。

汝らの自己は破滅したがっている。だから汝らは肉体の軽蔑者となった！ 自らを超えて創造することが最早できないからだ。

それゆえ、汝らは今、生命と大地に対して瞋恚《しんに》を覚えている。無明《むみょう》の嫉妬が汝らの疑り深い軽蔑の目つきに表れている。

私は汝らの道を歩まない。汝ら肉体の軽蔑者よ！　汝らは超人に到る橋ではない！——

このように、ツァラトゥストラは語った。

歓喜と業苦をもたらすもの

我が兄弟、汝が一つの徳を有《も》ち、それが身に付いているのであれば、その徳は余人の与《あずか》り知らぬものだ。

もっとも、汝はその徳を名前で呼び、愛撫しようとする。耳を引っ張ったり、それで以て気晴らしをしてみたくもなる。

いいか？　そうなると、汝はその徳の名前を群衆と共有する破目になる。而も、身に付いた自前の徳を有っていながら、汝は群衆と畜群に同化してしまう！

そうならないためには、こう言った方がいい。「私の魂に苦痛と快感をもたらし、そのうえ私の内臓の飢餓《きが》でもあるものは、口に出し難く、名前は分からない」と。

汝の徳は、名前の馴れ馴れしさに適《そぐ》わないほど高貴であれ。汝がそれについて話さねばならぬ場合、訥弁《とつべん》で話すことを恥じるな。

例えば、こう訥々と話せ「あれは私の善、あれに私は恋している。全く気に入っている。それだけに誰の力も借りずに、私はその善が欲しい。

私はそれを神の法にしたくはない。人間の規約や、その場凌《ばしの》ぎにもしたくはない。それは、大地を離れたものや天上の楽園への道標であってはならぬ。

私が愛するのは、この世の徳である。だがその徳には、要領の良さが僅かしかない。まして、万人にその徳を理解させる余地など無きに等しい。

然し、この鳥は私の許《もと》に来て、巣作りをした。だから私はそれを愛し、抱擁する。——今その鳥は私の許で、金の卵を温めている」。

こういうふうに、汝は訥訥と汝の徳を讃えなければならぬ。

嘗て汝は業苦《ごうく》に苛《さいな》まれ、それを悪と呼んだ。然し、今汝は僅かながらも汝の徳を身に付けている。それらは汝の業苦から育ってきた。

汝は、それらの業苦に最も高貴な目標を配慮してやった。そのとき、それらは汝の徳となり喜びをもたらすものとなった。

汝が癇癪持《かんしやくもち》の血を引いていようとも、或いは淫蕩《いんとう》な血、それとも狂信者の血、もしくは復讐に身を焦がす者の血を引いていようとも、
結局、総ての汝の業苦は徳となり、総ての汝の悪魔は天使となった。

嘗て汝は狂暴な犬を汝の穴蔵で飼っていた。然し、遂に犬たちは小鳥に変わり、愛らしい歌姫となった。

汝の毒から汝は苦痛を癒す香油を調合した。苦難という汝の牝牛を汝は搾乳していた。——今汝はその牛の乳房から得た甘美なミルクを飲んでいる。

今後は汝から、最早何の悪も生じない。生じるとすれば、汝の徳同士の戦いから生じる悪だけだ。

我が兄弟、汝が幸運に恵まれているならば、或る比類のない徳を一つ堅持するだけで済む。そうすれば、汝はより容易《たやす》く橋を渡って行ける。

多くの徳を有つのは素晴らしい。然し、滅多に当たらない籤《くじ》だ。自分が徳同士の戦闘と戦場であることに疲れ、身も心も荒《すさ》んだ挙句、自殺した者は少なくない。

我が兄弟、敵対や戦いは悪いのか？　しかし、こういう悪は必然的だ。汝の徳同士の間で、嫉妬や不信や誹謗《ひぼう》が生じるのは不可避なのだ。

見よ、汝の徳の各《おのおの》が最高位を欲しがるさまを。各が汝の全精神に対して、我が徳の伝令《でんれい》であれと要求する。各が怒り憎しみ、また愛として汝の全精力たらむとする。

徳の各が他の徳に嫉妬する。嫉妬は恐るべき事態だ。徳といえども、嫉妬が原因で破滅することがありうる。

嫉妬の炎に包囲された者は、最後に蠍《さそり》のように、自分自身へとその毒針を向ける。

ああ我が兄弟、汝は、一つの徳が自分自身を誹謗し刺し殺すさまを未だ見たことがないのか？

人間は超越されねばならぬ何かである。だから汝は徳同士をいとおしんでやらねばならぬ。――というのも、汝はそれらの徳によって根本を窮めるからだ。――

このように、ツアラトゥストラは語った。

蒼《あお》ざめた犯罪者

汝ら裁く者よ、犠牲《いけにえ》の祭司よ、汝らは動物が頷《うなず》かないうちは、殺そうとはしないのだな？　見よ、蒼ざめた犯罪者が頷いた。彼の目から凄絶《せいぜつ》なる軽蔑が語り掛ける。

「私の自我は超越されねばならぬ何かだ。私の自我は、人間の人間に対する凄絶なる軽蔑だ」そうこの目は語り掛ける。

彼が自分自身を裁いたことは、彼の最も高貴な瞬間となった。その崇高《すうこう》な者を再び低劣な彼に戻らせるな！

それほど自分自身に苦しむ人物のためには、速やかな死以外に何の解放もない。

汝ら裁く者よ、汝らの処刑は一種の同苦であるべきで、決して復讐であってはならぬ。処刑するという形で、汝ら自ら、生きることの正当性を証明すべく心掛けよ！

処刑される者と和解し合うだけでは十分ではない。救って遣れない悲しみこそ、超人への愛であれ。そうして、汝らは自分たちの更に生きることの正当性を証明せよ！

「敵」と汝らは言うべきで、「悪者」と言ってはならぬ。「病人」と言うべきで、「卑劣な奴」と言ってはならぬ。「愚か者」と言うべきで、「罪人」と言ってはならぬ。

汝、赤い法服の裁判官、汝がこれまで頭の中で思い描いたすべてを公言しようとするなら、誰もが「去れ、この汚物、毒虫め！」と叫ぶに決まっている。

然し、思想と行為は別物である。行為の心象は、また別物である。これらの間に、因果の車輪は廻っていない。

或る心象がこの蒼ざめた男を蒼ざめさせている。犯行当時、彼は自分の犯行に耐える強《したた》かさをもっていた。然し、犯行後、彼は犯行の心象に耐え得なかった。

今や絶えず彼は、嘗《かつ》てなき犯罪の下手人として、自身と向き合っていた。これを私は狂気と呼ぶ。例外が本性に変わったのだ。

線を引いてやれば、雌鳥はそこから出られなくなる。彼が加えた一撃は、彼の貧弱な理性（判断力）を呪縛した。――これを私は犯行の後の狂気と呼ぶ。

汝ら裁く者よ、聞け！　更にもう一つの狂気がある。それは犯行の前に生じている。ああ、汝らは、このような魂の鉱脈へと十分に深く入り込まなかった！

赤い法服の裁判官は言う「この犯人は抑《そもそも》なぜ人殺しをしたのか？　奪うつもりだったのに」と。然し、私は汝らに言う。彼の魂は血を欲した。強盗がしたかったのではない。ナイフの幸福に飢えていたのだ！

然し、彼の貧弱な理性は、このような狂気を理解せず、彼を説き伏せた。「血が何だ！」と理性は言った「強盗に入ったのなら初志貫徹はしないのか？　腹癒せはしないのか？」と。

そして彼は、彼の貧弱な理性に耳を澄ました。その語り声は鉛の如く彼を抑え込んだ。――それで彼は、殺人の際に強盗を働いた。彼は自分の狂気を恥じようとはしなかった。

そして、今再び彼の罪（負い目、卑下）の鉛が彼を抑え込む。そして、再び彼の貧弱な理性は同様に硬く、同様に麻痺し、同様に重くなっている。

彼が頭を揺らすことさえできれば、彼の重荷は転がり落ちる。然し、誰がこの頭を揺さぶるのだろうか？

こんな人間は何だろうか？　病魔の塊《かたまり》だ。その病魔が才知を得て、世界に食い込む。そこで病魔は獲物を分捕ろうとしている。

こんな人間は何だろうか？　縺《もつ》れ玉となった狂暴な蛇どもの群れだ。彼らは滅多に互いを認めて安らぐことはない。——各勝手《おのおの》に脱け出し、現世の犠牲を探す。

見よ、この貧弱な肉体を！　肉体が欲しても得られず、苦悶の種だったものを、この貧弱な魂は占った。——それを魂は、人殺しの快楽とナイフの幸福への渇望であると解釈したのだ。

今の時代に病魔に冒《おか》される者は、今の時代に悪だと見なされる災禍に見舞われる。そうなった者は、自分を苦しめているもので以て、他人を苦しめようとする。だが、今とは異なった時代には、今とは異なった善悪が存在した。

嘗て疑念と、自己への意志は悪だった。病魔に冒された者は、異端者となり、魔女となった。異端者や魔女として、その者は苦悶し、また他人を苦悶させようとした。

然し、こんな事は、汝らの耳に入っていきようがない。というのも、その話は汝らの善人を損なうと、汝らの表情が私に訴えているからだ。然し、汝らの善人が何だ！

汝らの善人に関する多くの事が嘔吐《エッケル》を催させる。真に彼らの悪がそうなのではない。敢えて言えば私は、この蒼ざめた犯罪者の如く、生命と引き換えても惜しくない狂気を、彼らに持って欲しいと念願しているのだ！

もし然《そ》うならば、心から私は念願する。彼らの狂気が真理であれ、或いは志操《しそう》であれ、さもなくば正義であれと。然し、彼らは長生きするための徳にしがみつく。而も哀れむべき安逸の中で。

私は大河の流れの傍《そば》に立つ欄干だ。私に摑まることのできる者は摑まれ！　然し、私は汝らの松葉杖ではない。――

このように、ツァラトゥストラは語った。

読むことと書くこと

総ての書物の中で、私は一人の人物が自分の血で以て書くものだけを愛する。血で以て書け。汝は血が精神であることを身を以て知るがいい。

見ず識らずの血脈を理解することは、容易《たやす》くはできない。読書する怠け者は嫌いだ。

読者なるものを識る者は、最早読者のためには何もしない。更に百年、読み取り機並みの読者が市場を席巻するならば――知力そのものが悪臭を放つだろう。

誰もが鵜呑み丸呑みの読み方をしていいとなると、いずれ書くことだけではなく、考えることも損なわれる。

嘗て精神は神だった。次に人間となり、そして今では有ろう事か賤民となりつつある。

熱い血の託宣を念じて書く者は、読まれることではなく、暗誦《あんしょう》されることを望む。

山脈を行く最短の道は、頂上から頂上へと飛び移ることだ。然し、そのために汝は長い脚を持たねばならぬ。託宣は頂上であらねばならない。語り掛けられる相手は、大きく高く成長した者だ。

空気は薄く、澄んでいる。危険は近くにあり、精霊は晴れやかな悪意に満ちている。それほど素晴らしく調和している。

私は、いたずら好きな妖精に囲まれていたい。私には勇気がある。幽霊を追い払う勇気は、自分の相手をしてくれる妖精を創り出す。——勇気は笑いたいのだ。

私は最早汝らと同じ感じ方をしない。私が眼下に見おろすこの雲、私が笑い飛ばすこの黒々とした重いもの——当にそれは、汝らの雷雲なのだ。

汝らは高められたいとき、上の方を仰ぎ見る。一方、私は高められているので、下の方を見る。

汝らの中の誰が、笑うと同時に高められているだろうか？

最も高い山に登る者は、総ての悲劇めいた戯れや悲劇めいた深刻さを笑い飛ばす。

勇気を出し、憂うることなく、嘲笑的で、容赦なく——そう知恵は我らに望む。知恵は女性であり、戦う者だけを常に愛する。

汝らは私に言う「人生は耐え難い」と。それにしても、何を目指して汝らは朝《あした》のうちに誇りを持ち、夕べには諦《あきら》めの虜《とりこ》となるのだろうか？

人生は耐え難い。然し、そんな言い方で、私にそれほど優しくしないでくれ！　我らは一人残らず、荷役に耐える牡と牝の可愛い驢馬なのだ。

一滴《ひとしずく》の露《つゆ》を花芯《かしん》にのせてふるえる薔薇《ばら》の蕾《つぼみ》と、我らは何を共有しているのだろうか？

これが真実だ。我らが生命を愛するのは、生命に馴染《なじ》んだからではなく、愛することに馴染んだからである。

常に幾らかの狂気が愛の中にある。然し、狂気の中にも常に幾らかの理性（判断力）がある。

生命《いのち》の妖精を憎からず思っている私から見ても、蝶々やしゃぼん玉、また人間の紡ぎ出す儚《はかな》いものこそ、幸福について最も多くのことを分かっているように思える。

これら軽やかで、擦《す》れていない、愛くるしく、敏捷な性《さが》のものたちが舞うさまを見ること——それはツァラトゥストラを涙と讃歌へと誘う。

私は舞い踊ることを心得た神（ディオニュソス）だけを信じたい。

私の悪魔を見た時、私は彼が生真面目そうで、抜かりなく、深遠ぶって、祭司のようだと思った。それが重力の魔だった。——彼に係ると、総《すべ》ての事柄が落ちていく。

怒りではなく、笑いを通して人の思《おも》いは殺される。さあ、我らに重力の魔を殺させてくれ！

私は歩くことを学んだ。以来、私は自らの判断で歩き回る。私は飛ぶことを学んだ。以来、私は他人から突き飛ばされて飛び立ちたくはない。

今私は軽やかだ。今私は飛んでいる。今私は眼下の私を見おろしている。今或る神が私の五体を回《めぐ》り舞い踊っているのだ。

このように、ツァラトゥストラは語った。

山の木

ツァラトゥストラの目は、或る若者が彼を避けたのを見ていた。そして、ある夕方彼が「斑牛《まだらうし》」と呼ばれる町を抱く山々を独りで通っていた時、なんと立ち去ろうとしているこの若者を見つけた。若者は一本の木に凭《もた》れて坐り、疲れた目つきで谷間を眺めていた。ツァラトゥストラは若者の傍《そば》に立つ木を摑み、そして言った。

「私がこの木を両手で揺す振ろうとしても、私にはそれができないだろう。然し、我らの目に見えない風は、この木を責め苛み、意の儘に曲げる。我らは、見えない手によって、甚《はなは》だしく曲がった道を進ませられ、懊悩《おうのう》させられる」。

するると、若者は狼狽して立ち上がり、「ツァラトゥストラの声だ、丁度彼のことを考えていた矢先だ」と言った。ツァラトゥストラはそれに返答して言った。

「だったら何故汝はびっくりする？——全く人間は木と同じようなものだ。

高く明るい上の方へ伸びていけばいくほど、その根は益益強く大地を摑み、下の方へ伸びていく。暗闇の中へ、深みの中へ——悪の中へと」。

「そう、悪の中へだ！」と若者は叫んだ「貴方は私の魂を発見した。それがどうして可能なのですか？」。

ツァラトゥストラは微笑み、そして言った「先ず第一に創案されない限り、発見されない魂は少なくはないだろう」。

「そう、悪の中へだ！」と若者は再び叫んだ「図星です、ツァラトゥストラ。高みを目指して以来、私は最早私自身を信頼していない。また誰も私を信頼しない。——本当に、どうしてこんな事が生じるのか？

私は余りにも速く変わる。私の今日は私の昨日を言い負かす。登っていく時、私は屢《しばしば》階段を跳び越していく。——どの階段もそんなことは許してくれない。

上の方にいると、私は常に一人だと感じる。誰も私と言葉を交わさない。凍てつく孤独が私を震えさせる。高みの中で私は抑《そもそも》、何をしようとしているのか？

私の軽蔑と私の憧れは共に伸びていく。高く登れば登るほど、私は益益登っていく別の私を軽蔑する。高みの中で彼は抑、何をしようとしているのか？

私が登り躓《つまづ》くことを私は如何に恥じることか！　私の激しい喘《あえ》ぎを私は如何に嘲ることか！　飛ぶ者を私は如何に憎むことか！　高みの中で私は如何に疲れていることか！」。

ここで若者は口を閉じた。ツァラトゥストラは傍《そば》に立つ木を眺め、こう言った。

「この木は寂しく山道の脇に立っている。人間と動物を超えて高く生長した。

この木が話し掛けたくても、木を理解してくれる者は誰もいない。それほど高く成長した。

今木は待ちに待つ。――然し、何を待つのか？　木は雷雲の座に余りにも近く立つ。多分最初の稲妻を待っているのだろうな？」。

ツァラトゥストラがこう言った時、若者は激しい身振りを交えて叫んだ「そうだ、ツァラトゥストラ、図星です。高みを目指した時、私は地に打ちのめされることを強く望んだ。そして貴方こそ、私が望んでいた稲妻なのだ！　ところがどうです、貴方が我らの所に現れて以来、未《いま》だに私は何だろうか？　稲妻に打ちのめされるどころか、私を荒廃させてしまったのは、貴方への嫉妬なのです！」――若者はそう語ると、激しく泣いた。そこで、ツァラトゥストラは彼の肩を抱き、連れだって歩いていった。

そして、暫らく共に歩いた後、ツァラトゥストラはこのように語り始めた。

心裂ける思いだ。汝の言葉より雄弁に、汝の目が総ての汝の危険を私に告げる。

未だ汝は自由ではない。汝は今なお自由を探している。けれども、汝の探し方が汝を寝不足にし、而も疲れていながら過度に目覚めさせた。

汝は自由な高みを求める。汝の魂は星になりたいと願う。然し、汝の性悪《しょうわる》な衝動もまた、自由に飢えている。

汝の狂暴な犬どもが自由を欲《ほ》しがる。汝の精神が総ての牢獄を解放しようと努めるとき、汝の穴蔵《あなぐら》で彼らは欲望を抑えきれずに吠え立てる。

私から見ると、汝はせいぜい自由を空想している囚人だ。ああ、こんな囚人の魂は賢くはなっても、同時に奸計に長け、邪になっていく。

精神を解放された者も、更に自らを浄めなくてはならぬ。彼の中には、未《いま》だ多くの牢獄と腐敗物が残っている。彼の目はもっと澄み切っていかねばならぬ。

宜しい、汝の危険が分かった。然し、私の愛と希望に誓って汝に宣言する。汝の愛と希望を決して捨てるな！

汝は自らを未《ま》だ高潔だと感じている。汝を憎み邪悪な眼差《まなざ》しを向ける異質な者たちも、矢張り汝を高潔だと感じている。肝に銘じておけ、一人の高潔な者は全員の目障りになるということを。

善人たちにとっても、一人の高潔な者は目障りになる。たとえ彼らが高潔な者を善人と呼ぶとしても、それで以て彼らは高潔な者を取り除こうとするのだ。

高潔な者は新しいもの、一つの新しい徳を創造しようとする。善人は古いものにしがみつき、古いものこそ与えられ続けるべきだと主張する。

然し、高潔な者の危険は、善人にされてしまうことではなくて、傲慢な者、嘲笑する者、破壊し尽くす者に何時《いつ》の間《ま》にかなってしまうことである。

ああ、私は高潔な者を知っていた。その者たちは、彼らの最も高貴な希望を見失った。それ以来、彼らは総ての高貴な希望を誹謗した。

希望を見失って以来、彼らは儚い快楽の虜《とりこ》となって厚顔無恥な生活を曝し、最早その日暮らし以上の目標を殆ど立てなくなった。

「肉欲も精神である」――そう彼らは言った。そのとき彼らの精神の翼は破れた。以来、嘗ての精神は魔物となって這い回り、己を責め苛みながら汚れていく。

嘗て彼らは英雄になろうと考えた。今では色と欲の盲者だ。英雄とは、彼らにとって千載の痛恨であり、不潔と哀れむべき安逸を糾弾するかもしれぬ恐怖である。

然し、私の愛と希望に誓って汝に宣言する。汝の魂の中に居る英雄を断じて捨てるな！　汝の最も高貴な希望を篤く信じて掲げよ！――

このように、ツァラトゥストラは語った。

死の説教者

死の説教者が存在する。また大地は、生の放棄を勧告されざるを得ない者で満ちている。

大地は、己《おのれ》をあらずもながと思う者で満ちている。生命は、多くの己を持て余す者によって害《そこな》われている。いっそ「永遠の生命」で以てこの人生から誘《おび》き出されるがいい！

「黄色い者」、或いは「黒い者」と、死の説教者は呼ばれている。然し、私は汝らのためにもっと他《ほか》の標識を用いて彼らを示してみよう。

すると、恐るべき者が姿を現わす。彼らは自身の中で猛獣を連れ廻し、情欲か、或いは自らを責め苛むか、他の選択ができない。また彼らの情欲も結局は自らを責め苛むことである。

彼ら、この恐るべき者は、未《いま》だ人間にさえなっていない。こんな輩は、他人に生の放棄を説教したら、先ず自ら範《はん》を垂《た》れて世を去ればいいのだ！

そこには魂の結核患者がいる。彼らは生まれるや否や、既に死に始める。そして眠気や断念の教えに憧れる。

彼らは死人でありたくて仕方がないのだ。ならば彼らの意志を諒《りょう》としよう！　こんな死者を起さないように、こんな生きている棺《ひつぎ》を疵付《きずつ》けないように気をつけよう！

病人か老人、もしくは屍《しかばね》に遭遇すると、一様に彼らは言う「生きることが否定されている！」と。然し、単に彼らが否定されたにすぎない。現存の一面しか見ない彼らの眼力が偏《かたよ》っていると証明されたのだ。

深い憂鬱に包まれ、死をもたらす些細な偶然を是非とも予知せむとて、彼らはその時を待ち、歯を食い縛っている。

或いは、彼らは菓子に手を伸ばしながら、その子供っぽい浅慮を嘲る。彼らは中身のない生き方にしがみついているくせに、自分が未だ一本の藁にぶら下がっていると嘲るのだ。

彼らの知恵はこうだ「生き続ける者は愚か者である。だが我らは、どう転んでも酷《ひど》い愚か者なのだ！　まさにこれこそ、人生に纏《まつ》わる最大の愚かさである！」——

「人生はただ苦悩あるのみ」——と他の者が言う。嘘ではない。ならば汝らが途絶えるように心掛けよ！　ただ苦悩あるのみの人生が途絶えるように心掛けよ！

だから汝らの徳の教えは、こうなる「汝自らを死人とすべし！　汝こっそりと立ち去るべし！」

――

「肉欲は罪である」――と、死を説教する或る者たちが言う――「我らは肉欲を避け、子供を儲けないようにしよう！」

「子供を産むのは厄介である」――と他の者たちが言う――「何のために好《す》き好《この》んで産むのか？　不幸な者を産むだけだ！」彼らもまた、死の説教者なのである。

「同苦は必要である」――と第三の者たちが言う「私の所有している物を持っていけ！　私の身分地位を持っていけ！　それだけ私は人生に束縛されずに済む！」。

もし彼らが同喜を見据える根本的な同苦者であるならば、隣人の人生をも苦難と試練の人生にするのが条理。そうする悪意を抱く――それが彼らの正しい善意となるであろう。

ところが、彼らは人生から逃れ去ろうとしているくせに、他人を自分の鎖と贈物で益益固く束縛する。全くどういうことだ！

そして、人生を激しい労働と不穏だと感じている汝らよ、汝らも人生に随分と疲れているのではないか？　汝らも死の説教を丁度聞きたいと思っているのではないか？

激しい労働を好み、速い物新しい物奇異な物を追う汝ら総てよ、――汝らは自分と向き合えない。汝らの勤勉は逃避であり、自分自身を忘れようとする意志の表れだ。

汝らがもっと生命を信じるならば、これほど瞬間に身を委ねることはない。然し、汝らは待つ為の内容を自身の中で充実させてはいない。――怠惰になる為の内容さえも！

到る所に、死を説教する者の声が響き渡る。大地は、死の説教を受けざるを得ない者たちに満ちている。

或いは、死が「永遠の生命」と言い替えられる。私には同じことだ、――死の説教者が出来るだけ早く世を去るのであれば！

このように、ツァラトゥストラは語った。

戦《いくさ》と戦士

我らは、最も相応《ふさわ》しい敵から手加減されたくはないし、心底愛する者からも労《いたわ》ってもらいたくはない。なればこそ、私をして汝らに真実を言わしめよ！

我が戦友よ！　私は汝らを心底愛す。私は汝らと同等であり、事実そうだった。一方、私は汝らを最も成長させる敵でもある。なればこそ、私をして汝らに真実を言わしめよ！

私は汝らの憎悪や嫉妬に通じている。汝らは憎悪や嫉妬に無縁なほど十分に偉大ではない。なればこそ、憎悪や嫉妬を恥じないくらいは偉大であれ！

汝らが認識の聖者ではあり得ないとしても、少なくとも認識の戦士であれ。それこそ認識の聖者への道を拓いてくれる仲間であり、先駆者なのだ。

私は多くの兵士を見る。だが私は多くの戦士を見てみたい！　兵士の着ているものは「制服」と呼ばれる。然し、兵士の内に秘めたものが借物であっては戦士にはなれぬ！

汝らは、或る敵――つまり、汝らの敵を常に探し求める眼力を持つ者であらねばならぬ。汝らの幾人かの場合、一目見て敵への憎しみが生じる。

汝らは自分の敵を探し、汝らの戦を繰広げねばならぬ。汝らの思想のために！　仮令《たとえ》汝らの思想が仆れても、汝らの正直がそれを乗り越え、必ず勝利を叫ばなくてはならぬ！

汝らは新たな戦のための手段として、平和を愛さなくてはならぬ。長い平和より、むしろ短い平和を愛さなくてはならぬ。

汝らに私が勧めるのは、仕事ではなく、闘争である。汝らに私が勧めるのは、平和ではなく、勝利である。汝らの仕事が闘争であれ、汝らの平和が勝利であれ！

弓矢を手にしている場合にのみ、沈黙し静かに坐っていることができる。それこそ人の性《さが》。さもなければ喋《しゃべ》って喧嘩をする。汝らの平和が勝利であれ！

戦争さえ神聖にするのは、良い目的であると汝らは言うか？　私は汝らに言っておく。総ての目的を神聖にするのは、良い戦い方である。

戦い方と勇気は、隣人愛よりも多くの偉大な事を成し遂げてきた。汝らの同情ではなく、汝らの勇敢さが、災難に遭った者を今まで救い出してきた。

「良いとはなにか？」と汝らは問う。勇敢であることが良いのだ。小さな娘には「可愛くて感動的なものが良いのよ」と言わせておけばいい。

汝らは薄情だと言われる。然し、汝らの心は真正だ。私は汝らの真心の羞じらいを愛している。

汝らは満潮を羞じらい、一方他の者は干潮を恥じている。

汝らは醜いのか？　よし、我が兄弟よ！　ならば崇高《すうこう》なるものを纏《まと》え、醜《みにく》い者のマントだ！

だが、汝らの魂が大きくなると、魂は尊大になる。すると、汝らの崇高さの中に悪意が宿る。私は汝らを識っているのだ。

その悪意の中で、尊大な者は、弱者を連れた自分自身と出会う。然し、彼らは互いに誤解し合う。

私は汝らを識っているのだ。

汝らは憎むべき敵を持つだけでいい。然し、軽蔑すべき敵を持ってはならぬ。汝らは自分の敵を誇りにしなければならぬ。そうすれば敵の成功は汝らの成功ともなる。

反抗――それは奴隷の立場の高貴さである。汝らの高貴さは、順天《じゅんてん》であれ！　汝らの命令することと自体が、一つの服従することであれ！

良き戦士の耳には「私は欲す」よりも「汝なすべし」の方が快く響く。汝らの大切なこと総てを、汝らは自身へと先ずは機を逸することなく命令してもらわねばならぬ。

汝らの生命愛が、汝らの最も高貴な希望への愛であれ。また汝らの最も高貴な希望が、最も高貴な生命の思想であれ！

然し、汝らの最も高貴な思想を、汝らは私から命令してもらわねばならぬ。――その思想とは、人間は超越されねばならぬ何かである、というものだ。

こうして汝らの順天《じゅんてん》と戦《いくさ》の人生を生きよ！　長命が何だ！　戦士が労《いたわ》ってもらいたいなどと望むものか！

私は汝らを労っては遣《や》れない、心底愛しているからだ、我が戦友よ！――

このように、ツァラトゥストラは語った。

新しい偶像

今もどこかに民族と畜群が存在する。然し、我らのもとには存在しない。我が兄弟、そこに存在するのは国家だ。

国家？　それは何だ？　よし！　さあ、耳を開いて聴け。今から私は汝らに、民族の死について私の話を伝えておく。

国家は、あらゆる冷血な怪獣の最たるものである。実際それは冷やかに嘘を吐《つ》く。「吾《われ》、国家とは民族なり」こんな嘘が怪獣の口から這い出てくる。

嘘だ！　嘗て民族を創出し、その上に一つの信仰と一つの愛を掲げたのは創造者だった。そのようにして、彼らは生命に奉仕したのだ。

多数を欺く罠《わな》を仕掛け、それを国家と呼ぶのは、民族の絶滅者である。彼らはその罠の上に一本の剣をぶら下げ、無数の欲望を煽《あお》りたてようとする。

未だ民族の存在する所、民族は国家を理解せず、憎む、邪悪な眼つきであるとして、また慣習と道理に反する罪であるとして。

この標識を汝らに示す。各《おのおの》の民族は自前の善悪の舌で語る。その舌を隣の民族は理解しない。各の民族は慣習と道理の中で自前の言葉を発明したのだ。

然し、国家は、あらん限りの善悪の舌を駆使して嘘を吐く。国家が何を話そうと嘘だ——国家が何を持っていようと、それは盗んできたものだ。

国家の総てが偽りである。盗んできた歯で噛む、この噛み付き魔は。その内臓でさえ偽物《にせもの》である。

善悪の言葉の混乱、この標識を私は国家の徴候として汝らに伝えておく。確かに、死への意志を占うものだ、この徴候は！　確かに、死の説教者への手招きだ！

多くの己《おのれ》を持て余す者が生まれてくる。己をあらずもがなと思う者たちのために、国家が発明されたのだ。

さあ、悟るがいい。如何にして国家が彼ら、多くの己を持て余す者を惹《ひ》き寄《せ》せるかを！　如何にして国家が彼らを呑み込み、噛み砕き、反芻《はんすう》するかを！

「大地には吾より偉大なるものなし。吾は秩序を与える神の指なり」――このように、この怪獣は咆える。すると、耳の長い輩《やから》と目先しか見えない輩だけが跪《ひざまず》くのではない。

ああ、汝ら偉大なる魂よ、汝らの耳にも、国家は陰鬱な嘘を囁く！　ああ、国家は、自らを勇んで与え尽す豊かな心を察知しているのだ！

そうだ、汝ら古き神を打ち負かした者よ！　国家は汝らの気持も察知している。汝らは戦に疲れた。今汝らの疲れが新たな偶像に思いがけず仕えている！

英雄や誉れ高き者たちを、国家はその周りに勢揃いさせたくて仕方がない、この新しい偶像は！良心の日溜《ひだま》りの中で日光浴したいのだ、――この冷たい怪獣は！

汝らが国家を崇拝するならば、それは汝らに総てを与えようとする、この新しい偶像は！　そうやって、国家は汝らの徳の輝きと汝らの誇り高い眼の煌《きら》めきを買い占める。

汝らを囮にして、国家は多くの己を持て余す者を惹き寄せようとするのだ！　そうだ、地獄の手品がそこで捏《でっ》ち上《あ》げられた。神々しい栄誉で飾り立てられ、ガチャガチャと進む死の木馬が考案されたのだ！

そうだ、多くの者を惹き寄せるために、或る死に方がそこで捏ち上げられ、それがなんと生き方として称讃される。真《まこと》に、総ての死の説教者への心からの奉仕だ！

善人も悪人も、皆が毒杯を仰ぐ所、それを私は国家と呼ぶ。善人も悪人も、皆が自分自身を失う所、それを私は国家と呼ぶ。皆の緩慢な自殺が——「生き方」と呼ばれる所、それを私は国家と呼ぶ。

これら己《おのれ》をあらずもがなと思う者を見よ！ 彼らは発明者の成果や賢者の宝を盗み出し、自分たちの窃盗《せっとう》を教養と呼ぶ。——そして、総てが彼らにとって病気と災いとなるのだ！

これら己をあらずもがなと思う者を見よ！ 彼らは常に病気である。彼らは胆汁を吐き、それを新聞とよんでいる。彼らは互いに丸呑みし合う。然し、互いに消化することさえできない。

これら己をあらずもがなと思う者を見よ！ 彼らは富を得、もっと貧しくなる。彼らは権力を摑みたい。だから先ずは権力の金梃《かなてこ》、多くの金が欲しい——これら貧しき者は！

彼らが攀じ登っていくさまを見よ！ これらすばしこい猿どもを！ 互いに相手の頭を踏み越えて登り、結局、泥沼と奈落へと互いを引き摺り込む。

彼らは皆首座に登り詰めむと願う。これ即《すなわ》ち——幸福が首座に納まっていると思い込む狂気だ！ 屢《しばしば》、泥が首座にへばりついている。——実際屢、首座も泥沼の上に納まっているのだ。

彼らは皆、精神錯乱であり、上昇熱に狂った猿だ。彼らの偶像、即ち冷血な怪獣は災いの臭いを発し、この偶像を崇拝する彼らも皆全体で災いの臭いを発している。

我が兄弟、汝らは、彼らの口と貪欲から出る毒気の中で果して窒息するつもりか？ とにかく窓を破って外へ飛び出す方がましだ。

腐った臭いを避けよ！ 己をあらずもがなと思う者たちの偶像崇拝から離れよ！

腐った臭いを避けよ！　この人身御供の煙から離れるのだ！

今もなお大地は、偉大な魂には自由に開かれている。穏やかな海の香りに包まれた未《ま》だ多くの居場所が、孤独な者や二人きりの者のために空《あ》いている。

或る自由な生き方が、偉大な魂には未だ開かれている。真に、僅かしか所有しない者は、それだけ何かに取り憑《とつ》かれることもない。細《ささ》やかな貧しさに称《たた》えあれ！

国家の終る所、そこにはじめて、己《おのれ》をあらずもがなと思わない人間が始まる。そこに是非とも必要な人間の歌、唯一無比にして、掛け替えのないメロディーが始まる。

国家の終る所、そこに――さあ、私の示す彼方を見よ、我が兄弟！　汝らには見えないか、彼《あ》の虹と、超人への橋が？――

このように、ツァラトゥストラは語った。

市場の蠅

逃れよ、我が友、汝の孤独の中へ！　私の見たところ、汝は大物たちの喧噪《けんそう》によって茫然自失《ぼうぜんじしつ》となり、小物たちの毒針によって散散《さんざん》な刺し傷を蒙《こうむ》っている。

尊厳と品格の中で、森と岩は汝と倶《とも》に沈黙する事ができる。汝好みの大枝を拡げたあの木のように再びなれ。静かに耳を澄まし、あの木は海へと身を乗り出している。

孤独の終る所、そこには市場が始まる。市場の始まる所、そこには大物役者の喧騒と毒蠅《どくばえ》の狂騒も始まる。

世の中では、どんなに良いことも、先ずそれを演出する第一人者なしには、なかなか効果は期待できない。この手の演出者を大衆は大物と呼んでいる。

大衆は偉大なるもの、即ち創造する主体を殆ど理解しない。然し、大向こう受けを狙う総ての演出者や役者に対しては勘が働く。

新しい価値の発見者を中心にして世界は回る。——目には見えぬが世界は回る。然し、役者を中心にして回るのは大衆と名声である。これが「世の習い」である。

役者は知性を持っている。けれども知的良心を殆ど持ってはいない。彼は人を信じさせる——つまり、人をして自らを最も強く信じさせ得《う》るものを常に信じているのだ！

明日彼は新しい信念を持つ。そして明後日には更に新しい信念を持つだろう。役者は大衆と同じように、軽はずみな考え方と不安定な察知能力の持主である。

仰天させる——それが彼にとって証明することである。判断力を狂わせる——それが彼にとって納得させることである。そして、血は彼にとって最も都合のいい論拠となる。

繊細な耳だけに入り込む真理は、役者からは何にもならない嘘だと呼ばれる。真《まこと》に、彼は世に大きな喧騒を惹き起す神々しか信じていないのだ！

市場は勿体ぶった道化に溢れている。——大衆は自分たちの大物を誉《ほ》めそやす。大物は彼らにとって時代の支配者なのだ。

然し、時代は彼らを急《せ》き立《た》てる。すると彼らは汝を急き立てる。そして汝からも肯定か否定かを要求する。ああ、汝は賛成と反対の二股《ふたまた》を懸《か》けるつもりか？

これら絶対的な者や急き立てる者に煽られて、対等の敵愾心《てきがいしん》を燃やす勿《なか》れ、汝真理の求婚者よ！　未だ嘗て真理は、絶対的な者の腕に身を委ねたことはない。

これら不意打ちを食らわせようとする者に翻弄されないために、汝の自信を取戻せ。とにかく市場にいる限り、肯定か？　否定か？　で以て突然責め立てられるのだ。

総ての深い泉にとって、然《しか》るべき体験は、ゆっくりと進む。何が奥底に触れたかを知る迄、泉は長く待たねばならぬ。

偉大なものは総て、市場と名声から離れたところに生じる。古来、新しい価値の発見者は、市場と名声から離れたところに住んでいた。

逃れよ、我が友、汝の孤独の中へ。見た所、汝は毒蠅から散散な刺し傷を蒙っている。逃れるのだ、荒っぽく強い風の吹く彼方へと！

逃れよ、汝の孤独の中へ！　汝は小人物や哀れな者に余りにも近付き過ぎた。目に見えない彼らの復讐から逃れるのだ！　汝に対して、彼らは復讐以外のなにものでもない。

彼らに対抗して腕を上げるのはもう止せ！　毒蠅の数は果てしない。蠅叩きになるのが汝の運命ではないのだ。

これら小人物や哀れな者の数は果てしない。誇らしげに聳《そび》えていた幾つもの建物が、雨の滴《しずく》と雑草だけで崩れ落ちた。

汝は石ではない。然し、既に汝は多くの雨滴のせいで空洞だらけになった。更に多くの雨滴に晒《さら》され続けると、汝は壊《こわ》れ、粉々になるのだ。

見た所、汝は毒蠅によって疲れさせられている。全身に無数の傷を蒙って血を流している。而も汝の誇りは怒りの声を上げようとさえしない。

何の負い目もなく、毒蠅は汝の血を欲しがる。彼らの血のない魂が血に飢える――だから彼らは何の負い目もなく刺す。

然し、汝深き人よ、小さな傷を受けても、汝は余りに深く苦悩する。一方、その傷が未だ治りきらないうちに、同じ毒蠅の蛆が汝の手の上を這い回っていた。

汝は余りにも誇り高く、これら盗み食いする輩を殺すことができない。然し、かれらの毒入りの不正に一向《ひたすら》耐えることが、汝の悲運とならぬように気を付けよ！

毒蠅は、また汝を誉めそやしながら汝の周《まわ》りを飛び回る。彼らの誉め方は執拗《しつよう》である。汝の肌に近寄り、血が吸いたいのだ。

彼らは神か悪魔に媚《こ》びる如く、汝に媚びる。彼らは神か悪魔の前であるかの如く、汝の前で哀訴《あいそ》する。それがどうした！　彼らは追従者にして哀訴者、唯それだけのこと。

また毒蠅は屢《しばしば》、汝に対して好人物の如く振舞うことがある。然し、そんなことは常に臆病者の抜け目なさだった。そうだ、臆病者は抜け目ないのだ！

彼らはその狭小な魂を以て汝についてあれこれと考える。――彼らからすると汝は常に懸念すべきなのだ！　あれこれと懸念されると、何もかも懸念に値することになる。

彼らは汝の徳すべてが気に入らず、汝を罰する。彼らが心底許すのは僅かに――汝の失敗だけだ。

汝は慈悲深く正義感も強いので「毒蠅の卑小な現存は彼らの罪ではない」と言う。然し、彼らの狭小な魂は「総ての偉大な現存は罪である」と考える。

汝が彼らに慈悲深くても、彼らは却《かえ》って汝から軽視されていると感じる。そして、彼らは汝から受けた恩を密かに仇で返す。

汝の無言の誇りは、常に毒蠅の趣味を逆撫《さかな》でする。汝がとにかく謙《へりくだ》って、虚栄心のあるところを見せて遣《や》れば、彼らは小躍《こおど》りして喜ぶ。

我らが或る人物を見極めるために使う認識の火を、我らはその人物の宿業にも点火してしまう。だからこそ、卑小な人間には注意せよ！

汝の前で彼らは自らを卑小だと感じる。一方、彼らの下劣さは鈍く光り、汝に対する目に見えない復讐となって燃え上がる。

汝は気が付かなかったか、汝が彼らに歩み寄ると、屢《しばしば》彼らが押し黙り、消える火から昇る煙の如く彼らの力が失せていった様子に？

そうだ、我が友、汝は隣人にとって悪しき良心なのだ。というのも、彼らは汝の敵にも友にも値しないからである。だから彼らは汝を憎み、その血を吸いたがるのだ。

汝の隣人は常に毒蠅となるだろう。汝の発する偉大なもの、――それ自体が彼らの毒気を強め、益益彼らを蠅《はえ》の性《さが》に染《そ》めざるを得ない。

逃れよ、我が友、汝の孤独の中へ、荒っぽく強い風の吹く彼方へと！　蠅叩きになるのが汝の運命ではないのだ。――

このように、ツァラトゥストラは語った。

純潔

私は森を愛している。都会生活は性に合わないのだ。都会には、色々に発情する人間が余りにも多い。

色と欲に発情した女の野望に呑まれるよりは、人殺しの手に掛かる方が余程ましではないか。

この男どもを見てみろ、彼らの目を見れば分かる――この男たちは、この世で女と寝るよりましなことは何も知らないのだ。

彼らの魂の底には泥が溜まっている。ああ、その魂の泥が、よもや泥なりの才知を持っているならば、嘆かわしい事だ！

汝らがせめて動物として完全であればいいのだ！　然し、動物には無垢《むく》が不可欠だ。

私が汝らに官能を抑圧せよと勧めるだろうか？　私は汝らに官能の無垢に目を開くようにと勧めているのだ。

私が汝らに純潔を勧めるだろうか？　純潔は僅かな幾人かの場合、一つの美徳である。然し、大多数の場合、殆ど一つの悪徳である。

大多数の人間が確かに禁欲をする。然し、彼らの言動の総てから、牝犬の性的衝動が妬ましげに顔を覗《のぞ》かせている。

彼らの徳の高みや、冷静な知力の中に迄、梃《てこ》でも離れず、この畜生界とその軋轢《あつれき》は彼らに付き纏っていく。

そして、牝犬の性的衝動は、一片の肉を拒否されると、なんと丁寧《ていねい》に一片の奸智《かんち》を乞《こ》い求める術《すべ》を知っていることか。

汝らは悲劇や、心張り裂ける思いをさせるもの総てを、愛しているのか？　私は汝らの魂が牝犬を飼っているのではないかと疑っている。

私から見ると、汝らは余りにも残忍な目つきをして、苦悩する者を淫《みだ》らに眺めている。汝らの肉欲が変装し、同情と名乗っているだけではないのか？

またこの譬えも汝らに伝えておく。自分の悪魔を追い払うつもりだったのに、自ら牝豚のもとに飛び込んだ者は少なくないのだ。

純潔が困難な者には、それを止《や》めるように忠告すべきだ。純潔が地獄への道――即ち魂の発情の泥沼とならぬがためである。

私は破廉恥な事について話しているだろうか？　こんなことは、決して言わずもがなの禁忌《きんき》にしていいことではない。

真理が破廉恥《はれんち》な場合ではなく、真理が浅い場合に、認識を志す者は、真理の水に入るのを嫌う。

確かに、根っから純潔な人はいる、彼らは汝らより心底慈しみ深く、汝らより楽しそうに、而も腹の底から豊かに笑う。

彼らは純潔についても笑い飛ばす。また問いかける「純潔が何だって？

純潔は愚かなことではないかな？　だが、この愚かなことが我らの許《もと》に遣《や》ってきた。我らの方から近付いたのではないよ。

吾らはこの賓客《ひんきゃく》に宿泊と勇気を約束した。いま、賓客は我らの許に住んでいるよ。――好きなだけ居ればいいさ！」。

このように、ツァラトゥストラは語った。

友

「常に私の周りに、誰か一人余分にいる」——そのように隠者は考える「不断の一掛一は——長い間に二となる」。

「私は」（主観・心《こころ》）と「私を」（客観・身体《からだ》）とは、対談の最中に、常に打ち負かされまいと躍起になる。もし一人の友がいなければ、対談は如何にして持ち堪《こた》えられるだろうか？

常に隠者にとって、友は第三者である。その第三者は、二者の対談が深みに沈むのを防ぐための浮子《うき》である。

総ての隠者には、余りにも多様な深み（生命《いのち》の奥底）が有る。だから彼らは一人の友と、友の持つ高みに憧れる。

他者への我らの信頼は、我らが自分自身の何を信じたいと思っているかを明るみに出す。或る友への我らの憧れは、我らの心の奥底を隠し切れない妖精なのである。

屡《しばしば》人々は愛を以て嫉妬をなんとか飛び越えようとする。屡人々は自らの脆《もろ》さを隠蔽《いんぺい》するために、攻撃し敵をつくってしまう。

「せめて私の敵であれ！」——敢えて友情を請い願うことのない、真の畏敬はそう語る。

友を持ちたいのであれば、友のために戦を繰広げるつもりでなければならぬ。戦を繰広げるためには、敵であることが出来なければならぬ。

友の中にも逆に触発してくれる敵を感じて敬わねばならぬ。汝は馴《な》れ合《あ》いにならずに、友と親密になることができるだろうか？

友の中に自分の最良の敵を持っていなくてはならぬ。汝が友に反抗する場合、汝は友の気持を最も能く分かっていなくてはならぬ。

汝は友の前で全てを曝《さら》け出したいのか？　ありのままの姿を友に見せれば、それが友への敬意となる筈だというのか？　違う。友は逆に汝を失《う》せやがれと思うのだ！

自分を露骨に見せつける人間には腹が立つ。それほど汝らは赤裸々になるのを恐れて当然なのだ。そう、もし汝らが神々であるならば衣服を恥じるのもいいだろう！

汝が友のために自身を如何に美しく磨いても、決して十分とはいえない。汝は友にとって、超人を目指す一本の矢であり、一つの憧れであらねばならぬからだ。

汝は友の眠っている顔を見たか——どんな寝顔かを知るために？　昼間の友の顔は、一体何なのか？　それは粗《あら》くて不完全な鏡に映った汝自身の顔である。

汝は友の眠っている顔を見たか？　友の寝顔が昼間とは異なっていたことに愕然としなかったか？　おお、我が友、人間は超越されねばならぬ何かなのだ。

推察と秘密厳守に於いて、友たる者は達人であらねばならぬ。汝は総てを見ようとする必要はない。現《うつつ》の友が何をするか、汝の夢がそっと教えてくれるのがいい。

汝の同情は推察であれ。先ず友が同情を求めているかどうか知ることだ。ひょっとしたら、彼は汝の不屈の眼《まなこ》と永遠の眼差《まなざ》しを愛しているのかもしれない。

友への同情は硬い殻で包み隠せ。その同情を噛んで、汝が歯の一本くらい折るのもよし。そうすれば、同情はそれなりの快い繊細さを備えるだろう。

汝は友にとって、清らかな風と孤灯《ことう》とパンと薬であるか？　自身の鎖を解くことのできない者はいろいろといる。それでも、友のためには一人の救済者なのである。

汝は奴隷であるか？　然《そ》うならば友となることはできない。汝は暴君であるか、然うならば友を持つことはできない。

余りにも長い間、女性の中に奴隷と暴君が匿《かくま》われていた。それゆえ、女性は未《いま》だ友情を結ぶことができない。女性は愛しか知らぬ。

女性の愛の中には、自分が愛していないもの総てに対する不公正と盲目とがある。女性の知見豊かな愛の中にさえ、今なお奇襲と稲妻と夜とが光の隣で機を窺《うかが》っている。

未だ女性は友情を結ぶことができない。女性たちは、今なお猫であり、鳥である。或は、せいぜい牝牛である。

未だ女性は友情を結ぶことができない。然し、汝ら男たち、言ってみよ、汝らの中で誰が一体友情を結ぶことができるだろうか？

おお、汝ら男たち、汝らの魂の貧困と吝嗇《りんしょく》を乗り越えよ！　汝らが友に与えるくらいのものなど、私は未だしも敵に呉れて遣るつもりだ。それが原因で貧しくなることも決してない。

仲間うちの誼《よしみ》は自ずと生じる。私は友情こそ生まれよと祈る！

このように、ツァラトゥストラは語った。

千の目標と一つの目標

ツァラトゥストラは多くの国土と多くの民族を見た。その結果、多くの民族の善と悪を発見した。ツァラトゥストラは、この世で善と悪より大きな力はないと思った。

先ず評価することなしには、如何なる民族も生きていくことはできない。然し、民族が存続しようとするならば、隣の民族と同じ評価をすることは許されない。

こちらの民族で善いとされる多くが、他の民族では嘲りと恥とされる、そう私は思った。多くがこちらで悪と呼ばれ、あちらで深紅の栄誉を以て飾られていると思った。

或る隣人が他の隣人を理解した例はなかった。彼の魂は、絶えず隣人の妄想と悪意を訝《いぶか》ってきた。

心の財を記した石板が、総ての民族の上に掲げられている。見よ、それは民族の克服の石板である。見よ、それは力への民族意志の声である。

各民族の間で困難であると見なされていることが称賛《しょうさん》に値する。難しくても不可欠なことが、善いと呼ばれる。そして民族を最大の苦境から何とか救い出してくれる稀有《けう》なこと、最も難しいこと——それを民族は神聖であると称えるのだ。

或る民族に支配と勝利と栄光を授け、その隣の民族に恐怖と嫉妬を植え付けるものが、前者にとって高貴なもの、最優先のもの、価値判断の基《もとい》、万象の意味なのだ。

確かに、我が兄弟、汝が先ず或る民族の苦境と地勢と気象と隣人を認識したならば、汝は多分その民族の克服原則と、民族が此の希望の梯子《はしご》を登る理由を推察できる。

「常に汝は最高で卓越するしかない。汝の嫉妬深い魂は、友でない限り誰も愛することはできぬ」——これが或るギリシア人の魂を戦かせた。それでも、彼は自分を偉大にする小道を進んだ。

「真実を語り、弓矢と親しむこと」——これが私の名を生んだ彼《あ》の民族には、趣味のいい難行《なんぎょう》だと思われた——依って其の名の意《こころ》は、私にとって趣味のいい難行だということだ。

「父母を敬い、魂の根源に到るまで父母の意志であること」。この克服の石板を、別の或る民族は頭上に掲げ、それとともに強大になり、不滅となった。

「節操に背かないこと、節操を全うするために、酷く危険な事態に遭遇しても、名誉と血を注ぐこと」。このように、また別の或る民族は、自らに教えつつ自らを征服した。そのように自らを征服しつつ、その民族は壮大な希望を身籠《みごも》り、重くなった。

真に、人間は彼らの善と悪の総てを自らに与えた。絶対にそれを貰《もら》ったのではなく、見つけたのでもない。まして、それが天の声として降ってきたわけではない。

自己保持の為に、人間は先ず事物の中に価値を植え付けた。——先ず人間にとっての事物の意味を創造したのだ！　だから人間は自身を「人間」即ち評価する者と呼ぶ。

評価することは、創造することである。聴け、汝ら創造する者よ！　評価すること自体が、評価された総ての事物の持つ富であり、宝なのである。

評価することを通して、はじめて価値が生まれる。評価することなしには、現存という胡桃《くるみ》は空洞である。聴け、汝ら創造する者よ！

価値の変遷、——それは創造する者たちの移り変わりである。創始者であらねばならぬ者は常に破壊し尽くす。

創造する者となったのは、先ず民族だった。後になって、漸く個人が創造する者となった。確かに、個人そのものは未《いま》だに最も幼い被造物である。

嘗て諸諸《もろもろ》の民族が自らのために善の石板を頭上に掲げた。統治しようとする愛と、従おうとする愛とが、一緒になってこのような石板を作り上げたのだ。

群れで喜びを分かち合う方が、一人で喜ぶよりも古い歴史を持っている。良心が群れと同じ意味である限り、疚しい良心だけが「私《イッヒ》」と言う。

真に、多数者の利益を図ると見せかけて、自分の利益を謀る狡猾な「私」、この愛を知らない自我、それは群れの起源ではなくて、群れの没落(4)なのである。

善と悪を創造したのは、いつも愛する者と創造する者だった。総ての徳の名前の中には、愛の火と憤怒の火とが赤々と燃えている。

ツァラトゥストラは多くの国土と多くの民族を見た。ツァラトゥストラはこの世で愛する者の作品より偉大な力はないと思った。作品の名前は「善い」と「悪い」である。

真に、この称賛と非難の力は、一種の怪物である。汝ら兄弟、言え、誰がこの怪物を征服してみせるのか？　言え、誰がこの獣の千の首を絆で連帯させるのか？

これ迄千の目標があった。千の民族があったからだ。ただ千の首を連帯させる絆だけが未《いま》だに欠けている。一つの比類なき目標が欠けている。人間は未《いま》だ目標を持っていないのだ。

然し、我が兄弟、どうか言ってみよ、その目標が人間に未だに欠けているなら、人間は其の人間性さえも——未だに欠いているのではないだろうか？

このように、ツァラトゥストラは語った。

隣人愛

汝らは隣人の周りに群がり、それを美辞麗句で飾る。然し、私は汝らに言う。汝らの隣人愛は、汝ら自身に対する汝らの的外れの愛である。

汝らは自分自身から逃れて隣人のもとへ行き、それを美徳にしたがっている。然し、私は汝らの「私心なきもの」を見抜いている。

「汝《ドウ》」は「私《イッヒ》」より古い。「汝」は神への呼びかけとして聖化されたことがある。然し、「私」は未だ同等になってはいない。だから人間は隣人の方へと押しかける。

私は汝らに隣人愛を勧めるだろうか？　むしろ逆に、私は隣人からの逃避と最遠隔人への愛を勧める！

隣人への愛よりも高貴なのが、最も遠隔の人や未来の人への愛である。私から見ると、人間への愛よりも却《かえ》って高貴だと見なされるのが、作品や未来の影への愛である。

我が兄弟、汝の前を走る、この未来の影は汝より美しい。なぜ汝は、その影に汝の骨肉を与えないのか？　然し、汝は怖がり、汝の隣人のもとへ走る。

汝らは自分自身に堪えられず、自身を十分に愛せない。だから隣人をして自分に好意を持つように仕向け、隣人の誤謬によって自身を鍍金《めっき》しようとする。

私は、汝らが多様な最も身近な者とその隣人に堪《た》えられなくなればいいのにと願う。そうなれば汝らは自分自身の中から、汝らの友とその迸《ほとばし》る勇気を創造しなければならないからだ。

汝らは、自分が善《よ》く思われようとして話をするとき、或る証人を仕立てる。その証人を唆《そそのか》して汝らは善いと思わせてしまえば、汝ら自身が自分は善いのだと思う。

嘘と分かっていて話す者だけが嘘を吐くのではない。分かっていないのに分かったことにして話す者こそ、先ず以て正真正銘の嘘吐きである。そのように社交の中で汝らは自分を語り、自身と共に隣人をも騙しているのだ。

おどけ役はこう言う「人間と付き合っていると、気骨が駄目になる。とりわけ元から気骨の無い奴は、可笑しく化けっちまうぜ」。

或る者は自分を探し求めて、隣人のもとに行く。別の者は自分を失いたくて、隣人のもとに行く。汝ら自身への汝らの的外《まとはず》れの愛が、汝らの孤独を牢獄にしているのだ。

汝らの隣人愛を償う破目になるのは、比較的近くにいない者である。汝らが五人集まるだけで、常に六番目が人身御供とならざるを得ない。

私は汝らのパーティーも好きにはなれぬ。余りにも多くの役者が目についた。また観客も、屡《しばしば》役者のように振舞った。

私が汝らに教えるのは隣人ではなく、友だ。友こそ汝らのために大地の祝祭であれ、そして超人の予感であれ。

私は汝らに友とその溢れる心を教える。然し、溢れる心によって愛されたいならば、自らが一種の海綿《かいめん》であることを理解しなければならぬ。

私は汝らに、自らの中で世界、つまり善の秤皿を完成させている友を教える。——常に一つの完成した世界を贈り与えずにはいられない創造的な友である。

世界が彼のために広がっていったように、世界は彼のために奮闘しつつ巻き収められていく。悪による善の生成として、偶然からなる目的の生成として。

未来と最遠隔のものが、汝の今日の原因であれ。汝は自分の友の中《うち》に、汝の原因としての超人を愛さなければならぬ。

我が兄弟、私は汝らに隣人愛を勧めはしない。私は汝らに最遠隔人への愛を勧める。

このように、ツァラトゥストラは語った。

創造者の道

我が兄弟、汝は孤立の中に入りたいか？　汝自身への道を探すつもりか？　暫し決断を猶予し、私の話を聴け。

「探し求める者は、簡単に自ら消えていく。孤立は総て罪である」このように群れは語る。汝は長い間群れに属していた。

その群れの声は未だ汝の中にも響いているだろう。また汝が「私は最早同一の良心を君らと分ち合ってはいない」と言ってみても、それは一つの嘆き、一つの苦痛だろう。

いいか、この苦痛さえも、矢張りその同一の良心が産んだのだ。その良心が最後の仄かな光となって、今なお汝の悲哀の上で赤く燃えている。

然し、汝は汝の悲哀の道を進もうとしている。汝自身への道とは、何《ど》のようなものか？　汝の道理と汝の力を私に見せよ！

汝は新しい力、新しい道理であるか？　最初の動き？　自ら回る法輪であるか？　星たちをも強いて汝の周りを回らせることができるか？

ああ、高みへの淫らな欲動のなんと多いことか！　野心家の痙攣のなんと多いことか！　汝が淫らな欲動の一人でもなく、野心家の一人でもないことを私に見せよ！

ああ、鞴《ふいご》にすぎない大袈裟な思想のなんと多いことか！　それらは膨れ上がり、益々口先だけになっていく。

汝は自由だというか？　私が聴きたいのは汝を支配する思想であり、汝が一つの軛《くびき》から逃れたということではない。

汝は軛から逃れることを必要とした人物であろうか？　従属を捨てたとき、自分に残された最後の価値を投げ捨てた者は数多くいる。

何からの自由だって？　そんなことはツァラトゥストラに何の意味が有るものか！　要は、何のための自由か？　その答を汝の眼は私に対して晴れやかに告げねばならぬ。

汝は自身に対して、汝の悪と汝の善とを示すことができるか、また汝の意志を法として頭上に掲げられるか？　汝は自ら汝の法の裁き手となり、自身に対して其の法による報復者となれるか？

自ら紡いだ法の裁判官となり、而も其の法による報復を裁判官自身に加える身ともなる一人二役の孤立度は凄絶《せいぜつ》だ。そのように、一つの星が荒涼たる空間に投げ出され、孤立の凍りつくような呼吸に呑まれていくのだ。

今のところ汝は未だ多くの人のために苦悩している。汝、一人の男よ。今のところ汝は未だ汝の勇気と希望を完全に保持している。

然し、いつか孤独が汝を疲れさせ、いつか汝の誇りが言い逃れをする。すると、汝の勇気は歯軋りするだろう。汝はいつか、「私は孤立している！」と叫ぶのだ。

いつか汝は自分の高貴さを最早見なくなり、自分の低劣さを余りにも近く見る。汝の崇高なるものでさえ幽霊の如く汝を恐れさせる。汝はいつか「結局、道を間違えた！」と叫ぶのだ。

孤独なる者を殺そうとする感情がある。それが巧くいかなければ、逆にその類の感情自体が死ぬ外ない。然し、汝はそれらの感情を殺す（殺《そ》ぐ）者となることができるか？

我が兄弟、汝は「軽蔑」という言葉を体験的に知っているか？　また汝を軽蔑する人物を公平に扱うという、汝に突き付けられる正義の苦悶を知っているか？

汝は、多くの者をして、汝についての偏見を余儀なく改めさせた。それを彼らは快く思っていない。汝は彼らに近付き、通り過ぎていったのだ。それを彼らは許さない。

汝は彼らを超えていく。然し、汝が高く昇れば昇るほど、それだけ汝が小さいと妬みの眼《まなこ》は見る。飛び行く者が最も憎まれるのだ。

「私に敵対していながら、如何にして君らは私に対して公平たらむとするのか！」――汝は教えねばならぬ――「私は、君らの不公平を私に天から与えられた持分として選択する」と。

不公平と汚物を、彼らは孤独な者に向かって投げつける。然し、我が兄弟、汝が一つの星であろうとするならば、彼らのためにも汝は公平に輝いて遣らねばならぬ。

善人と義人に用心せよ！　彼らは自前の美徳を発明する者を無性に磔《はりつけ》にしたがる――彼らは孤独

な者を憎んでいるのだ。

また神聖なる純朴に用心せよ！　この純朴にとって純朴でないもの総《すべ》ては、神聖ではないのだ。この純朴は、また火を玩《もてあそ》ぶのが好きだ——火刑の薪の山だ。

そしてまた、汝の愛の発作に用心せよ！　孤独な者は、偶然出会った者に余りに気安く手を差し伸べる。

或る種の一群の人間に対して、汝は手を差し出してはならぬ。彼らには前足を差し出せばいいのだ。また私は、汝の前足が猛獣の爪をも持つべしと願っている。

然し、汝が遭遇するかもしれぬ最も厄介な敵は、常に汝にとっては汝自身なのだ。汝自身が洞窟や森の中で、常に汝を待ち伏せている。

孤独な者よ、汝は汝自身への道を行くか！　然し、汝の道は、汝自身と七つの悪魔の傍《かたわ》らを通り過ぎて行くぞ！

汝は汝自身にとって異端者となり、魔女となり、預言者となり、おどけ役となり、懐疑家となり、信仰心なき者となり、無頼漢となるだろう。

汝は自分自身の炎の中で燃え尽きようとしなければならぬ。先ず灰となってしまわなければ、新しく蘇ることなど、如何にして望めようか！

孤独な者よ、汝は創造者の道を行くのだ。汝の七つの悪魔から、一つの神を創造する意志を持て！

孤独な者よ、汝は愛する者の道を行くのだ。汝は自分自身を愛している。なればこそ、愛する者だけが軽蔑するように、汝は自分自身を軽蔑するのだ。

愛する者は、軽蔑するが故に創造しようとする！　当にその故に、愛したものを軽蔑する必要のなかった者が、愛について何を分かっているだろうか！

汝の愛と汝の創造せむとする営みと倶に汝の孤立の中に入るがいい、我が兄弟、後になって漸く、正義が足を引き摺りながら、汝の後ろから付いてくるだろう。

私の涙と倶に汝の孤立の中に入るがいい、我が兄弟。私の愛する人間は、自分自身を超えて創造しようとし、根本を窮める者だ。——

このように、ツァラトゥストラは語った。

年老いた女と若い女

「何うして貴方は、そんなに羞ずかしそうに黄昏《たそがれ》の中を忍び歩いているのですか、ツァラトゥストラ？　そのマントの下に、何を大切そうに隠しているのですか？

それは貴方に贈られた宝物ですか？　或いは、貴方が何処かの女に産ませた子供ですか？　それとも、貴方が今から御自分で、泥棒の真似でもなされるのですか、貴方は悪人どもの味方だったのですか？」——

確かに我が兄弟！　とツァラトゥストラは語った。それは私に贈られた一つの宝物だ。つまり、私が抱いているのは、一つの小さな真理である。

然し、この真理は幼い子供のように何を遣らかすか分からない。真理の口を手で抑えていないと、大声で喚《わめ》くのだ。

私が今日一人でいつもの道を歩き、夕陽が沈もうとしていた時、或る年老いた女がふと私の前に現れ、私の魂にむかってこのように語った。

「多くのことをツァラトゥストラは、我ら女たちにも語ってくれた。けれども、女については全く語ってくれなかった」

私は老女に答えた「女については、男たちにむかって話せば済むことだ」。

「私にも女について話しておくれ」と老女は言った「私は老いているので、聴いてもすぐに忘れる」。

そこで老女の意向に沿い、私は次のように彼女に対して語った。

女に関する総ては、一つの謎である。一方、女に関する総てが、その謎の一つの解明を与えてくれる。それが即ち孕むということである。

男は女にとって一つの手段である。目的は常に子供である。すると女は男にとって何だろうか？

真の男は二種類のことを欲する。それは危険と遊楽《ゆうらく》である。そのために、男は最も危険な玩具《シュピールツォイク》として女を欲する。

男は戦《いくさ》のために教育されねばならぬ。女は戦士の元気回復のために教育されねばならぬ。これより他の総ては、愚かなことである。

余りにも甘すぎる果実——そんなものを戦士は好まない。だから戦士は女を好む。どんなに甘い女にも、矢張り苦いところはあるものだ。

女性というものは、一人前の成人男子よりは子供たちのことを能く解っている。然し、男は大人になってみたところで、女より子供っぽいものだ。

真の男の中には、一人の幼児《おさなご》が隠されている。その幼児が遊楽を欲している。さあ、汝ら婦人たち、成人男子の中に隠されている幼児を是非とも発見するがいい！

女性は玩具《シュピールツォイク》であれ、未だ見ぬ世界の美徳によって照らされた宝石の如く、清らかで繊細であれ。一つの星の光が汝らの愛となって輝け！　汝らの希望は「私は超人を産みたい」と称するものであれ！

汝らの愛は勇敢であれ！　汝らの愛と倶に、汝らは戦慄《せんりつ》を覚えさせる運命の相手に向かって、飛び掛かっていかねばならぬ。

汝らの愛は汝らの誉れであれ！　世間の女は、誉れを殆ど解っていない。然し、汝らの誉れは斯くあれ。即ち愛される以上に愛すること、努努《ゆめゆめ》愛の二番手にはならぬこと。

女が愛するとき、男は女を畏れよ。愛のために、女は如何なる犠牲も払う。その外《ほか》の総ては無価値となる。

女が憎むとき、男は女を畏れよ、なぜなら、男は魂の根底が邪悪であるにすぎない。然し、女の魂の根底は闇雲に一途《いちず》である。

どんな男を女は最も憎むか？——鉄が磁石にこう言った「貴方が私を魅了しながらも、貴方に触れるほど強く私を引いてくれない限り、私は貴方を誰よりも憎む」。

男の幸福は、私は欲する、ということである。女の幸福は、彼は欲する、ということである。

「見て、丁度今、世界は完全になったわ！」——ひたすら愛の声に従うとき、女は誰しもそう考える。

女は愛の声に従い、そして、その表面を補う一つの深みを見つけ出さねばならぬ。女の心情は表面である。浅い水辺に漂い、嵐に弄《もてあそ》ばれる一つの表皮である。

一方、男の心情は深い。その潮流は冥界《めいかい》の洞窟へとざわざわと音を立て入っていく。女はその力を予感するものの、それを理解することはない。――

私の話を聴いて、その年老いた女は、意見を述べた「色々と丁寧な話をツァラトゥストラはしてくれた。年頃の若い女たちのためには格別だったよ。

不思議だ、ツァラトゥストラは殆ど女を知らない。でも、女について言うことは図星だよ！　女には何事も不可能ではないから、こんなことが起こるのかねえ？

さあ、感謝の印に一つの小さな真理を受け取っておくれ！　私だって、この真理を産み出すくらいには熟れているんだ！

それを襁褓《むつき》にくるみ、その口を抑えておくれ。さもないと、大声で喚《わめ》きたてるよ、この小さな真理は」。

「女よ、汝の産んだ小さな真理を私に与えよ！」と私は言った。すると老女は、このように言った。

「御前《おまえ》は、女たちのもとへ行きなさるか？　鞭《むち》を忘れてはいけないよ！」

このように、ツァラトゥストラは語った。

蝮《まむし》の咬み傷

或る日、ツァラトゥストラは暑さを避け、無花果《いちぢく》の木陰《こかげ》で休息している中《うち》に眠り込んでしまった。彼の両腕は顔の上に置かれていた。そこへ一匹の蝮《まむし》がやって来て、彼の頸《くび》に咬みついた。ツァラトゥストラは苦痛のあまり叫び声を上げた。顔から腕を離すと、彼は蛇をじっと見詰めた。その時、蛇はツァラトゥストラの眼が見詰めていると悟り、不器用に反転して遁走《とんそう》しようとした。「遁《のが》れてはならぬ」とツァラトゥストラは言った「汝は未だ私の感謝を受けていないのだ！　良い時に起してくれた。私の道は未だ長い」。「御前《おまえ》の道は何《ど》う足掻《あが》いても短い」と蝮は悄然として言った「我《わ》の毒が御前を殺す」。ツァラトゥストラは微笑《ほほえ》んだ「嘗て一頭の龍が一匹の蛇の毒によって死んだであろうか？」――と彼は言った「とにかく汝の毒を取り戻せ！　汝は私に毒を贈るほど豊かではない」。そこで蝮は改めて彼の頸に抱き付き、その傷を舐《な》めた。

ツァラトゥストラがこの話を嘗て弟子に伝えた時、彼らは尋ねた「おおツァラトゥストラ、何が貴方の話の道徳なのですか？」。ツァラトゥストラはそれに答えて言った。

善人や義人は私を道徳の破壊者だと呼んでいる。私の話は、道徳か非道徳かの枠組みには収まらない。

つまり、こういう意味だ。例えば、汝らに敵が一人いるとする。その敵の加えた悪に対しては、善を以て報いてはならぬ。敵の面目を潰《つぶ》すからだ。逆に、敵が汝らのために、何か善いことをしたのだと証明して遣るがいい。

恥入らせるより、未《ま》だしも怒るほうがいい！　汝らが呪われているときに、相手を祝福しようとするのは気に入らぬ。少々は呪って遣れ！

汝らに一つの大きな不正が加えられたら、それを素早く五つの小さな反撃に変えるところが見たいものだ！　孤立して不正に押し潰される人間を眺めるのは居《い》た堪《たま》れない。

汝らは既にこのことを知っていたか？　加えられた不正を逆手に取って遣れば、半分の正義を回復できる。不正に堪えられる者は、不正を一身に受け止めるがいい！

何も復讐しないより、小さな復讐でもする方が人間的だ。一方、不正を犯す破目になった者に対する懲罰が正義と尊厳に悖《もと》るならば、私は汝らの処罰の下し方も嫌いだ。

身の潔白を飽く迄主張するより、濡《ぬ》れ衣《ぎぬ》を着る方が高貴である。とりわけ正義を確信している場合には。但、そのためには十分に心豊かであらねばならぬ。

私は汝らの冷やかな公正さが嫌いだ。汝らの裁判官の眼から、常に死刑執行人とその冷酷な刃《やいば》が顔を覗かせている。

言え、照破する眼力を有《も》つ愛としての公正は、何処にある？

如何《いか》なる罰を加えられても堪えられるだけではなく、如何なる罪を着せられても、堪えられる愛を発見するがいい！

裁く者を除いて、総ての者に無罪を言い渡す公正を発見するがいい！

汝らは更にこのことも聴きたいか？　徹底して公正でありたいと念じる人に縁すると、嘘さえも、人間を結ぶ——好意の言動となるのだ。

然し、どうして私が徹底して公正でありたいと念じるだろうか！　どうして一人ひとりにその持分を与えてやることができようか！　私は総ての者に私の持分を与えてやる、これで十分としよう。

最後に、我が兄弟、どんな隠者にも不正を加えないように用心せよ！　如何にして隠者がそれを忘れられようか！　如何にして返報することができようか！

隠者は深い泉のようなもの。その中に石を投げ入れるのは容易《たやす》い。然し、その石が底まで沈んだら、言ってみよ、誰がそれを再び取り戻すつもりか？

隠者を侮辱しないように用心せよ！　もっとも、そんなことをしたら、いっそのこと、抹殺してしまえ！

このように、ツァラトゥストラは語った。

子供と結婚

我が兄弟、汝だけに一つ尋ねてみたい。私は次の問を測量用の鉛のように、汝の魂の中に投げ入れる。汝の魂がどれくらい深いのか知りたいのだ。

汝は若い。子供を欲しがり、結婚を望んでいる。然し、私は汝に問う。汝は子供を欲しがることが許される人間であるか？

汝は勝利を収めた者であるか、自己征服者であるか、官能の支配者であるか、汝の美徳を束ねる君主であるか？　このように私は汝に問う。

或いは、汝の本音は動物の生理的欲求なのか？　または孤独に耐えられないのか？　それとも自身との不和を紛らわせたいのか？

私は、汝の勝利と汝の自由が一人の子供を切望するのであれと念じる。汝の勝利と汝の解放のために、汝は生きている記念碑を構築しなければならぬ。

自らを超えて、汝にはその記念碑を構築して欲しい。だが、汝自身が先ず、申し分のない肉体と魂の骨組みを築き上げていなければならぬ。

生み殖やすだけではなく、精神の高みを模索して欲しい！　そのために結婚の園が助けとならむことを祈る！

汝には、より尊貴なる肉体を創造することを望む。最初の動き、自ら回る法輪、――一人の創造者を汝は創造しなければならぬ。

結婚。それは即ち斯うだ。二人が結婚前にそれを創造した場合よりも、絶対に多くの価値を有《も》つ一大作品を創造せむとする、一対への意志、これを私は結婚と呼ぶ。このような意志を意欲する者として、互いに対して湧き上がる畏敬の念を、私は結婚と名付ける。

これが汝の結婚の意味と真理であれ。然し、多くの己《おのれ》を持て余す者、これら己をあらずもがなと思う者が結婚と名付けるもの、――ああ、私はそれを何と名付けようか？

ああ、番《つが》いになろうとするこの魂の貧困よ！　ああ番いになろうとするこの魂の汚辱よ！　ああ、番いになろうとするこの哀れむべき安逸よ！

彼らはこれら総てを結婚と名付けている。而も、彼らは言う、自分たちの結婚は天国で結ばれているのだと。

とにかく私は、己をあらずもがなと思う者たちの言う、こんな天国は好きになれぬ！　そうだ、天国と称する網に搦《から》め捕られた、こんな動物たちは好きになれぬのだ！

自分が結び合わさなかったものを祝福するために、足を引《ひ》き摺《ず》りながらやって来る神も、私から遠ざかっていよ！

このような結婚を笑う勿《なか》れ！　どの子供が、両親のことで嘆きの涙を流さないで済むだろうか？

この男は品格があり、大地の志を解るほど円熟しているように見えた。ところが、彼の妻を見た時、私には此の世が訳《わけ》の分からぬ者たちの旅籠《はたご》だと思われた。

全くだ、一人の聖者と一羽の鵞鳥《がちょう》が番《つが》いの夫婦となるならば、大地は痙攣に戦《おのの》けと私は願うことだろう。

この男は英雄の如く本物の女神を狙って出発して行った。ところが、漸《ようや》く分捕《ぶんど》ったのは小さな着飾った嘘一つ。それを彼は自分の結婚と呼んでいる。

例の男は社交に於いて不愛想、女性の好みも煩《うるさ》かった。然し、突然、彼は一挙に彼の仲間を堕落させた。それを彼は自分の結婚と呼んでいる。

彼の男は、天使の徳を有《も》った女中を探し求めた。然し、突然、彼は或る女の女中に成り下がった。今や必要とあらば、そのうえ更に天使にも成りかねない。

誰しも品物を買うとなると、注意深い。皆狡猾な騙されない目つきをしている。然し、自分の妻を買うとなると、如何に狡猾な男であっても袋入りのまま買う。

さまざまな短い愚行――それらは汝らの間で恋と呼ばれる。一方、汝らの結婚は、さまざまな短い愚行に終止符を打つ、長い無智愚鈍の始まりとして。

女への汝らの愛、また男への女の愛、ああ、その愛が、苦悩し覆い隠された神々への同情であればいい！　然し、大抵は二匹の獣が腹の探り合いをしている。

また、汝らの最善の愛さえも、単なる恍惚たる比喩であり、辛《つら》い残り火にすぎぬ。その愛は本来、汝らのためにより高貴な道を照らして遣らねばならぬ松明《たいまつ》なのだ。

汝らは、いつか自らを超えて愛さなければならぬ！　だから先ず愛することを学べ！　そのためには、汝らの愛を湛《たた》えている苦い杯を飲み干さねばならぬ。

最善の愛を湛えた杯の中にさえ、苦味はある。その苦味が超人への憧れを掻き立て、憧れは汝に創造者としての渇望を掻き立てるのだ！

創造者としての渇望、超人を目指す矢のような憧れ、言ってみよ、我が兄弟、このことが汝の結婚への意志となっているだろうか？

このような一つの意志、このような結婚が神聖と呼ばれるのだ。――

このように、ツァラトゥストラは語った。

自由なる死

多数の者は、余りに遅れて死ぬ。一方、少数の者は、余りに若くして死ぬ。「相応《ふさわ》しい時に死ね！」という教えは、意外にも未知の響きを伝える。

相応しい時に死ね。このように、ツァラトゥストラはその未知の響きを教える。

むろん、相応《ふさわ》しい時に備えて生きていない者が、どうして何時《いつ》か相応しい時に死ぬ筈があろうか？そんな者は生まれなければ良かったのだ！――このように私は、己をあらずもがなと思う者たちに忠告しておく。

然し、己をあらずもがなと思う者も、実際は意外にも自分の死を他人には重大だと受止めさせたい。どれほど中身のない胡桃《くるみ》も、せめて音を立てて割ってもらいたいと願う。

皆死ぬ事は重大だと考える。然し、死は未《いま》だに祝祭ではない。人間は残念ながら、死を最も麗《うるわ》しい祝祭として聖別することを習得しなかったのだ。

人生を完成させる死を、私は汝らに教えておく。その死に方は、生きている者たちを鼓舞し、誓詞を促す。

人生を完成させる者は、勝利に溢れ、希望に燃える者や誓いを立てる者に囲まれて、自らの死に臨む。

このようにして死ぬことを学ばねばならぬ。こうして死につつある者が生き続ける者たちの誓願を聖別して遣らない限り、決して死が祝祭となることはない。

このようにして死ぬのが最善だ。そして、次に善いのが、戦闘の間に死に、偉大なる魂を惜しみなく捧げ尽くすことである。

然し、勝利者から見ても、戦闘者から見ても等しく厭わしいのは、汝らの何処《どこ》かで薄笑いを浮かべている死神である。此奴は泥棒の如く忍び寄り――確実に、主《あるじ》の如く振舞う。

私の死を私は汝らのために約束する、私が望むときに私のもとにやって来る自由なる死であることを。

ならばいつ私は死を望むだろうか？――目標と後継者を有《も》っている者は、目標と後継を託すに相応しい時に死を望む。

目標と後継者に対する畏敬の念から推して、この種の人物は、生命の聖跡に最早枯れた花輪を掛けはしない。

絶対に、私は縄を綯《な》う者の真似はしないつもりだ。彼らは縄を長く綯い伸ばすとともに、絶えず後退していく。

かなり多くの者が、実際は自分の真理と勝利に相応しくないほど老いていく。歯のない口には、最早如何なる真理をも咀嚼する権限がない。

そこで栄光を手にしたい者は、時機を逃すことなく、世間の礼遇《れいぐう》に別れを告げ、相応しい時に――逝く、という難しい術を身を以て示さなければならぬ。

最も美味《おい》しいときに、自分を賞味させるのを止《や》めなければならない。長く愛されたいと願う者は、このことを知っている。

無論、秋の最後の日まで熟れるのを待つ運命《さだめ》の、酸っぱい林檎がある。だが、それらは熟れて黄色くなると同時に、皺だらけになる。

或る者は心が最初に老いる。また或る者は知力が最初に老いる。一方、幾人かは青春の中《うち》に年老いている。然し、遅れて若くなれば長く若いままでいられる。

一群の者が上手くいかない人生を歩む。毒虫が心を蝕《むしば》んでいるのだ。その類の者は、その分、死ぬことが上手《うま》くいくように、残りの人生を心して生きて欲しい！

また一群の者が決して甘くならない。夏の間に既に腐る。彼らを自分の枝にしがみつかせているのは臆病だ。

多くの己を持て余す者が生き、彼らが余りにも長く自分の枝にぶら下がっている。この腐った物や虫食いの総てを、木から振るい落とす嵐よ、来たれ！

潔い死を説く者よ来たれ！　それが当に嵐となり、生命の木を揺さぶるものとなるのだ！　然し、耳にするのは、緩慢な死と「現世」の総てに対して忍耐を説く声許《ばか》りだ。

ああ、汝らは現世に対する忍耐を説くのか？　現世こそ、汝らに対して並外れた忍耐を持ってくれているのだ、汝ら中傷屋よ！

確かに、緩慢な死の説教者の敬う、あのヘブライ人は余りにも若くして死んだ。以来、彼の余りにも若すぎる死が、多くの者に同じ悲運の道を辿らせたのだ。

彼は未《ま》だ、善人や義人の憎しみと一緒になった、ヘブライ人の涙と憂鬱しか知らなかった。――それが当時のヘブライ人・イエスだ。その時、死への憧れが彼を襲った。

彼は砂漠に留まり、善人や義人から離れていれば良かったのだ！　そうしていれば、或いは生きることと、大地を愛すること――更に笑うことも学んだであろう！

私を信じよ、我が兄弟！　彼は余りにも若くして死んだ。私の年齢迄生きたならば、彼自ら彼の教えを撤回しただろう！　彼は撤回できるほど十分に高潔だった！

だが、彼は猶未熟だった。未熟なままに若者は愛し、未熟なままに若者はまた、人間と大地を憎む。若者の心情と精神の翼は、本当は何かに呪縛されて重い。

一方、成熟した大人の男の中には、若者より多くの子供らしさがある。而も憂鬱は若者より少ない。大人の男の方が、若者より死と生について能く分かっている。

死に対する恐れも憧れもなく、死に際しても自若《じじゃく》として、最早肯定の時が無ければ神聖なる否定者となる。このように、成熟した男は死と生に練達している。

我が友、汝らの死に方が人間と大地への冒瀆とならぬように。このことを私は、汝らの魂の蜜に切に願う。

汝らが死につつあるとき、汝らの精神と美徳は将に今こそと大地を包む夕映えのように、赤赤と燃えていなければならぬ。さもなければ、死ぬ事は失敗に終るのだ。

そのように、私自身は死にゆくつもりだ、汝ら友が私の死に触発されて大地への愛を深めんがために。そして、私は再び大地となる、私を産んでくれた永遠の母のもとで安らぎを得んがために。

真に、ツァラトゥストラは一つの目標を持っていた。彼は自分のボールを投げた。今度は汝ら友が私の目標の後継者たれ。私は汝らに黄金のボールを投げ渡す。

我が兄弟、私は何よりも、汝らが黄金のボールを投げているところが見たい！　だから私は猶暫くこの世に留まる。私の想いを汲み取ってくれ！

このように、ツァラトゥストラは語った。

贈り与える徳

1

その名を「斑牛《まだらうし》」と呼び、彼の心が親しんでいた町に、ツァラトゥストラが別れを告げた時——自ら弟子と名乗る多くの者が後を追い、彼に同行した。そうして或る十字路に差しかかったとき、ツァラトゥストラは彼らに、この先は独りで歩いて行きたいと告げた。彼は独り歩きの愛好者だった。予期していた弟子らは、送別の記念に一本の杖を手渡した。黄金の取っ手には、太陽に巻きついた一匹の蛇が彫刻されていた。ツァラトゥストラはその杖を喜び、それを突いて立った。それから、彼は弟子らにむかって、このように語った。

言ってみよ、如何なる理由で黄金は、最高の価値を得るに到ったか？　理由はこうだ。黄金は有り触れた物ではなく、実用向きでもない。光り輝き、その光沢《こうたく》は慈しみ深い。黄金は常に自分自身を与えている。

最高の美徳の似姿としてのみ、黄金は最高の価値を得るに到った。黄金の如く、贈り与える者の眼差しは周囲を照らす。黄金の輝きは月と太陽の間に親睦を結ぶ。

最高の美徳は有り触れたものではなく、実用向きでもない。光り輝き、その光沢は慈しみ深い。贈り与える徳は、最高の美徳である。

真《まこと》に、我が弟子よ、汝らのことは十分察している。汝らは私と同様、贈り与える徳を希求している。汝らが猫や狼と変わらぬ輩であるだろうか？

自ら犠牲となり贈物となるのが、汝らの熱望だ。だから汝らは、総ての心の財を魂の中に集積しておきたいと渇望している。

飽くことなく汝らの魂は、言葉の宝物や知恵の宝石を得ようと努めている。なぜなら、汝らの徳が飽くことなく贈り物を与え続けようと意欲しているからだ。

汝らは総ての事物を自身の許へ自身の中へと吸収していく。それらを汝らの愛の恵みとして、汝らの泉から再び溢れ出させるために。

必ずや、このような贈り与える愛は、総ての価値の強奪者とならざるを得ない。然し、このような自己追求欲を、私は健全且つ神聖であると言っておく。——

それとは異なる自己追求欲がある。余りにも貧しく飢えていて、常に盗もうとしている、あの病人特有の利己主義、即ち病気の自己追求欲だ。

利己主義は泥棒の目付きで、総ての輝いているものに対して視線を走らせる。飢餓の貪欲さで以て、豊かな食事をする者を品定めする。そして、利己主義は贈り与える者の食卓の周りを常に忍び歩く。

こんな並外れた欲望から、病魔と密かに進行している退縮とが語りかけてくる。こちらの自己追求欲の泥棒じみた貪欲は、弱々しくなった肉体の症候である。

言ってみよ、我が兄弟、劣悪（有害）なもの、最も劣悪なものと見なさるべきは何か？　それは退縮ではないか？――贈り与える魂のない所、我らは常に退縮を推測する。

我らの道は上の方へ開けていく。種から超-種へと。然し、「総ては自分のために」と主張する退縮する感性は、我らから見ると恐ろしい出来事である。

我らの志は上の方へ飛んでいく。だから志は我らの肉体の比喩、高められたものの比喩となる。このように高められた数々のものの比喩が美徳の名称となるのだ。

こうして肉体は歴史を通り抜ける。生成するもの、戦うものとして。一方、精神――それは肉体にとって何だろうか？　精神とは、肉体の戦いと勝利の伝令、肉体の同志、そして肉体のこだまである。

善と悪についての総ての名称は比喩である。それらが口を開いて語ることはない。合図するのみだ。善と悪について了解していると主張するのは愚か者だ。

我が兄弟、汝らの精神が比喩で語ろうとする、如何なる瞬間も大切にせよ！　その時に汝らの美徳の源《みなもと》があるからだ。

その時汝らの肉体は高められ、蘇生する。その至福を以て、肉体は精神に大きな喜びを与える。その結果、精神は創造者、評価者、愛する者、万物の恩人となる。

汝らの心が広く豊かに沸き立ち、奔流の如く溢れ、辺《ほとり》に住む者たちの祝福とも危険ともなるならば、その時に、汝らの美徳の源がある。

汝らが賞讃と非難に超然として、汝らの意志が愛する者の意志として万物に命令しようとするならば、その時に、汝らの美徳の源がある。

汝らが快適さや柔らかい寝床を軽蔑しながら、幸運にも裕福になった者から十分に遠ざかって床に入ることも許されぬならば、その時に、汝らの美徳の源がある。

汝らが一大意志を意欲する者となり、この総ての困難の転機が汝らにとって必然だと分かったならば、その時に、汝らの美徳の源がある。

真に、それ（汝らの美徳）は新たなる善と悪なのだ！　真に、新たなる深い水脈の轟《とどろき》、新たなる泉の声なのだ！

この新しい美徳、それは力である。それは支配者となる思想である。そして、その思想の周囲に、一つの聡明な魂が巻きついている。これこそ、一つの黄金の太陽と、それに巻きついている認識の蛇なのである。

2

ここでツァラトゥストラは暫し話すのを止め、弟子一同を慈愛の眼差しで見渡した。それから、彼は次のように話し続けた。――彼の声は変容していた。

我が兄弟、汝らの美徳の力を以て大地に忠実であり続けよ！　汝らの贈り与える愛と汝らの認識は、大地の志《こころざし》に仕えよ！　次のように私は汝らに切に願う。

その愛と認識が現世を離れて飛び去るのを許すな！　翼を永遠の霞網《かすみあみ》に向かって打ち付けさせるな！　ああ、いつの時代にも、非常に多くの消え去った美徳があった！

私に倣い、消え去った美徳を大地へと連れ戻すのだ――そうだ、肉体と生命へと連れ戻すのだ。美徳が大地に志を、人間としての志を与えんがために！

これ迄精神も美徳も、幾度となく方角を見失い飛び損ねた。ああ我らの肉体の中に、今猶この種の妄想と過誤の総てが棲みついている。つまり、血肉と意志になったのだ。

これ迄精神も美徳も、幾度となく自らを試しては道に迷った。そう、人間とは試みだった。ああ多くの無知と錯誤が、我らの血肉となってしまった！

幾千年来の理性だけではなく――理性の深層に潜んでいた狂気も、折に触れて急に顕れる。先人の血を受け継ぐのは危険なことだ。

今猶我らは、一歩進むごとに偶然という巨人と格闘している。これ迄は人類全体を、あろうことか不条理と無意味とが支配していたのだ。

我が兄弟、汝らの精神と美徳は大地の志に仕えよ。万物の価値が新たに汝らによって決められるべし！　そのために、汝らは闘争者であり、創造者であらねばならぬ！

肉体は新知見を模索しつつ自らを浄める。肉体は新知見を以て試みながら自らを高める。認識する者には、総ての衝動が神聖になる。高められた者は、魂が快活になる。

医者よ、自分自身の薬《くすり》となれ。そうすれば汝の患者にも必ず薬となる。自分自らを健やかにする者を患者が肉眼で見ることこそ、医者の最善の助けなるべし。

無数の前人未到の小径が存在する。無数の健康と無数の隠れた生命の安全地帯が存在する。依然として、人間と人間の大地は極め尽されておらず、未発見のままである。

汝ら孤独な者よ！　目覚めよ、耳を澄ませ！　密かな翼の羽搏《はばた》きと共に、未来から風が吹いて来る。繊細な耳には、喜ばしい前触れがもたらされるのだ。

汝ら今日孤独を託《かこ》つ者よ、汝ら除け者にされる者よ、汝らはいつか一つの民にならねばならぬ。自分自身を精選する汝らの中から、必ずや精選された民が育ち――そして、その民から超人が生まれるにちがいない。

実《げ》に大地は少しでも癒しの場所とならねばならぬ！　早くも新しい、至福をもたらしてくれる香りが大地の周囲に漂う。――そして、一つの新しい希望が！

3

これらの言葉を語り終えると、ツァラトゥストラは黙した。その様子は、最後の言葉を言い残している人のようだった。長らく弟子たちの殊勝さを覚束《おぼつか》なく思いつつ、彼は杖を手の中で弄んだ。漸く彼は次のように語った。――彼の声は変容していた。

我が弟子たち、今より私は独《ひと》りで行く！　さあ汝らも去っていけ、独りで！　私はそう望む。

真に、私は忠告する。立ち去れ、そしてツァラトゥストラに逆らえ！　更に的確に言うと、ツァラトゥストラを恥じよ！　彼は汝らを或いは欺いたかもしれぬぞ。

認識の人間は、自分の敵を愛するだけではなく、自分の友をも憎むことができなければならぬ。

いつも唯弟子のままでいては、師に報いることは適わぬ。なぜ汝らは私の桂冠を毟り取ろうとしない？

汝らは私を崇拝する。然し、その崇拝が或る日突然ひっくり返ったら、いったいどうする？　倒れてくる立像に打ち殺されぬよう注意せよ！

汝らは、ツァラトゥストラを信じている、と言うのか？　然し、ツァラトゥストラが何だ！　汝らは私の信者だ。然し、どんな信者であれ、信者が何だ！

汝らは未だ自らを探し求めていなかった。そのとき、汝らは私を発見した。信仰者とは皆、その類《たぐい》だ。だから総ての信仰には殆ど得る所なしだ。

今私は汝らに、私は居ないと思え、自らを発見せよ、と命令する。そして、汝らが皆私を否定したときにはじめて、私は汝らの許《もと》に戻るつもりだ。

我が兄弟、必ずやそのとき、私は別の眼差しで突き放した者たちを探そうと思う。別の慈愛で汝らを愛そうと思っている。

そして、いつか時機を見て汝らを私の友にしたい、また一大希望の幼児《おさなご》たちにしたいと念じている。その暁には私は三度《みたび》汝らの許にいて、汝らと共に偉大なる正午を祝うのだ。

偉大なる正午とは、人間が動物から超人へと到る軌道の中心に立ち、落日への道を最も高貴な希望として祝う時である。なぜならそれは新しい朝《あした》を約束する道だからである。

そのとき太陽のように下降する者は、自分が彼方へと移りゆく者であると確信して、自分自身を祝福するだろう。一方、認識の太陽は彼の正午に位置しているだろう。
「総ての神々は死んだ。今から我らは、超人万歳！、と希おう」――この言葉がいつか偉大なる正午に捧げる我らの究極の決意であれ！――

このように、ツァラトゥストラは語った。

第二部

そして、汝らが皆私を否定したときにはじめて、私は汝らの許に戻るつもりだ。

我が兄弟、必ずやそのとき、私は別の眼差しで突き放した者たちを探そうと思う。別の慈愛で汝らを愛そうと思っている。

ツァラトゥストラI部〈贈り与える徳3〉より（一〇四頁）

鏡を持った幼児《おさなご》

この後、ツァラトゥストラは再び山に入り、彼の洞窟での孤独に戻って、人間界から遠ざかっていた。大地に自分の種を撒き終えた人の如く待ちながら。然し、彼の魂は、愛する者たちに早く会いたくて焦がれていた。猶多くを彼らに授ける必要があった。これ即ち、愛するが故に開いた手を閉じ、贈り与える者としての羞じらいを失わないでいることは、最も難しいということだ。

このようにして、孤独な者の年月が過ぎていった。然し、彼の知恵は増し、その豊かさ故に彼に苦痛を与えた。

或る朝、彼は朝焼けに先立って目を覚まし、寝床で長らく熟考していた。そして遂に彼は、自分の心に対《むか》って語った。

「どうして私は、夢の中であんなに驚いて目を覚ましたのだろうか？　鏡を持った幼児《おさなご》が一人、私の方へ歩いて来なかったか？

『おお、ツァラトゥストラ』――とその幼児は私に向かって言った――『鏡の中の御前《おまえ》を見よ！』

然し、鏡の中を見たとき、私は叫び声を上げた。私の心は衝撃を受けた。なぜなら、鏡の中に見たのは、自分の姿ではなく、嘲り笑う悪魔の恐ろしい顔だった。

真《まこと》に、私はこの夢の徴《しるし》と警告が何か、余りにも能く判る。私の教えが危機に瀕している。雑草が小麦だと称しているのだ！

私の敵が強大になってしまい、私の教えのあるべき姿を歪めてしまった。私の最愛の者たちでさえ、私からの贈物を恥じているにちがいない。

私の友は私から突き放され、去っていった。突き放した者たちを探す時が遣《や》って来たのだ！」。

——

これらの言葉とともにツァラトゥストラは跳び起きた。然し、不安になって喘《あえ》ぐ者のようではなく、寧《むし》ろ霊感を得た預言者や歌い手のようだった。彼の鷲と蛇は不思議そうに彼を見遣った。近づく幸福が朝焼けのように、彼の顔容《かんばせ》の上に懸かっていた。

私に何が起こったのだ、私の動物たちよ！——とツァラトゥストラは言った。私は変容したのではないか？　無上の幸福が一陣の突風のように私のもとに来なかったか？

私の幸福は浅はかであり、世間知らずなことをいっているのだろう。私の幸福は未だ余りにも若い。——だから大目に見てやってくれ！

私は私の幸福によって傷ついている。総ての苦悩する者たちに私の医者になってもらおう！

友のもとに再び降りていくことができる。そして敵のもとにも！　ツァラトゥストラは、再び話しかけ、贈り与え、愛する者に最も大切なことをして遣れるのだ！

最早抑えきれない私の愛は、奔流となって溢れ下り、地上に普く波及していく。寡黙な山々と苦痛を訴える雷雨を出で、私の魂は轟きながら谷間に注ぐ。

余りにも長い間、私は遠くに憧れ、遠くを見詰めていた。余りにも長い間、私は孤独の一部だった。だから沈黙することを忘れたのだ。

私は天地の口そのものとなり、岩壁から渓流に注ぐ瀑布となった。私から迸《ほとばし》る言葉を谷間に向かって、ぶちまけて遣《や》りたい！

私から溢れる愛の奔流が道なき所に突進してもかまわない！　滔々《とうとう》たる流れが軈《やが》て海への道を発見しない筈があろうか！

確かに私の中には一つの湖がある。隠者のような、自分だけの幸せに満足する湖だ。然し、私の溢れる愛の奔流は、その湖諸共拉《もろともらっ》し下っていく――海を目指して！

新たな道を私は進む。新たな言葉のうねりが私を衝き上げる。創造者の常として私は古い詞遣《ことばづか》いに飽きた。私の精神は最早擦り切れた靴底で歩き廻りたくないのだ。

どんな語り方も今の私には緩慢すぎる。――嵐よ、汝の馬車に飛び乗って遣るぞ！　たとえ汝といえども、私の悪意の鞭で此処ぞと許りに踊らせて遣る！

叫び声や歓呼の如く、私は遙かな大海原を越えて行く。軈《やが》て私は行く手に、友の待つ喜びに満ちた島々を発見する。――

友に混じって私の敵がいる！　だが今はただ、話しかけることさえできれば、誰でも慈《いつく》しみたい！　私の敵も私の無上の幸福を支えてくれるのだ。

最も悍の強い愛馬に乗ろうとするとき、私の槍は常にこよなく私を手助けしてくれる。これこそ、私の足をいつでも支えることのできる従者である。――

私が敵に向かって投げつけるのは、この槍だ！　遂にこれを投げつけることができる。私は敵にどれほど感謝していることか！

我が雷雲の緊迫は、余りにも大きくなりすぎた。私は稲妻の哄笑《こうしょう》を炸裂させ、その間から霰《あられ》の雨を投下して、谷底めがけて弾《はじ》けさせて遣《や》りたい。

そのとき我が胸は激しく高まり、胸の中の嵐を山々の上に激しく吹きつけるだろう。そのようにして、我が胸は軽やかになるのだ。

真《まこと》に、嵐のように私の幸福と私の自由は遣って来る！　然し、私の敵は、悪魔が自分たちの頭上で荒れ狂っていると、必ずや思う筈だ。

そうだ、友よ、汝らも我が奔放不羈な知恵に驚くだろう。そして、ひょっとしたら、私の敵と一緒になって逃げだすかもしれない。

ああ、汝らを羊飼いの笛で連れ戻す術《すべ》を知っていればいい！　ああ、我が牝獅子《めじし》の知恵が優しい咆え方を習得していればいい！　我らは既に互いに多くを学んだ！

我が奔放不羈《ほんぽうふき》な知恵は、人気のない山上で身籠《みごも》り、ごつごつとした石ばかりの地面に彼女の潑溂《はつらつ》とした仔、比類なく潑溂とした仔を産み落とした。

今、彼女は夢中になって過酷な砂漠を駆け廻り、柔らかな芝生《しばふ》を探しに探し求めている——我が親愛なる奔放不羈な知恵は！

友よ、汝らの心の柔らかい芝生の上に！——即ち、汝らの慈愛の上に、彼女はその最愛の仔を寝かせたいと思っているのだ！——

このように、ツァラトゥストラは語った。

喜びに満ちた島々で

無花果《いちじく》の実が木から落ちる。それらはふくよかで甘い。落ちることによって、赤い表皮が裂ける。私は熟れた無花果の実にとって、一陣の北風である。

こうして、友よ、無花果のように、次に話す教えは、汝らの手許《てもと》に糧《かて》として落ちる。さあ、その果汁と甘い果肉をしゃぶるがいい！　辺《あた》りは秋。清澄な空と午後。

見よ、何と満ち足りていることか、我らの周囲は！　この溢れる豊かさの中にいて、遙かな大海原を見渡すのは素晴らしい。

嘗て遙かな大海原を見たとき、人は神を口にした。今では然し、私は汝らに超人と主張することを教えた。

神とは一つの臆測である。然し、私は望む、汝らの臆測が汝らの創造せむとする意志より遠くへ延びていかないようにと。

汝らは一柱の神を創造できるだろうか？——できないなら、総ての神について解ったような口を利《き》くのは已《や》めよ！　然し、超人ならば汝らは、たぶん創造できるかもしれない。

我が兄弟、或いは汝らが自分で超人を創造することはできないかもしれぬ！　然し、自分を創り直して超人の父祖や先祖にはなれるかもしれない。せめてこれくらいの最善は成就さるべし！

神とは一つの臆測である。然し、私は望む、汝らの臆測が思考可能性の中に限定されて然るべきであると。

汝らは一柱の神を考えられるか？——とにかく、この問いが汝らには、真理への意志、つまり、総ては人間に考えられるもの、人間に見えるもの、人間に感じられるものへと転換されるべきだということを意味するものであれ！　汝らは自分自身の感覚《センス》に最後まで考えさせねばならないのだ。汝らが世界と呼んだものは、先ず汝らによって創造されねばならぬ。汝らの理性、汝らの心象、汝らの意志、汝らの愛が自ら世界とならなければならぬ！　また必ずや、その世界は汝らの無上の幸福とならなければならぬ、汝ら認識する者よ！

汝らは、この希望なしで如何にして人生に耐えていくつもりか、認識する者よ？　汝らは理解できないものにも、無分別なものにも埋没する運命《さだめ》ではないのだ。

但、友よ、完全に私の心を明らかにして言うと、もしも神々が実在するならば、私は自分が神でないことに如何にして耐えられようか！　だから神々は実在しないのだ。

確かに私は結論を導いた。然し、今度はその結論が私を引っ張る。——

神とは一つの臆測である。然し、この臆測の一通りの苦難を味見して死なずに済む者があろうか？創造者から信念が奪われ、鷲から遠距離を浮遊する力が奪われていいものだろうか？

神とは、総ての直線を曲げ、立っている総てに目眩《めまい》を起させる考えだ。なぜか？　神がいなければ時間は消え去り、移ろいゆく総ては嘘にすぎないのか？

こんな風に考えると、全身が渦に巻き込まれ、目眩を覚えてふらつき、そのうえ胃から吐き気が込み上げる。真に、こんな臆測をすることを、私は目眩病と呼ぶ。

唯一なもの、豊かなるもの、動かないもの、満ち足りたもの、移ろいゆかざるものについての目眩病の如き教えの総てを、私は悪、人間の敵と呼ぶ。

総ての移ろいゆかざるもの——それは一つの比喩にすぎない！　ともかく、詩人たちは余りに多くの嘘を吐《つ》く。――

とはいえ、時間と生成についてては、最も相応しい比喩に語らせて遣りたい。それらは、総ての移ろい易さの賛美であり、その正当性の証明でなければならないのだ！

創造する――これは苦悩からの偉大なる救済であり、人生を軽やかにする。だが、創造者であるためには、自ら苦しみに挑み、多くの変容を遂げることが必要である。

そうだ、汝ら創造者よ、いろいろと人生の辛酸を嘗《な》め、その都度汝らの生命の何かが死ぬ外《ほか》ない！そうして汝らは総ての移ろい易さの弁護者、その正当性の証明者となる。

創造者自身が新しく生まれる幼児《おさなご》であるためには、創造者もまた、産みの母であろうとし、その母の苦しみであろうとしなければならぬ。

真に、百の魂、百の揺籃、百の陣痛を通って、私は私の道を拓いてきた。既に幾度もの訣別《けっべつ》をした。私は胸の張り裂けるような最後の瞬間を知っている。

然し、私の創造せむとする意志、私の運命はそれを避けようとはしない。或いは汝らにもっと正直に言うならば、当にこのような運命こそ――私の意志の望む所なのである。

如何なることを感じても、自分の壁で苦しみ、牢獄から逃れられない。然し、私の意欲は常に私の解放者として、私に喜びをもたらす者として遣って来る。

意欲は解放する。これは意志と自由についての真実の教えである――斯《こ》うツァラトゥストラは汝らに教えておく。

最早意欲せず、最早評価しない、そして最早創造しない！　ああ、この広く蔓延《まんえん》する睡魔は絶えず私から遠く離れていよ！

認識する中に於いても、私は唯私の意志の生殖生成の喜びだけを感じる。私の認識に無垢があるとすれば、その中に価値ある何かを生み出そうとする意志があるからだ。

その意志が私の気持を動かし、神や神々は無くても済むと思わせるようになった。もし神々が——現に存在するとして、一体何が神々によって創造さるべきなのか！

それとは逆に、その意志は私を人間へと絶えず新しく駆り立てる、我が熱烈なる創造の意志は。そのようにして、ハンマーは石に向かって駆り立てられるのだ。

ああ、汝ら人間よ、石の中に一幅の絵のように美しい化身、私の描く化身中の化身が眠る。ああ、それが最も固く、最も醜い石の中に眠っていなければならぬとは！

今私のハンマーは、石の牢獄に向かって凄まじい憤怒《ふんど》をぶちまける。石の破片が飛び散ってくる。それがどうした？

私は其れを完成させたい。というのも、或る一体の影が私のもとに来た——万物の中で最も密《ひそ》やかで、最も軽やかなものが嘗て私のもとに遺って来たのだ！

超人の美が私のもとに影として遣って来た。ああ、我が兄弟！　この期に及んで——何《ど》うして神々が私に係わるというのか！——

このように、ツァラトゥストラは語った。

同情者

我が友よ、或る嘲りの言葉が汝らの友に聞こえてきた「ツァラトゥストラを見てみろ！　彼は動物の間を歩くように、我我の間を歩くではないか？」。

然し、そう言いたいのならば、「認識する者は、人間を動物と見なして、両者の間を同じ足取りで歩く」と言った方がもっと的確だった。

とにかく認識する者にとっては、人間自体が赤い頬をした獣である。

どうしてそうなったのか？　それは、人間が余りにも頻繁に恥ずかしい思いをしなければならなかったからではないか？

おお、我が友、認識する者はこう語る、羞恥《しゅうち》、羞恥、羞恥――これが人間の歴史なのだ！

だから高潔な者は、他人を恥入らせないようにと自らに命じる。つまり、高潔な者は、苦悩する者の面前では相手が誰であれ、羞恥心を懐くようにと自らに命じるのだ。

真に、他人に同情することによって至福に浸る、哀れみ深い者を私は好きになれない。彼らには羞恥心が余りに欠けている。

同情せずにはいられなくなっても、他人から私が同情していると言われたくはない。だから同情心が募る場合には、遠くから同情心をそっと伝えたい。

そして、未だ私だと気づかれないうちに、私は顔を隠して消え去りたい。友よ、私は汝らにも、そうするように命じる！

願わくは、我が運命の計らいによって、常に汝らの如く悩みを悩みとしない者や、希望と食事と蜂蜜を共有できる者と出会いたい！

実際、私は確かに苦悩している者にあれこれとしてやった。然し、私が常に人助け以上に善いことをしていると思えたのは、より健やかに喜ぶことを学んだときだった。

人間が存在して以来、人間は余りにも僅かしか喜ばなかった。結局それだけが、我が兄弟、我我の原罪なのだ！

我我がもっと心豊かに喜ぶことを学べば、それが至高の霊薬となって、他人に苦痛を与えたり、苦痛の種を捻り出すことは忘れる。

だから私は苦悩している者に差し伸べた手を洗う。だから私の魂も一段と深く清める。

というのも、私が苦悩している者を目の当たりにしたことで、相手の恥辱は如何ばかりかと私は忖度《そんたく》して羞恥を覚えたのだ。而も彼を助けた時、私は彼の誇りを無神経にも傷つけてしまった。

大きな借りは感謝ではなく、復讐心を芽生えさせる。小さな有難味が忘れられず、負担になれば、それが逆に良心を責め苛《さいな》む虫となる。

「引け目を感じることなく、受け取るがいい！　汝らが受け取ることで、与える者を表彰せよ！」

――このように私は、何も贈るべきものを持たない者たちに勧める。

然し、私は贈り与える者だ。友には友として喜んで与える。但、見知らぬ者や貧しい者は、私の木から勝手に果実を捥ぎ取って構わぬ。その方が恥を掻かなくて済む。

もっとも、乞食を許してはならぬ！　真に、彼らに何か与えてやるのも腹立たしいが、何も与えてやらないのも腹立たしい。

同様に罪人や悪しき良心は、私の木の傍《そば》に近寄ってはならぬ！　私の言葉を信じよ、我が友、呵責の虫に良心を咬まれ続けていると、他人に咬みつくようになるのだ。

ところで、最も厄介なのが卑小な考えである。卑小な考えに耽《ふけ》るよりは、悪い事でもして膿《うみ》を出す方が未だしも後のためになる！

確かに汝らは言う「卑小な悪意を楽しんでいれば、大抵の大きな悪行に手を染めないで済む」と。然し、だからといって、最も厄介なものを溜め込むべきではない。

悪行は潰瘍のようなものだ。それは痒くなり、掻きたくなり、破れ出てくる。——それは偽りなく自らを語る。

「見よ、我こそ病なり」——そう悪行は語る。それが悪行の偽りなさである。

これに対して、卑小な考えは病菌のようなものだ。それは這い回り、身を屈《かが》め、とにかく潜伏し続けようとする——軈《やが》て、微小な病菌のせいで全身が朽ちて枯れる。

そこで、悪魔に取り憑かれている者のために、私は次の言葉を聴かせよう「汝の悪魔を大きく飼育する方が未《ま》だしも上等だ！　汝にも思いがけず偉大になる道があるのだ！」——

ああ、我が兄弟、誰についても世間は少し知り過ぎる！　とはいえ隠し立てしない者は数多くいる。なればこそ、我我は却《かえ》って長い間この種の人間に通暁《つうぎょう》できていない。

沈黙することが非常に難しいが故に、人間と協力して生きるのは難しい。

他方、我我が最も不当に扱っている相手は、我我の気に入らない者ではなく、我我とは何の関係もない者なのである。

ともあれ、汝に苦悩している友がいるなら、彼の苦悩を和らげる憩いの場、言わば固い寝床、野戦ベッドであれ。それで汝は、彼のために誰よりも役立つだろう。

また或る友が汝に悪事を加えたならば、斯《こ》う言え「君が僕にしたことは許す。然し、君は君に対してそれをしたのだということ、――それを僕が如何にして許せるだろうか！」

このように、総ての偉大なる愛は語る。それは少なくとも許しや同情を克服しているのだ。

心（勇気）は摑んで放さないようにしておかねばならぬ。心を気分に委ねてしまえば、何と容易《たやす》く頭脳は逐電していくことか！

ああ、同情者間の愚行よりも大きな愚行が、この世のどこで起きたであろうか？　また、同情者の愚行よりも多くの苦しみを、この世の何が惹き起こしたであろうか？

ああ、愚行の同情を超える高みに本当は達していないにも拘らず、人を愛する者は誰であれ、同じ愚行と苦しみを繰り返すのだ！

嘗て悪魔が私に対して、こう言った「神も神の地獄を有《も》っている。それは神の人間への愛だ」と。

また最近、私は悪魔がこう言っているのを聞いた「神は死んだ。人間に対する同情のせいで、神は死んでしまった」――

それほど同情は警戒すべき予兆だ。そこから必ず重苦しい雲が人間の上に垂れ込めてくる！　真に、私は天気占いに長けているのだ！

この言葉も心肝に染めよ。総ての偉大なる愛は、少なくとも如何なる愚行の同情をも超えている。というのも、偉大なる愛は、愛する相手を意外にも――創造しようとするからだ！

「私自身を私の愛に捧げる。私と同等に最も近い者また然り」――総ての創造者の語り声が聞こえてくる。

ともあれ、総ての創造者は峻厳である。――

このように、ツァラトゥストラは語った。

聖職者

嘗てツァラトゥストラは弟子たちに合図をし、彼らに対してこう語った。

「ここには聖職者がいる。彼らが私の敵であるのは事実だが、今は彼らの傍《そば》を静かに通り過ぎるがいい、眠っている剣と共に！

彼らの中にも英雄がいる。その多くは余りに多くの苦しみを蒙《こうむ》った。——だから彼らは他人を苦しませようとする。

彼らは邪悪な敵である。彼らの卑下ほど復讐心に満ちているものはない。彼らを攻撃する者は、容易《たやす》く汚く染められる。

とはいえ、私の血は彼らと繋がっている。私は、自分の血が彼らとの繋がりの中にあっても少しは敬われているのだと知って置きたい」——

そして、弟子たちと共に聖職者たちの傍を通り過ぎたとき、ツァラトゥストラは苦痛に襲われた。暫く自分の苦痛と格闘したのち、彼はこう話し始めた。

この聖職者たちを見ると嘆かわしくなる。彼らは私の趣味にも逆らう。然し、こんなことは、私が人間界にあって以来、最も些細なことである。

とにかく、私は彼らを相手に苦しんでいるし、苦しんできた。彼らは囚人であり、烙印を押されている。彼らが救世主と呼ぶ者こそ、彼らを足枷《あしかせ》に繋いだ張本人だ。——偽りの価値と妄語からなる足枷だ！　ああ、誰か現れて彼らをその救世主から逆に解放してくれるといいのだが！

嘗て船が海に呑まれ、漂流していた彼らは、一つの島に上陸したものと信じていた。然し、何と、それは眠っている怪物だった！

偽りの価値と妄語、それらこそ、生命限りある者にとって、最も厄介な怪物たちである。それらの中で、災いは長い間眠り、待っているのだ。

そして、遂に災いは時を摑み、目を覚まし、自分の上に小屋を建てた者を貪り食らい、呑み込む。

おお、これらの聖職者が己《おのれ》のために建てたこれらの小屋を見るがいい！　彼らの甘い香りのする洞窟を、彼らは教会と呼ぶ。

おお、この粗悪な照明の上の、この澱んだ空気！　ここでは魂がその高みにむかって——飛び立つことは許されないのだ！

その代わり、彼らの信仰は、このように命令する「跪《ひざまづ》いたまま階段を昇れ、汝ら罪人よ」と。

実に《げ》、羞恥とも敬虔ともつかぬ、捻《ね》じれた目つきを見るよりは、未だしも私は恥知らずの人間を見ていたい。

誰がこのような洞窟と贖罪《しょくざい》の階段を作ったのか？　それは、自らを隠そうとした者たち、また澄み切った空に対して我が身を恥じた者たちではなかったか？

ともあれ、澄み切った空が再び破れた天井から覗き、壊れた壁に生えた雑草や赤い罌粟《けし》の花を見下《みおろ》すようになってはじめて、——私はこの神の場所に再び心を向けたい。

彼らは、彼らの意の儘にならぬもの、彼らを悲痛な目に合わせるものを神と名付けた。確かに、彼らの神を崇拝するさまは、多分に英雄的戦士に倣う遣り方だった！

人間を十字架にかけることによってしか、彼らは彼らの神を愛する術《すべ》を知らなかった！

彼らは屍《しかばね》として生きようと考え、自分たちの屍を黒衣で覆った。彼らの話からも、死体置場の如《い》何《かが》わしい趣きがなんとなく漂ってくる。

彼らの近くで生きる者は、悲観主義の鈴蛙が甘い憂鬱な歌を聞かせる黒い池の近くで生きるに等しい。

私が彼らの救世主を信じるようになるには、彼らはもっと健やかな歌を私に聞かせなければならぬ。救世主の弟子ならば、もっと救済されたように見えなくてはならぬ！

私は彼らの赤裸々な姿を見てみたい。本来ならば、美だけが贖罪を説かねばならぬからだ。なのに、この覆面をした悲哀は一体誰を説得するのか！

実に、彼らの救世主たち自身、自由と自由の第七天国から遣って来たのではなかった！　実に、救世主たち自身、決して認識の絨毯を歩いたことはなかったのだ！

これら救世主たちの精神は、隙間だらけだった。そこで彼らは、一つひとつの隙間に彼らの妄想を詰め込んだ。つまり彼らの応急処置、それを彼らは神と呼んだ。

救世主たちの精神は、彼らの同情の中で溺れ死んだ。彼らが同情によってふやけ、そしてふやけ過ぎると、同情の表面には常に途方もない愚行が浮かんでいた。

彼らは熱心に叫び声を上げ、彼らの畜群を駆り立て彼らの小橋を渡らせた。恰も未来へ渡るには唯一本の小橋しかないかの如く！　実に、これらの牧人も矢張り羊たちの同類だったのだ！

これらの牧人は、狭小な精神と肥大した魂を有《も》っていた。然し、我が兄弟、これ迄どんなに肥大した魂であれ、何と狭小な耕作地だったことか！

彼らは、自分たちの歩んだ道の上に、血の印を書き残した。一方、彼らの愚行は、真理は血を以て証明されるべしと教えた。

然し、血は、真理を証明するためには最も劣悪な証人である。血は最も純粋な教えにも毒を盛り、その核心を狂気と憎悪への回廊と為す。

たとえ或る人物が自分の教えのために火の中を通り抜けるとしても、――それが何の証明になる！　自らの燃焼が、自らの教えとなってこそ、本物なのだ！

噎《む》せ返る本能と冷酷な知略、この野合あるところ、そこには「救世主」という荒れ狂う風が発生する！

大衆から救世主と呼ばれている、あの荒れ狂う風の如く人の心を奪う者たちより、もっと偉大な者たちや、もっと気高い星を担った者たちが本当に存在したのだ！

我が兄弟、汝らが自由への道を発見したいならば、汝らは如何なる救世主よりも偉大な者たちによって改めて救済されねばならぬ！

未《いま》だ超人は存在しなかった。私は、最も偉大な人間と最も卑小な人間双方の、赤裸々な姿を見た。

――

彼らは意外にも、互いに余りにも似通《にかよ》っている。実に、最も偉大な人間といえども――余りにも人間的だと、私は思った！――

このように、ツァラトゥストラは語った。

有徳者

弛《たる》み眠っている感性に対しては、雷鳴と天の花火を以て話しかけるしかない。

然し、美の声は微《かす》かに語りかける。それは最も冴え渡った魂の中だけに、そっと忍び入るのだ。

今日私の盾(星座)は、微かに戦《おのの》き、私のために笑った。それは美の神通不可侵《じんつうふかしん》の笑いと戦きである。

汝ら有徳者よ、私の美は今日、汝らを笑ったのだ。美の声は私の耳にはこう聞こえてきた「彼らは相変わらず——見返りを欲しがっているわ！　ウフッ」。

有徳者よ、汝らは矢張り代償を欲しがっている！　徳の対価と、この世に対する天国と、汝らの今日に対する永遠なるものを手に入れたいか？

汝らは、私が徳の報酬の按配人や、徳の主計将校はいないと教えるから、怒っているのか？　真に、私は徳が徳自体の報酬であるとさえ教えていない。

ああ、これは痛恨の悲嘆事である。報いと罰という嘘が事物の根底に植え付けられてしまった——その嘘が、有徳者よ、今どうやら汝らの魂の根底にまで根を張っているのだ！

然し、私の言葉は猪の鼻の如く、汝らの魂の根底を掘り起こすにちがいない。私は汝らに犂頭《すきがしら》と呼ばれたい。

汝らの根底の総ての隠し事を私は白日の下に晒してやる。そして汝らが掘り起こされ砕かれて太陽の下に横たわる時、汝らの嘘もまた汝らの真実から除外されているだろう。

というのも、これが汝らの真実だからだ。つまり、汝らは理を純粋に極める余り、復讐、罰、報い、報復など、言葉の汚濁に触れることができないのだ。

母親が我が子を愛するように、汝らは汝らの徳を愛している。然し、何処かの母が母性愛の報酬を欲しがった、などという話があっただろうか？

汝らの徳は、汝らの最愛のものそれ自体である。円環の渇望が汝らの中にある。自分自身に再び到達するために、各《おのおの》の円環は非常な苦労をし回転する。

汝らの徳の各の行為は、消えゆく星のようだ。残された光は依然として途上にあり、旅を続ける――いつ光は旅を終えるのだろうか？

このように行為が終わった後も、汝らの徳の光は猶旅の途上にある。徳の行為が忘れ去られ消滅するのは如何ともし難い。その替わり、徳の光線は生延び、旅を続けるのだ。

汝らの徳が汝らの自己《ゼルプスト》であるということ、見知らぬもの、皮膚や外套《がいとう》ではないということ、これが汝らの魂の根底からの真実なのだ、汝ら有徳者よ！――

然し、鞭《むち》の下での痙攣《けいれん》こそ、美徳だと思い込んでいる者が確かにいる。汝らは、この手合いの叫び声に余りにも耳を傾け過ぎた！

他に自分の悪徳が怠けるのを徳と呼ぶ者がいる。彼らの憎悪や嫉妬が一端手足を伸ばして寛《くつろ》ぐと、彼らの「正義」が陽気になり、寝惚《ねぼ》け眼《まなこ》を擦《こす》る。

一方、下の方に引っ張られる者がいる。彼らの悪魔が引っ張るのだ。然し、彼らが沈めば沈むほど、益益彼らの眼は爛爛《らんらん》と輝き、神への情欲は燃え盛る。

ああ、こちらの手合の絶叫騒ぎも、有徳者よ、汝らの耳に執拗《しつよう》に同調を迫った「私ではないもの、それだ、それこそ私にとっては神であり、徳なのだ！」と。

その他、石を積んで麓《ふもと》へ下る車の如く、重々しく軋《きし》みつつやって来る者がいる。連中は威厳や徳について大いに語る。——彼らは自分たちのブレーキを徳と呼んでいるのだ！

その他、捩子《ねじ》をを巻かれた柱時計の如き者がいる。彼らはチクタクチクタクと時計の真似をし、而もこのチクタクを——世間に徳だと認めさせたがっている。

実に、この連中は可笑しくて仕方がない。こんな時計人を見つけたら、私の嘲りで彼らの発条《ばね》を巻いてやる。怒っても矢張り、シュルボンボンと唸《うな》るに相違なし！

そして、或る者は掌《てのひら》一杯の正義を鼻に掛け、その目的の下に、あらゆる事物を冒瀆《ぼうとく》する。斯くして、世界は彼らの不正の中で溺死させられるのだ。

ああ、彼らが「徳」という言葉を口走ると、何と不快に伝わることか！　而も彼らが「私は公正だ」と言うとき、それは常に「私は復讐した！」と同様に聞こえる。

彼らは彼らの徳を以て、敵の眼をこそげ落すつもりなのだ。他人を卑しめるために、彼らは自らを高めているにすぎない。

また、沼の中に坐り、葦《あし》の茂みから斯く語る者がいる「徳——それは静かに沼の中に坐っていることである。

我我は誰にも噛みつかないし、噛みつこうとする者を避ける。何事に於いても、我我は世間が与えてくれる意見をもっている」。

また、仕草を好み、徳とは一種のそれらしい仕草であると考える者がいる。

彼らの膝は常に礼拝し、その双手は徳を賛美する形式に則《のっと》っている。然し、彼らの心は、その含蓄については何も識らない。

また、「徳は必要である」と言うことが徳であると見なしている者がいる。然し、彼らは心の底では、単に警察が必要であると思っているにすぎない。

一方、人間の高貴さを見ることのできぬ多数の者は、人間の低劣さを余りにも近くに見ることを徳と呼ぶ。斯くして、彼らは彼らの邪悪な眼差しを徳と呼ぶのだ。

また、敬虔な気持ちにさせられ慰められることを願い、そのことを徳と呼ぶ者もいれば、衝撃を受けることを願い、そのことを徳と呼ぶ者もいる。

このように、殆ど総ての者が徳の分け前に与《あずか》っていると信じている。そして、誰もが少なくとも「善」と「悪」については精通者のつもりなのだ。

だが、ツァラトゥストラはこれら総ての嘘つきや痴愚に向かって「何を汝らが徳について知るものか！　何を汝らが徳について知ることができるものか！」と言うためにやってきたのではない。

——

そうではなく、我が兄弟、汝らは、痴愚や嘘つきから学んだ古臭い言葉によって眠らされているのだと言うために、
つまり、「報酬」「報復」「罰」「公正に於ける復讐」などという言葉によって眠らされているのだと言うために——

「或る行動は、自分自身の欲望と無関係になってこそ、善となる」などという言い草によって眠らされているのだと言うためにやって来たのだ。

ああ、我が友！　子供の中に母の有る如く、行動の中に汝らの自己《ゼルプスト》あれかし！　これこそ、汝ら

の徳の言葉であれ！

実に、私は汝らから無数の言葉と、汝らの徳の最もお気に入りの玩具を多分奪ったのだろう。だから今、汝らは子供のように私に対して怒っている。

子供たちは海辺で遊んでいた。——そこに波がやって来た。そして彼らの玩具を海の底へ引き攫《さら》ってしまった。だから今、彼らは泣いている。

だが、同じ波に私は彼らのため新たな玩具を持って来させてやる。そして新たな色とりどりの貝殻を彼らの前に撒き散らさせてやる！

だから子供たちは慰められるだろう。また彼らのように、我が友、汝らにも慰めを得させてやる——そして新たな色とりどりの貝殻を手に入れさせてやる！——

このように、ツァラトゥストラは語った。

賤民

生命は喜びの源泉《いずみ》である。しかし、賤民が共に水を飲む所では、どんな泉も毒されている。

私は清潔なものは何でも好きだ。然し、不潔な輩《やから》の、にやにや笑う口や餓《かつ》えた欲望は見るのも嫌だ。

彼らはその視線を泉の中に投げ落した。今彼らの不快な笑いが泉の中から迫《せ》り上がってくる。

神聖な水を彼らは、猥《みだ》らさを以て毒してしまった。そして、自分たちの汚らわしい夢を喜びと呼んだ時、彼らは更に言葉をも毒してしまった。

彼らが湿っぽい気持ちを火の側に近づけると、炎は苛苛《いらいら》する。賤民が火の側《そば》にやって来ると、火霊自らが激怒し、煙を吐く。

彼らの手の中にある果実は、甘ったるく柔らかになり過ぎる。彼らの視線を浴びた果樹は、風に耐えられなくなり、その梢は枯れる。

人生を見限った多数の者は、唯賤民を見限ったにすぎない。彼らは、泉と炎と果実を、賤民と分かち合いたくなかったのだ。

砂漠に赴き、猛獣と共に渇きに苦しんだ多数の者は、唯汚い駱駝追いと共に水桶を囲みたくなかっただけだ。

殲滅者《せんめつしゃ》の如く、また果実を結んだ総ての畑に降る雹《ひょう》の如くやって来た多数の者は、唯その足を賤民の口深く突っ込み、喉を塞ごうとしただけだった。

生命自体が敵と死と拷問の十字架を必要としているのだと知ること、それが私の喉に最も支《つか》える食事なのではない。——

そうではなく、私は曾て問うた。而も自分の問いが喉に支えて殆ど窒息しそうになった。つまり、こうだ、どうしてだ？　生命も賤民を必要としているのか？

毒された泉が必要なのか？　悪臭を放つ火、汚れた夢、生命のパンに潜む蛆が必要なのか？

私の憎悪ではなく、私の煩嘔《エッケル》（むかつき）が、私の生命に食らいつき餓《かつ》えたように貪《むさぼ》った！　ああ、賤民も才知豊かだと分かった時、私は屢《しばしば》才知に我慢ならなくなった。

また、支配者が今日何を支配と呼ぶのか気づいた時、私は彼らに背を向けた。それは、権力掌握を狙った市場でのあくどい商売なのだ——而も賤民相手の！

外国語を使う連中の間で暮らす場合、私は耳を閉ざした。権力掌握を狙った市場でのあくどい商売用語などに精《くわ》しくなりたくなかったからだ。

鼻を撮《つま》みながら、私は不満を抱え総ての昨日と今日を通り抜けてきた。実《げ》に、総ての昨日と今日には、ものを書く賤民の臭いがする！

耳が聞こえず、目も見えず、口も利けない身障者のように、私は長く暮らしてきた。権力賤民、物書き賤民、快楽賤民などとは生活を共にしたくなかったからだ。

私の精神は、苦労を重ね、用心深く階段を昇った。他者への喜びの施《ほどこ》しは、精神を爽快にした。杖《つえ》に縋《すが》りながら、目の見えない者の生命《いのち》は忍び歩いてきた。

然し、私に一体何が起きたのだろうか？　如何にして私は自身を煩嘔から救済したのだろうか？誰が私の眼を若返らせてくれたのか？　如何にして私は、最早賤民が泉の傍に坐ることのない高みへと飛んで行けたのだろうか？

私の煩嘔が自ら私のために翼を創造し、泉を探し当てる能力を授けてくれたのか？　実に、喜びの源泉を再発見するためには、至上の高みへと飛ばねばならなかった！

おお、私は泉を発見した、我が兄弟！　ここ至上の高みでは私の方へと喜びの源泉が湧いてくる！すると如何なる賤民も共に享受することのない生命が生まれる！

殆ど激し過ぎるほど、汝は私にむかって溢れ来たる、喜びの泉よ！　而《しか》も、屢《しばしば》、汝はこの杯《さかずき》を再び空にする、遮二無二満たしたくて！

だから私の方も、もっと控え目に汝に近づくことを学ばねばならぬ。私の心は未だ余りにも激しく汝にむかって迸《ほとばし》っているからだ。

私の心、その頂で私の夏は燃える、短くも、暑くて、憂鬱な、それでいて幸せすぎる夏は。夏と燃える私の心は、汝泉の清涼を何《ど》れほど求めていることか！

我が春のためらう憂愁は過ぎた！　六月の我が雪の塊の如き悪意も去った！　私は全くの夏、夏の正午となったのだ！

冷涼たる泉と至福の静けさを伴った至上の高みの一夏。おお、来たれ、友よ、静けさが更に至福を増すように！

というのも、これこそ、我らの高み、我らの故郷《ふるさと》なのだ。総ての不潔な輩《やから》とその餓《かつ》えた欲望が近づくには、余りにも高く険しい、この場所に我らは住むのだ。

友よ、さあ汝らの清らかな眼差しを、我が喜びの源泉《いずみ》へと投げかけてみるがいい！　そのせいで何うして濁ることがあろうか！　源泉はその清らかさを以て、汝らに笑って応えるにちがいない。

未来という木の上に、我らは我らの巣を作る。我ら孤独なる者のために、鷲の嘴《くちばし》に食べ物を銜《くわ》えて運んで来させよう！

実《げ》に、その食べ物は、不潔な者が相伴《しょうばん》を許されるものではない。彼らは火を食らったかと思い、実際に口を火傷《やけど》するだろう！

実に、我らはここに不潔な者の住処を用意しているのではない！　我らの幸福は、彼らの肉体と精神にとって、氷の洞窟となるだろう！

強い風の如く、我らは彼らを見下《みおろ》して生きる。鷲の隣人として、雪の隣人として、太陽の隣人として、そのように強い風は生きるのだ。

そしていつか改めて、一陣の風の如く、私は彼らの間を強く吹き抜け、私の精神で以て彼らの精神を息も吐《つ》けぬようにしてやる。そのように私の未来が望んでいる。

真にツァラトゥストラは総ての低地に吹く一陣の強い風だ。彼の敵と、唾を吐き食事を吐くもの総てに向かって、彼は斯う忠告する、「この風に向かって吐かぬよう注意せよ！」――

このように、ツァラトゥストラは語った。

タランチュラ

見よ、あれが毒蜘蛛《どくぐも》タランチュラの洞窟だ！　汝は毒蜘蛛を自分で見たいか？　ここに蜘蛛の巣が掛かっている。触《さわ》って震《ふる》わせてみよ。

そら、何だと許《ばか》りに出て来た。よくぞ現れたり、タランチュラ！　汝の背中に黒々と収まれるは汝の三角の徴《しるし》。汝の魂の中に何が潜むかも私には分かる。

復讐が汝の魂の中に潜んでいる。汝の嚙みつく所、黒い瘡蓋《かさぶた》が生じる。汝の毒は復讐となって魂に眩暈《めまい》を起させるのだ！

このように、私は汝らにむかって譬喩で語る、魂に眩暈を起させる汝ら平等の説教者よ！　私から見て、汝らはタランチュラであり、隠れた復讐者なのである！

然し、私は汝らの隠れ家を必ず白日の下に晒してやる。だから私のいる高みから汝らの顔面に爆笑を浴びせて嘲っているのだ。

だから蜘蛛の巣を引っ張り、激怒した汝らを嘘で編み上げた洞穴から誘《おび》き出し、汝らの復讐が「正義」という言葉の背後から飛び出すように仕向けているのだ。

というのも、人間は復讐から解放さるべきだということ、それこそ、私にとって最も高貴な希望への橋であり、長い嵐の後の虹である。

然し、タランチュラは無論反対のことを願っている「世界は我我の復讐の嵐に満ちるべし、これこそ、我我にとって当に正義であれ」——斯《こ》う彼らは共に語り合う。

「我々と同じではない総てのものに対して、復讐と誹謗を加えよう」——然《そ》うタランチュラの心は互いに誓い合う。

「『平等への意志』——これ自体がこれから徳の名前とならなければならぬ。そして権力を持つ者総てに対抗して、我我の叫び声を上げよう！」。

汝ら平等の説教者よ、無力者の暴君妄想が斯《か》く汝らの中から叫び声を発し「平等」を求めている。汝らの最も隠したい暴君の情欲が斯く徳の言葉で変装しているのだ！

悲しみに窶《やつ》れた自負、抑圧された嫉妬、或いは父祖伝来の自負と嫉妬、この類《たぐい》が復讐の炎、また復讐の狂気として、汝らの中から不意に露《あらわ》になる。

父親の黙っていたこと、それが息子の中で言葉となる。屡《しばしば》、私は息子が父親の露になった秘密であると思った。

彼らは感激した者に似ている。然し、彼らを感激させるのは心ではなく——復讐である。また彼らが緻密《ちみつ》で冷静になるとしても、彼らを緻密で冷静にするのは、精神ではなく嫉妬である。

彼らの敵愾心《てきがいしん》は、また彼らを思想家の小道へと導く。彼らの敵愾心の特徴は、即ちこれだ——常に彼らは遠くへ進み過ぎる。それ故、彼らの睡魔は、終に思いがけず、雪の寝床に就かざるをえなくなる。

彼らの嘆きの一つひとつから復讐が響く。彼らの誉め言葉の一つひとつに害心が潜む。裁判官であることが彼らには無上の幸福だと思われる。

そこで我が友よ、とにかく汝らに忠告する、罰《ばっ》し懲《こ》らしめて遣《や》りたいという衝動の強い者は、皆信用するな！

彼らは病的な素姓に問題のある人間たちだ。彼らの表情からは、死刑執行人と猟犬が覗いている。自分たちの正義について多くを語る者は、皆信用するな！　実に彼らの魂には蜜が欠けているだけではない。

彼らが彼ら自身を「善人・義人」と自称するとしても、彼らがパリサイ人になるために欠けているのは――ただ権力だけだということを忘れるな！

我が友よ、私は正反対の者と混同されたり、取り違えられたくはない。

生命について私の教えを説教する者がいる。けれども同時に、彼らは平等の説教者であり、タランチュラだ。

この毒蜘蛛どもは同様に自分たちの洞穴に潜伏し、生命に背いていながら、生命を称える言葉を紡ぐ。つまり、そうやって彼らは、敵に害を与えようとするのだ。

そうやって彼らは、今権力を持つ者に害を与えようとする。というのも、権力者の方では、依然として死の説教に最も馴染《なじ》んでいるからである。

事情が異なれば、タランチュラどもは今とは異なる教えを説く。当に彼らこそ、其の昔は、最も御都合主義《ごつごうしゅぎ》の世界誹謗者であり、異端者の火炙《ひあぶ》り人だった。

私は、このような平等の説教者と混同されたり、取り違えられたくない。というのも、公正は私にむかい「人間は平等ではない」と語るからである。

また、人間はそうなる筈もないのだ！　もし私がこれと別のことを言うならば、超人に対する私の愛は一体何であろうか？

無数の大橋小橋を渡って、人間は未来へと押し合いへし合い突き進んで行かねばならぬ。益益多くの敵対関係と不平等とが人間に突きつけられるのは避けられぬ。このように、私の偉大なる愛が私をして言わしめる。

人間は敵との攻防の中で、比喩的表現と差し迫る危機の発見者とならねばならぬ。そして、自前の比喩的表現を用い、且つ差し迫る危機を向うに回して、人間同士は更に切磋琢磨し、最高の戦いを繰り広げなければならぬ！

善悪、貧富、貴賤、その他あらゆる価値の名称。それらは武器となることができる、生命《いのち》が繰り返し自己克服しなければならぬことを納得させるために、いざ戦わんとする特徴となることができるのだ！

生命自ら円柱と階段を以て、自身を高みへと築き上げようとする。生命は遙か彼方を見遣ろうとし、至福の美が欲しいと思う。――だから生命は高みを必要とする！

生命は高みを必要とするが故に、階段を必要とする。そして、階段と登る者との間の矛盾を必要とする。生命は登ろうとし、登りながら自らを克服する。

そして、さあ、我が友、見よ！　タランチュラの洞穴のあるこの地には、或る古代寺院の廃墟が聳《そび》えている。――ともかく、啓示を得た眼を以て篤と見てみよ！

紛れもなく、ここで嘗て自分の思想を石造りの塔として高く築き上げた人物は、最高の賢者に劣らず、全ての生命の秘密に通じていた！

美の中にも矢張り闘争と不安定があり、力と優勢をめぐる敵対関係があるということ、これを其の人物は、ここで最も分明なる比喩を使って我らに教えてくれる。

ここでは丸天井とアーチとが、何と美事《みごと》に互いの勢いを殺《そ》がむと格闘していることか。光と影を操り、両者が互いに意の儘になるまいと努めている、美事に努めて已《や》まぬものたちが――。

斯くの如く、我が友よ、我らは互いに敵でもあることを確《しか》と有難く受け止めよう！　美事に、我らは互いに張り合い切磋琢磨していこうではないか！――

痛！　今タランチュラが私の身体に噛みついた、旧敵《きゅうてき》め！　私の教えを美事に確と有難く受け止めて、こ奴は私の指に噛みついたな！

「罰と正義があらねばならぬ」――そのように毒蜘蛛は思う「この男がここで、毒蜘蛛の敵《かたき》となる誉れを歌えば、何事も無しとはいくまいぞ！」。

そうだ、タランチュラが復讐したのだ！　しまった！　このままでは、毒蜘蛛は有ろう事か復讐で以て私の魂に眩暈《めまい》を起させるだろう！

我が友よ、私が眩暈を起さないように、ここの円柱に私を縛り付けてくれ！　復讐欲の渦巻きとなるくらいなら、未だしも円柱の苦行者でありたいのだ！

実《げ》に、ツァラトゥストラは旋風《つむじかぜ》や竜巻ではない。彼が踊り手であるにしても、決してタランチュラの踊り手ではないのだ！――

このように、ツァラトゥストラは語った。

有名な賢者

汝ら、総ての有名な賢者よ！　汝らは大衆とその迷信に仕えてきた——真理に仕えてきたのではない！　だからこそ、世間は汝らに畏敬の念を払った。

また同じ理由から、汝らの不信心は咎められなかった。不信心は、世俗の機知であり、俗衆と通じた迂回路だったからである。そうやって、支配者は奴隷に好き勝手なことをさせ、その羽目を外す様子を却って面白がるものだ。

然し、大衆に憎まれている者は、犬の群れにとっての一匹狼のようだ。それが、自由なる精神《デァ、フライエガイストゥ》、束縛嫌い、崇拝否定者、森を栖《すみか》とする者である。

この種の人物をその隠れ家から追い立てること——それが常に大衆には「其の筋の意向」だと見なされた。大衆は今猶無類の鋭い牙をもつ犬輩《いぬども》を、斯《か》かる人物に嗾《けしか》ける。

というのも「真理のある所、必ず大衆あり。ああ、大衆を離れて真理を探し求める者こそ、災いなるかな！」と昔から言伝えられてきたからだ。

有名な賢者よ、汝らに対する大衆の尊敬に応えて、汝らは大衆を古《いにしえ》からの群居生活の正統な継承者と見なそうとした。そのことを汝らは「真理への意志」と呼んだ。

そして、汝らの心は常に自身に対して語った「私は大衆からやって来た。彼処《あそこ》から神の声も聞こえてきた」。

汝らは常に民衆の代弁者として、驢馬の如く頑固に徹し、而も抜け目なかった。

そして、多数の権力者が大衆を手懐《てなづ》けようとして、自分の馬車の前に此れ見よがしに――有名な賢者という一頭の驢馬《ろば》っ仔《こ》を繋《つな》いだ。

さて、有名な賢者よ、私は汝らが被《かぶ》っている獅子の毛皮を、今こそ完全に脱ぎ捨てるがいいと望んでいる！

猛獣の毛皮、斑点のある毛皮と、研究者、探求者、征服者の振りをするための鬘《かつら》を完全に脱ぎ捨てるがいいのだ！

ああ、汝らに嘘のないことを私が信じられるようになるためには、汝らは先ず汝らの（臆測にすぎない神を）崇拝する意志を打ち砕かなければならぬ。

嘘のない――神々なき砂漠に行き、神を崇拝したくなる未練心を打ち砕いた人物を、私はそのように呼ぶ。

黄色い砂に埋もれ、太陽にじりじりと焼かれて、この人物は多分喉が渇き、緑陰の下に生命《いのち》の安らぐ、泉溢れる島々を一瞬夢想するだろう。

然し、彼の喉の渇きは、斯《か》かる安逸な者と同類になるも諒《りょう》なりと彼を説得しはしない。というのも、オアシスのある所、偶像もあるからだ。

飢餓に苦しみながらも、それに残忍なまでに耐え、孤独でありながら、神は要らない。そのように、獅子の意志は自己自身であろうとする。

奴僕の幸福に囚われず、神々と礼拝から解放され、大胆不敵で恐ろしく、偉大なる孤独に生きる。嘘のない人物の意志とは、そのようなものだ。

砂漠には昔から、嘘のない者、即ち自由なる精神《ディ、フライエンガイスター》（複数）が砂漠の主人として住んでいた。一方、都市には、栄養のいい有名な賢者――車牽《くるまひ》きの家畜が住んでいる。

つまり、常に彼らは牽いているのだ、驢馬として――大衆の荷車を！

私はそのために、彼らに対して怒っているのではない。但、彼らは雇われ者にすぎず、たとえ金色の馬具で輝いていても、所詮馬具をつけられた家畜にすぎない。

また屢《しばしば》かれらは、良き僕《しもべ》であり、賞賛に値した。というのも、徳はこう語るからだ「汝が奉公人となる心算《つもり》なら、汝の奉公を最も必要とする主人を探し求めよ！

汝の主人の精神と徳は、汝が彼の奉公人であることによって成長しなければならぬ。そうすれば、汝自らが主人の精神と徳と共に成長する！」。

実《げ》に、汝ら有名な賢者よ、汝ら大衆の僕よ！　汝ら自身、大衆の精神と徳と共に成長した。――大衆は汝らによって成長したのだ！　汝らの名誉のために言っておく！

然し、私から見ると、汝らはその徳に於いても、依然として大衆にすぎない。愚鈍な目つきの大衆、――精神の何たるかを知らぬ大衆にすぎないのだ！

精神とは、自らの生命に切り込む生きざまである。それは自らの苦難によって、自らの知見を増すのだ。――汝らは既にそれを知っていたか？

また、精神の幸福とは、こうだ。つまり、聖油を塗られ、涙によって払い清められ、犠牲《いけにえ》となることである。――汝らは既にそれを知っていたか？

また、目の見えぬ者がその性《さが》のままに手探りで生きるとしても、それは、彼が脳裡で受け止めた太陽の絶大な力を意外にも証明させずにはおかないのだ。――汝らは既にそれを知っていたか？

また、認識する者は、山を重ねて築くことを学ばねばならぬ！　精神が山を移すとは、取るに足らぬことだ。――汝らは既にそれを知っていたか？

汝らは単に精神の火花しか知らず、精神である金敷《かなしき》を見ていない。精神めがけて振下ろされる鉄槌の残酷さを見ていないのだ！

実《げ》に、汝らは精神の誇りを知らぬ！　もっとも、精神の慎み深さが一度《ひとたび》語らむとするならば、汝らは猶更それに耐えられなくなるだろう！

未だ汝らは、決して汝らの精神を雪の坑《あな》に投げ入れる必要はなかった。そこまで熱くはないのだ！だから汝らは、熱き精神が雪の冷涼に触れる恍惚《こうこつ》も知らぬ。

ともあれ、総てに於いて、汝らは精神というものを余りにも馴《な》れ馴れしく考えている。而も、その考え方を汝らは屢《しばしば》、劣悪な詩人のための救貧院や病院にした。

汝らは鷲ではない。だから精神の驚愕に宿る幸福も味わったことがない。とにかく、鳥でない者は深淵の上で休息するべからずだ。

汝らは微温湯《ぬるまゆ》だ。だが、深い認識は何《いず》れも冷厳に流れている。精神の秘《ひ》なる泉は氷の如く冷涼だ。それらの泉が熱き手・熱き行動者には、蘇生の癒《いや》しとなるのだ。

汝らは大衆の尊敬を集めて固まり、そこで精一杯背伸びしている、有名な賢者よ！――如何なる強い風も強い意志も汝らを魂の底から駆り立てはしない。

汝らは帆船《はんせん》が海を渡っていく姿を見たことはないか、風の烈《はげ》しさに丸く膨らみ、戦《おのの》きながら進むさまを見たことはないか？

帆船のように、精神の烈しさに戦きながら、私の知恵は海を越えて行く――我が奔放不羈《ほんぽうふき》な知恵は！

然し、汝ら大衆の僕、汝ら有名な賢者よ、――何《ど》うして汝らが私と共に進むことができようか、、、？

――このように、ツァラトゥストラは語った。

夜の歌

夜が来た。今はただ、ほとばしる泉という泉だけが語りかけてくる。私の魂もまた、ほとばしる泉である。

夜が来た。今ようやく、愛する者の歌という歌すべてが目覚める。私の魂もまた、愛する者の歌である。

鎮められないもの、鎮めることのできないものが私の中に有る。それが声になろうとしている。愛を求める強い想いが私の中に有る。それが自ら愛の言葉を語る。

私は光だ。ああ、私が夜であるならば！　私が光の帯の中に在ること、とにかく、これが私の孤独なのだ。

ああ、私が暗闇さながら、夜さながらであるならば、どんなにか光の乳房を吸おうとすることだろうか！

そして改めて、汝らの現在は元より、汝らの過去と未来までも祝福したい、名も無く煌めく星たち、天の螢たちよ！――私は、汝らの光の贈物を浴びて、無上の幸福を手にしたいのだ。

然し、私は自らの光の中で生きている。私の中から溢れ出てくる炎を、再び私の中へと吸い戻すのだ。

私は受取る者の幸福を知らない。受取るよりも盗むほうが、却《かえ》って深い浄福に値するにちがいないと、夢の中で屢《しばしば》、私に告げる声を聞いた。

私の手は、贈り与え続け、休むことを知らない。これが私の貧しさだ。期待の目つきと、憧れの照明を受けた夜を見る、これが私の羨望《せんぼう》である。

おお、贈り与える者すべての不幸な巡り合わせよ！　おお、我が太陽の不満よ！　おお、欲しくて堪《たま》らぬ身に無性《むしょう》になってみたい！　おお、満足の中の突然の飢餓《きが》よ！

彼らは私から受取る。だが私の思いは猶《なお》彼らの魂に届いているのか？　与えることと受取ることとの間には隙間が在る。而も、最も些細《ささい》な隙間が最も埋め難い。

私の美から一つの渇望が生まれる。私から行手を照らして貰《もら》っている者を苛《いじ》めてみたい。私から贈物を貰った者から奪ってやりたい。――このように、私は悪意に飢える。

彼らの手が早速差し出されたとき、私の手を引いてみようか。ぎりぎりになって落下を躊躇《ためら》う滝のように、下るのを躊躇ってみようか。――このように、私は悪意に飢える。

私の豊かさが、このような意趣晴らしを考え出す。私の孤独の中から、このような悪だくみが湧いてくる。

贈り与える私の幸福は、贈り与える中《うち》に消滅した。私の美徳は、余りにも豊かなせいで自らに疲れてしまったのだ。

常に贈り与える者の危険は、羞じらいを失うことである。常に分け与えている者の手と心には、分け与えすぎたせいで、胼胝《たこ》ができている。

乞い願う者の羞恥を前にして、私の目に溢れるものはない。願いを満たされた者の両手が喜びに打ち震えても、私の手はそれを感じるには余りにも硬くなった。

私の目の涙は何処に行ったのか？　私の心の産毛《うぶげ》は何処に行ったのか？　おお、贈り与える者すべての孤独よ！　おお、行手を照らす者すべての寡黙よ！

多くの太陽が荒涼たる空間の中を旋回している。暗黒のものすべてに対して、太陽たちは彼らの光を以て語りかけるが、――私には口を利かない。

おお、これは、行手を照らすものに対する光の敵意である。光はその軌道を無慈悲に進んでいく。行手を照らすものに対して心底から不当に、他の太陽に対して冷やかに――このようにして、各自太陽は進んでいく。

一つの嵐のように、太陽たちはその軌道を飛んでいく。それが彼らの進み方なのだ。太陽たちは彼らの仮借なき意志に従う。それが彼らの冷厳さなのだ。

おお、汝ら闇のような者よ、夜のような者よ、行手を照らすものから、最初に温もりを創造するのは汝らだ！　おお、汝らこそ、最初に光の乳房からミルクと、蘇生の醍醐味《だいごみ》を啜《すす》るのだ！

ああ、私の周りには氷が在る。私の手は、その冷たさに触れると火傷《やけど》を負ってしまう！　ああ、私の中に渇望が有る。それが汝らの渇望に思い焦がれる！

夜が来た。ああ、私が光であらねばならないとは！　そして、夜のようでありたいという渇望！　そして孤独！

夜が来た。今、源泉《いずみ》のように、私の中から溢れる想いがほとばしり出てくる。——私に語れと要求するのだ。

夜が来た。今はただ、ほとばしる泉という泉だけが語りかけてくる。私の魂もまた、ほとばしる泉である。

夜が来た。今ようやく、愛する者の歌という歌すべてが目覚める。私の魂もまた、愛する者の歌である。——

このように、ツァラトゥストラは歌った。

舞踏《ぶとう》の歌

或る夕方ツァラトゥストラは弟子と共に森の中を通った。泉を探していると、彼は木と茂みにひっそりと囲まれた緑の草原に来た。何と、草原では少女たちが歩調を合わせ舞《まい》を舞《ま》っていた。ツァラトゥストラに気づくと、少女らは舞を止《や》めた。だがツァラトゥストラは好意の身振りを示して近寄り、このような言葉を掛けた。

「可愛い娘たちよ、舞を止める勿《なか》れ！　決して興を殺《そ》ぐ無骨者が、邪悪な洞察と共に汝らの許《もと》に来たのではない。私は保母の敵ではないのだ。

私は悪魔の前では神の代弁者。悪魔とは重力の魔だ。軽快なる者よ、何故に私が神々《こうごう》しい舞の敵であろうか？　というより、寧ろ何故に美しい踝《くるぶし》をもつ妖精《ニンフ》の足を憎むだろうか？

確かに私は一つの森であり、鬱蒼たる樹立ちの夜である。然し、私の暗さに怯まない者こそ、私の糸杉の下に薔薇《ばら》の花咲く坂《さか》をも発見するのだ。

そのような者はまた、妖精たちがこよなく可愛がっている童神《クピード》を多分発見するだろう。その神は泉の辺《ほとり》に横になっている、静かに目を閉じて。

実に、日の高いうちに彼は眠り込んでしまった。のらくらめ！　気分よく蝶を追い回し過ぎたのだろうか？

汝ら美しく舞う者よ、童神を少し懲《こ》らしめても、怒らないでくれ！　彼は多分喚《わめ》き、泣き出すだろう。——だが、彼の泣く様を見れば、笑い出すこと請け合いだ！

彼は目に涙を浮かべ、汝らに踊ってくれとせがむにちがいない。そこで私が自ら、彼の踊りに合わせて歌を歌ってやる。

私が歌うのは、人呼んで、彼《あ》の悪魔は『世界の支配者』と評す所の、我が最高、最大最強の悪魔、あの重力の魔を嘲る舞踏の歌である」——

童神と妖精たちが一緒になって踊った時に、ツァラトゥストラが歌った歌、それが次の歌である。

おお、生命《いのち》の妖精よ、私は先頃汝の目に見入った。するとそのとき、底知れぬ深み(5)に沈んでいくと思われた。

然し、汝は黄金の釣竿で私を釣り上げた。私が汝を底知れないと言ったとき、汝は嘲るように笑った。

「魚たちは皆そう言うわ」と汝は言った「彼ら、、が究明し得《え》ないものは、底知れないのよ。

だけど、私は唯変わっていくだけなの、奔放不羈で、何事に於いても産み出す性《さが》、だから御高《おたか》くとまっていられないの。

私が貴方がた男たちから既に『深い女』とか『忠実な女』、『永遠の女』、『秘密に満ちた女』などと呼ばれていても、
とどのつまり、貴方がた男たちが、常に自分自身の理想的徳目をお仕着せの贈物にして、私たち女に装わせているのよ――ああ、貴方がた徳の高い人たちよ！」

こう言って彼女、この驚くべき女は笑った。然し、彼女が自分自身を悪しく語るときには、私は決して彼女を信用しないし、その笑いに騙されはしない。

一方、我が奔放不羈な知恵と二人きりで語り合ったとき、彼女は私に怒って言った「貴方は意欲し、熱望し、愛する。只、それだけの理由で、貴方は生命を称賛するのね！」。

そのとき私も気を悪くして、怒っている知恵に危うく真実を告げそうになった。自分の知恵に「真実を告げる」場合以上に、知恵を傷つける答え方は無いかもしれぬ。

つまり、三者の関係は斯うだ。私は生命の妖精だけを心の底から愛している。――また、真《まこと》に、生命が最も憎たらしくなるとき、私は生命をこよなく愛《いと》しく思う。

だが、私は知恵の妖精に好意を抱き、屢、余りにも好意を抱き過ぎる。これは、知恵がよもや生命ではないかと思わせるくらい似ていることがあるからだ！

知恵は生命の眼差しを持ち、生命の笑いを持ち、そのうえ生命の黄金の釣竿まで持っている。二人の妖精がこれほど似通っていては、私が何《ど》う渡り合えるだろうか？

また、嘗て生命が私に、知恵って、それは一体何《ど》んな妖精？　と尋ねたとき、――私は熱く語っ

てやった「ああ、分かった、知恵だね！

人間は知恵が欲しくて堪《たま》らず、その渇望は止《や》まない。ヴェールを通して見定め、網を使って知恵を捕えようとする。

彼女が美しいかって？　私に何が分かるだろうか！　だが、百戦錬磨の鯉でも、知恵の妖精を囮《おとり》にすれば、否応なく誘《おび》き寄せられる。

彼女は変わりやすいし、変わることができる。また、意の儘にしようとすると、反抗する。私は屡《しばしば》知恵が唇を嚙締めて悔しがり、逆毛を立てて梳《くしけず》っているのを見た。

或いは、知恵は性悪《しょうわる》で、当てにはならぬのかもしれぬ。要するに、牝猫である。然し、知恵が自分を困りものだと言うときこそ、実は最も強く誘惑しているのだ」。

私が斯う生命に言った時、彼女は悪戯《いたずら》っぽく笑い、両目を閉じて「貴方は一体誰の話をなさっているの？」と言った「きっと私のことでしょ？

たとえ貴方が正しいとしても、――それを面とむかって私に言うなんて！　でもいいわ、今度は是非とも、貴方の知恵についても話して下さいな！」。

ああ、またも汝は目を開いた。おお、愛する生命の妖精よ！　私は再び、底知れぬ深みに沈んでいくと思われた。――

このように、ツァラトゥストラは歌った。然し、舞踏が終り、少女たちが去ってしまった時、彼は悲しくなった。

「太陽はもうとっくに沈んだ」と彼は遂に言った「草原に露が忍び寄り、森から冷気が運ばれてくる。

未知の何かが、私の周りに漂い、物思わしげな眼差しを私に向ける。何うした！　ツァラトゥストラ、汝は未だ生きているのか？

何故《なぜ》だ？　何のために？　何によって？　何処《どこ》へ？　何処で？　何のようにして？

このうえ生きていくのは、愚行ではないか？――

ああ、我が友よ、私の中から斯う問いかけるのは黄昏《たそがれ》なのだ。私の悲しみを大目に見よ！

辺りは黄昏だ。私の心が黄昏になったのも大目に見よ！」

このように、ツァラトゥストラは語った。

墓の歌

「あそこに墓の島がある。寡黙の島だ。そこには私の青春を埋葬した墓標も並んでいる。そこへ私は常緑の生命《いのち》の冠を捧げに行くつもりだ」。

このように心に決めながら、私は海を渡っていった。――

おお汝ら我が青春の面目と幻像！　おお汝ら愛の眼差しの総て、汝ら神々しい刹那よ！　何故汝らはそう死に急いだ！　今日私は身内の死者を偲ぶ如く、汝らを偲ぶ。

汝らから、我が最愛の死者たちから、快い香り、懐かしく涙を誘う香りが漂ってくる。実《げ》に、その香りは、孤独な船旅をする者の心を揺さぶり、解きほぐしてくれる。

今尚私は最も豊かで、最高に羨まれるべき者だ――最も孤独な私が！　なぜなら、私には汝らが与えられていたし、汝らには今尚私が付いている。どうだ、誰がこのような蒲桃《フトモモ》の実を、私と同じくらい手にしただろうか？

今尚私は汝らの愛の継承者であり、愛の王国だ。汝らの多彩に伸び伸びと育った美徳の記憶を留《とど》めるために、私は花を咲かせ続けている、おお、汝ら最愛のものたちよ！ああ、我らは互いに睦まじいままであるのが相応《ふさわ》しかった、愛らしい、今や幽明境《ゆうみょうさかい》を異にする奇跡たちよ。汝らは脅え易い小鳥のように私の許《もと》に来て、私の欲求に応えたのではなかった——否、信頼する者として信頼している相手の許に来たのだ！

そうだ、汝らは私と同じように、節操と情愛深き永遠とを留《とど》めるために創られていた。ところが、今私は汝らが背信の筋書きによって動かされていたと言わざるをえない、汝ら神々しい眼差し、神々しい刹那よ。これより外の名状を私は未《いま》だ習得しなかった。

実《げ》に汝らは余りに早く死んだ。儚き者よ。然し汝らが私を見捨てたのではない。まして私が汝らを見捨てたのでもない。背信の結果にも拘らず、我らは互いに罪がないのだ。

私を殺すために、汝らが絞め殺された、汝ら私の希望の歌い鳥よ！　そうだ、愛《いと》しき者よ、汝らを狙って悪意が常に矢を射かけた——私の心に衝撃を与えるために！

そして、矢は命中した！　汝らは、とにかく常に私の熱烈な真心、私の財宝、私の一途な信奉者だった。だからこそ、汝らは若く、余りにも早く死ぬ破目になったのだ！

私と一体不二の最大の弱点を狙って矢が放たれた。弱点は汝らだった。その皮膚は産毛《うぶげ》に似ていた。否、寧ろ一瞥《いちべつ》の視線を浴びただけで死滅する微笑《ほほえ》みに似ていた！

然し、私の敵に対しては斯う言いたい。汝らの私に加えたことに比べれば、如何なる殺人といえども何ほどのことがあろうか！

汝らは私に対して、如何なる殺人よりも酷《むご》いことをした。汝らは私から、償《つぐな》いようのないものを奪ったのだ——そのように、私は言っておく、我が敵よ！

何と言っても汝らは殺したのだ、我が青春の面目と最愛の奇跡たちを！　汝らは私から奪ったのだ、私の幼馴染《おさななじ》み、このうえなく満足した妖精たちを！　妖精たちの記憶を留めるために私は供える、この緑の冠とこの呪いの言葉を。

この呪いの言葉を汝らに向かって浴びせてやる、我が敵よ！　とにかく私の永遠なるものを、汝らは短くした、一つの音が冷たい夜に砕けるように！　神々しい眸が私にむかって煌めく間《ま》もあらばこそ、ほんの——まばたきにすぎなかったのだ！

嘗て順調だった一時《ひととき》、私に仕えた清澄の妖精が口を開いた「総ての生物を私にとって神々しくするつもりです」と。

すると、汝らは汚らわしい幽霊どもを引き連れて、私に襲いかかった。ああ、あの順調な一時は、何処《どこ》に消え去ったのだろうか！

「総ての日々を私にとって神聖にするつもりです」——嘗て私に仕えた青春の知恵の妖精は語った。実に、悦ばしき知恵の言葉よ！

然し、汝ら敵は私から夜という夜を盗み、売り払い、眠りのない苦悶に換えた。ああ、あの悦ばしき知恵は何処に消え去ったのだろうか？

嘗て私は幸運な鳥の徴《しるし》を熱望した。すると汝らは私の熱望とは逆の、梟《ふくろう》の如き人非人を行手《いくて》に差し向けた。ああ、あの時私に仕えた情愛深き熱望の妖精は何処へ去ったのか？

嘗て私は、何んな嫌悪《エッケル》も表情に出すまいと誓いを立てた。すると、汝らは私の親しい者や隣人を膿瘍《のうよう》に変えた。ああ、あの時私に仕えた比類なく高潔な誓いの妖精は何処へ去ったのか？

嘗て私は目が見えないながらも、至福の道を歩いていた。すると、汝らは目の見えぬ者の通り道に汚物を撒いた。昔から馴染んできた目の見えぬ者の小道は、今彼らに吐き気を催させている。

また、私が最も困難な仕事をし、剣が峰を幾つか克服して勝利を祝った時、汝らは私を愛した者たちを強いて叫ばせた、私が彼らに誰よりも迷惑をかけていると。

実《げ》に、それは常に汝らの遣り方だった。汝らは私の最良の蜂蜜を苦くし、私の最も信頼する蜜蜂たちの勤勉を台無しにしたのだ。

私の慈善には、汝らが常に最も無遠慮な乞食を差向けた。私の同情に集《たか》るため、汝らは常に救い難い厚顔無恥どもを殺到させた。そうして汝らは私の徳の信用を害した。

また、私が何とか私の最も神聖な物を犠牲に供すると、忽ち汝らは、「敬虔さ」を示し、かなり脂濃い供物を並べて置いた。故に汝らの脂肪の濛気の中で、私の最も神聖な物は真っ先に窒息した。

また、以前私は未《いま》だ嘗《かつ》て無かった方法で舞おうとした。如何なる天国をも舞越えようとした。そのとき、汝らは私が最も頼りにしていた男性歌手を口説き落した。

すると、その歌手はぞっとする湿っぽいメロディーで歌い始めた。ああ、彼は私の耳に陰気な角笛を聴かせたのである！

人殺しの歌い手よ、悪意の道具よ、比類なく罪なき者よ！　既に私は最高の舞を舞う気が漲《みなぎ》っていた。将《まさ》にその時汝はその声音で私の最高潮の気勢を殺してしまった！

ただ舞踏に於いてのみ、私は最も高貴な事物の比喩を語ることができる。――ところが、私の最も高貴な比喩が語られぬ儘、私の手足の中に留まったのだ！　最も高貴な希望が語られぬ儘、救済されぬ儘だった！　そして、私の青春の総ての面目と、慰めとなる総ての言葉が死んでしまった！

何《ど》うして私は其れに一向《ひたすら》耐えられたのだろうか？　何うして私は斯かる痛手を克服し、乗り越えたのだろうか？　何うして私の魂は此れらの墓から蘇ったのだろうか？

そうだ、傷つけられぬもの、葬り去れぬものが私には有る。それは岩をも砕くもの、つまり、私の意志である。それは寡黙に悠然と歩いていく、年月を経ても変わらずに。

私と昔馴染みの意志は、私の足の上で其の歩き方を模索しようとする。其の志は堅固で不死身だ。私は踵《かかと》だけが不死身だ。最も忍耐強い意志よ、汝は今尚私の踵に生き続け、変わらない！　汝は変わることなく、如何なる墓をも破ってきたのだ！

汝の中に、私の青春の救済されなかったものが、尚生き続けている。汝は生命として、青春として、希望を紡ぎつつ、ここ黄ばんだ墓石《ぼせき》の瓦礫《がれき》の上に座っている。

そうだ、汝は時代を超越して、如何なる墓をも打砕く者である。健やかなれ、私の意志よ！　また、墓のある所にのみ蘇りはある。——

このように、ツァラトゥストラは歌った。

自己克服

汝ら最高の賢者よ、汝らを駆り立て、熱くするものを、汝らは「真理への意志」と呼ぶのか？

存在する総ての思考可能性への意志、そのように私は汝らの意志を命名する。

存在する総てを汝らは、先ず思考可能にしようとする。というのは、汝らが払拭《ふっしょく》できない不信を以て、その総てが抑《そもそも》、思考可能であるか否かを疑っているからだ。

だが本音は、存在する総てを汝らの意の儘に適合させ曲げたいのだ！　然《そ》う汝らの意志は求める。その総てを滑らかにし知力に臣従させたいのだ、知力の鏡・反映として。

汝ら最高の賢者よ、これが一つの力への意志としての、汝らの全体的意志である。汝らが善悪や価値評価について語る場合も、本音は力への意志なのだ。

汝らはそのうえ、自分たちが跪《ひざまず》くことのできる世界を創造しようとする。それが言わば汝らの究極の希望であり、取って置きの酩酊なのである。

無論、非賢者、即ち大衆——彼らは河に等しい。河には小舟《ナッヘン》が一艘浮かんでいる。そして小舟の中には、諸諸の価値評価が厳《おごそ》かに変装して坐っている。

汝らの意志と価値を、汝らは生成の流れの上に置いた。大衆から善だ悪だと信じられているものは、一つの古来連綿たる力への意志を密かに明かす。

汝ら最高の賢者よ、この小舟にこのような客を乗せ、彼らに華やかさと誇らしい名前を与えたのは、外《ほか》ならぬ汝らだ——汝らと汝らの支配しようとする意志だ！

河は汝らの小舟を兎に角先へと運んでいく。河は小舟を運ばざるをえない。砕けた波が泡となって怒り、竜骨に向かって食い下がろうとも、取るに足らぬことだ！

汝ら最高の賢者よ、汝らの危険は河ではない。また汝らの善悪の終焉でもない。危険は寧ろ、あの意志そのもの、力への意志、――無尽蔵に生み出す生命の意志なのだ。

そこで、善悪についての私の言葉を汝らが理解できるように、私は生命《いのち》について、また生きとし生けるものの性《さが》について、改めて私の言葉を汝らに伝えておきたい。

私は生命あるものを究明してみた。その性を知るために、生命あるものにとっての最大の道も最小の道も辿ってみた。

生命あるものが口を閉ざすと、私は百倍の拡大鏡によって、なんとかその眼差しを捕捉した。目に口として語れと求めたのだ。すると其の目は私に語りかけてきた。

兎に角、生命あるものを発見しさえすれば、順天《じゅんてん》の言葉を聞いた。生きとし生けるものは、総体として従うものだ。

そして、第二は斯《こ》うだ。自分自身に従うことのできない者は、命令される。それが生命あるものの性だ。

だが、私が聞いた第三のことは斯うだ。命令することは、従うことより難しいということだ。単に命令する者が従う者総ての重荷を背負い、容易《たやす》く押《お》し潰《つぶ》されるというだけのことではない。――如何なる命令にも、何らかの試みと冒険が見えてくる。生命あるものが命令するときには、何時《いつ》も自分自身を賭けているのだ。

否、それだけではない。生命あるものが自分自身に命令するとき、常に其の命令の償いさえもなさねばならぬ。自分自身の律法に従い、裁き手、復讐者、犠牲とならねばならぬ。

何うして斯かる事態になるのか！　私は自身に問うた。何が生命あるものに対して、従い、命令し、命令しながらも猶一段と順天を極めるようにと説得しているのか？

汝ら最高の賢者よ、私の言葉を聴け！　私が生命の核心に自ら忍び込み、その核心の根源に迄達したか否か、真剣に吟味せよ！

生命あるものを発見すると、そこに私は力への意志を発見した。また、仕える者の意志の中にさえ、主人であろうとする意志を発見した。

強者に仕えるようにと、弱者の意志は弱者を説得する。その意志は、もっと弱い者の主人となりたいのだ。この楽しみだけは、弱者にも断念できない。

然し、最小のものを支配する喜びを得る為、小さなものが大きなものに献身するように、最も偉大なものも意外にも献身し、秘《ひ》なる力を求めて——生命を捧げる。

最も偉大なものの献身には、冒険や危険、そして生命を賭けた勝負事がある。

ともあれ、犠牲や奉仕や愛の眼差しのある所、そこにも支配者たらむとする意志がある。そのとき誰も知らぬ道を通って、弱者は強者の城に忍び込み、強者の核心にまで侵入し——そこで秘なる力を盗む。

そして、次の秘密は、生命の妖精が自ら私に明かしてくれた。「私を見て」と妖精は言った「絶えず自分自身を乗り越えなければならぬもの、それが私なの。

なるほど、貴方がたはそれを生殖への意志とか目的への衝動、より高いもの、より遠いもの、より多様なものへの衝動なんて呼ぶわ。でも、みな一つ、一つの秘密なの。

この一つの秘密に与《あずか》れぬくらいなら、寧ろ消滅した方がいいわ。本当に、落日や落葉のある所、見て、生命が自らを犠牲にしているの――秘なる力を求めて！

私が戦いであり、生成であり、目的であり、また目的と目的との間の矛盾であらざるを得ないということ。ああ、私の意志を推察できる人は、その意志が何《ど》んなに曲がった道を歩まねばならぬかをも、きっと推察できる！

何を私が創ろうと、何んなにそれを愛していても、――すぐに私は自分で創ったものと、それへの私の愛着の敵とならねばならない。そうあれと私の意志が望むのよ。

そして、認識の人である貴方も、私の意志の小径であり、足跡にすぎないわ。本当に、私の力への意志は、貴方の真理への意志の足にも乗って歩いているの！

『現存への意志』という言葉で真理を狙い撃ちした人物は、勿論命中させられなかった。こんな意志は――ないのよ！

だって存在しないものは、欲しがることができないわ。だからといって、現存の中にあるものが何うして更に現存をほしがることができるの！

ただ生命のある所にのみ、意志もある。でも、それは生命への意志ではなく――斯う私は貴方に教えておくわ――力への意志なのよ！

多くの事が生命そのものよりも高く評価され、そのことが生命あるものを害している。それでも、こんな評価からさえ、語りかけてくるのは矢張り――力への意志！」。

嘗て生命の妖精は、このように私に教えてくれた。それを基にして、汝ら最高の賢者よ、私は汝らのため、妖精に代わって汝らの心の謎を解き明かしてやる。

実に、私は汝らに言っておく。変わることのない善と悪――そんなものはない！　善と悪は、それ自身に立ち返って、繰り返し自己克服しなければならぬ。

汝ら価値評価する者よ、汝らは善と悪について、汝らの価値と言葉を以て権力を振るっている。だが、このことは汝らの人目につかない恋であり、また汝らの魂の輝きであり、戦慄であり、そして沸騰なのである。

然し、汝らの価値の中から、もっと強い一つの力が生長してくると、新たな克服が求められる。その機縁に触れて、卵と殻が壊れる。

善と悪に於ける創造者であらねばならぬ者は、必ずや先ず破壊者となって、既存の価値を打ち砕かねばならぬ。

だから最も高貴な善意を実現するためには、最も高貴な悪事が合力しなければならない。正にこの妙用ありてこそ、最も高貴な善意は創造的なそれとなるのだ。——

汝ら最高の賢者よ、さあ、このことについて語り合おう。もっとも、直ちに厄介なことになるかもしれぬ。だが沈黙はもっと悪い。語られざる真実は総て毒となる。

我らの真実に触れて壊れる——かもしれぬものは総て壊れるがいい！　未だ多くの家が建てられるのを待っている！——

このように、ツァラトゥストラは語った。

崇高なる者

私の海の底は静かである。戯《おど》けた怪物を匿《かくま》っていることなど誰が察知するだろうか！

私の深海は揺るがない。然し、そこは遊泳している謎や笑いの種によって煌めいている。

私は今日一人の崇高なる者を見た。壮重《そうちょう》な人物、精神の懺悔者である。おお、私の魂は彼の醜さを何と笑ったことか！

胸を張り、深く息を吸った人のようだった。そのようにして、彼、この崇高なる者は寡黙《かもく》にそこに立っていた。

醜悪な事実の数々を狩りの獲物としてぶら下げ、支離滅裂な衣装類を豊富に所有し、多くの茨も彼の着衣に引っ掛かっていた――然し、私は未《いま》だ一輪の薔薇も見なかった。

彼は未だ笑い方と、美の何たるかを習得していなかった。暗い顔をして、この狩人は認識の森から戻ってきた。

野獣との戦闘から彼は帰宅した。然し、彼の深刻さの中から、猶一匹の野獣が目を光らせている――克服されざる野獣が！

飛び掛かろうとする虎の如く、彼は相変わらず身構えている。然し、私はこういう張り詰めた魂が嫌いだ。私の趣味は、こういう引き籠ったもの総てに馴染《なじ》まないのだ。

だが、友よ、汝らは趣味や嗜好について衝突すべきではないと言うか？　然し、生きることは総て、趣味と嗜好を巡る抗争なのだ！

趣味、それは分銅であり、同時に秤皿と秤り手でもある。生きとし生けるものが分銅と秤皿と秤り手を巡って争わないで生きようとするならば、嘆かわしいことだ！

彼、この崇高なる者が自分の崇高さに耐えられなくなれば、漸く彼の美が始まるだろう。――また、そのとき初めて、私は彼の人間性を味わい、魅力を称えるつもりだ。

そして、彼が崇高なる重石となっていた自分自身を見放したとき、初めて彼は自分自身の影を飛び越え――そして、必ずや自らの太陽と一つになるだろう。

余りにも長く、彼は影の中に坐っていた。精神の懺悔者の頰は蒼ざめていた。彼は自分の期待に翳り付いて、殆ど飢死にしかけていた。

彼の目には未《いま》だ侮蔑の念が漂い、彼の口許は嫌悪《エッケル》の念を含んでいる。確かに彼は今休息をしている。然し彼の休息は、未だ嘗て、日溜りの中だった例《ためし》がない。

彼は牡牛の如く行動する外ない。彼の幸福は大地の匂いを感じさせなければならぬ。大地への侮蔑の念を漂わすことなど、あってはならぬ。

私は彼が白い牡牛となって、鼻息も荒く唸りながら鋤《すき》を牽《ひ》いていくさまを見たい。そうして、彼の唸り声が、なぜか地上の総てを称えればいいのだ！

彼の顔容《かんばせ》は未だ暗い。手の影が彼の上で揺らいでいる。眼《まなこ》の志が未だ翳《かげ》りをおびている。

彼の行為自体が却《かえ》って彼を蔽う影となっている。手が行為する者を暗くしている。依然として彼は、自分の行為を克服していないのだ。

確かに、私は彼の牡牛のような頸を愛している。然し、だから猶更、天使の眼差しも見たいのだ。

英雄の意志さえも、彼は逆に忘れなければならぬ。彼には、もっと高められた境地に達して欲しい。単なる一介の崇高なる者であってはならぬ。――英雄の意志を失った彼を、天の霊気自ら高めてくれるようでなければならぬ！

彼は怪獣を打ち負かし、謎を解いた。然し、彼は更に己心の怪獣と謎をも救い出し、そのうえ彼らをすばらしい幼児《おさなご》たちに変容させねばならない。

彼の認識は未《いま》だに微笑むことも、躍起になる気持ちを解くことも習得しなかった。彼の迸《ほとばし》る情熱は依然として美の中の平安を得ていないのだ！

絶対に、満ち足りた中ではなくて、美の中で彼の野心を沈黙させ、冥伏《みょうぶく》させねばならないのだ！偉大なる志を懐く者の雅量には、優美こそが必要なのである。

腕を頭上に置いて、英雄は休息しなければならなかった。英雄ならば、そうやって彼も逆に自分の休息こそを克服しなければならない。

ところが、当に英雄にとって、美の絶妙は比類なく得難いものである。どんなに猛烈な意志を貫徹したところで、美の絶妙は力付くで奪い取ることができないのだ。

少し多過ぎるか、少し足りないか。正に此れこそ。美について多くのこと、最も多くのことである。汝ら崇高なる者よ！　筋肉の緊張を解いて立ち、意志を裸の馬の如くあらしめること、これが汝ら総てにとって最も難しい事なのだ。

秘なる力が慈悲深くなり、見えるようになること。このような降臨現象を、私は美と呼んでいる。

一方、権力者の汝よ、他ならぬ汝の中から、斯うして正に美が生まれることを私は念じている。汝の善意が汝の究極の自己征服であれと願う。

私は権力者の汝の中に、総ての悪が潜んでいると信じている。だからこそ、私は汝に善行を求めているのだ。

実《げ》に、体力がないからといって、自分は善良だなどと思い込んでいる弱虫どもを、私は屡笑《しばしば》って
やった！
汝は円柱の美徳を目指して努力しなければならぬ。円柱は高くなればなるほど、益益美しく繊細
になる一方で、其の内部は益益堅牢でしなやかになる。
そうだ、汝崇高なる者よ、いつか汝は必ず美しくなり、汝自身の美を鏡に映さなければならぬ。
そのとき、汝の魂は神々の情欲を前にして身震いするだろう。然し、汝が自惚れに包まれたとし
ても、猶それを超える敬慕が生まれてくるのだ！
つまり、これが魂の秘密なのだ。英雄が魂を見捨てたとき、初めて夢の中で魂に近づいてくる
――超英雄が。――
このように、ツァラトゥストラは語った。

教養の国

余りに遠い未来へと私は飛んでいった。私は恐怖に襲われた。

私が周りを見た時、何と！　そこでは時間が私の唯一の同時代人だった。

それで私は逃げた。時を遡って故郷《ふるさと》へと――飛ぶほどに速度を増しながら、汝ら現代人よ、然《そ》う
やって私は汝らの許へ、教養の国へとやって来たのだ。

初めて、私は汝らのために役立つ一種の眼力と健全な欲望を携えて来た。実に、心に憧れを懐い

て私は遣《や》って来たのだ。

然し、私に何が起こったのか？　不安ではあったが、――私は笑わずにはいられなかった！　未だ嘗て私の目は、こんな色とりどりの斑《まだら》模様を見たことがなかったのだ！

私の足は震え続け、心臓も戦いていたが、私は笑いに笑った「これは全く、総ての顔料の坩堝《るつぼ》をぶちまけた故郷だ！」――と私は言った。

汝ら現代人よ、驚いたことに、汝らは五十もの顔料の染《し》みを顔や手足に留《とど》めて、そこに坐っていた！

また、五十もの鏡が汝らの周囲に配され、それらが汝らの彩色芝居に媚び、口真似《くちまね》をしていたのだ！

実に、汝ら現代人よ、汝らは自身の顔に勝る仮面を付けることは全くできない！　誰が汝らを本人だと――見分けられるだろうか！

過去の目印を全身に書き込まれ、これらの目印の上にも、更に新たな目印が塗り込まれている。そうして、汝らは自らを巧みに隠し、徴《しるし》を解釈する総ての者を欺いた！

たとえ腎臓検査官であっても、誰が一体、汝らに腎臓があると少しでも思うだろうか！　汝らは、けばけばしい張り子人形にしか見えないのだ。

総ての時代と民族が雑色模様となって、汝らのヴェールのむこうから透けて見える。総ての慣習と信仰が雑色模様となって、汝らの仕種《しぐさ》から語りかけてくる。

誰かが汝らから、ヴェールとマントと色彩と仕種を剝ぎ取ってしまえばいいのだ！　そうすれば、後に残るのは、せいぜい鳥を驚かす程度のものだろう。

実《げ》に、私自身が、汝らの色を失った裸を一度見て驚かされた鳥なのだ。その骸骨が私に秋波を送った時、私は飛んで逃げた。

寧ろ冥界で、過去の亡霊の許で日雇い人夫になる方が未だましだと私は思った！――そうだ、汝らよりは、冥界の住人の方が却《かえ》って肉付きがよく、ふっくらとしているのだ！

汝ら現代人よ、そうだ、このことだ。私の臓腑を抉《えぐ》る苦痛となっているのは、汝らが裸でも衣服を着けていても、どちらも私は辛抱できないということだ！

未来の総ての不気味なものや、嘗て道に迷った鳥たちを恐怖に戦かせたものの方が、汝らの「現実」よりは、真《まこと》に未だしも羞じらいを知っているし、親しみが持てる。

というのも、汝らは斯《こ》う言うからだ「我々は全く現実に根ざしている。信仰も迷信も無し」斯くして汝らは胸を張る。――ああ、未《いま》だ胸のうちには何もないくせに！

そうとも、汝らが何《ど》うして信じることができる筈があるだろうか、汝ら色とりどりに斑模様の者よ！――汝らは、嘗て信じられていた総てを掻き集めた絵なのだ。

汝らは信仰自体の移り変わる否定であり、総ての思想の捻挫である。信じるに値しない者、このように私は汝らを呼ぶ。汝ら現実に根ざしている者よ！

総ての時代が汝らの意見となって、互いに食い違うことを喋り合う。総ての時代の夢やお喋りといえども、目覚めている汝らより未だしも現実に根ざしていたのだ！

汝らは実《みの》りをもたらさない。だからこそ、汝らには信仰が欠けている。然し、創造しなければならなかった者は、何時《いつ》でも夢占いと星占いを身に付けていた――そして、信じることを信じていたのだ！――

汝らは半分開いた門だ。その傍には、墓掘り人が待受ける。そして、汝らの現実とは斯うだ「総ては滅びるに相応しい」。

ああ、汝ら不毛の大地の、そこに立つさまよ、なんと貧弱な肋骨なのだ！　だが、確かに汝らの一群が其のことに物分かりのよさを示していた。

彼らは言った「私が眠っていた時、もしや天上の或る神が、私から密かに何かをくすねていかれたのだろうか？　実に、それで女の一人くらい創るには充分だった！

我が肋骨の貧弱は、不可思議なことだ！」。一群の現代人が前々から、このように語っていた。

そうだ、汝ら現代人よ、汝らはお笑い種なのだ！　また、汝らが自分自身に驚いているときは変《へん》だぞ！

もし私が汝らの不思議がりようを笑うことができなくなり、汝らの餌鉢から嫌なもの総てを飲み下さねばならぬとしたら、嘆かわしいことだ！

ともあれ、私は汝らのことは軽く受け止めておきたい。私には重いものを担っていく運命が有る。甲虫や羽虫が相変わらず私の荷物の上に止まるが、それが何うした！

絶対に、そんなことで私の重荷が一層重くなってはならぬ！　また、汝ら現代人よ、汝らからは、長大なる疲労を生じさせてはならないのだ！——

ああ、私はこれから更に、私の憧れと倶《とも》に、何処へ登っていかねばならぬのか！　あらゆる山々から、私は父の土地、母の土地を求めて、彼方へと目を配る。

然し、故郷《ふるさと》は何処《どこ》にも発見できなかった。私は何《ど》の町にも落ち着くことができず、市門に近づくと旅立ってしまうのだ。

つい先頃私の気持を駆り立てた現代人は、心通わぬ者たちだと分かり、私は物笑いの種となっている。私は父の土地からも、母の土地からも追払われてしまった。

それでも猶、私は一向《ひたすら》私の幼児たちの陸地を愛し続ける。その陸地《しま》は、このうえなく遠い海に囲まれた前人未踏の陸地だ。私は我が帆船に命じる、その陸地を探しに探せと。

私の幼児《おさなご》たちによって、私は自分が父祖の子であることを償うつもりだ。総ての未来によって——この現前を償うつもりだ！——

このように、ツァラトゥストラは語った。

汚れなき認識

昨日、月が昇った時、月は太陽を産むつもりかと私は錯覚した。それほど膨らみ孕《はら》んだ様子で地平線に懸かっていた。

然し、月は妊娠していると見せかける嘘つきだった。どちらかと言えば、私は月を女性というよりも、むしろ男性だと思いたい。

無論、この自信のない、夜遊び屋は余り男らしいとはいえない。実に、疚しい良心を懐いて、この男は屋根から屋根へと渡り歩いている。

なぜなら彼、月の坊さんは、淫らで嫉妬深い。彼は大地を抱きたくて仕方がない。また、愛する者たち総ての喜びに与《あずか》りたくて仕方がないからだ。

全くの話、私は彼が、屋根の上にいる此の牡猫が好きにはなれない！　半開きの窓はないかと、忍び足でうろつく輩《やから》は総てむかつく！

敬虔ぶって寡黙に、彼は星の絨毯《じゅうたん》を遊歩する。――然し、拍車の一つも響かせない、物静かな男の足取りを、私は全く好きにはなれない。

正直者の足取りは各《おのおの》、明確に意思を告げる。然し、猫は床の上を忍び足で去っていく。見よ、月が宛《さなが》ら猫のように、不正直そうにやってくる。――

この比喩を私は、汝ら感じ易い猫被《ねこかぶ》りども、汝ら「純粋に認識する者」に呉《く》れて遣《や》る！　汝らを私は――欲しくてうずうずしている奴らと呼んでやる！

汝らも大地と世俗的なものを愛している。私は能《よ》く察知していた！――然し、汝らの愛し方には、羞恥と疚しき良心とが有る、――汝らは月に似ているのだ！

汝らの知力は、世俗的なものを軽蔑するように説得された。然し、汝らの内臓は説得されなかった。だからこそ、内臓が汝らを最も強く突き動かしているのだ！

そして今や汝らの知力は、内臓の言いなりになっているのを恥じ、また自身の恥から逃れるために間道を選択し、偽りの道を歩んでいる。

「吾にとって最も高尚なことは」――と汝らの嘘で固めた知力は、自身に対して語る――「欲望を持たずに人生を観照するにあり。決して犬の如く舌を垂らして観照するにあらず。

つまり、利己主義の要領も貪欲も排し、滅却した意志を以て、観照の中《うち》に幸福に包まれること――全身は冷涼にして朧《おぼろ》、然も、陶然たる月の眼差し共に有り！」

「吾にとって最も好むところは」――と誘惑された者は自らを誘惑して斯う言う――「月の大地を

愛す如く、大地を愛するにあり。唯眼差しのみにて、大地の美しさをひたすら愛撫するなり。

そして、百の眼差しを持つ鏡として、吾が事物の前に居合わせさえすれば、吾は外《ほか》に何も望まないということ。これこそが吾にとって、万物に対する汚れなき認識であれ」。――

おお、汝ら感じ易い猫被りどもよ、汝ら欲しくてうずうずしている奴らよ！　汝らの欲望には無垢が欠けている。だから汝らは欲しがることを誹謗するのだ！

実に、汝らは創造する者として、生み出す者として、生成を喜ぶ者として大地を愛しているのではない！

どこに無垢は有るのか？　生殖（創造）への意志の有る所に無垢は有る。そして自らを超えて創造しようとする者こそが、最も純粋な意志を持っているのだ。

どこに美は有るのか？　あらゆる意志を受止めて、私が意欲しなければならぬ所、存念が単なる絵に終らぬように、私が人を慈しみ自分を捧げ尽くす所に、美は有るのだ。

人を慈しみ自分を捧げ尽くすこと。ここには久遠来の詩心の共鳴がある。人を慈しむ意志、それは喜んで死にも立ち向かう。斯う私は汝ら臆病者に伝えておく！

ところが、汝らの宦官の如き妬ましげで物欲しそうな盗み見は「観照」と名乗ろうとする！　而も、臆病な眼差しに自らを触れさせるものが「美しい」との洗礼を授けられると聞く！　おお、汝ら高貴な呼称を汚す者よ！

然し、汝ら汚れなき者よ、純粋-認識者よ、汝らの歴然たる呪いは、汝らが決して生み出さないということだ。たとえ汝らが膨らみ孕んだ様子で地平線に懸かっていようとも！

実に《げ》、汝らは上品な言葉を口一杯に満たしている。汝ら大嘘つきめ、我らに汝らの心が満ち溢れていると信じさせたいのか？

ところで、私の言葉は、軽く見られ、蔑《ないがし》ろにされ、白眼視されている言葉である。汝らの食事中にテーブルの下に落ちたものを、私は構わず拾い上げる。

今でも私はこれらの言葉を使って——猫被りどもの図星を突くことができる！　そうだ、私の拾った魚の骨や貝殻や刺の付いた葉に——猫被りどもの鼻を擽《くすぐ》らせて遣《や》るぞ！

汝らと汝らの食事の周りには、常に不健康な空気が垂れ籠めている。汝らの物欲しげな考え、汝らの嘘や隠しごとが空気中に澱《よど》んでいるのだ！

先ずは勇気を出して、自分自身を信じるがいい！——自身と自身の内臓を信じるがいい！　自分自身を信じていない者は、常に嘘をつく。

汝ら「純粋なる者」よ、汝らは或る神の仮面を被って、自分自身の前から姿を晦《くら》ました。或る神の仮面の中に、汝らのぞっとする環形動物が忍び入ったのだ。

実《げ》に汝ら「観照に耽る者」よ、汝らは人を欺く。ツァラトゥストラも嘗て汝らの神懸った面《つら》の皮《かわ》に騙された痴愚だった。皮に隠れた蛇の蜷局《とぐろ》を彼は見破れなかったのだ。

汝ら純粋-認識者よ！　嘗て私は或る神の魂が汝らの演技を迫真のものにしていると思い込んだ。汝らの芸術を超える如何なる芸術もないと思い込んだ！

蛇の卑猥と悪臭とが遠くて感じ取れなかった。また蜥蜴《とかげ》の奸計が辺《あた》りをうずうずと這い回っていたのに眩惑されたのだ。

然し、私は汝らに近寄った。その時、私の夜は明けた——そして、今度は汝らの夜が明ける、——月の情事は終わったのだ！

彼方を見るがいい！　月は現場を押さえられ、蒼ざめて立ち尽くしている――曙光を前にして！　なぜなら、既に来ている、彼の赫赫《かくかく》たる灼熱は。――大地に寄せるその愛がやって来る！　総ての太陽たちの愛は、無垢であり、創始者の情欲なのだ！

彼方を見るがいい！　太陽がもどかしげに靄《もや》を一気に払い、海を越えてやって来るさまを！　その愛の渇望と、熱い息吹を汝らは感じてはいないか？

太陽は波にしゃぶりつき、海の深みを自らの高みへと吸い上げようとする。その時、海の情欲は千の乳房となって高まる。

海は太陽の渇望に応え、その接吻を受止め、乳房を吸われたいと願う。海は大気となり、高みとなり、光の小径となり、そして光そのものとなりたいと願うのだ！

真《まこと》に、私は太陽のように、生命と総ての深い海を慈しむ。

私にとって認識とは斯《こ》うだ。総ての深みは高められねばならぬ――私の高みにまで！――

このように、ツァラトゥストラは語った。

学者

私が身を横たえ眠っていた時、一匹の羊が私の頭の常春藤《キヅタ》の冠に食いついた。――羊は食い尽し、そのうえ言って退けた、「ツァラトゥストラは最早学者ではない」。

羊は然う言うと、自分を大きく見せて、誇らしげに去っていった。或る子供が一部始終を私に語ってくれた。

子供たちの遊ぶこの場所、壊れた市壁の傍《そば》、薊《あざみ》や赤い罌粟《けし》の花の下で、私は身を横たえるのが好きだ。

私は子供たちにとって、また薊や罌粟の花にとっても、依然として一人の学者である。子供や花が私に悪意を抱くことがあったとしても、彼らに罪はない。

然し、羊たちにとって、私は最早学者ではない。私の運命がそう望むのだ――その運命に祝福あれ！

本当の所はこうだ。私は学者の家を引き払った。その上、出るときに入口の扉を勢いよくバタンと閉めた。

余りにも長い間、私の魂は腹を空かしたまま、彼らの食卓に就いていた。私には彼らの如く、胡桃《くるみ》割りのような認識が仕込まれていない。

私は瑞瑞《みずみず》しい大地に吹き渡る自由の風を愛している。学者の威厳や格式の上で温温《ぬくぬく》と過ごすよりは、未だしも牡牛の皮の上で眠りたい。

私は自らの思想に燃やされ、余りにも熱くなる。屢《しばしば》息も吐《つ》けなくなるほどだ。そうなると、私は野外に出るしかなく、埃《ほこり》臭い総ての部屋から去らねばならぬ。

然し、彼らは涼しげな日陰に冷やかに坐っている。何があっても彼らは一向《ひたすら》傍観者でありたい。太陽がじりじりと照りつける石段には間違っても坐らない。

通りに立って、通り過ぎる人々をぽかんと口をあけて眺める者と同じように、学者もまた、他人の考えた思想を看視し無表情に眺めている。

彼らを手で摑むと、彼らは小麦粉袋宛《さなが》ら思わず知らず朦朦《もうもう》と埃《ほこり》を立てる。然し、彼らの埃が元を辿れば、穀物畑であり、夏場の黄色い歓喜だということに、果して誰が思い到るだろうか？　彼らが賢いふりをすると、その取るに足らぬ格言や些細《ささい》な真理のせいで寒気がする。彼らの知恵には、屢《しばしば》それが沼から立ち昇っているかのような臭気が漂っている。真に、私は彼らの知恵が蛙となってゲロゲロ鳴くのも既に聞いた！

彼らは如才なく、巧妙な指をもっている。彼らの複雑さに係ったら、私の単純さなど何《ど》うなるものか！　彼らの指は何んなものにも糸を通し、結びつけ、織り上げる方法を弁《わきま》えている。このようにして、彼らは知力の長靴下を編んでいるのだ！

彼らは性能の良い時計仕掛けである。ただ捩子《ねじ》を適切に巻いてやるのを忘れないことだ！　そうすれば、彼らは間違いなく時を知らせる。而も慎ましい物音で。

水車の如く、彼らは間断なく仕事を重ねる。穀物を投げ込んでやりさえすればいい！――穀物を細かく挽き、白い粉にする術は既に分かっている。

彼らは互いに能く監視し合い、互いを余り信用していない。小奸計に長け、要領の悪い人間を待ち構えている――蜘蛛のように。

私は彼らが常に注意深く毒を調合しているのを見た。その際は常に透明の手袋をしていた。

彼らはまた、いかさまの賽子《さいころ》を使って賭けも遣って退ける。私は彼らが向きになって賭けに熱中し、大汗を掻いているのを発見した。

私と学者たちとは、互いに馴染まない。彼らの美徳は、彼らの二枚舌や、いかさまの賽子よりも、却って私の趣味に反する。

学者たちの許に住んでいた時、私は彼らの上に住んでいた。そのことが私に対する彼らの恨みとなった。

学者たちは誰かが自分たちの頭上で歩き廻る音に耐えられない。そこで彼らは、私と彼らの頭との間に、木片や土塊《つちくれ》や塵《ちり》を置いた。

このようにして、彼らは私の足音を消した。それ以来、私は最も学識のある者たちの中で、その消息が最も芳《かんば》しくない者となった。

彼らは人間の間違いや弱点を何かと論《あげつら》って、それを彼ら自身と私との間に置いた。——それを彼らは、自分たちの家の「ありえない屋根裏部屋」と呼んでいる。

然し、それでも矢張り、私は私の思想と共に、彼らの頭上を歩き廻っている。たとえ私が知らずに自身の間違いの上を歩き廻ろうとしても、依然として私は彼らの上、彼らの頭上にいるだろう。

というのも、人と人とは同等ではない。然う正義は語る。だから私の欲することを、彼らが欲することは許されないのだ！

このように、ツァラトゥストラは語った。

詩人

「肉体を的確に知るようになって以来」——とツァラトゥストラは弟子の一人にむかって言った「精神とは、最早殆ど生気にすぎない。総ての『移ろいゆかざるもの』——それも一つの比喩にすぎないのだ」。

「私は貴方がそう言われるのを一度聞きました」とその弟子は答えた「あの時貴方は『ともかく詩人たちは余りに多くの嘘を吐《つ》く』と付け加えられました。一体何故《なぜ》貴方は、詩人たちは余りに多くの嘘を吐く、と言われたのですか？」。

「何故？」とツァラトゥストラは言った「汝は私に何故と問うのか？　私は理由を問えば済む類《たぐい》の人間ではない。

私の体験は抑昨日《そもそも》のことだろうか？　私の数々の意見の根拠を、私が体験してから、長い年月が過ぎている。

自分の意見の根拠を持合わせていようとするならば、私は記憶の樽であらねばならぬのではないか？

自分の意見でさえ、色褪せないように記憶しておくのは煩わしい。それに霊感を運んで来た鳥の中には、飛び去っていくものが少なくはない。

時折、私の鳩舎の中で、他所《よそ》から迷い込んできた見知らぬ鳥を発見することもある。私が手で触《さわ》ると、そういう鳥は震えている。

それで、ツァラトゥストラは嘗て汝に何と言ったんだっけ？　詩人たちは余りに多くの嘘を吐くと言ったのか？――然し、ツァラトゥストラも詩人である。

ところで、汝は其のとき彼が真実を言ったと信じているのか？　何故そうだと信じているのか？」。

その弟子は答えた「私はツァラトゥストラを信じています」。然し、ツァラトゥストラは頭を振り、微笑んだ。

「信仰が私を至福にするわけではない」と彼は言った「とりわけ、私に対しての信仰は。然し、誰かが大真面目に、詩人たちは余りに多くの嘘を吐く、と言ったとすれば、それは本当だ、——我我は余りに多くの嘘を吐く。

我我も余りに僅《わず》かのことしか知らない。また、真っ当とはいえない学習者である。もうそれだけで嘘を吐く破目になる。

我我詩人たちの中で、誰が自分のワインに混ぜ物をしなかっただろうか？　毒の混入が幾度も我我の地下室で行われた。筆舌に尽くし難い事が幾度もそこで為された。

我我は僅かのことしか知らないので、知的貧者が心から気に入っている。とりわけ、それが若くて可愛い女たちであれば、願ってもない僥倖《ぎょうこう》だ。

また老女たちが毎夕伝え合っている出来事に対してさえも、我我は何《ど》う見ても貪欲である。その出来事を我我は仲間中《うち》で永遠に‐女性的なるものと呼ぶ。

学究の徒には埋め隠されている知見に到る秘密の入口が恰も存在しているかのように、我我は民草と其の『知恵』を信じている。

御多分に洩れず、総ての詩人は信じている、草むらに寝そべったり、見晴らしのいい斜面に横になって耳を澄ます者は、天と地の間の出来事について何かを知らされると。

だから優しい気持ちになると、詩人たちは常に思う、自然自らが彼らに恋をし、そして、彼らの耳元に忍び寄り、秘密を打ち明け、愛の睦言《むつごと》を囁いていると。そのことを彼らは誇りにし、総ての生命限りある者に対して威張るのだ！

ああ、天と地の間には、ただ詩人たちが何かしらの夢見に与《あずか》っただけの事柄が大層多く存在しているのだ！

　とりわけ、天上は然うだ、というのは、総ての神々は詩人の比喩であり、詩人が読み手の心を詐取《さしゅ》した痕跡《こんせき》だからである！

　真に、我我は常に引き上げられるのだ――雲の国へと。その雲の上に、我我は馴染みの色とりどりの幌衣《ほろぬの》を据え、それらを神々と呼び、また超人と呼んでいる。――

　然し、それらは当にその座に相応《ふさわ》しいほど軽いのだ！――総てこれらの神々と超人は。

　ああ、本当の出来事とは到底言えない総《すべ》ての事に対して、私は如何に耐えられなくなっていることか！　ああ、私は詩人たちに如何に耐えられなくなっていることか！」。

　ツァラトゥストラが斯《こ》う語った時、彼の弟子は彼に怒りを覚えた。然し、弟子は黙っていた。ツァラトゥストラも黙っていた。彼の眼差しは恰も遙か彼方を見詰めているようだったが、本当は心の奥に注がれていた。遂に彼は溜め息をつき、息を吸い込んだ。

　それから彼は言った。私は今日と過去から成り立っている。然し、私の中には、明日と明後日と何時《いつ》か未来へと通じる何かが有る。

　私は詩人たちに耐えられなくなった。古い詩人と新しい詩人に耐えられなくなった。彼らは総て上辺であり、浅い海である。

　彼らは十分に深く考えなかった。だから彼らの情感は物事の根底にまで沈んでいくことはなかった。

　何がしかの悦楽と、何がしかの退屈。これがせいぜい彼らの最も上等な熟慮だった。

　彼らの爪弾く竪琴の響きは総て、現れては消える不安な影に等しい。音の響きが心の琴線を何れほど熱烈に掻き鳴らすかについて、彼らは何を識《し》っていたのか！――

彼らはまた、十分に清潔とは言えない。彼らは皆、深く見せようとして自分の河川や湖沼の総てを濁らせている。

また、そうすることによって、彼らは和解を演出するのが好きだ。然し、私から見ると、彼らは取り持ち屋で掻き混ぜ屋にすぎず、中途半端で不潔な者たちだ！――

ああ、確かに私は網を彼らの海に投げ入れ立派な魚を捕まえようとした。然し、常に、何処かの古い神の頭を引き上げていた。

そのように、海は腹を空《す》かした者に一つの石を与えた。もっとも、詩人たち自身が、きっと海に由来するのだろう。

きっと彼らの中には真珠が見つかる。それだけ彼ら自身は殻の硬い貝類に似ている。屡《しばしば》彼らの許で、私は魂の代わりに塩辛い粘液を見つけた。

彼らはまたなんと、海から其の虚栄心を学んだ。海は孔雀《くじゃく》の中の孔雀ではないだろうか？

最も醜い水牛を前にしても、海は其の尾を広げて見せる。銀と絹のレースで編まれた自分の扇を誇らしげに広げ、決して倦むことを知らない。

水牛は何だと言わむばかりに、これを見遣る。水牛の魂は砂に近い。そのうち複雑な茂みに一層近くなり、遂にはなんと泥沼と見分けがつかなくなる。

水牛にとって、美と海と孔雀の装飾が何だというのか！　この比喩を私は詩人たちに言っておく。

真に、詩人の才知自体が孔雀の中の孔雀であり、虚栄の海だ！

詩人の才知は観客を求める。たとえ其れが水牛であろうとも！――

然し、私はこの才知に耐えられなくなった。また、私には分かる、詩人の才知がそれ自身に耐えられなくなると。
私は既に詩人たちの心に変化が生じ、自分自身に対して抵抗の眼差しを向けているのを見た。
私は精神の懺悔者がやって来るのを見た。この一群は、詩人たちの中から増えていったのである。

――

このように、ツァラトゥストラは語った。

偉大なる出来事

海の中に一つの島がある――ツァラトゥストラの喜びに満ちた島々から遠くはない――島では絶えず一つの火山が煙を吐いている。島について、島人とりわけ庶民出の老女たちは言う、島は冥界の門前に据えられた岩塊のようになっていると。つまり、火山自体の中を狭い道が下方へと通じていて、冥界の門に達すると言うのだ。

さて、ツァラトゥストラが喜びに満ちた島々に留《とど》まっていた頃、或る一隻の船が、煙立つ山の聳えるこの島に錨を下したことがあった。乗組員たちは兎狩りをするために上陸した。ところが正午頃、船長とその部下が再び集結したとき、彼らは突然或る一人の男が空から現れたかと思うと、自分たちを目指して飛んで来るのを見た。一つの声が明らかに「時は来た！　将に其の時がやって来た！」と言っていた。然し、その姿は彼らの目前迄来ると――なんと影の如く素早く傍《そば》を掠め、火山のある方角へ飛んで行った――そのときそれがツァラトゥストラだと分かって、彼らは驚愕の極みに達した。というのも、彼らは船長自身を除いて皆ツァラトゥストラを見たことがあり、民衆と同様に、つまり敬愛と畏れを等分に懐きながら、彼を愛していたからである。

「見てみろ」と老いた航海士が言った「ほら、ツァラトゥストラが地獄に突っ込むぞ！」。――

これらの船乗りが火山島に上陸した時と同じ頃、ツァラトゥストラが姿を消したという噂が広まった。彼の友人に尋ねると、彼は行先も告げずに夜中に船に乗り込んだ、と友人は語った。

こうして不安が生じた。而も三日後には、船乗りたちの話が伝わり、不安は一層募っていった。――到頭、民衆は皆、悪魔がツァラトゥストラを攫《さら》っていったと言い合った。彼の弟子たちは当初この噂を一笑に付し、弟子の一人は「むしろ私は逆に、ツァラトゥストラが悪魔を攫っていったと信じている」とさえ言った。然し、魂の底では彼らは皆、師匠の身を深く憂い、再会への熱き想いを募らせていた。それだけに、五日目にツァラトゥストラが彼らのもとに姿を見せた時、彼らの喜びは大きかった。

ともあれ、これから、火の犬なるものと交わしたツァラトゥストラの会話の物語を紹介しておく。

大地は――と彼は言った――皮膚を持っている。またこの皮膚は病気に冒されている。これらの病気の一つが例えば「人間」と呼ばれている。

一方、別の病気の一つが「火の犬」と呼ばれている。この犬について、人間は互いに多くの嘘を吐いてきたし、それを罷《まか》り通らせてきた。

この秘密を徹底的に究明するために、私は海を越えていった。そして、裸の真理を見た、実に！丸裸の真理を見たのだ。

火の犬の本性が何か、私には分かっている。同様に、総てのならず者や転覆狙いの悪魔の本性も分かっている。老女だけが彼らを危惧しているわけではない。

「火の犬よ、汝の奈落から出て来い！」と私は叫んだ「この奈落がどれほど深いか白状しろ！　汝が噴き出しているものは一体何だ？

汝は海水を相当に飲んでいるな。汝の塩辛い多弁が何よりの証拠だ！　確かに、汝は奈落の犬にしては、余りにも表面から栄養を摂り過ぎている！

汝はせいぜい大地の腹話術師であると私は見ている。また転覆狙いやならず者の悪魔が喋るのを聞く度に、私は彼らが汝に似て塩辛く嘘つきで薄っぺらだと思った。

汝らは上手に叫び、灰（小銭）で事実を隠蔽することができる！　汝らは比類のない法螺《ほら》吹《ふ》きで、泥を熱く煮立てる術を飽きもせず身につけた。

汝らのいる所には、絶えず近くに泥があり、多くの海綿の如きもの、穴だらけのもの、むりやり詰め込まれたものがあるに違いない。それらが自由を求めているのだ。

『自由』と叫ぶのが、汝らは皆何よりも好きだ。だが、多くの怒号や煙が自由の周りに群がるや否や、私は『偉大なる出来事』に対する信頼を忘れてしまった。

兎に角、私の言うことを信じよ、おい地獄の喧騒よ！　最も偉大な出来事――それらは我我の最も声高《こわだか》な時ではなく、我我の最も静かな時である。

新手の喧騒の発明者ではなく、新しい価値の発見者を中心にして、世界は回っていく。聞き取れないほど静かに、世界は回るのだ。

さあ白状してしまえ！　汝の喧騒と煙が消えたとき、常に僅かのことしか起きていなかった。一つの都市がミイラとなり、柱像が泥の中に転がっていても、それが何だ！　私は柱像を倒す者に寧《むし》ろ斯う言っておく。柱像を泥の中に投げ込むのは、恐らく塩を海の中に投げ込むに等しい愚行の極みである。

汝の軽蔑の泥に塗《まみ》れて、柱像は転がった。然し、軽蔑を舐《な》め尽くす中から、再び柱像に生命が宿り、生命の美が増していく。これが当に柱像の法則なのだ！

以前より神々しい表情を浮かべて、柱像は今に立ち上がる。苦悩に耐える姿こそ魅惑的だ。そして、本当に！　汝らが倒したことに対し、柱像は意外にも汝らに感謝を伝えるだろう、汝ら転覆屋！

そこで国王や教会、老衰し威徳を失った総てに対し、私は斯う忠告する――いっそ汝らを打倒させるがいい！　その結果、汝らは蘇り、汝らの許に――威徳が戻るのだ！――」。

このように、私は火の犬を前にして言った。すると火の犬は唸り声を上げて私の話を遮り、そして尋ねてきた「教会だと？　それは一体何だ？」。

「教会か？」と私は答えた「あれは一種の国家だ。而も不誠実の最たるものだ。いいか、静かにしろ、汝偽善の犬め！　汝は同類をきっと誰よりも能く識っているな！

汝自身と同様、国家は偽善の犬だ。汝と同様、国家は煙と喚き声を以て喋るのが好きだ。――国家は汝と同様に事件の腹蔵から自分の声が語っていると信じさせようとする。

というのも、国家は是が非でも地上で最も偉そうな動物に成り済まそうとするからだ。それが国家だ。また一般大衆も、国家をそのようなものだと信じている」。――

私が然う言い終えると、火の犬は嫉妬に狂ったような言動に及んだ。「何だと？」と彼は叫んだ「地上で最も偉そうな動物だと？　一般大衆も、国家をそのようなものだと信じているだと？」。すると火の犬の咽喉《のど》から、朦朦たる煙と物凄い声が吐き出されてきたので、私は彼が怒りと嫉妬のせいで窒息するだろうと思った。

漸く彼は少し落ち着き、呼吸の乱れも収まった。彼が静かになるや否や、私は笑いながら言った。

「火の犬よ、汝は怒っているな。してみると、私が汝について言ったことは図星だったのだ！

私の図星ぶりを更に確保するために、別の火の犬について聞くがいい。その犬は本当に大地の核心から語る。

彼の呼吸は黄金《きん》色の気風を漂わせ、黄金色の雨を降らせる。彼の中に有る大地の腹蔵なき心が然う望む。彼にとって、灰や煙や熱い粘液が此の期に及んで何だというのか！

笑いが彼の中から舞い飛び、五色の雲のように翻《ひるが》る。彼は汝が喉をガラガラ鳴らしたり、唾を吐いたり、内臓の疝痛となるのが許せないのだ！

兎に角、黄金《おうごん》と笑い——それを彼は大地の腹蔵なき心から受け取っている。というのも、これだけは知っておくがいい、——大地の腹蔵なき心は黄金によって出来ているのだ」。

火の犬はこれを聞くと、最早私に耳を傾けられなくなった。恥じ入って尻尾を巻き、挫《くじ》けた吠え方で、わう！　わう！　と言うと、自分の洞穴《ほらあな》に潜り込んでしまった。——

このようにツァラトゥストラは話した。然し、彼の弟子は殆ど話を聴いていなかった。それほど船乗りや飼兎《かいうさぎ》や空飛ぶ男のことを、彼に話したくてうずうずしていたのだ。

「私に空飛ぶ男のことを何《ど》う思うか聞きたいのだな！」とツァラトゥストラは言った「私が一体幽霊だというのか？

但、それは私の影だったのだろう。汝らは多分もう流離《さすら》い人とその影について幾らか聞いているな？

兎に角、確実に言えるのは斯うだ。あいつ（影）を短く抑えておかねばなるまい。——さもないと、私の評判はもっと傷つけられる」。

もう一度、ツァラトゥストラは頭を振り、不思議な気持ちに包まれた。「私に空飛ぶ男のことを何う思うか聞きたいのだな！」とツァラトゥストラは、もう一度言った。

「一体何故、その幽霊は『時は来た！　将に其の時がやって来た！』と叫んだのだろうか。一体何のための——将に其の時なのか？」。——

このように、ツァラトゥストラは語った。

預言者

——「そして、私は途轍《とてつ》もなく悲しい出来事が人間を覆い尽すのを見た。最良の人たちでさえ自分の所業に疲れた。

一つの教えが託宣の如く現れ、一つの信仰がそれと共に広まった『総《すべ》ては虚しい、総ては同じだ、総ては既にあったことだ！』と。

すると、総ての丘から反響《こだま》が返ってきた『総ては虚しい、総ては同じだ、総ては既にあったことだ！』と。

確かに我我は収穫した。然し、なぜ総ての果実が怪しげに変質し、狐の色に染まったのか？　昨夜の邪悪な月から、何が降ってきたのか？

総ての労苦は無駄だった。我我のワインは毒となってしまった。邪悪な眼差しが我我の畑と心を黄色く焦がした。

我我はみな干凅《ひから》びた。火が我我の上に降ってくると、我我は灰燼《かいじん》の如く飛び散る。——そうだ、我我は火さえもうんざりさせたのだ。

泉という泉は涸れ果て、海も後退していった。剝《む》き出《だ》しになった海の底がどこからでも裂けようとしている。然し、生まれた亀裂は浅すぎて、我我を呑み込もうとはしない！

『ああ、溺れ死ぬことのできる海は、未だ何処かに在るのだろうか？』。そのように、我我の嘆きの声は響き渡る——幾つもの浅い沼を越えて。

真《まこと》に、我我はもう疲れ過ぎて、死ぬことも儘ならぬ。ならばせめて目を覚まして生き続けよう——墓の中で！」。——


ツァラトゥストラは一人の預言者が斯く語るのを聞いた。その預言はツァラトゥストラの真情に訴え、彼の様子を一変させた。彼は悲しみと疲労を引き摺って歩き廻った。その様子は、預言者の話に出て来る人物を彷彿とさせた。

真に、と彼は弟子たちに言った。少し経てば、預言どおりの長い黄昏《たそがれ》がやって来る。ああ、何《ど》のようにして私の灯《ともしび》を救い、後の時代へと伝えたらいいのか！

この悲しい出来事の中で、私の灯が窒息せぬようにと祈る！　それは、ずっと遠い世界を照らす光、何んなに遠くの夜さえも照らす光とならねばならぬのだ！

こうして心に深き憂いを懐いて、ツァラトゥストラは歩き廻った。三日の間、飲まず食わず、身を横たえもせず、話もしなかった。遂に彼は深い眠りに沈んでいった。そこで弟子たちは彼の周りに坐り、長い夜を通して看護し続けた。果して師匠が目覚め、再び語り、悲哀から回復してくれるだろうかと、不安を懐いて世話をしていたのだ。

ともあれ、ツァラトゥストラが目を覚ました時に語った言葉は、次のとおりである。但、弟子たちの耳には、彼の声が遙か遠くから聞こえてくるように思えた。

汝ら友よ、さあ私の見た夢の話を聴け、そして、その意味を言い当てる手伝いをせよ！

それというのも、この夢が、私には依然として一つの謎なのだ。その意味は夢の中に隠され、捕らわれていて、今なお翼を広げて夢の上を飛んではいない。

夢の中で、私は如何なる生命とも絶交していた。私は墓を見張る夜番《よばん》となっていたのだ。場所は訪れる者とて稀な、死の山城。

その山城で、私は死神のものとなった棺《ひつぎ》を見張っていた。湿っぽい丸天井の穴蔵という穴蔵は、このような死神の勝利の目印に溢れていた。透明な棺の中から、過去のものとなった生命が私をじっと見詰めていた。

埃《ほこり》に塗《まみ》れた永遠の数々の臭いを私は呼吸した。噎《む》せ返るような埃に塗れて、私の魂が横たわっていた。自分の魂であっても、誰が彼《あ》んな所で新鮮な風を吸わせてやることができたであろうか！

真夜中の聡明が、常に私の周りに漲《みなぎ》っていた。その隣で、孤独が身を屈めていた。そして第三に、女友達中で最も厄介な女、喉をゴロゴロ鳴らす死の静寂が控えていた。

私は鍵を幾つか携えていた。何《ど》んな鍵よりも錆付いていた。私はそれらを使って、何んな門よりも軋む門を開く術を心得ていた。

門の扉が動き出すと、猛烈に怒った鳥の喚《わめ》き声のような音が、長い回廊を駆け抜けた。つまり、この門鳥は忌々しそうに喚いた。眠りを邪魔されたくなかったのだ。

然し、門が再び押し黙り、静けさが辺りを支配し、私が独りこの陰険な沈黙の中に留まっていると、一層不安が募り、胸を締め付けられる思いがした。

そのようにして、時はそっと過ぎていった。もっとも、時間が猶存在していたとしての話だ。夢の中の私に何が分かるだろうか！　然し、到頭、私を目覚めさせることが起きた。

三たび、雷鳴のように、門を打つ音がした。丸天井の穴蔵は、三たび谺《こだま》を返し、喚いた。私は門へと向かった。

アルパ！　と私は叫んだ。誰が自分の灰を山へと運んでいるのか？　アルパ！　アルパ！　誰が自分の灰を山へと運んでいるのか？

私は鍵を差し込み、どうにかして門を動かそうとした。だが、指一本ほどの隙間さえも出来なかった。

そのとき、一陣の轟然たる烈風が起こり、扉を左右に引き裂いた。烈風は私に向かって、鋭く笛を吹きつつ、けたたましく刺すように、一つの黒い棺を投げて寄越《よこ》した。

轟音と鋭い笛とけたたましい音の中で、その棺は張り裂けた。そして、何千もの爆笑と物笑いの種を吐き出した。

そして、子供や天使や梟や道化、子供くらい大きな蝶など、これら戯《おど》けた顔や顰《しか》めっ面や醜い顔や異様な顔、ありとあらゆる表情の内側から、得体の知れぬ何かが笑い、嘲り、囃し立て騒ぎながら、私に向かって突進してきた。

私は酷く驚き、投げ倒された。そして、総毛立つ恐怖のあまり、嘗てない叫び声を上げた。然し、自らの絶叫で、私は目をさました。――私は我に返ったのだ。――

このように、ツァラトゥストラは自分の見た夢を語り、そして沈黙した。というのも、彼は見た夢の意味を未だ分かっていなかったからである。ところが、彼の最も目を掛けていた弟子が素早く立ち上がり、ツァラトゥストラの手を摑んで言った。

「貴方の生き方そのものが、我らのためにこの夢を解釈してくれます。おお、ツァラトゥストラよ！

貴方自身が、けたたましい笛を以て死神の城門を一気に抉《こ》じ開ける烈風ではないですか？

貴方自身が、天使の戯《おど》けた顔をはじめ生命の色とりどりの悪意の表情を溢れるほど持っている棺ではないですか？

きっと何千もの子供の笑い声宛《さなが》ら、ツァラトゥストラは何んな墓穴にも入っていく。この墓守《はかもり》夜番《よばん》であれ、その他誰が陰気な鍵束をがちゃつかせても、笑い飛ばして。

貴方の笑いは彼らを驚かせ、薙《な》ぎ倒《たお》しもします。いったん失神して目覚めるのは、彼らに勝るあなたの力を証明しているのでしょう。

そして、たとえ長い黄昏と死にたくなるような睡魔が襲って来ても、貴方は我らの天国が原因で破滅はしません、生命の代弁者である御方よ！

貴方は我らに新しい星と新しい夜の素晴らしさを見せてくれました。本当に、貴方は笑いそのものを色鮮やかな天幕のように、我らの頭上に広げてくれたのです。

これからは何時《いつ》も子供の笑い声が、棺の中から湧いてくるでしょう。これからは何時も凱旋将軍宛ら一陣の強い風が、何れほど死にたくなるような睡魔であろうとも、一気に吹き飛ばしてくれるでしょう。貴方自身がそのことの証人であり、預言者なのです！

紛れもなく、貴方は彼ら自身を、つまり貴方の敵の姿を夢で見たのです。だから、それは貴方にとって最も重苦しい夢となりました！

然し、貴方が彼らとの決別に目覚めて我に返ったように、彼らも自らとの決別に目覚めて――貴方の許にやって来なくてはならないのです！」。――

そのように、その弟子は語った。すると、他の弟子たちが皆ツァラトゥストラの周りに押し寄せ、彼の両手を摑み、病床と悲しい出来事から離れ、自分たちの許に戻るようにと説得に努めた。然し、ツァラトゥストラは寝床で身を起こし坐っていた。但、弟子たちが見たことのない眼差しをしていた。長い異郷暮らしから戻ってきた人のように、彼は弟子一同を見遣ると、彼らの顔をしげしげと眺めた。未だ自分の弟子であることが判らなかったのだ。ところが、彼らに助け起こされ、足を踏みしめて立った時、なんと、彼の目は一気に変容した。彼は起きたことの総てを理解し、髯を撫で、そして力強い声で言った。

「よし！　このことはもういい。だが、弟子たちよ、皆で楽しい食事ができるように、準備せよ、直ちに！　それで何とか悪夢の埋め合わせをするつもりだ！

ところで、あの預言者を私の側に招いて食事をさせてやりたい。そして真《まこと》に、彼が溺れ死ぬことのできる海を、せめて彼に示してやるつもりだ！」

このように、ツァラトゥストラは語った。その後、彼は夢占い師を務めた弟子の顔を長いこと見詰めていた。それにも拘らず、彼は頭《かぶり》を振った。――

救済

ツァラトゥストラが或る日大きな橋を歩いて渡っていた時、身体の不自由な者や乞食が彼を取り囲んだ。そして、或る背中に瘤のある男が彼に向かって言った。

「見よ、ツァラトゥストラ！　民衆も貴方から学び、貴方の教えを信頼しつつある。然し、民衆に貴方を全面的に信じさせようとするつもりなら、更に一つのことが必要だ——貴方は先ず忘れずに我ら身体の不自由な者を説得しなければならぬ！　ここには、様様に身体の不自由な者が見事に揃っている。真《まこと》に貴方は今、一摑《ひとつか》みの前髪より多くの手掛かりを目の前にしているのだ！　目の見えない者を治してもいいし、足の萎《な》えた者を歩けるように回復させてもいい。また後ろに余計に背負い込んだ者のためにも、きっと余計なものを少しは減らせるだろう。——私は考える、これこそ身体の不自由な者にツァラトゥストラを信じさせる真っ当な方法だと！」。

然し、ツァラトゥストラは、その時話掛けてきた男に向かって次のように答えた「背中に瘤のある男から瘤《こぶ》を取り去ると、その男から気力まで奪う破目になる。——然《そ》う俗衆は教える。また目の見えない者に視力を与えると、彼は地上に溢れる余りにも多くの有害なものを見る破目になる。故に、治してくれた者を呪う。一方、足の萎えた者を歩けるように回復させる御仁は、最も彼のためにならない事をする破目になる。というのも、彼が歩けるようになるや否や、彼の悪徳も抑制が利かなくなるからだ。——このように、俗衆は身体の不自由な者について教えている。俗衆がツァラトゥストラから学んでいるのに、何《ど》うしてツァラトゥストラのほうでも俗衆から学んではいけないわけがあろうか？

『こいつには目が片方、あいつには耳が片方、そして第三の者には脚《あし》がない。また他に舌か鼻か頭を失った者がいる』などという事実を私は目にする。然し、こんなことは、人間界に在って以来、私にとっては問題の核心としての価値が最も低い。

もっと惨憺たるものや、諸諸の実に酷《むご》たらしいものを私は見てきたし、今も見ている。故に、無論、全部を事細《ことこま》かく語る気にはなれぬ。だが、幾つかについては迚《とて》も黙ってはいられない。つまり、一つを過剰にもつことを別にすると、総てを無くした人間たち——単に一つの巨大な目であるか、或いは一つの巨大な口であるか、或いは一つの巨大な腹であるか、若しくは兎に角何か巨大なもの以外の何物でもない人間たちがいる——このような人間たちを、私は逆説の身障者と呼ぶ。

我が孤独の許から出で、初めてこの橋を渡った時、私は我が目を疑った。一度目を向け、再び目を向け、そして遂に言った『これは耳だ！　人間と等身大の耳だ！』と。私はもっと能く見た。実際、耳の下に未だ何か動いていた。それは哀れなほど小さく、貧弱できゃしゃだった。本当に、その途方もない耳は、か細い小さな茎の上に坐っていた。——ところがなんと、その茎が一人の人間だったのだ！　眼鏡を掛けた者は、そのうえ吝嗇《けち》臭く妬んでいる小顔さえ認めたかもしれぬし、また浮腫《むく》んだ奴が茎にぶら下がっている様も見たかもしれぬ。但、俗衆は私に言った。その巨大な耳はただの人間ではなく、偉大な人間、即ち天才なのだと。だが、俗衆が偉大な人間について話すとき、私は彼らを決して信用しなかった。——総てを並外れて無くしたのに、一つに並外れて縋《すが》りきっているのは、逆説の身障者に外ならぬという私の信念は些《いささ》かも揺らがなかった」。

背中に瘤をもつ男と、彼を歌口兼代弁者とする者たちに対して然う話した後、ツァラトゥストラは深い怒りを噛み締めながら、弟子たちに向き直り、そして言った。

「真《まこと》に、友よ、人間の断片となった四肢の間を歩くように、私は人間たちの間を歩いている！

戦場や畜殺場のように、人間が見渡す限りばらばらに粉砕され、一面に散らばっている様を見るのは、私の目にも恐ろしい事だ。

だが、私の目が現在から過去に逃れても、常に同じものを見つける。つまり、断片となった四肢と、ぞっとする偶然である――とにかく如何なる人間でもないのだ！

地上の現在と過去――ああ、我が友よ！　これが私には最も我慢のならぬものだ。必ず遣って来ることに対して、私がせめて其の予見者ではないならば、私は生きる術《すべ》を知らないであろう。

一人の予見者、意欲する者、創造者、未来そのもの、また未来への橋――また、ああ、また更に言わば此の橋の辺《ほとり》の一身障者。つまり、これら総てがツァラトゥストラなのだ。

また汝らも屢《しばしば》自身に問うた『ツァラトゥストラとは何者だ？　我我は彼を何と見なすべきか？』。

そして私自身と同様、汝らは答えを模索して自らに問いを課した。

彼は独りの約束者なのか？　或いは実現者か？　征服者か？　或いは継承者か？　一種の秋か？

或いは犂か？　医者か？　或いは病の癒えた者か？

彼は詩人なのか？　或いは大誠実の人か？　解放者か？　或いは調教者か？　善人か？　それとも悪人か？　と。

私は未来の断片としての人間たちの間を歩いている。つまり、私が脳裡に描く彼《あ》の未来の人間たちの間を歩いているのだ。

断片と謎と、ぞっとする偶然であるものを蒐集《しゅうしゅう》し、一つの詩に纏《まと》めること、これこそ私の創作と本懐の総てなのだ。

若し人間が詩人にもなれず、謎を解く者にも、偶然の救済者にもなれないとしたら、何うして私は人間であることに耐えられようか！

過ぎ去ったものを救済し、総ての『然《そ》うだった』を『だから私が斯《こ》うしようとした！(6)』に創り変える――これこそが私にとって、初めて救済と呼ばれるべき本来の姿なのだ！(7)

意志――解放者で喜びをもたらす者はこう呼ばれる。そのように私は汝らに教えた、我が友よ！然し、今は更にこのことを学ぶがいい。意志自体は意外にも一種の囚われ人なのだ。

意欲は解放する。然し、解放者をも依然として鎖に繋いでいるものは、何というのか？『然うだった』――意志の切歯扼腕の悔しさと最も孤独な悲哀は、そう言うのだ。意志は為されたことに対して無力で――過ぎ去った総てに対して怒っている傍観者である。

意志は過去に戻ろうとすることはできない。意志が時と其の貪欲《どんよく》を打ち破ることができないということ――これが意志の最も孤独な悲哀なのだ。

意欲は解放する。ならば意欲すること自体は、意志の悲哀から解放され、意志の牢獄を笑い飛ばすために、何を自らのために考え出すのか？

ああ、囚われ人は誰しも癡人《ちじん》になる！　囚われの身となった意志も、癡人の流儀で自らを救済しようとする。

時が巻き戻らないこと、それが意志にとっての痛恨事なのだ。『過ぎ去った彼《あ》のこと』――意志が転がすことのできない石の名前である。

然し、そこで意志は、痛恨と不機嫌で出来た石の数々を転がし、自分と同じように瞋恚《しんに》と不機嫌を感じない総てに対して復讐を加える。

こうして解放者である意志は、苦痛を与える者となった。そして、苦痛に耐えられそうな総ての捌《は》け口を相手に、意志は自分が過去に戻れないことに対する復讐を果す。

此のことが、否、此のことだけが復讐そのものなのだ。つまり、時と其の『然うだった』に対する意志の反感《ヴィーダーヴィレ》（嫌悪）である。

真に、我我の意志の中には、途轍もない癡迷《ちめい》の闇《やみ》が潜んでいる。そして、この癡迷の闇が才知を習得した事は、人間の営為の総てに付き纏う呪いとなった！

復讐の精神、我が友よ、これが今日まで人間の最善の熟慮だった。そして、苦しいことがあると、常に罰であるに違いないと見なされた。

『罰』、即ち、復讐自身は、自らをこう呼ぶのだ。まやかしの言葉を使って、復讐は、自らに曇りなき良心があると思わせる。

一方、意欲者自身の中には、過去に戻りたくてもできない苦しみがあるので――結局、意欲すること自体が、また何《ど》んな生き方も、罰であらざるを得ないと見なされたのだ！

そして今や、雲が幾重にも復讐の精神の上に押し寄せ、遂に狂気が『総ては滅びていく。だから総ては滅びるに値する！』と説教した。

『また此れ、例の時の掟、即ち時の神《クロノス》が自分の子供たちを食わねばならぬということは、公正でさえある』と、その狂気は説教した。

『物事は正義と罰に従って、習俗規範的に秩序づけられている。おお、物事の流転や〈現存〉という罰からの救済が、どこにあるだろうか？』とその狂気は説教した。

『永遠の正義があるのに、救済があり得るだろうか？　ああ、〈然うだった〉という石は転がせない。つまり、総ての罰も永遠でなければならぬ』とその狂気は説教した。

『如何なる行為も無に帰せしめられない。罰を受けたからといって、何うして行為が無かったことになり得るだろうか！　現存も永遠に元の罪業であらねばならぬということ、これが〈現存〉という罰に纏《まつ》わる永遠なるものだ！

但し、意志が最終的に自分自身を救済し、意欲が非意欲と化すならば、この限りではない――』さあ、ともかく、我が兄弟よ、こんな狂気の作り話に、汝らが騙される筈はないのだ！

私が汝らに『意志は創造者である』と教えた時、私は汝らをこんな作り話から引き離したのである。

総ての『然《そ》うだった』は、一つの断片であり、謎であり、ぞっとする偶然だ。――創造する意志がそれに対して、『だからこそ私は斯《こ》うしようとした！』と言うまでは。

――創造する意志がそれに加えて、『だからこそ私は斯うしたい！　だから私は斯う望むつもりだ！』というまでは。

然し、その意志が既にそう言っただろうか？　また、それは何時起きるだろうか？　その意志は既に、自分自身の愚かな軛《くびき》から解放されているだろうか？

創造する意志は自身に対して既に救済者となり、喜びをもたらす者となっただろうか？　復讐の精神と、総ての歯軋りする悔しさを忘れただろうか？

それに、誰がその意志に時との和解を、また総ての和解より高貴なものを教えたのだろうか？

力への意志である以上、創造する意志は総ての和解より高貴なものを希求しなければならぬ。

――とはいえ、如何《いか》にして意志に其れが生じるのか？　誰が其のうえ意外にも意志に過去に戻ろうとすることを教えたのだろうか？」

――然し、話がここまできたとき、ツァラトゥストラは突然話を止めた。彼は極めて驚いている人に全く似ていた。驚愕の目で彼は弟子たちを見遣った。彼の眼力は矢の如く、彼らの思いと下心を見抜いていた。然し、程なく彼は再び笑い、宥《なだ》めるように言った
「沈黙することが非常に難しいが故に、人間と協力して生きるのは難しい。とりわけ口数の多い者にとっては」。――

このように、ツァラトゥストラは語った。一方、背中に瘤のある男は、その話に耳を傾けていたが、顔を覆ったままだった。然し、ツァラトゥストラの笑い声を聞いて、彼は好奇の目で見上げ、ゆっくりと言った。
「ところで、ツァラトゥストラは何故我我には、弟子たちに話す場合とは別の話し方をするのだろうか？」。

ツァラトゥストラは答えた「何を不思議がっているのだ！　背中に瘤のある者と話す場合には、とにかく相手の目線で話せばいいのだ！」。
「宜《よろ》しい」と背中に瘤のある男は言った「弟子たちと話す場合には、とにかく打ち解けて喋《しゃべ》ればいいのだな。

ところで、ツァラトゥストラは何故弟子たちには――自分自身に対して話す場合とは別の話し方をするのだろうか？」。――

人間に対する思慮深さ

頂上ではない。恐るべきは斜面だ！

斜面、そこでは眼差しが下にむかって突き進む。一方、手は上を掴もうと伸びていく。そのとき心は二重の意志によって目眩《めまい》を覚える。

ああ、友よ、汝らは果して、私の心の二重の意志までも察しているだろうか？

私の眼差しは頂上へと突き進む。一方、私の手は掴んで支えてもらいたい——奥底によって！これ即ち、私の斜面であり、私の危険なのだ。

私の意志は人間たちにしがみつく。私は自身を鎖で人間たちに縛りつける。さもないと、私は上方の超人へと引き付けられる。つまり私の別の意志は其処《そこ》へ行きたいのだ。此の二重の意志に合わせて、私は人間たちの間を目を瞑って生きる。恰《あたか》も人間を識《し》らないかの如く。私の手が確実なものへの信頼を全く失わないためだ。

私は汝ら人間を識らない。つまり、この暗中模索界の慰安が、屢《しばしば》私の周りに広がっている。

私は、総ての悪党が行き交う門道の辺《あた》りに坐って、誰が私を騙《だま》す心算《つもり》かな？　と問いかける。

私が自身を騙されるが儘に委せ、ペテン師に用心しなくなること、これこそが人間に対する我が第一の思慮深さだ。

ああ、私が人間を警戒するならば、何うして人間が、私の弾む球体を抑える錨となり得ようか！

余りに軽々と私は上方へと引き立てられるだろう！

私に心の鎧《よろい》は要らない。この天意が私の運命を司《つかさど》っている。

人間の下《もと》で喉が渇いて死にたくない者は、どんなグラスからでも水を飲むことを習得せねばならぬ。また人間の下で清潔でいたいと願う者は、濁った水を用いてでも身体を洗う術を心得ていなくてはならぬ。

だから私は屢、自らを慰めるために斯う言ったものだ「さあ！　よし！　憎たらしい心よ！　一つの不幸が汝を打ちのめすことに失敗した。このことを汝の——幸福として嚙み締めるがいい！」。

ところで、人間に対する私の別の思慮深さは斯うだ。私は誇り高い者よりも、虚栄心の強い者の労を犒《ねぎら》う。

総ての悲劇の母は、傷ついた虚栄心ではないか？　一方、誇りの傷つく所では、誇りより優れたものが必ず育つ。

人生が十分に観察されるためには、人生の芝居が本当らしく演じられねばならぬ。そのためには兎に角、見栄《みば》えのする俳優が必要である。

虚栄心の強い者は皆、見栄えのする俳優であると私は思う。彼らは演技し、出来るだけ注目されたいと願っている。——彼らの才知の総ては此の思惑の儘だ。

彼らは何かの役を演じ、虚構の姿を捏《でっ》ち上げる。私は彼らの近くで、生の人生を観劇するのが好きだ。——それは憂鬱を癒してくれる。

だから私は虚栄心の強い者の労を犒う。彼らは私を憂鬱から癒してくれる医者であり、私を見世物としての人間に引き留めてくれるのだ。

また、見方を変えれば斯うも言える。虚栄心の強い者の上辺だけで、その謙虚さ全体の深さを誰が推し量るのか！　謙虚さ故に私は彼が気に入り、同情している。

虚栄心の強い者は、汝らから自身への信用を学び取ろうとする。彼は汝らの眼差しを滋養とし、汝らの手から与えられた称讃《しょうさん》を貪《むさぼ》り食《く》うのだ。

汝らが彼について善意の嘘を吐《つ》けば、彼はその嘘を矢張り真に受けてしまう。というのも、心の奥底では「自分は何だ！」と溜《た》め息《いき》を吐いているからだ。

自分自身のことを後回しにするのが本当に謙虚な徳だとするならば、矢張り虚栄心の強い者は自分が如何に謙虚であるか解っていないのだ！——

そこで、人間に対する私の第三の思慮深さは斯うだ。汝らの恐がり根性に同調して、私の悪人像まで厭わしくされるのは承服できない。

灼熱の太陽が孵化《ふか》させた奇跡——虎や椰子《やし》、それにガラガラヘビを見ると、私は大変に嬉しくなる。人間たちの下にも、灼熱の太陽の美しい子供たちがいるし、悪に鍛えられて多くの奇跡に値することが起きる。

もっとも、汝らの最高の賢者たちが私には全く想像していたほど賢いとは思えなかったと同様に、私は人間の悪意もその評判ほどではないと思った。

また私は屢《しばしば》、頭を振って尋ねた、汝らガラガラヘビよ、なぜいつまでもがらがら鳴っているのだ？と。

実に、悪にも猶未来があるのだ！　然し、最も危険且つ刺激の強い南の国は、依然として人間のためには発見されていない。

実に僅か幅十二フィート、生後三ヶ月にすぎないものが何と数多く、今やもう極めつきの悪意と呼ばれることか！　然し、いつか、もっと大きな龍が現れるだろう。

というのも、超人には超人の龍が不可欠だからだ。それは超人に相応しい超龍である。そのためには灼熱の陽光が猶たっぷりと湿った原生林に降り注がねばならぬ！

汝らの山猫が先ず虎となり、汝らのヒキガエルが鰐とならねばならぬ。というのも、優れた狩人はその腕に相応しい獲物を得ることができるからだ！

そして、真に、汝ら善人と義人よ！　汝らには可笑《おか》しいことが多い。とりわけ可笑しいのが、これまで「悪魔」と呼ばれてきたものに対する汝らの恐がりようだ！

超人がその善意を示しているときでさえ、汝らは恐ろしいと感じるだろう。それっぽちの魂しか有《も》たない汝らは、偉大なものとはそれほど無縁なのだ！

そして、汝ら賢者と知者よ！　知恵の太陽の灼熱を浴びると、汝らは逃げ出すだろう。だが、超人は其の灼熱の中で、素裸の日光浴を楽しむのだ！

私の目に留まった汝ら最高位の人間たちよ！　私は推察する、汝らは私の超人を――悪魔と呼ぶだろうと！　これこそ、汝らに対する私の懐疑と密かな笑いなのだ。

ああ、私はこの程度の最高最善の人間たちに耐えられなくなった。彼らの「高さ」など突き離し、上に外へと飛び越えて私は超人になりたい衝動に駆り立てられた！

この程度の最善人たちが裸の姿をさらしているのを見たとき、私は戦慄に襲われた。そのとき、遙かな未来へと飛び去っていく翼が私に生えたのだ。

嘗て或る美術家が夢見たよりも、更に遙かな未来へ、もっと南の国へ。つまり、神々が羞ずかしがって、どんな衣服をも身に着けようとはしない彼方へと！

然し、隣人よ、同胞よ、私は汝らの扮装した姿を見たい、見栄《みば》えよく飾り立て、自尊心に溢れ、「善人・義人」としての威厳を示すところが。——

また私自身、汝らの間に扮装して納《おさ》まっていたい、——私が汝らと自分を誤認するために。これ即ち人間に対する私の最後の思慮深さだ。——

このように、ツァラトゥストラは語った。

最も静かな時

何が私に起きたのか、我が友よ？　見てのとおり、私は衝撃を受け、追い立てられ、心ならずも従順に去ろうとしている——ああ、汝らから離れようとしているのだ！

そうだ、今一度ツァラトゥストラは彼の孤独の中に入っていかねばならぬ。然し、今度此の熊は嫌々ながら自分の洞窟に戻っていく！

何が私に起きたのだ！　誰が命令しているのか？——ああ、私の怒れる女主人がそう望むのだ。彼女は私に語りかけた。嘗て汝らに彼女の名前を言っただろうか？

昨日の夕方、私に語りかけてきたのは、私の最も静かな時、これが私の恐るべき女主人の名前である。

起きたことは斯うだった。——私は汝らに総てを話さなければならない、汝らの心が突然去りゆく者に対して頑《かたく》なにならぬようにと願うからだ！

汝らは、眠り込む者を襲う驚愕《きょうがく》を知っているか？――

足元の大地が消え去り、夢が始まると、うとうとと眠り込む者は足の爪先までびっくりする。

このことを私は汝らに比喩として伝えておく。昨日、最も静かな時に、私の足許の大地が消え去った。夢が始まったのだ。

時計の針は逐電した。私の生命の時計が息を潜めていた。私は身の周りに此のような静寂を耳にしたことはなかった。だから私の心は驚いた。

そのとき、声なき声が私に語りかけた「汝はそれ、い、い、か、分かっ、て、い、い、るであ、ろ、う、ツ、ア、ラ、ト、ゥ、ス、ト、ラ？」

――

この囁きを聞いたとき、私は驚愕の余り叫び声を上げた。そして、血の気が私の顔から引いた。然し、私は黙っていた。

すると再び、声なき声が私に語った「ツァラトゥストラよ、汝はそれを分かっている。然し、汝はそのことを話さない！」――

それに対して、私は遂に逆らう子供の如く答えた「そうだ、私はそれを分かっている。然し、私はそのことを話したくないのだ！」。

するとまた、声なき声が私に語った「汝は話、し、た、く、な、い、い、の、だ、な、ツァラトゥストラ？　そのことも本当なのか？　強情を隠れ家にする勿れ！」――

それに対して、私は子供の如く泣き震え、そして言った「私は既に話そうとした。然し、どうしたらそれができるのか！　これだけは御免だ！　私の力を超えている！」。

するとまた、声なき声が私に語った「ツァラトゥストラよ、だからどうしたのだ！　汝の言葉で語れ、そして砕け散るがいい！」――

それに対して、私は答えた「ああ、私の言葉が有るのか？　私は誰なのか？　私より語るに相応しい人を私は待つ。私は、其の人に当って砕け散るにも値しない」。

するとまた、声なき声が私に語った「だからどうしたのか？　汝は私に対して未だ十分に謙遜だとは言えない。謙遜《けんそん》は最も堅い皮をもっている」――

それに対して、私は答えた「私の謙遜の皮が支えなかったものが何かあるだろうか！　私は目指す高みの麓に住んでいる。私の山頂が如何に高いか？　誰も未だ私には告げなかった。然し、私は自分の渓谷を能《よ》く知っている」。

するとまた、声なき声が私に語った「おお、ツァラトゥストラよ、山々を移さねばならぬ者は、渓谷や低地をも移すのだ」――

それに対して、私は答えた「私の言葉は未だ山を移していない。私の話したことは、人間たちに届かなかった。確かに人間界には赴《おもむ》いたが、未だ到着してはいない」。

するとまた、声なき声が私に語った「汝がそれについて何を分かっているというのか！　夜が最も静まり返るときに、露が草の上に降りるのだ」――

それに対して、私は答えた「私が自身の道を見出して歩いたとき、人間たちは私を嘲笑した。本当に彼の当時《あ》、私の両足はわなわなと震えていた。

それを見て、彼らは私に言った『汝は道を忘れた。今や歩き方も忘れようとしているな！』と」。

するとまた、声なき声が私に語った「彼らの嘲りが何だ！　汝は服従することを忘れてしまった一人だ。なればこそ、汝は命令しなければならぬ！

万人のために何《ど》ういう人物が最も必要とされるか、汝は知らないのか？　それは偉大なことを命令する人物だ。

偉大なことを成し遂げることは難しい。然し、もっと難しいのは、偉大なことを命令することだ。汝には其の能力が有る。然《さ》れども、汝は支配しようとはしない。これが汝の最も許し難い点だ」

――

それに対して、私は答えた「私には命令すべき獅子の声が欠けている」。

するとまた、囁くような声が私に語った「嵐をもたらすのは、最も静かな言葉だ。鳩の足でやって来る思想が世界を導くのだ。

おお、ツァラトゥストラよ、汝は熱く待望されているものの影として進まねばならぬ。だから汝は命令するのだ。そして命令しつつ先頭を進むのだ」――

それに対して、私は答えた「恥ずかしい」。

するとまた、声なき声が私に語った「なんとか幼児《おさなご》となって、恥ずかしいという迷いを捨て去らねばならぬ。

青春の誇りが未だ汝の頭上に居据《いす》わっている。汝は他人より遅く若者となった。然し、幼児になりたい者は、更に自分の青春をも超越しなければならないのだ」――

それに対して、私は長く思案にくれ、また震えた。然し、私は到頭最初と同じことを言った「私は話したくないのだ」。

そのとき私の周りに笑い声が起こった。ああ、この笑い声が、なんと私の内臓をずたずたに引き裂き、私の心を切り裂いたことだろうか！

そして、最後に私に語る声が聞こえた「おお、ツァラトゥストラよ、汝の果実は熟れている。但、汝は自分の果実ほどには熟れていないのだ！

だから汝は再び孤独の中に入らなければならぬ。汝は尚一段と熟れ切ってしまわなければならないのだ」——

再び笑い声が起こり、そして消えていった。それから元に倍する静寂が私を包んだ。然し、私は地面に横たわっていた。全身から汗が吹き出していた。

——さあこれで、汝らは総てを聞いた。また何故私が孤独の中に戻らねばならぬかも知った。我が友よ、私は汝らに何も包み隠しはしなかった。

然し、また同時に、総ての人間の中で誰が今なお最も重大な黙秘を貫いているか——またそうありたいと願っているかということも汝らは私から聞いた！

ああ、我が友よ！　私には汝らに言わねばならぬことが未だ有る、与えねばならぬものが未だ有るのだ！　何故私はそれを与えないのか？　私は一体けちなのか？——

然し、ツァラトゥストラがこれらの言葉を語り終えたとき、激しい悲痛に襲われ、友との別離が迫った。彼は声を上げて泣いた。誰も彼を慰める術《すべ》を知らなかった。その夜、兎に角、彼は一人きりで立ち去り、友とは離れた。

第三部

汝らは高められたいとき、上の方を仰ぎ見る。一方、私は高められているので、下の方を見る。

汝らの中の誰が、笑うと同時に高められているだろうか？

最も高い山に登る者は、総ての悲劇めいた戯れや悲劇めいた深刻さを笑い飛ばす。


ツァラトゥストラI部〈読むこと書くこと〉より（五二頁）

旅人

真夜中頃、ツァラトゥストラは島の尾根を越えて行くことにした。朝早く反対側の海岸に出るためだ。船に乗るつもりだった。其処には良い停泊地があり、異国の船もよく錨を下ろした。喜びに満ちた島々から外洋へと出たい人数が纏《まと》まっていれば、異国の船が拾ってくれた。ツァラトゥストラは山に登る道すがら、青春時代からの幾多の孤独な旅路に思いを馳せ、何《ど》れ程多くの山や尾根や頂上を踏破したかを思い出した。

私は旅人であり、山を踏破する者である、と彼は自分の心に対《むか》って言った。私は平地を好まない。私は静かに長いこと坐っていられないようだ。

これから先、運命や体験として、何が私の身に起きるとしても、——そこには旅路があり、山の踏破があるだろう。結局、自分自身を体験するにすぎないのだ。

偶然が私を未だ持て成すことを許された時期は過ぎ去った。この先まさか私自身のものではない何かが、私に降り掛かってくることなどあるだろうか！

戻って来るだけだ。私の許に遂に帰って来るのだ——私自身の自己《ゼルプスト》と、それから離れて長く異郷に在り、万象と偶然の下に散らばっていたものが。

尚一つ私には分かる。私は今究極の頂上を前にし、最も猶予されてきたことを目前にしている。ああ、私の最も峻厳な道に踏み出さねばならぬ！　ああ、私の最も孤独な旅が始まったのだ！

然し、私と同じ生き方をする者は、斯かる一時《ひととき》を免れ得ない。其の一時は言う「今漸く汝は、汝を偉大にする道を行く！　山頂と深淵——これらが今一つに結ばれた！

汝は、汝を偉大にする道を行く。これまで汝の究極の危険だったものが、今や汝の究極の避難所となったのだ！

汝は、汝を偉大にする道を行く。汝の後ろに道は最早存在しないということが、今や汝の最も確かな勇気であらねばならぬ！

汝は、汝を偉大にする道を行く。ここでは誰も汝の跡を付けることはできぬ！　汝の足自らが汝の後ろの道を掻き消した。消えた道の上に不可能と書かれている。

汝に今や如何なる梯子《はしご》も無いのであれば、汝は必ず汝自身の頭上に上る術《すべ》を弁《わきま》えておかねばならぬ。汝は他の方法で何《ど》うやって上っていこうというのか？

汝自身の頭上に上ったら、汝自身の心を超えるのだ！　今こそ、汝の最も温和な性分は、逆に峻厳を極めなければならぬ。

我が身を常に大層労《いた》わった者は、終《つい》に其の大層な労わりのせいで病弱になる。峻厳さを自覚させるものに称えあれ！　私はバターと蜂蜜の——流れる国を称えない！

多くを見るためには、我執の滅却を学ぶ必要がある。——この峻厳さは、山々を踏破せむとする総ての者に不可欠だ。

兎に角、認識者でありながら目先の物事に執心する者は、何を見たところで、表向きの事情より多くを見る筈があろうか！

然し、おお、ツァラトゥストラ、汝は万物の根底と背景を直観しようとした。ならば汝は必ずや自分自身を超えて上《のぼ》っていかねばならぬ。――上方へ、一向《ひたすら》高く、やがて遂に、汝は改めて汝の星たちをも眼下に有《も》つのだ！」。

然うだ！　私自身を見おろし、改めて私の星たちを見おろす。これが初めて私の頂上と呼ばれるべき本来の姿なのだ。これこそが私の究極の頂上として、私の踏破を一向《ひたすら》待っていたのだ！――


このように、山に登る途上、ツァラトゥストラは厳しい箴言で心を慰めつつ、自らに対《むか》って語った。心は嘗てないほど傷ついていた。そして、彼が尾根の頂《いただき》に着いたとき、なんと、そこには別の海が眼の前に広がっていた。彼は静かに佇み、長く沈黙していた。然し、頂は肌寒かった。夜空は澄み、満天の星が煌《きら》めいていた。

我《わ》が運命を見極めり、と彼は遂に悲しみを籠めて言った。よし！　覚悟はできている。正に私の究極の孤独が始まった。

ああ、目の前に広がる、この黒い悲しげな海よ！　ああ、この身重な夜の遣る瀬なさよ！　ああ、運命と海よ！　汝らの許に私は今降りていかねばならぬ！

私の最高の山と私の最長の旅を前にして、私は立っている。だから私は先ず嘗てなかったほど深く降りていかねばならぬ。

――嘗てなかったほど深く、苦しみの中へと、その苦しみの最も陰険な潮流の中へと！　私の運命が其れを望んでいる。よし！　覚悟はできた。

最も高い山々は何処から遣って来るのか？　然《そ》う私は嘗て尋ねた。そのとき私は最も高い山々が海から遣って来ることを学んだ。

その証が山々の岩肌と頂上の岩壁に標《しる》されている。最も高いものは、最も深い所から隆起して其の頂を極めなければならないのだ。——


このように、ツァラトゥストラは肌寒い山の頂点で語った。然し、海の近くに来て遂に独り岩礁の間に立ったとき、途中で疲れていたが、彼は嘗てないほど憧れに満ちていた。

今は未だ総てが眠っている、と彼は語った。海も眠っている。眠りに酔い痴れ、他所《よそ》者を見るように、海の目は私に注がれる。

然し、海は温かく呼吸している。私はそれを感じる。また私は海が夢見ているとも感じる。海は夢見つつ、非情な褥《しとね》の上で、のたうちまわっている。

耳を澄まして聴け！　耳を澄まして聴け！　海が酷い思い出のせいで呻《うめ》いている！　或いは酷い予感のせいで呻いているのだろうか？

ああ、汝暗い怪物よ、私は汝を哀れむ。汝が楽になるのなら、私は自分自身さえも恨んで遣る。

ああ、私の手は十分な強さを有っていないのだ！　真に、出来ることならば、私は汝を悪夢から救い出してやりたいのだ！——


ツァラトゥストラはこう語りながら、憂鬱と辛辣を交え自らを笑った。どうした！　ツァラトゥストラよ！　と彼は言った。汝は海にまで慰めを歌ってやるつもりか？

ああ、汝愛情豊かな痴愚《ちぐ》ツァラトゥストラ、汝無類の御人好《おひとよ》しよ！　兎《と》に角《かく》、汝は常に然うだった。常に汝は何んな恐るべき相手にも、打ち解けて近寄っていった。何んな怪物でも汝は何とか撫でようとした。一度でも温かい息遣いを感じ、前足に僅かな和毛《にこげ》でも認めると——直ぐに汝は怪物を愛し、其の気持ちを動かしたくなった。

孤独の極みに在る者を襲う危険は、愛である。つまり、生きてさえいれば何に対しても手を差し伸べる愛だ。真に、愛ゆえの私の嬉しがりと思い遣りは、お笑い種《ぐさ》だ！——

このように、ツァラトゥストラは語り、今一度笑った。然し、このとき彼は残してきた友に思いを馳せた。——そして、自分の思想によって心ならずも彼らの早熟を玩んだかもしれぬと思うと、思想のせいで自分を恨《うら》んだ。すると、笑っている者は忽ち泣いた。——怒りと憧れのせいで、ツァラトゥストラは酷く泣いた。

幻影と謎

1

ツァラトゥストラが乗船しているらしいとの噂が乗客の間に広まった時——というのも、喜びに満ちた島々から来た男が彼と同時に乗船したからだ——大きな好奇心と期待が生まれた。然し、ツァラトゥストラは二日間何も言わず、悲しみに凍《こご》え、何も聞き分けられなかった。故に、誰に眼差しを向けられ、何を尋ねられても、彼が応えることはなかった。だが、二日目の夕方、彼は未だ黙ってはいたが、耳を再び開いた。というのも、遠くから来てまた更に遠くを目指す、此の種の船に乗ると、多くの珍しい話や冒険を傾聴することができたからだ。ツァラトゥストラは元来、遠大な旅を敢行し危険を友とする生き方を好む者総ての味方だった。そして、なんと！　傾聴している中《うち》に、終に自身の舌は弛み、心の氷は割れた。――そのとき彼は次のように話し始めた。

汝ら大胆な探求者よ、悪魔の誘惑者よ、また嘗て狡猾に帆走し恐ろしい海に船出した者よ、――汝ら謎に酔う者よ、危うさを楽しむ者よ、汝らの魂は笛に誘われ如何なる鬼火《おにび》の底にも達する。――というのも、汝らは臆病な手つきで一本の糸を探るつもりはない。また、ずばりと言い当てられるところで、推論を模索する気は毛頭ないからである。

そのような汝らだけに、私は自分で見た謎を話しておく。――それは孤独の極みに在る者の心に映った幻影である。――

先頃、私は屍色の薄明の中を陰鬱に歩いていた。――非情を暗澹と噛み締めながら。私にとっては、唯一の太陽が沈んでしまっただけではなかった。

川原石の間を逆らい登る小径、もはや雑草にも灌木にも相手にされなくなった、意地悪で孤独な小径。そんな一本の山の小径が、私の足に等閑《なおざり》に踏まれて歯軋りしていた。

小石間の冷やかな摩擦を黙々と大股で越え、足を滑らせそうな石を踏みつぶすようにして、私の足は上の方へと遮二無二進んだ。

上の方へ――私の足を下の方へ、奈落の底へと引き寄せる悪霊に逆らって、つまり、私の悪魔、

郵便はがき

料金受取人払

諏訪支店承認

2

差出有効期間
平成31年11月
末日まで有効

392-8790

〔受取人〕

長野県諏訪市四賀229-1

鳥影社編集室

愛読者係　行

ご住所　〒□□□-□□□□	
(フリガナ) お名前	
お電話番号　(　　　)　　-	
ご職業・勤務先・学校名	
eメールアドレス	
お買い上げになった書店名	

鳥影社愛読者カード

このカードは出版の参考にさせていただきますので、皆様のご意見・ご感想をお聞かせください。

書名	

① 本書を何でお知りになりましたか？

i．書店で
ii．広告で（　　　　　　　　　　）
iii．書評で（　　　　　　　　　　）
iv．人にすすめられて
v．DMで
vi．その他（　　　　　　　　　　）

② 本書・著者へご意見・感想などお聞かせ下さい。

③ 最近読んで、よかったと思う本を教えてください。

④ 現在、どんな作家に興味をおもちですか？

⑤ 現在、ご購読されている新聞・雑誌名

⑥ 今後、どのような本をお読みになりたいですか？

◇購入申込書◇

書名　　　　　　　　　　¥　　　　　（　　）部

書名　　　　　　　　　　¥　　　　　（　　）部

書名　　　　　　　　　　¥　　　　　（　　）部

不倶戴天の敵である、重力の魔に逆らって歩いた。

上の方へ――その悪魔は私の上に坐っていた。だから上半分は侏儒、下半分は土竜《もぐら》だ。上の足は麻痺し、下の足をも麻痺させようとする、つまり私の耳を通して鉛、即ち鉛滴の思想を私の脳髄の中に滴らせようとする敵に抗して歩いたのだ。

「おお、ツァラトゥストラ」と重力の魔は嘲り音節に区切って囁いた「汝知恵の石よ！　汝は自らを高く投げた！――然し、投げられた石は総て止《や》むなく――落下する！

おお、ツァラトゥストラ、汝知恵の石よ、汝石弓の石よ、汝星の粉砕者よ！　汝は汝自身を大層高く投げた。――然し、投げられた石は総て――落下する外ないのだ！

汝自身へと戻り、自身に対して投石の刑を下すべく運命づけられている。おお、ツァラトゥストラ、汝は石を成程遠くへ投げた。――然し、その石は汝の頭上に落下するだろう！」

その後、侏儒は沈黙した。そして其の状態は長く続いた。然し、彼の沈黙は私を圧迫した。兎に角こうして連れでいると、本当に一人きりよりも深い孤独を感じる！

私は上った、私は上った、私は夢を見た、私は考えた。――然し、総てが私を圧迫した。私は、酷い病苦に苛まれた挙句、疲れ果てて微睡《まどろ》んでいた最中に、もっと酷い悪夢によって再び目覚めさせられる病人と似ていた。――

然し、私の中には、私が勇気《ムートゥ》と呼ぶ何かが有る。それがこれまで私の如何なる不機嫌《ウンムートゥ》をも打ち殺した。この勇気が遂に私に静止を命じ、そして「侏儒よ！　汝か！　さもなければ私だ！」と語れと命じたのだ。――

勇気は即ち、最も勝機を知る戦士である。――攻撃するのは勇気だ。というのも、総ての攻撃には鳴り響く遊楽が有るからだ。

　全く人間は最も勇気のある動物だ。勇気で人間は総ての動物に打ち勝った。鳴り響く遊楽を以て、人間は更に総ての苦しみに打ち勝った。人間の苦しみは全く最も深い苦しみだ。

　その勇気が深淵に臨む目眩《めまい》をも打ち殺す。然し、深遠に臨まないで、人間は何処に立つというのだ！　見ること自体が――深淵を見ているのではないか？

　勇気は最も勝機を知る戦士である。その勇気が同情をも打ち殺す。同情は全く底知れぬ深淵だ。人間は生き方を深く悟れば悟るほど、それだけ深く苦悩と向き合うのだ。

　勇気は全く最も勝機を知る戦士だ。攻撃する勇気。それは何《なん》と死神を打ち殺す。というのも、勇気は語る「これが生きるということか？　よし！　もう一度！」と。

　このような箴言《しんげん》の中には全く、多くの鳴り響く遊楽が有る。耳ある者は聞くがいい。――

2

「止《や》めろ！　侏儒！」と私は言った「私か！　さもなければ汝だ！　だが二者の中で、より強いのは私だ。――汝は私の深淵の思想を知らないな！　仮令《たとえ》それを知ったとしても、その思想に――汝は耐えられないだろう！」――

　すると、私の身体は軽くなった。つまり、好奇心の強い侏儒が、私の肩から飛び下りたからだ！侏儒は私の前の石の上に蹲《うずくま》った。但、我我が立止った所は丁度門径の傍《そば》だった。

「この門径を見よ！　侏儒！」と私は続けて言った「門径は二つの視界をもっている。二つの道がここで出会う。未だ誰もこれらの道の果てまでは行かなかった。

此の長い道路を後方に戻れば、それは果てしなく続き、一方の永遠となる。また彼《あ》の長い道路を前方へと一向《ひたすら》進めば——それは別の永遠となる。

これらの道は相矛盾する。互いの価値観を衝突させる。——その様相は、二つの道の出会う此処、門径の傍で自ずと明らか。門径の名前は上方に『瞬間』と記されてある。

然し、誰かがそれらの一方を更に進んでいくと仮定するならば——一向先へ、また一向遠くへと。ならば、侏儒よ、汝はこれらの道が永遠に相矛盾すると思うか？」——

「あらゆる直線は嘘を吐いている」と侏儒は蔑むように呟いた「あらゆる真理は曲がっている。時間自体が一つの円環である」。

「汝重力の魔よ！」と私は怒って言った「余りに軽く考えるな！　でないと私は、足の麻痺した汝を今蹲っている所に置き去りにするぞ——私は汝を肩車で運んだのだ！」。

「見よ」私は語り続けた「この瞬間を！　この瞬間という門径から一つの長い永遠の道路が、後方へと走る。我我の背後には一つの永遠があるのだ。

万象の中から今動き出すかもしれぬ事象は、きっと嘗てこの道路を走ったに違いないのではないか？　万象の中から今起きるかもしれぬ事象は、きっと嘗て起き、為され、走り過ぎていったに違いないのではないか？

そして、総てが確かに現存したのであれば、侏儒よ、汝はこの瞬間を何う思うか？　この門径も確かに——現存したに違いないのではないか？

また、このように緊密に万象が結び合わされているならば、この瞬間は迫り来る総ての事象を引き連れているのではないか？　結局——瞬間自体をも改めて？
というのも、万象の中から今動き出すかもしれぬ事象は、この長い道路の中でも外へと動き出《い》で
——一度は必ず先へ走らねばならぬからだ！——
月光を浴びて這っている此の鈍間《のろま》な蜘蛛、此の月光自体、そして永遠の事象について共に囁き合い、門径の中にいる私と汝——我らは総て、きっと現存したに違いないのではないか？
——そして再来し、彼《あ》の別の道路の中を走り、外へと動き出で、我我の前の、この長いぞっとするような道路の中を走らねばならぬのではないか？——我我は永遠に回帰しなければならぬのではないか？」——

　このように私は話した。そして段々と声を低めた。つまり私は自身の思想と底意に恐怖を覚えたのだ。そのとき、突然、私は近くで一匹の犬が吠えるのを聞いた。

　私は嘗て犬がこのように吠えるのを聞いただろうか？　私の思いは過去へと遡った。そうだ！　子供のとき、物心ついたばかりの頃だった。

　——そのとき私は犬がこのように吠えているのを聞いた。また毛を逆立て、頭を上に向け、震えているのも見た。犬も幽霊を信じるほど静まり返った真夜中だった。

　——だから犬を憐れんだ。将に同時刻、満月がしめやかに家の上に昇った。将に灼熱の銀盤は静止した。——恰も他人の土地を窺うかの如く、平らな屋根の上で密かに。——

　それを見たので、犬は彼《あ》の時びっくりしたのだ。犬は泥棒や幽霊の実在を信じているからだ。再び犬が激しく吠えるのを聞いた時、私は重ねて犬を憐れんだ。

侏儒は今どこにいったのか？　そして門径は？　蜘蛛は？　総ての囁きは？　私は一体夢をみたのか？　夢から覚めたのか？　突然私は荒々しい断崖の間に立っていた。独りきりで、寒々と、この上なく寒々と輝く月光を浴びて。

なんとそこに、人間が一人倒れていた！　そこだった！　飛び撥ね、毛を逆立てて、くんくん鳴く犬がいたのは。——犬は私が来るのを見ると——再び吠えたてた。その犬は叫んでいたのだ——犬がこれほど助けを求めて叫ぶのを私は嘗て聞いただろうか？

然し、実に、私が見たものは、嘗て見たことのない光景だった。一人の若い牧人が息苦しそうに、のたうちまわり、痙攣し、顔を歪めていた。彼の口から黒い重たげな蛇が垂れ下がっていた。

これほど嘔吐《エッケル》を催し、恐怖に蒼ざめた顔を私は嘗て見ただろうか？　彼は多分眠っていた？　そのとき蛇が彼の喉に忍び込んだ。——そこに咬み付いて離れなくなったのだ。

私の手は蛇を強く引っ張った。とにかく強く。——徒労だった！　手は蛇を喉から引き離せなかった。そのとき私の中から「咬み切れ！　咬み切れ！」と叫ぶ声が聞こえた。

「頭を咬み切れ！　咬み切れ！」と叫び声は語っていた。私の恐怖、私の憎悪、私の嫌悪、私の憐憫、私の吉凶《きっきょう》の総てが未曾有の絶叫となって私の中から喚いた。——

汝ら私の周りの大胆な者よ！　汝ら探求者よ、悪魔の誘惑者よ、汝らの中の、狡猾に帆走し未知の海に船出した者よ！　汝ら謎を悦ぶ者よ！

さあ、私が当時見た謎を是非解くがいい。さあ、孤独を極めた者の幻影を是非解明するがいい！

というのも、それは一つの未来像であり、予見だったからだ。——何を私は当時比喩として見たのか？　また、いつか必ず姿を見せるに相違ないこの人物は誰なのか？

このように喉に蛇の侵入を許してしまった牧人とは誰なのか？　このように極度の苦難、極度の災厄によって喉を侵されることになる人間とは誰なのか？

——然し、牧人は、私が絶叫して忠告した通りに咬んだ。思いきって咬んだのだ！　彼は蛇の頭を遠くへ吐き出した——。そして跳ねるように立ち上がった。——

もはや牧人ではなかった。もはや人間ではなかった。——一人の変容を遂げた者、光に包まれた者として、彼は笑ったのである！　未《いま》だ嘗て此の世で、彼の如く笑った人間は決していなかった！

おお、我が兄弟よ、私は人間の笑いを超えた、一つの笑い声を聞いた。(9)——そして今、熱き想いが私の身を焦がす。決して鎮まることのない憧れが私の身を焦がす。

この笑いを求めて已まぬ、私の憧れが私の身を焦がす。おお、この熱き想いと憧れなしに、いかにして猶生きることに耐えられようか！　いかにして今死ぬことに耐えられようか！

このように、ツァラトゥストラは語った。

意に染まぬ無上の幸福

このような謎を抱え、一方で苦渋に満ちた心のままに、ツァラトゥストラは海を越えて旅した。然し、喜びに満ちた島々と友人に別れて四日目に入った時、彼は総ての自分の苦痛を克服していた。——勝利を収め、両足を確と踏締めて、彼は再び自分の運命の上に立っていた。其の頃、ツァラトゥストラは、小躍りして喜ぶ自分の良心に対って、このように語った。

私は再び独りきりとなった。また澄んだ空と広々とした海だけを友として、独りきりでいたい。そして、再び午後が私の周りに在る。

私が嘗て最初に私の友を見出したのは午後だった。二度目に見出したのも午後だった。——総ての光が一層穏やかになるひとときである。

というのも天から地への途上に在る幸福なものは、せめて自らの宿として発光している魂との邂逅を探し求めるからだ。幸福の余り、総ての光は今一層穏やかになった。

おお、我が生命の午後よ！　嘗て私の幸福も暫しの宿を探し求めて谷へと降りた。そのとき幸福は、心開いて客を迎えるこれらの魂とめぐり会った。

おお、我が生命の午後よ！　私の思想をこれらの生命に植え付け、この一大事を以て私の最も高貴な希望の黎明とするために、私が放棄しなかったものが何かあるだろうか！

創造者は嘗て、道連れと自分の希望の幼児《おさなご》たちを探し求めた。ところが何うだ、彼らを先ず自ら創造しない限り、発見することはできないのだと分かった。

このように私の幼児たちの許に行きつ戻りつ、私は行為の直中《ただなか》に在る。ツァラトゥストラは彼の幼児たちのために、自分自身を完成させねばならぬ。

というのも、誰しも自分の幼児と行為の産物だけは心底愛する。また自分自身への偉大なる愛の有る所、そこには懐胎の目印が在る。然う私は思った。

私の幼児たちは、最初の春を迎えて未だ芽吹いたばかりだ。互いに近く寄り添い、一団となって風に揺られている。私の庭、私の最良の土から育つ若木たちだ。

そして真に、このような若木たちの集う所、そこには喜びに満ちた島々が有るのだ！　だが、私はいつか、若木たちを引き抜いて、各独《おのおの》り立ちさせて遣りたい。各が孤独と挑戦と先見とを学ぶために。

私は一つひとつの木を、節くれ立たせ、撓《たわ》ませ、しなやかな堅さを有たせた上で、不屈の生命《いのち》を示す、生きている灯台として海の傍に立たせて遣りたいのだ。

嵐が海に突進する所、岬の岩鼻に潮《うしお》が飛び散る所、そこで其れぞれの木は自らを試し、認識するために、いつか自分の昼と夜を見張らなくてはならぬ。

私の流儀と原点とを共有しているか否かが、試され、認識されねばならぬ。——長く持続する意志の持主であるか否か、金の雄弁と銀の寡黙を使い分けられるか否か、また与え続ける中に無形の富を受取り、後から与えんとするか否かが問われるのだ。——

——その試練と認識こそ、若木がいつか私の仲間となり、ツァラトゥストラと倶に創造する者、倶に祝う者となるために——、つまり一層豊かな万象の完成を目指して、私の石板の上に私の意志を刻印する者となるためには不可欠なのだ。

そして総ての若木と其れに等しいもののために、私は自分自身を完成させねばならぬ。だから私は今私の幸福を避け、総ての不幸に私を差出す。——私の究極の試練と認識の為に。

真に、立ち去る時だった。旅人の影と、極度に長い時の間《ときま》と、最も静かな時が——皆挙《こぞ》って私を励まして言った「将に其の時だ！」と。

風は鍵穴を吹き抜け、私に「来い！」と言った。扉は狡そうに跳ね開き、私に「行け！」と言った。然し、私の幼児《おさなご》たちへの愛に束縛され、私は倒れていた。熱望、即ち愛への熱望が逆に罠となり、私は危うく幼児たちの餌食となり、自身を失うところだった。

熱望——それは私にはきっと、自らを失ってしまうことを意味する。私には汝らが与えられているのだ。私の幼児たちよ！　この貸方勘定の中では、総てが確実に保証されている。熱望の信用保証はあるべくもない。

然し、私の愛の太陽は抱卵するように、私の上に居た。ツァラトゥストラは自分自身の動力源の中で沸き立った。——そのとき影と逡巡は私を飛び越えて去って行った。

早くも私は寒さと冬を渇望した。「おお、寒さと冬が再び私の骨や歯を打ち鳴らし、軋ませて欲しい！」と私は嘆息した。——そのとき氷のような霧が私の中から舞《まい》上がった。

私の過去が墓を破り、生きながら葬られていた数々の苦痛が目を覚ました——。それらは死装束に覆われて、眠っていただけだったのだ。

このように、総てが前兆となって私に呼びかけた「時は来た！」と。だが私は——耳を傾けはしなかった。すると終に、私の深淵が動き、私の思想が私に咬みついた。

ああ、深淵の思想よ、汝こそが私の思想だ！　汝が穴を掘っている音を聞いても最早震えはしない強さを、私は何時発見するのだろうか？

汝が穴を掘っている音を聞くと、私の心臓の鼓動は喉にまで響く！　汝が穴を掘るのを止めると、汝の沈黙は却って私の首を絞めようとする、汝深淵の沈黙者よ！

私は未だ一度も汝に出て来いと叫びはしなかった。汝を自分で——支えるのが精一杯だったのだ！　私は究極の獅子たるやんちゃと気儘を遣るほど未だ強くはなかった。

汝の重圧だけでも、私には常に十分に恐るべきものだった。然し、私は必ずいつか、汝に向かって出て来いと叫ぶ強さと、獅子の声を見つけ出さねばならぬ！

自分に打ち勝って先《ま》ず然《そ》うなったならば、私はまたもっと偉大なものを目指して、更に自分に打ち勝っていきたい。そして、勝利を以て私の完成の封印としたいのだ！——

そうしている間、私は依然として見覚えのない海の上を彷徨う。偶然が私に媚びる、口のうまい奴が。前方と後方を見遣る——、未だ終わりは見えない。

私の究極の戦いの時は、未だ来ていなかった。——それとも、まさか今しがた来たのか？　真《まこと》に、油断のならぬ美しさで私を取り囲み、海と生命《いのち》が私を見詰めている！

おお、我が生命の午後よ！　おお、夕暮れ前の幸福よ！　おお、浪高き海の上の坩堝《るつぼ》よ！　おお、

真に、私は汝らの油断のならぬ美しさを疑っているのだ！　余りにも天鵞絨《ビロード》めいた微笑みに却って不審を抱く、恋愛中の男に私は似ている。見覚えのない平和よ！　私は汝ら皆に何《ど》れ程不審を抱いていることか！

その男が嫉妬に駆られ、頑なさの中にも猶情愛深く、最愛の人を自分の前から突き放すように——、私はこの至福の時を私の前から突き放してやる。

汝は去って行け、至福の時よ！　汝と共に、意に染まぬ無上の幸福が遣ってきた！　私はここで喜んで私の最も深い苦しみと向き合う。——汝は相応しくない時に来た！

汝は去って行け、至福の時よ！　寧ろ、彼の地に——私の幼児《おさなご》たちの許に宿を取れ！　急げ！そして何とか夕暮れ前に、私の幸福を彼らに恵み与えよ！

既に夕暮れが近づいている。太陽が沈んでいく。彼方へ去れ——私の幸福よ！——

このように、ツァラトゥストラは語った。そして彼は一晩中自分の不幸を待ち続けた。だが、そ

の効もなかった。夜空は満天の星に輝き、平穏だった。また幸福自体、彼に益益近づいて来た。但、明け方ツァラトゥストラは自分の心に対って笑い、皮肉を込めて言った「幸福が私の後を追いかける。その理由は、私が女たちの後を追いかけないからだ。もちろん幸福は女である」。

日の出前

おお、私の上なる蒼穹よ、汝清らかなものよ！　深きものよ！　汝光の深淵よ！　汝を見詰めると、私は神々の欲海《よっかい》に戦《おのの》く。

汝の高みへと私を投げ出すこと——それが私の深さだ！　汝の清らかさの中に私を匿《かくま》うこと——それが私の無垢だ！

神の美しさは神を覆う。そうやって汝は汝の星たちを隠す。汝は言葉を話さない。そうやって汝は汝の知恵を私に告げる。

荒れ狂う海を黙って見おろしながら、汝は今日私の前に姿を現わした。汝の愛と羞じらいが私の荒れ狂う魂にむかって啓示を伝える。

汝が美に傅《かしず》かれて私の許に来たことは、汝の美しさの中に覆い隠され、汝が無言で私に語りかけていることは、汝の知恵の中に明らかである。

おお、私が何うして汝の魂の、あらゆる含羞を推し量れないわけがあろうか！　太陽に先駆けて、汝は私の許へ遣って来た、最も孤独な者の許へと。

我らは劫初より友である。我らは痛恨の思いと恐ろしい出来事と物事《ものごと》の根底とを分かち合っている。そのうえ、太陽を分かち合っている。

我らは余りにも多くのことを分かっているので、互いに対して言葉では話さない――。つまり、黙って見詰め合う。我らは微笑みを交わして、分かっていることを示し合うのだ。

汝は私の炎の標《しるべ》たる明りではないか？　汝は私の洞察への回廊たる姉妹の魂を有《も》っているのではないか？

倶に我らは総てを学んだ。倶に我らは自《みずか》らを超えて我ら自身へと上り、そして雲に邪魔されずに微笑むことを学んだ。

――我らの下の方で強制や目標や罪が雨の如く煙る度に、雲から遠く離れた高みから、明るい眼差しで眼下を見おろして微笑むことを学んだのだ。

私が独り彷徨っていたとき、幾夜か迷い込んだ小道で、私の魂は何に飢えていたのか？　私が山に登ったとき、私は山上で、汝以外の誰を今まで探し求めたのだろうか？

私の総ての彷徨と山頂踏破、それらは苦し紛れにすぎず、何うして良いか分からぬ一時凌ぎだった。――ただ飛びたい、汝の中に飛び込みたいと私の全意志は欲している！

流れ雲と汝を汚すもの総てより以上に、私は誰を憎んだであろうか？　そして、私自身の憎しみさえも、汝を汚したという理由で、私は憎んだのだ！

流れ雲に、この忍び足の泥棒猫どもに、私は憤慨している。彼らは汝と私から、我らの分かち合うもの――つまり、途轍もなく果てしない肯定と承認を横取りする。

この取持ち屋の掻き混ぜ屋に、この流れ雲に、私は憤慨している。祝福することも心底から呪うことも学ばなかった、この中途半端者に、私は憤慨しているのだ。

光明の空である汝が流れ雲で汚されるのを見るよりは、私は未だしも空を閉じて樽の中に坐っていたい。寧ろ空のない深淵の中に坐っていたいのだ！

また、私は度度《たびたび》流れ雲を鋸状の電光金線で留め置き、宛《さなが》ら雷神の如く、彼らの大釜の腹に乗ってティンパニーを叩きたくなった。——

——私は怒れるティンパニー奏者となる。なぜなら、流れ雲が私から汝の肯定！と承認！を奪い取るからだ。汝私の上なる蒼穹よ、汝清らかなものよ！　明るいものよ！　汝光の深淵よ！——なぜなら、流れ雲が汝から私の肯定！と承認！を奪い取るからだ。

つまり、このような慎重で疑り深い猫の静けさより、私は未だしも騒音と雷鳴と荒天の呪いを望むのだ。また人間たちの下でも、総ての忍び足で歩く者、中途半端者、狐疑逡巡する流れ雲のような者たちを、私は心の底から憎むのだ。

また、「祝福できぬ者は、呪いを習いとせねばならぬ」——この光豊かな教えは、満天の星の夜空から私の許に下りてきた。この星は闇夜にあっても矢張り私の空に在る。

汝が私の周りにいるだけで、私は兎に角、祝福者兼肯定者だ。汝清らかなものよ！　明るいものよ！　汝光の深淵よ！——総ての深淵の中に、私は必ず祝福者の肯定を齎《もたら》す。

私は祝福する者となり、肯定する者となった。そのために私は長く奮闘した。祝福するためにいつか諸手を自由に駆使したいと念ずる闘士だった。

そこで私の祝福とは斯うだ。何事であれ、それ自体の空として飛び立ち、その聖堂として寄り添い、紺碧の鐘となって響き、永遠の信頼となることである。このように祝福する者こそが、至福の喜びを得ているのだ！

というのも、万物は永遠の泉の洗礼を受け、善悪の彼岸に在るからだ。一方、善悪自体は仮初《かりそ》めの影、湿った悲哀、流れ雲にすぎないのだ。

真に、「万物の上に偶然の空があり、無垢の空があり、運命の空があり、やんちゃの空がある」と私は説く。但、それは祝福しているのであり、何らの冒瀆もない。

「運命から出づ」——これは世界最古の高貴さである。その高貴さを私は万物に取戻して遣った。目的への隷属から万物を解放したのだ。

この自由と空の晴れやかさを、私は紺碧の鐘のように万物の上に置いた。それは、如何なる「永遠の意志」も万物の上に君臨する——心算《つもり》はないし、万物を通して支配する心算もないのだと、私が説いたときのことだった。

このやんちゃと羽目外しを、私は問題の「永遠の意志」と入替えた。それは、「どう見ても一つの事——つまり、理性によって総てを明らかにすることなど不可能だ！」と私が説いたときのことだった。

少し許りの理性は確かに、知恵の一粒種として星から星へと散らばった。——こうした酵母は万物に混ぜ込まれている。羽目外しのために、知恵は万物に混ぜ込まれているのだ！

少し許りの知恵はとにかく可能だ。然し、私は万物に触れて、至福の確信を見出した。それは、むしろ万物が理性を超越し、偶然の足に乗って——踊りたがるということだ。

おお、私の上なる蒼穹よ、汝清らかなものよ！　高きものよ！　汝の清らかさを眼《まなこ》とするならば、永遠の理性などという蜘蛛や、蜘蛛の巣は存在しないのだ——

──汝は私にとって神々しい偶然の集う舞踏会場だということ、汝は私にとって神々しい骰子遊《さいころ》びと遊楽子のための、神々しい賭博台だということなのだ！──

なんと、汝は赤くなるのか？　私は口にしてはならぬことを語ったのか？　汝を祝福しようとして、却って冒瀆したのか？

それとも、汝が赤くなったのは、二人きりで居ることへの羞じらいなのか？　もう──昼がやって来るので、──私に黙って立ち去って欲しいというのか？

世界は深い──。昼がこれまで思っていたよりも深い。昼が来たからとて、総てが言葉で明らかになるわけではない。兎に角、昼がやって来る。ひとまず別れよう！

おお、私の上なる蒼穹よ、汝羞じらいを知るものよ！　燃え立つものよ！　おお、汝日の出前の私の幸福よ！　昼がやってくる。ひとまず別れよう！──

このように、ツァラトゥストラは語った。

卑小にする徳

1

ツァラトゥストラが再び内陸に逗留していた頃、彼は直ちに彼の山と彼の洞窟を目指すことなく、多くの外出をしては多くの疑問を発し、あれこれと探索してみた。そして遂には自分自身さえ戯れの種にしてこう言った「多くのうねりを繰り広げながら源へと遡る一つの流れを見よ！」。こんなことを言ったのは、彼の知らぬ中に人間に何が起きたのか、つまり人間が昔より偉大になったのか、或いは卑小になったのか知ろうとしたからである。そして或る時彼は新しい家並みを見、訝《いぶか》って言った。

「これらの家は何の前触れだ？　真に、如何なる偉大な魂も自らの比喩として、こんな家を建てはしなかった！

もしかして間抜けな子供が、これらを玩具《おもちゃ》箱から取り出したのだろうか？　ならば、誰か他の子供が元の玩具箱に戻せばいいのだ！

然し、これらの居間や小部屋ときたら、大人がそこに出入りできるのか？　それらは、絹人形のために、或いは、撮《つま》み食いが好きで自分自身までも撮み食いさせる手合いのために作られているように思われる」。

ツァラトゥストラは立ち止まって、思案に暮れた。終に、彼は憂鬱になって言った「何もかも小さくなってしまった！

到る所に、低くなった門が見える。私と同じ生き方をする者は、多分なんとか通り抜けられる。

但し——御辞儀《おじぎ》しなければならぬ！

おお、最早御辞儀する必要のない——最早卑小なる者に御辞儀する必要のない、我が故郷《ふるさと》に私は何時《いつ》戻れるのだろうか！」——ツァラトゥストラは嘆息し、遠くを見遣った。——

同じ日に、彼は卑小にする徳について話した。

2

こういう俗衆の間を通り抜け乍ら、私は気をつけている。私は彼らの徳を妬んではいない。それが彼らには許せないのだ。

彼らは私に咬み付こうとする。私が彼らに対して、卑小な世間は卑小な徳を必要とすると言うからだ。——卑小な世間が必要であるということは頑として受け容れないからだ。

ここでは私はどうやら、他所《よそ》の農場に迷い込んだ雄鶏のようだ。雌鳥まで咬み付こうとする。だからといって、こんな雌鳥《めんどり》を悪く思っても仕方がない。

私は彼女たちに対して、総ての些細《ささい》な忌忌しさに対してと同様、礼儀正しく接する。些細なことに刺刺《とげとげ》しく反応するのは、針鼠の知恵だと私には思われるからだ。

夕べに火を囲んで坐っていると、卑小な者たちは一様に私について話す。——彼らは、私を話の種にはする。然し、誰も思ってはいない——私の身の上を！

これが私の学んだ目新しい静けさである。つまり、私を回《めぐ》る彼らの喧騒は、私の思想をマントで覆ってしまうのだ。

彼らは互いの間で騒ぎ立てる「この暗雲は我我をどうするつもりか？　暗雲が流行病《はやりやまい》を広めないように気をつけよう！」。

先頃、私の許に行こうとした自分の子供を、或る女が無理に引き戻した。「子供たちを近付けては駄目！」とその女は叫んだ「あんな眼は子供の魂を焦がしてしまうわ」。

私が話すと、彼らは咳払いする。咳払いは強い風に対する異議申し立てだというわけだ。――私の幸福を乗せて轟轟と吹いてくる風など、彼らは全く思い到らないのである！

「我我には未だツァラトゥストラの為に費やす時間はない」――そう彼らは異議を唱える。然し、ツァラトゥストラの為に「費やさない時間」に何の価値があるというのだ？

彼らが私を本当に誉めるとしても、如何にして彼らの呉れた名誉の上で、健やかに寝入ることができようか？　彼らの賞賛は、私にとって棘《とげ》のついた革帯である。身体から外《はず》すときでも、その革帯は私のどこかを引っ掻く。

また私は彼らの許で、こんなことも学んだ。誉める者は恰《あたか》も借りを返すように振舞う。然し、本音は、もっと贈物が欲しいのだ！

彼らの誉め方誘《おび》き寄せ方が気に入るかどうか、私の足に尋ねてみるがいい！　間違いなく、こんな無趣味な拍子《ひょうし》には、踊りも静止もついていけないと嫌がるだろう。

卑小な徳へと私を誘き寄せたくて、彼らは私を誉める。卑小な幸福の無趣味を目指すようにと、彼らは私の足を説き伏せたいのだ。

こういう俗衆の間を通り抜け乍ら、私は気をつけている。彼らは昔より卑小になってしまった。そして益益卑小になっていく。――然し、このことが幸福と徳についての彼らの教えとなっている。

彼らは徳に於いても控え目である。――というのも、彼らは安逸を求めるからだ。そして、安逸と折り合うのは控え目な徳だけである。

確かに、彼らも彼らの流儀で、ゆったりと歩き、前進することを学んでいる。それを私は彼らの跛行と呼ぶ――。その結果、彼らは急ぐ総ての者にとって障害となる。

彼らの中には、前進しているにも拘らず、頑固な首を回して後ろを振り返る者が少なくない。こんな連中が前にいると、突き当たって遣りたくなる。

足と目に嘘があってはならぬ。ましてや、足と目とが互いの嘘を罰する破目になるのはもってのほかだ。然し、卑小な世間には、余りにも多くの嘘まやかしがある。

彼らの中の幾人かは、自立した意欲をもっている。然し、大抵は誰かの思惑に意欲を委ねているだけだ。彼らの中の幾人かは純粋である。然し、大抵は有害な役者だ。

彼らの間には、分かっていながら役者になった者もいれば、なりたくないと思っていたのに役者になった者もいる――、真実の人、とりわけ真実を演じる役者は常に稀だ。

ここには男らしさが僅かしかない。それゆえに、卑小な男の妻たちは男性化する。十分に男らしい男だけが、妻の中の女性を――解放するだろう。

また、彼らの間で最も憂慮すべきは次の偽善だと私は考えている。それは、命令する者までが仕える者の美徳を有っているかの如く装うことである。

「私は仕える、汝は仕える、我々は仕える」――ここでは、支配者の猫被り根性までが然う唱える。

――誰よりも主たるべき者が誰よりも従僕らしい人物にすぎないとすれば、不幸なことだ！

ああ、彼らの偽善の中へも、私の好奇の視線は、確かに消え去っていったままだ。然し、日当りのいい窓ガラスの周りでぶんぶん飛び回る、卑小な者たちの蝿の幸せの総てを私は十分に察知したのである。

穏便に済ませたい気持ちが強いほど、それに等しい弱さがある、と私は思う。公正と同情が等しければ、それに等しい弱さがあるのだ。

砂粒は角がとれ、従順で、同じ砂粒と争わないように、卑小な人間たちは角がとれ、従順で、互いに争わない。

控え目に一つの小さな幸福を抱き締めること――それを彼らは「恭順《きょうじゅん》」と呼ぶのだ！　にも拘らず、彼らは控え目に早くも、別の小さな幸福をしっかりと盗み見る。

彼らは心底悪気なく一つのことを最も望んでいる。それは、誰からも苛《いじ》められたくない、ということである。そこで彼らは何人にも先んじて、親切を売っておく。

然し、これは、たとえ「美徳」と呼ばれるとしても、臆病というものだ。

また、この卑小な人々が偶《たま》に乱暴に話すことがあっても、私はそこに彼らの嗄《しわが》れ声しか聞かない。――どんな隙間風を受けても、結局、彼らの声は嗄れるのだ。

彼らは抜け目ない。彼らの徳は抜け目ない指をもっている。ところが、その徳には、両の拳《こぶし》が欠けている。徳の指は、拳の裏に隠れる術《すべ》を知らない。

控え目に大人《おとな》しくさせるものが、彼らにとって徳となる。この徳で以て、彼らは狼を犬に、人間さえも人間にとって最も役に立つ家畜にしてしまったのである。

「我我は我我の椅子を円の中心に置く」――彼らのほくそ笑む顔が私にそう伝える――「だから死に物狂いの剣士からも、満足しきった豚からも等しく離れている」。

然し、それは、――たとえ中庸と呼ばれるとしても、凡庸というものだ。――

3

こういう俗衆の間を通り抜け乍ら、私は多くの言葉の種を蒔く。ところが、卑小な人間たちは、其れを手許に残しておくことはおろか、拾う術も知らない。

私は快楽や悪徳を悪しざまに言うためにやって来たのではない。彼らはそれが変だと思っている。真に、私は掏摸《すり》に用心するようにと言うために来たのではない！

私は彼らの抜け目なさに更に磨きをかけてやる気はない。彼らはそれが変だと思っている。恰《あたか》も持論を石筆の如く書き殴る賢しらな奴らが、もっと必要なのだと言わんばかりだ！

また、私が「汝らの中に潜んで、やたらとめそめそし、両手を合わせて、お縋《すが》りしたがる臆病な悪魔を総て叩き出せ！」と叫ぶと、彼らは「ツァラトゥストラは神を無《な》みしている」と叫ぶ。

とりわけ、彼らの恭順の教師はそう叫ぶ。――然し、正に彼らの耳に向かって、私は叫んでやりたい。そうだ！　私が神を無みする者、ツァラトゥストラであると！

此奴ら恭順の教師め！　卑小や病気や瘡蓋《かさぶた》のあるところ、彼らはどこにでも虱《しらみ》の如く潜り込む。彼らを潰《つぶ》さないのは、ただ吐き気《エッケル》のせいだ。

よし！　これが彼らの耳に聞かせる私の教えである。私は神を無みする者、ツァラトゥストラだ。「私以上に神を無みする者がいるだろうか？　いれば喜んでその伝授に与《あず》かりたい」と言って憚《はばか》らぬ者だ。

私は神を無みする者、ツァラトゥストラだ。私と志を同じくする者はどこにいる？　自分自身に独創の意志を与《あた》え、総ての恭順を自身からかなぐり捨てる者は皆、私と志を同じくする者である。

私は神を無みする者、ツァラトゥストラだ。私は如何なる偶然も必ず私の深鍋で煮る。そして、偶然が完全に煮えたところで、はじめて私は自分の料理として歓迎する。

実に、幾つもの偶然が命令口調で私の許《もと》にやって来た。然し、私の意志は逆にそれを上回る命令口調で偶然を遣《や》り込めた。――すると偶然は直《す》ぐに跪《ひざまづ》いて哀願した――

――私の許に暫《しば》しの宿と御情《おなさ》けを、とせがむのだ。そして、偶然は媚びるように掻《か》き口説《く》「分かってくれよ、ツァラトゥストラ、友だけが友の許に来るのだ！」と――

そうは言っても、誰も私の耳を持たないところで、私は何を話しているのか！　いっそ、私は四方八方に風となって叫んで遣りたい。

卑小な世間よ！　汝らは益益卑小になっていく。安逸《あんいつ》を貪《むさぼ》る者たちよ！　汝らはぼろぼろと砕けていく。汝らはいよいよ滅びる――

――汝らの多くの卑小な徳によって、汝らの多くの卑小な不作為《ふさい》によって、汝らの多くの卑小な恭順によって、汝らは滅びるのだ！

余りにも労《いたわ》りすぎ、余りにも譲歩し過ぎた結末、それが汝らの土壌である！　だが、一本の木は大樹にならむとして、堅い岩の周りに堅い根を張ろうとするのだ！

汝らが怠っていることさえも、さまざまな人間たちの未来の織物に織り込まれていく。汝らの虚無《きょむ》も同様に、蜘蛛の巣となり、未来の血を吸って生きる一匹の蜘蛛となるのだ。

また、汝ら卑小な有徳者よ、汝らが受け取るとき、そのさまは盗みのようだ。だが、悪党にも猶恥を知る気持ちがあり、「奪い取ることができない場合にしか、盗んではならぬ」と言うのだ。

「自ずと与えられる」――これも恭順の教えである。だが、安逸を貪る者たちよ、私は汝らに言っておく、自ずと奪われているのだ。そして、この先益益多くのものが汝らから奪われていくだろう！

ああ、汝らが総ての半端な意欲をかなぐり捨て、犯行を決意する如く、卑小にする徳の怠惰を決め込むといいのだが！

ああ、汝らが私の言葉を理解すればいいのだが。「汝らの意欲していることを、ともかく実行せよ。――しかし、先ず意欲することのできる者となれ！

汝らと同等に最も近い者を、ともかく愛せよ。――然し、先ず自分自身を愛する者となれ――偉大なる愛を以て愛し、偉大なる軽蔑を以て愛する者となれ！」このように、神を無みする者、ツァラトゥストラは語る。――

そうは言っても、誰も私の耳を持たないところで、私は何を話しているのか！　ここに私のための時が来るには、未だ一時間は早過ぎる。

こういう俗衆の間《あいだ》では、私は私自身の先駆け、夜明け前の暗い横町を駆け抜ける私自身の鶏鳴《けいめい》だ。

然し、彼らの時がやって来る！　そして、私の時もやって来る！　刻一刻と彼らは、より卑小に、より貧しく、より不毛になっていく。――哀れな雑草よ！　哀れな土壌よ！

そして、まもなく、彼らは乾涸びた草、枯れ野となって、立ち尽くすにちがいない。そして、真に！　自分自身に耐えられなくなり、――水を求めるよりは、むしろ一思《ひとおも》いに火に焼き尽くされたいと願うのだ！

おお、祝福されし稲妻の時刻よ！　おお、正午前の秘密よ！――いつか私は彼らを必ず燎原の火とし、炎の舌をもつ告知者とするつもりだ。――

――いつか彼らは必ず炎の舌を以て告知しなければならぬ。それはやって来る。それは近い。偉大なる正午は近い！

このように、ツァラトゥストラは語った。

オリーヴの山で

気難しい客である冬将軍が、私の家に居坐っている。彼の友情の握手によって、私の両手は青ざめてしまった。

この気難しい客、冬将軍を私は敬《うやま》っている。然し、できれば彼をそっと一人にしておきたい。私は彼から逃げ出したい。上手に歩けば、冬将軍を振り切れる。

両足が温まるにつれて、温められた着想を懐《いだ》き、私は風の凪《な》いでいるところ、我がオリーヴ山の取って置きの日溜《ひだま》りへと歩いていく。

そこで私は、私の厳格な客を笑ってやるのだ。とはいえ、私は彼が家で私の為に蠅どもを引っ摑《つか》まえ、耳障りな音を鎮《しず》めてくれるので、先ずは有難いと思っている。

つまり、蚋《ぶよ》の一匹か、よもや二匹でも歌おうとしようものなら、冬将軍は我慢できない。そのうえ、彼は横町の人気《ひとけ》を無くすので、そこに夜中差し込む月光は戦《おのの》いている。

彼は情容赦のない客である。——然し、私は彼を敬う。また、私は軟弱な者たちのように、太鼓腹をした火の偶像を拝《おが》みはしない。

偶像を拝むくらいなら、未だしも歯を少しかちかち鳴らすほうがいい！——それが私の流儀だ。

とりわけ、発情に噎《むせ》ぶような総ての火の偶像には憤《いきどお》っている。私の愛する者を、私は夏よりも冬により一層愛する。冬将軍が私の家に居坐って以来、私は今私の敵に対して、より強《したた》かに、また一層痛烈に嘲笑を浴びせる。ベッドに潜り込むときでさえも、真に痛烈だ――。そのときベッドにくるまっていた筈の私の幸福が急に笑い、茶目っ気を起こし、更には、我《わ》が嘘《うそ》吐《つ》き屋《や》の夢《ゆめ》作《さく》までが笑い出す。

私は――這《は》い蹲《つくば》う者だろうか？　私は人生で一度も権力者の前に這い蹲ったことはない。嘗《かつ》て私が嘘をついたとすれば、それは愛するが故の嘘だった。それ故に、私は冬の寝床にくるまっていても、朗《ほが》らかである。

粗末な寝具は、豪華なベッドよりも私を温めてくれる。というのも、私は私の貧民たちの生活が羨ましいからだ。冬になると、彼らは私を殊《こと》の外気遣《ほかきづか》ってくれる。

一つの悪意と共に、私は毎日を始める。冷水浴で冬を嘲笑《あざけ》ってやるのだ。これには、私の厳格な賓客《ひんきゃく》も呆《あき》れて、ぶつぶつ唸《うな》っている。

また私はよく蠟燭《ろうそく》を灯して、冬将軍を擽《くすぐ》ってやる。すると遂に、彼は私の為に灰色の薄明を裂いて、あの空を見せてくれる。

だから夜明け近くなると、私は特に悪戯《いたずら》っ気でわくわくしてくる。井戸の釣瓶《つるべ》が軋み、馬が熱い息を吐《は》いて、その嘶《いなな》きが横町に響きわたるとき、――

私はじりじりしながら待つ、明るい空、白雪の髯をたくわえた冬の空、白髪の翁《おきな》が私の前に現れるのを。――

――冬の空、それは、しばしば太陽の在《あ》り処《か》さえ告げないほど寡黙《かもく》な空なのだ！

私は冬の空から、遠く明るい沈黙を十分に学んだであろうか？　それとも、冬の空が私からそれを学んだであろうか？　或いは、各《おのおの》が独自にそれを発明したであろうか？

あらゆる上機嫌の起源は千種万様である。——自由自在の上機嫌は総て、喜びの余り現存の中に跳び込む。どうしてそれらの上機嫌が常に一度しか——それを果さない筈があろうか！

遠い沈黙も、自由自在の上機嫌の一つである。冬の空のように、明るい天眼の顔《かんばせ》から目を向けること——

——冬の空のように、自分の中の太陽と、自分の中に漲る太陽の不屈の意志を口外しないこと、真《まこと》に、この至芸と、この冬将軍の自由自在とを、私は十分に学んだ！

私の沈黙は、沈黙することによって本心を明るみに出さない術《すべ》を学んだ。これこそ、私の最も気に入っている悪意であり、至芸である。

言葉と骰子《さいころ》をカラコロと鳴らしながら、私は厳粛に待ち構えている者たちを手玉に取る。私の意志と目的は、これら何処にでもいる口うるさい監視人を擦り抜けて行かねばならないのだ。

誰も私の根底と究極の意志を見おろせないようにすべく、——私は遠く明るい沈黙を発明した。

私は数多くの抜け目ない者たちを見つけた。彼らは誰にも正体を見透かされまいとして、また見おろされまいとして、自分の顔を覆い隠し、自分の水を濁らせた。

然し、あいにく彼らのもとに、もっと抜け目ない懐疑家や、胡桃《くるみ》割りの如く謎を解く者がやって来た。つまり、よりによって、彼らの最も秘密にしている魚が釣上げられたのだ！

だから抜け目なく隠す者ではなく、明るい者、勇敢な者、隠さない者こそが——最も聡明な沈黙者なのだ。つまり、彼らの根底は非常に深いので、比類なく明るく澄んだ水さえも決して——その根底を垣間見させはしないのだ。——

汝白雪の髯をたくわえ黙っている冬の空よ、汝私の上なる天眼の白髪よ！　おお、汝私の魂と、その自由自在の天なる比喩よ！

なればこそ、黄金を呑み込んだ人さながら——私の魂が切り裂かれないように、私は自身を隠さねばならぬのではないか？

私の周りのこれら何処にでもいる嫉妬深い者や中傷を加えたい者——彼らが私の長い脚《あし》に気づかぬように、私は竹馬を履《は》かねばならぬのではないか？

小さな部屋でぬくぬくとしていた、これら煤《すす》け擦《す》り切れ、緑の黴《かび》だらけの愚痴っぽくなった魂ども——どうして彼らの嫉妬心が私の幸福を見て平静でいられようか！

だから私は彼らに、ただ私の山頂の氷と冬景色だけをみせる——私の山が、それとは別に、あらゆる太陽の帯を巻き付けているさまは見せないのだ！

彼らは、ただ私の冬将軍が嵐となって吹き荒《すさ》ぶ音を耳にするだけだ。つまり、憧れに満ちた重くて熱い南風さながら、私が暖かい海をも越えていくさまは耳にすることができないのだ。

彼らは私の不運と偶然まで憐れんでくれる。——然し、私の言葉はこうだ「偶然を私の許に来させるがいい。偶然は、赤子の如く汚れを知らないのだ！」。

どうして彼らは私の幸福を見て平静でいられようか、もし私が私の幸福の周りに、不運や冬の苦境や白熊の帽子や雪空の外套を纏《まと》わせないとしたら！

——もし私が彼らの同情さえも、つまり、これらの嫉妬深い者や中傷を加えたい者の同情さえも憐れんで遣《や》らないとしたら！

――もし私が彼らの前で自ら溜め息も吐かず、寒さにも震《ふる》えず、我慢して彼らの同情にくるんでもらわないとしたら！

私の魂が、魂の冬と魂の凍《い》てつく嵐を隠さないこと、これこそが私の魂の聡明な自由自在と厚情である。私の魂は、また魂の凍傷も隠さないのだ。

孤独が病人の逃避であることもあれば、他方、孤独が病人からの逃避であることもある。

私の周りの、これら哀れで妬ましげな道化は皆、私が冬の寒さに震えて歯をがちがち鳴らし、溜め息を吐いているようすを存分に聞くがいい！　こんな溜め息を吐き、歯をがちがち鳴らしながらも、私は必ず彼らの熱くなった部屋から逃避するのだ。

彼らが私の凍傷に同情し、私と共に溜め息を吐《つ》きたいのなら、そうするがいい。「認識の氷によって、彼は孰《いず》れ我我に凍傷を負わせてしまう」――そう彼らは嘆く。

彼らの嘆きをよそに、私は温まった両足で縦横無尽に、我がオリーヴ山の上を歩き廻る。オリーヴ山の日溜りで歌い、あらゆる同情を笑い飛ばすのだ。――

このように、ツァラトゥストラは語った。

通り過ぎること

多くの人の群れと、さまざまな町をゆっくりと歩いて通り抜け、つまり、遠回りして、ツァラトゥストラは彼の山脈と彼の洞窟を目指す帰途についた。でありながら、なんと、彼は思いがけず、また大きな都市の門の辺《あた》りにやって来た。然し、このとき、口から泡を吹いている可笑《お》しな男が彼をめがけ、大手を広げて飛び出し、彼の行く手を遮《さえぎ》った。この男こそ、民衆から「ツァラトゥストラの猿」と呼ばれている変わり者だった。というのも、この男は彼の発言と言回《いいまわ》しを幾らか真似《まね》、また彼の知恵の宝を好んで借用していたからだ。そして、この変わり者がツァラトゥストラに向かって、このように話したのである。

「おお、ツァラトゥストラ、ここは大都会だ。ここには汝の求めているものは何もない。それどころか、総てを失う破目になる。

なぜ汝はこの泥濘《ぬかるみ》の中を、足を取られそうになりながら進みたいのか？　汝の足に同情してやれ！　むしろ市門に唾を吐いて――引き返せ！

ここは隠者の思想にとっての地獄だ。ここでは偉大な思想が生きたまま茹《ゆ》でられ、小間切れの料理となる。

ここでは総ての偉大な感情が腐敗する。からからに干乾びた感情だけが、カタカタと喋ることを許される。

汝は既に、精神の畜殺場と簡易食堂の臭いを嗅いでいるのではないか？　この都市には、畜殺された精神の塵埃《じんあい》が朦朦《もうもう》と立ち籠めているではないか？

魂が弛《たる》んだ汚い雑巾《ぞうきん》の如く、ぶら下がっているのが汝には見えないのか？――而も彼らは、この雑巾から更に新聞を作っているのだ！

精神がここでは言葉遊びになった様子が、汝には聞こえないのか？　精神は不快な言葉の生活排水を吐き出している！――而も彼らは、この生活排水から更に新聞を作っているのだ。

彼らは互いに急《せ》き立て合う。然し、どこに向かうのか判っていない。彼らは互いに逆上させ合う。然し、なぜなのか判っていない。彼らは戯言《たわごと》をチャラチャラ煽《あお》り、拝金のベルを鳴らす。彼らは身心が冷たく、火酒を呷《あお》って暖《だん》を求める。熱くなってくると、彼らは凍りついた悪霊のもとで、涼を求める。彼らは皆虚弱で、世論病に取《と》り憑《つ》かれている。

ありとあらゆる快楽と悪徳が、ここで寛《くつろ》いでいる。然し、ここにはまた有徳者ぶった者たちも存在する。多くの器用な御用美徳が存在するのだ。――

多くの器用な美徳、それらは書き馴れた指と、坐り・待ち胼胝《だこ》を持ち、小さな星形勲章や、痩せた尻に詰め物をした娘たちに恵まれる。

ここにはまた、軍隊の神に捧げられる多くの敬虔と、その神の涎《よだれ》さえ舐《な》めんとする多くの信者の阿諛追従《あゆついしょう》とが存在する。

事実『御上《ホーフ》』から、星形勲章と慈悲深い涎が滴ってくる。すると、星のない胸は総て、御上に憧れる。月には月の暈《ホーフ》があり、宮廷には数々の魑魅魍魎《ちみもうりょう》が潜んでいる。とにかく宮廷に由来するもの総てに対して、乞食《こじき》大衆と総ての器用な乞食道徳は祈る。

『私は仕える。汝は仕える。我我は仕える』――そう総ての器用な美徳は、王侯に祈りを唱える。だが本当の願いは、功労に相応《ふさわ》しい星形勲章が最後に痩せた胸を飾って欲しいということだ！

然し、月は依然として地球の周囲を回る。同様に王侯も依然として最も現世的なものの周りを廻る。――つまり、小売商人の金が物を言うのだ。

軍隊の神は、金の延べ棒の神ではない。王侯は思案に暮れる。つまり、とにかく小売商人は――操っているのだ！

おお、ツァラトゥストラ、汝の中に在る、明るいもの強いもの善いもの総てに誓って言う！　この小売商人どもの都会に唾を吐き、引き返せ！

ここでは総ての血が腐りかけ、生温かく泡立ちながら、総ての血管の中を流れる。この大都会に唾を吐け。ここは、あらゆる浮《う》き滓《かす》が集《つど》って泡を立てる巨大な塵溜《ごみた》めだ！

——厚かましい奴ら、恥知らずども、売文屋、絶叫屋、逆上《のぼ》せ上った野心家どもの群がる都会に唾を吐きかけよ！——押し込まれた魂と、乏しい胸《むね》の中《うち》、好色な眼、べとべとした指の蠢《うごめ》く都会に唾を吐きかけよ！——

——ここでは、腐りかけたもの、いかがわしいもの、淫らなもの、陰鬱なもの、身も心もぼろぼろになったもの、都会の潰瘍《かいよう》となったもの、陰謀をたくらむものなど、ありとあらゆる有象無象が一緒になって膿《うみ》を出している。——

——その大都会に唾を吐き、引き返せ！」。——

ここで然し、ツァラトゥストラは口から泡を吹いている変人を遮り、その口を抑えた。

「いい加減に止《や》めよ！」とツァラトゥストラは叫んだ「汝の話し方と汝の性根《しょうね》には、もうとっくに吐き気を催しているのだ！

なぜ汝は、自ら蛙《かえる》や蝦蟇《かま》に化ける破目になるほど長い間、泥沼の辺《あた》りに棲んでいたのか？

汝が然うして蛙・蝦蟇の鳴き方で、呪いの言葉を吐くに到ったのは、自身の血管の中にも、腐りかけて泡立つ泥沼の如き血が流れているからではないのか？

なぜ汝は森に入らなかったのか？　或いは、大地を耕さなかったのか？　海は緑の島々に満ちているではないか？

私は汝の軽蔑の仕方を軽蔑する。汝は私に警告したくせに、――なぜ汝自身に警告を発しなかったのか？

私の軽蔑と、私に警告する鳥は、ただ愛の懐《ふところ》からのみ、飛び立つことができる。決して泥沼から飛び立つわけではないのだ！――

口から泡を吹いている可笑しな男よ、汝は私の真似《まね》をする猿と呼ばれている。然し、私は汝を、私を汚す不平豚と呼ぶ。――ぶうぶう不平を鳴らすことによって、汝は却《かえ》って私の痴愚神礼讃《ちぐしんらいさん》を泥塗《どろまみ》れにしている。

汝をして最初にぶうぶう不平を言わしめたのは、抑何《そもそも》だったのか？　誰一人汝をいい気にさせはしなかった。――だから汝は、この汚物（不面目）に身を摺り寄せて、多くの不平を言う理由を手に入れようとした。――

――汝は多くの復讐をする理由を手に入れようとしているのだ！　見栄っ張りの道化よ、汝が口から吹いている泡の総ては、つまり、復讐なのだ、私は十分に察知していた！

たとえ汝が正当であっても、汝の道化文句は私に害を為す。ツァラトゥストラが使えば汝が借用した場合よりは百倍も正しいのに、汝は私の言葉を使って常に――不正を働くのだ！」。

このように、ツァラトゥストラは語った。そして、彼はその大都会をじっと見詰め、溜め息をついて、長いこと黙っていた。漸く彼は次のように話した。

この大都会にも吐き気を覚える。この可笑しな奴に吐き気を覚えるだけではない。どこを向いても、今以上良くなる見込みは全くなく、今以上悪くなりようもない。

痛ましや、この大都会、災いは免れ難い！――この大都会の焼け落ちる火柱《ひばしら》を万一見られるものなら、見たいものだ！

というのも、そのような火柱こそ、偉大なる正午に先駆けねばならぬからだ。孰《いず》れにせよ、偉大なる正午には、それに相応しい時と、それ独自に運命があるのだ！――

ところで、可笑しな男よ、別れるに際して、私はこの教えを汝に伝えておく。もはや愛することのできぬところでは、そこを――通り過ぎて行かねばならぬのだ！

このように、ツァラトゥストラは語り、その可笑しな男と大都会の傍《そば》を通り過ぎて行った。

離反者

1

ああ、つい最近この草原で緑に萌え、鮮やかな花を咲かせていたもの総てが、早くも枯れて灰色になっているのか？　どれほど多くの希望の蜜を、ここから私の蜜蜂の巣へと運んだことか！

これらの若い心は、皆早くも老《ふ》けてしまった。――否、年を取って老けたのではない！　ただ疲れ、人並みになり、苦労を厭《いと》うようになっただけだ。――それを称して、彼らは「我我は再び敬虔《けいけん》になった」と言っている。

つい最近、私は彼らが朝早く勇敢な足取りで出ていくのを見た。然し、彼らの認識の足は疲れた。そして彼らは今、あろうことか彼らの朝の勇敢さをも誹謗しているのだ！

真に、彼らの中《うち》の数多くは、嘗て踊り手の如く脚を高く上げた。私の知恵の中に漲《みなぎ》る笑い声が、彼らに合図を送った。——すると彼らは思案した。私は彼らが背中を丸め、まさしく——十字架に忍び寄っていくさまを見た。

光や自由の周りで、彼らは嘗て蚋《ぶよ》や若い詩人のように羽搏《はばた》いた。少し年を取り、少し寒さが徹《こた》えるようになると、彼らは早くも暗い気分に支配され、噂や陰口に耽《ふけ》り、ストーブの傍《そば》に噛《かじ》り付いている。

彼らの心が怯んだのは、果して孤独が鯨の如く私を呑み込んだからであろうか？　彼らの耳は、果して私の声と私のトランペットと私の伝令の叫び声とを長い間切望したのか。その切望は何の効もなかったのか？

——ああ！　彼らの中で、心に久しく持続する勇気と超勇気を有つ者は、僅かしかいない。そのような者は、また精神も忍耐強い。然し、残りの者たちは臆病だ。

残りの者たち、彼らは常に最多数の者たちである。平凡な者、己をあらずもがなと思う者、多くの己を持て余す者たち——これらの者たちは皆、臆病なのだ！——

私と同じ生き方をする者は、また偶然に私と同様の体験をするであろう。つまり、最初の仲間は亡骸《なきがら》と道化であらざるをえないのだ。

然し、第二の仲間は——自らを信者と称するだろう。つまり、熱狂する生者の一群だ。多くの愛、多くの愚劣、多くの手に負えない崇拝がある。

人間たちのもとで、私と同じ生き方をする者の心は、このような信者の呪縛から解放されていなくてはならぬ。移ろい易く臆病な人間の性《さが》を知る者は、春のかぐわしさと、色あざやかな花の草原が全く正しいと信じてはならぬ！

別のものに心酔できるならば、彼らはまた別の方法で心酔するつもりなのである。中途半端な者は、総ての完璧なものを台無しにする。木の葉が枯れるからといって、——何を嘆くことがあろうか！

木の葉は落ちるに任せよ、おお、ツァラトゥストラ、嘆くな！　むしろ、逆に木の葉を掻き鳴らす風となって吹きおろせ、——

——このような木の葉のもとに吹きおろせ、おお、ツァラトゥストラ、その結果、枯れたもの総てが、ほかならぬ汝から、もっと早く消え失せればいいのだ！——

2

「我我は再び敬虔になった」——然うこの離反者たちは告白する。然し、彼らの中の数多くは、未《いま》だこんな告白ができないほど余りに臆病である。

こういう者たちの目をじっと見詰め——相手の頬が赤くなるほど面と向き合って、私は言ってやる「汝らは、再び神に縋って拝んでいる連中だな！」と。

神に縋《すが》って拝《おが》むということは、とにかく恥辱である！　誰にとってもというわけではないが、私と汝、また誰であれ、頭脳の中に良心を有《も》つ者にとっては恥辱である！　汝にとって、神に縋って拝むということは恥辱なのだぞ！

よく分かっているだろうが、汝には臆病な悪魔が取《と》り憑《つ》いている。その悪魔が両手を合わせたがり、また両手を膝の上に置きたがり、そして、もっと楽をしたがっている。――この臆病な悪魔が汝に説いて勧める「或る一つの神が御座んすよ！」と。

然し、悪魔の囁きに屈すれば、汝は光を恐れる人間の生き方に染まり、決して光の安らぎは得られない。すると汝は、自分の頭を日毎に深く夜と靄《もや》の中に突っ込んでいかねばならないのだ！

真に、汝はいい時を選んだ。今まさに夜の鳥たちが再び飛び出す。光を恐れる総ての者たちの時が来た。夕暮れ、休息の時なのに、彼らは――「休息を喜ぶ」ことがない。

私には聞こえ、気配が感じられる。彼らの狩と行進の時がやって来た。もっとも、野獣を狩ろうというのではない。おとなしく無気力となり、何か縋るものはないかと嗅ぎ回る卑屈な小者・ご都合主義の拝み屋を搦《から》め捕《と》ろうとする狩である。――

――魂を翻弄される意気地なしを狙う狩だ。人の心を鼠《ねずみ》の如く捕える多種多様な罠が、今再び仕掛けられているのだ！　カーテンを上げると、ほら、蛾《が》が一匹飛び出して来た。

この蛾は、まさか他の蛾と一緒に蹲《うずくま》っていたのだろうか？　なぜなら、私は到る所に、忍び寄ってきた卑小な会衆の気配を感じる。小部屋のある所には、新たなお縋り信者がいて、その靄の懸ったような雰囲気が漂っているのだ。

彼らは夕方長い間、一緒に坐って語り合う「再び赤子のようになり、〈神様〉と言いましょう！」と。――敬虔ぶった菓子屋のせいで、口も胃も駄目になっている。

或いは彼らは夕方長い間、策をめぐらせながら待ち伏せしている十字蜘蛛を眺めて過ごす。十字蜘蛛は、その蜘蛛たちに自ら抜け目なさを説く「十字架の下では巧く巣を張れる！」と。

或いは彼らは日がな一日、釣竿を手にして沼の辺《ほとり》に坐り、それだけで自らを深いと信じる。然し、魚のいない所で魚釣りをする者を、私は寧《むし》ろ浅薄であるとさえ呼ばない！

或いは彼らは何処かの歌謡詩人の許で、敬虔《けいけん》な喜びに浸《ひた》りながら竪琴を爪弾《つまび》くことを学ぶ。然し、歌謡詩人のほうは、若い女たちの心を掻《か》き鳴《な》らしたくて仕方がない。——というのも、年老いた女たちと、その賞讃に飽きたからだ。

或いは彼らは博識な半狂人の許で、戦慄《せんりつ》することを学ぶ。この半狂人は暗い部屋の中で、悪霊が彼に取り憑き——精神が全く消え去ってしまうのを待っているのだ！

或いは彼らは、老いた流浪の笛吹き男の馬鹿げた恨み節に耳を傾ける。その男は物悲しい風から音色の悲哀を学び取った。今彼は風に合わせて笛を吹き、物悲しい音色の数々に包まれて悲哀を説教している。

新たなお縋り信者の幾人かが、夜番《よばん》にまで落魄《おちぶ》れてしまった。今彼らは、角笛を吹き鳴らし、夜毎歩き廻り、長い眠りに就いていた古の出来事を呼び覚ます術に通じている。

私は昨夜、庭の石塀の傍で、古《いにしえ》の出来事について五つの言葉が交わされているのを耳にした。それらは、このような陰気に干乾びた夜番の口から発せられた。

「父親にしては、彼は十分に子供たちの世話をしていない。人間の父親たちのほうが、このことは善くやっているな！」——

「彼は年を取り過ぎているんだぜ！　もう自分の子供たちの世話なんかしないいさ」——このように、

別の夜番が答えた。

「彼には抑子供《そもそも》がいるんだろうか？　彼が自分で証明しない限り、誰もそれを証明できないな！　彼がそれを一度徹底的に証明したらいいのにと、私は昔から願ってきた」

「証明するって？　まるであの方が今まで何かを証明したかのようにってことか！　証明することは、彼には難しいのだ。人が彼を信じることを、彼は重んじているのさ」

「そうだ！　そうだ！　信仰が、即ち彼の実在と正義を信じることが、彼をこの上なく喜ばせる。これが老いた人間の性《さが》ってもんだ！　我我だってそうなんだよ！」──

──老いた夜番であり、光を恐れる者でもある二人は、このように語り合い、引き続き物悲しそうに連《つる》んで角笛を吹いた。これは昨夜、庭の石塀の傍であったことだ。

ところが、それを聞いて大笑いしたために、私の心臓はでんぐり返り、口から飛び出すかと思われたが、右往左往しているうちに横隔膜の中に沈んだ。

真《まこと》に、驢馬《ろば》が酔っ払っているのを見て、夜番が神を斯う疑っているのを聞けば、私は笑い転げて息苦しくなり、思いがけなく死ぬこともあるだろう。

但し、こんな疑いは何のためであれ、とっくに終わっているのではないか？　こんな古《いにしえ》の昔に眠りに就いて光を恐れる出来事を、誰が今さら呼び覚ましていいものか！

嘗ての神々は、本当にもうとっくに役目を終えた。──実に、神々は快活に、神々に相応しい最期を遂げたのだ！

神々は「黄昏《たそがれ》て」死んだのではない。──あれは本当に嘘だ！　それどころか、神々はその昔、笑い過ぎて──死んだのだ！

それは起こった。この上なく神を無みする言葉が、或る神自身から発せられたときに。——その言葉とはこうだ「神は唯一である！　汝は我と同時に如何なる神も崇《あが》めてはならぬ！」——

——憤怒の神鬚《しんしゅ》を震わせ、我を忘れて、或る老いた嫉妬深い神が、そのように言った。——

するとそのとき、あらゆる神々が笑い、自分たちの神座を揺らして叫んだ「神々数多《あまた》あれど、唯一の神はなし。斯くなればこそ、神々しさ生ずるにあらずや？」

耳ある者は聞くがいい。——


このように、ツァラトゥストラは「斑牛《まだらうし》」と綽名《あだな》されている、お気に入りの町で話をした。ここからは、僅か二日だけの道程で再び彼の洞窟に戻り、彼の動物たちと会うことができたのだ。ともあれ、故郷《ふるさと》が近付いてきたので、彼の魂には絶えず嬉しさが込み上げてきた。——

帰郷

おお、孤独よ！　汝、我が故郷なる孤独よ！　荒《すさ》んだ異郷で余りにも長い間、奔放不羈《ほんぽうふき》に生きてきたので、私は汝の許に帰り来て、涙を堪《こら》えることができない！

さあ、母親たちが威嚇するように、人差し指だけで私を威嚇してくれ。さあ、母親たちが微笑むように、私に微笑みかけてくれ。さあ、とにかく話してくれ「けれども、いつか嵐のように、私の許から去っていったのは、誰だったかな？——

——その男は別れ際に『余りにも長い間、私は孤独の許に住みついていた。だから沈黙することを忘れたのだ！』と叫んだ。そのことを——汝は多分学んだのであろう？

おお、ツァラトゥストラ、私には総て判っている。汝、比類なき人物よ、汝は多くの者たちの間では、嘗《かつ》て私の許にいた時よりも見捨てられていた！

見捨てられることとは、孤独とは異なる。そのことを——汝は今や学んだ！　また汝が人間たちの間では、常に何を言い出すか分からぬ他所者《よそ》だろうということも。

——人間たちが汝を愛するとしても、汝は矢張り何を言い出すか分からぬ他所者のままであろう。というのも、彼らは先ず何よりも労って欲しいと願っているからだ！

然し、ここは故郷の我が家、汝は自身の許で寛《くつろ》ぐ。何でも口に出せるし、どんな魂の底をぶちまけてもいい。隠され、抑えられていた感情でも、ここでは何も恥じることはない。

ここでは万象挙《こぞ》って、汝の発言を愛撫せむとして、汝に媚びる。なぜなら、万象は汝の背に掴《つか》まって騎行《きこう》したいのだから。どんな比喩に乗っても、汝はここでそれぞれの真理に到達する。

心から率直に、汝はここで万象に対して話すことができる。実《げ》に、誰か一人が万象と——ざっくばらんに対話すれば、それは賞讃の調べの如く万象の耳を開かせる！

然し、見捨てられることとは、これとは異なる。というのも、おお、ツァラトゥストラ、汝は未だ覚えているかな？　森の中で何処に行くのか決めかね、汝が途方に暮れて死骸の近くに立っていたときのことを。あのとき、汝の鳥が頭上で叫んだ。——

——それを見て、汝は言った『私の動物たちが私を導いてくれるように！　人間の下にいるのは、動物の下にいるよりも危険だと分かった』と。——あれが見捨てられるということだった！

おお、ツァラトゥストラ、汝は未だ覚えているかな？　汝がお気に入りの島にいた頃、空桶《からおけ》に囲まれたワインの泉宜しく、ひたすら与え奢《おご》ってやり、渇えた者たちの間をめぐって、ひたすらワインを贈り飲ませていたときのことを。

――やがて汝は喉が渇いて唯一人、酔っ払った者たちの間に坐り込み、夜の闇に包まれて、こう嘆いた『与えるよりも受け取るほうが、浄福に値するのではないか？　受け取るよりも盗むほうが、却って深い浄福に値するのではないか？』と。――あれが見捨てられるということだった！

おお、ツァラトゥストラ、汝は未だ覚えているかな？　汝の最も静かな時がやって来て、汝を汝自身から追い立て、怒りの囁きを以て『語れ、そして砕け散るがいい！』と言ったときのことを。――

――あのとき、汝が何とかして時の過ぎ去るのを待とうとしても、また其の場を沈黙で凌《しの》ごうとしても、最も静かな時は総てを苦しみに変え、汝の謙《へりくだ》った勇気を沮喪させた。あれが見捨てられるということだった！」――

おお、孤独よ、汝、我が故郷なる孤独よ！　なんと満足そうに、なんと優しく、汝の声は私に語りかけることか！

我らは互いに問かけ合うこともなく、嘆き合うこともない。我らは互いに扉を開いて自由に行ったり来たりする。

というのも、汝の懐は開かれていて、明るい。そして時間もここでは、より軽快な足取りで進む。つまり、光の中より闇の中で、時は人にとって一層重い負担となる。

ここでは、あらゆる存在に相応しい言葉が弾《はじ》け、言葉の宝石箱が私にむかって開かれる。あらゆる存在がここで言葉になろうとし、あらゆる生成がここで私から話すことを学ぼうとする。

あの下の方では、然し、——何を話しても総て無駄になる！　そこでは忘却と通過が最善の知恵なのだ。それを——私は今漸く学んだ！

人間の総てを理解したいと念ずる者は、総てを手で摑んでみなければなるまい。だが、私は余りに清らかな手を持っているだけに、それはできないのだ。

とにかく其処の人間どもの吐く息は吸いたくない。ああ、私がこれ程長く、彼らの喧騒と汚れた吐息のもとで生きてきたとは！

おお、私の周りの至福の静けさよ！　おお、私の周りの清らかな香りよ！　おお、なんと深い胸の奥から、この静けさが清らかな息吹をもたらすことか！　おおなんと、それが耳を傾けている、この至福の静けさが！

然し、あの下の方では、——総てが喋《しゃべ》り、総てが聞き流される。鐘を鳴らして自分の知恵を告げようとしても、市場の小売商人が小銭をガチャガチャ鳴らして、鐘の音を掻き消してしまう！

彼らの間に生起する総ては何かを物語るが、もはや誰も理解できない。総ては水の泡と化すだけで、もはや何も深い水の中に沈んでいくことはない。

彼らの間に生起する総ては何かを物語るが、もはや何も上手《うま》くいかず、中途半端に終わる。総ては鶩鳥の如く喚き立てる。然し、誰が少しは静かに巣の上で卵を孵《かえ》すつもりか？

彼らの間に生起する総ては何かを物語るが、嫌になる程論じられるだけだ。昨日は時代とその歯には未だ堅すぎたものが、今日は噛み千切られ、刻《きざ》み潰《つぶ》されて、現代人の口からぶら下がっている。

彼らの間に生起する総ては何かを物語るが、その解釈は総て裏切りだ。嘗て深い魂の秘密とか神秘とか呼ばれていたことが、今日は街角の喇叭《らっぱ》吹きや浮かれ者たちの小道具になっている。

　おお、人間の所業よ、汝、奇妙なものよ！　汝、暗い横町の騒音よ！　今、汝は再び私の背後に回っている。——私の最大の危険は私の背後にいるのだ！

人間を労《いたわ》り、人間に同情すると、そこに何時《いつ》も私の最大の危険が潜んでいた。また、あらゆる人間の所業は、労ってもらい、同情されることを求めているのだ。

　本当のことを言うのは控え、痴愚の手と、現実を夢と思い做《な》す心を有ち、同情の小さな嘘を豊かに準備して——そうして私は常に人間の下《もと》で生きてきた。

　扮装して、私は彼らの下に納まっていた。——彼らに堪《た》えるために、自分を誤認する心づもりで、よく自分に「たわけ、汝は人間を知らないな！」と言い聞かせながら。

　人間の下で暮らしていると、人間が分からなくなる。余りに多くの前景が、総ての人間に纏《まつ》わり付く。——すると、遠くを見ることのできる目、遠くを見たい目は、いったいどうすればいいのだろうか！

　そして、彼らが私を誤認する度に、痴愚の私は、私より寧ろ彼らを労ってやった。自身に対する厳しさに慣れていたからである。但、この労りのせいで、屡《しばしば》逆に私自身に対して復讐を加えた。

　多くの悪意の雨垂《あまだ》れに穿《うが》たれた石さながら、毒蠅どもに散散《さんざん》刺されて、私は人間の下に納まり、自分に更に言い聞かせた「総て卑小なものは、その卑小さの罪を負うことがない！」と。

　とりわけ、自ら「善人」と称している者こそ、私は最も毒の強い蠅どもだと思った。彼らは全く罪の意識なく刺す。彼らは全く罪の意識なく嘘を吐く。どうして彼らが私に対して——公正でありえようか！

善人の下で暮らす者には、同情が嘘を吐くことを教える。同情は、いかなる自由な魂にも鬱陶しい空気を纏わり付かせる。善人の愚蒙は底知れない。

私自身と私の富を隠す――このことを私は彼《あ》の下の方で学んだ。つまり、誰しも未だ精神が貧弱だと私は思ったのだ。一人ひとりのことが具《つぶさ》に分かると、私は同情し、嘘を吐くしかなかった。

――何が十分に精神であるのか、何が早くも過剰に精神であるのか、私は一人ひとりから具に見て取り、具に嗅ぎ取ったのだ！

善人中の頭の固い賢者、私は彼らを賢いと言った。頭が固いとは言わなかった。――そうやって私は言葉を呑むことを学んだ。善人中の墓掘人、私は彼らを探求者とか研究者と呼んだ。――そうやって私は言葉を取り替えることを学んだ。

墓掘人は、知らずに病気を掘り起こし罹《かか》ってしまう。古い瓦礫《がれき》の下には、厄介な毒気が潜んでいる。無闇《むやみ》に泥沼を掻き回してはならぬ。山上にこそ生きるべきだ。

空気の旨《うま》さに鼻孔を震わせながら、私は再び山の自由を呼吸する！　到頭《とうとう》私の鼻は、総ての人間の所業に取り憑いている臭いから解放されたのだ！

泡立つワインさながら、鮮烈な微風に擽《くすぐ》られ、私の魂はくしゃみをする――くしゃみをしながら、自らのために歓呼の声を上げる「健康だ！」と。

このように、ツァラトゥストラは語った。

三つの悪

1

夢の中で、今朝目覚める直前の夢の中で、私は或る岬の上に立っていた。――現世の彼方で、私は秤《はかり》を手にして、世界を量っていた。

おお、残念ながら朝焼けが余りに早くやって来た。つまり、赤く燃え、私を夢から覚ましたのだ、嫉妬深い女神よ！　私が朝の夢に情熱を燃やすと、彼女は決まって妬《や》く。

世界は、時間を持つ者には距離が計測しうるものとなり、勝《すぐ》れた秤を持つ者には重さが量りうるものとなり、強い翼を持つ者には飛び越えうるものとなり、神懸かった胡桃《くるみ》割の名手には推測しうるものとなる。私の夢は世界をそのようなものだと感じた。

私の夢は、大胆に帆船を乗りこなす水夫《かこ》、なかば船そのもの、なかば旋風《つむじかぜ》、蝶《ちょう》のように黙々と舞っているかと思うと、隼《はやぶさ》のように短気になる。その夢が、まさか今朝《けさ》は世界の意味をじっくりと吟味するだけの忍耐と遠目を利《き》かせたのだろうか！

或いは、私の知恵、つまり総ての「無限の世界」を嘲《あざけ》る、私の楽しげで機敏な、昼日中《ひるひなか》の知恵の妖精が、密かに私の夢に話しかけたのだろうか？　なぜなら、彼女は言うからだ「力のある所、数量も女王蜂の如き創作者となる。つまり、数量は絶対に多数の力を持っている」と。

なんとしっかりと、私の夢はこの限りある世界を見据えたことだろうか。好奇に傾くこともなく、懐古に浸るでもなく、恐れることもなく、物欲しげでもない。――

——まるで一つの完璧な林檎《りんご》だ。涼やかで、天鵞絨《ビロード》のような滑らかな肌をした、金色に熟れた林檎が私の手に自らを差し出すかのように——世界は私に対して自らを差し出した。——

——まるで一本の木だ。枝を四方八方に張り、疲れた旅人が凭《もた》れ、更に足まで載せられるほど曲がりくねった、いかにも意志の強そうな木が私を手招きするかのように、世界は私の岬の上に留《とど》まっていた。——

——まるで一つの宝石箱だ。——羞じらいながらも、うっとりと崇《あが》める眼差《まなざ》しのために開かれる宝石箱が、天使の愛くるしい両手によって私の許に運ばれてくるかのように、世界は今朝私に対して自らを差し出した。——

——人間愛を怖気づかせるほど謎めいたものではなく、人間の知恵を眠り込ませるほど明白な解答でもないが——あれほど悪しざまに言われている世界が、今朝の私には人間らしく楽観的なものになっていた！

こうして今朝早く世界を量ることができて、私は朝の夢にどれほど感謝していることだろうか！人間らしく楽観的なものとして、心を慰めるために、この夢は私の許にやって来たのだ！日中夢に倣って行動し、夢に従い夢から最善を学び取るために、私は今から最悪とされる三つのものを秤皿に載せ、人間らしく楽観的にそれらの価値を量ってみたい。——あるとき祝福することを教えた者は、また呪うことも教えた。この世で最も呪われている三つのものとはなにか？　それらを秤皿に載せてみよう。

本能の喜び、支配欲、自己追求欲、これら三つは今まで至極《しごく》当然の如く呪われ、最も評判が悪く、最も酷い思い違いを蒙《こうむ》ってきた。——私はこれら三つの価値を、人間らしく楽観的に量ってみたいのだ。

さあ！　ここに私のいる岬があり、あそこに海がある。その海がうねりながら、私の方へふさふさとした毛を波打たせ、媚《こ》びるようにやって来る、——忠実な、昔のままに百の頭を持つ、私の愛する巨大な犬の怪物が。

さあ！　このうねっている海の上で秤を支えるぞ。また、見届けるための証人をも選んでおく。それに相応しいのは汝だ。天蓋《てんがい》の如く枝を張りめぐらせ、強い芳香を放つ汝、私の愛する孤高不屈の木よ！——

どの橋を渡って、今この時は未来の何時《いつ》かへと進みゆくのか？　どのような抗《あらが》い難い力に従って、高きものは低きものに敢えて手を差し伸べるのか？　そして、最高を極めたものにも更に——高みを目指せと、何が命じるのだろうか？

今、秤は均衡を保って、静止している。私は三つの重い問いを、片方の秤皿に投げ込む。三つの重い答えが、もう一方の秤皿に載っている。

2

本能の喜び。あらゆる贖罪《しょくざい》の肌衣《はだぎ》を着た肉体の軽蔑者にとっては、良心の呵責であり、苦痛の種である。また背後の世界を妄想する総ての者の間では、「世俗の巷《ちまた》」として酷《ひど》く罵《ののし》られている。というのも、本能の喜びは、人心を惑わせる支離滅裂《しりめつれつ》な総ての教師を嘲り、馬鹿にしているからだ。

本能の喜び。賤民にとっては、彼らをじわじわと焼き殺してしまう激情。虫の喰った木材や悪臭を放つ襤褸《ぼろ》切れの総てにとっては、忽《たちま》ち跡形も無くしてしまう燃え盛り沸騰する竈《かまど》。

本能の喜び。囚《とら》われのない心にとっては、汚れなく、自律的なもの。楽園に花咲く大地の幸福。今このときに溢《あふ》れる、総ての未来の感謝。

本能の喜び。枯れた者だけには、感傷的な毒となるが、獅子の意志を有つ者には、大いなる強心剤。また、開封される時まで畏敬を込めて取り扱われる取って置きのワイン。

本能の喜び。より高い幸福と最も高貴な希望のための偉大なる直喩兼幸福。つまり、多くの男女に結婚生活が約束されているのは元より、結婚生活より多くの実りが約束されている——

——男と女である以外、互いを知らない多くの男女に約束されているのだ。——全く、男と女が互いをどれほど知らないか、いいいいいか、誰が完全に理解したであろうか！

本能の喜び。とはいえ、私の思想と私の言葉の周囲にも、改めて垣根を巡らせておくつもりである。豚どもや夢想者が私の庭園に突然侵入しないようにするためだ！——

支配欲。非情を極めた者の手にする灼熱《しゃくねつ》の鞭《むち》。最も残忍な者自身に加えられる取って置きの身の毛のよだつ拷問。生きている（火刑用）薪《まき》の山の陰気な炎。

支配欲。最も虚栄心の強い民族に食らい付いて離れない意地悪な虻《あぶ》。何んな馬でも何んな誇りでも乗りこなし、中途半端な徳を総てせせら笑う魔女。

支配欲。一切の脆《もろ》いものや虚ろなものを壊し、こじ開ける地震。遠くに近くに雷鳴を轟かせ処罰しながら、上辺を飾った墓を粉砕する女神。早過ぎた筈の隣で稲光りする疑問符。

支配欲。あの目つきで睨《にら》みを利《き》かせば、人間は這《は》い蹲《つくば》り、畏《かしこ》まり、苦役に服し、蛇や豚よりも卑しくなり、――遂には、偉大なる軽蔑が人間の内部から叫び声を上げる――

支配欲。偉大なる軽蔑を産み出す恐るべき反面教師。彼女が都市や国家に面と向かって「汝去れ！」と説教すると、――遂にはそれら自身の内部から「我を去らしめよ！」と叫ぶ声が上がる。

支配欲。然し、その欲望は、心清らかな者、孤独に生きる者、また自らに満ち足りた高貴な者の許にも誘惑しながら登っていく。赤く燃え、緋色の妙なる喜びを天地に描いて誘惑する愛の女神さながらに。

支配欲。とはいえ、高きものが民衆救済のために権力を渇望するとき、誰がそれを病的な欲求だと断言できるだろうか！　実《げ》に、このような欲求と思い遣《や》りには、衰弱や病気の徴候は一切《いっさい》見られないのだ！

孤高の境地といえども、永遠に孤立して自己満足してはいられないという想い。山が谷へと下りたい、山頂の風が低地へと下りたいという想い。――

おお、このような憧れに相応《ふさわ》しい初の美徳の名称を誰が見つけたであろうか！　「贈り与える徳」――嘗てツァラトゥストラは此の名付け難いものをそのように名付けた。

そして、またその時のことであった。――真に、それは初めてのことであった！――彼の言葉が自己追求欲を讃えた、即ち力強い魂から湧き上がる、健やかで發溂《はつらつ》たる自己追求欲こそ、妙なる喜びをもたらすと讃えたのである。――

――美しく、勝利を確信し、出会った人間を元気にする肉体、つまり、総ての波動の亀鑑《きかん》となる、高貴な肉体と一体不二の力強い魂から、この自己追求欲は湧き上がるのだ。

――しなやかに説き伏せる肉体、即ち舞い踊る人、正にその比喩と精髄こそが、自己を喜ぶ魂である。このような肉体と魂の自己の喜びが其れ自身を称して「美徳」と呼ぶのだ。

このような自己《ゼルプスト》の喜びは、神聖な森を巡らすように、優良と劣悪を自分の言葉で区別することによって自らを保護する。つまり、喜びの感じる幸福度によって、軽蔑すべきものを総て自身の傍から追い払うのだ。

その喜びは、臆病なものを総て追い払う。喜びは語る、劣悪であるとは――要するに臆病のことだ！　と。いつもくよくよし、溜め息を吐き、嘆いてばかりいる者、どんなに卑小な利益でも拾い集める者は誰であれ、その喜びから見ると、軽蔑すべきだと思われる。

自己の喜びは、また悲哀を掻き立てる総ての知恵を軽蔑する。元より確かに、暗闇に咲く知恵も存在する。例えば「何もかも虚しい！」といつも溜め息を吐いている夜陰の知恵だ。

おどおどした不信感、そして眼差しや握手の代わりに宣誓を要求する総ての者、また不信故《ゆえ》にあらゆる過剰な知恵をめぐらすこと、これらは自己を喜んでいれば、価値の低いことだと分かる。抑《そもそも》それらの類《たぐい》は臆病な魂の性《さが》なのだ。

その喜びから見て、更に価値の低いことだと見なされるのが、不和雷同する者、直《す》ぐ仰向けになる犬の如き者、卑下する者である。事実、卑下し犬の如く忠実で盲目的、而も不和雷同する知恵も存在するのだ。

その喜びにとって、吐き気《エッケル》を覚えるほど我慢のならぬのが、全く抵抗しようとしない者、毒のある唾も邪悪な眼差《まなざ》しも飲み下してしまう者、余りにも忍従に馴れた者、何事《なにごと》も耐えれば済むと思っている者、万事《ばんじ》に大人しい者、これらは、つまり、奴隷根性の生き方である。

誰かが神々の前に平伏《ひれふ》し、神々に足蹴《あしげ》にされようと、人間の前に平伏し、浅はかな人間の考えを崇《あが》め奉《たてまつ》ろうと――この妙なる自己追求欲[10]は、あらゆる奴隷根性に対して唾《つば》を吐きかけるのだ！

劣悪である――その自己追求欲が斯く価値評価するのは、落胆して奴隷の如くこせこせと生きるもの総て、堅苦しそうに瞬《またた》く目、滅入《めい》ってしまった心、そして、厚ぼったい臆病な唇《くちびる》で接吻する、あの偽りの譲歩の流儀だ。

似非知恵《えせちえ》――その自己追求欲が斯く価値評価するのは、奴隷や老人や疲れた者が賢《さか》しらに話すこと総て、取分《とりわ》け、聖職者の厄介で愚かで手の込んだ道化芝居全体だ！

とはいえ、似非賢者、聖職者・世に疲れた者の総て、また女々しい奴隷根性の魂の持主――おお、彼らの戯《たわむ》れのために、自己追求欲は昔から何れほど悪者扱いされてきたことか！ また、自己追求欲を悪者扱いすることが、正に徳であり、徳と呼ばれねばならぬと思い込まれてきたのだ！　である以上、これら世に疲れた臆病者や十字蜘蛛の総てが「私心のない」――という評価を自己のために欲しがったのは当然だった！

だが、これらの族《やから》総ての頭上に、今やその日がやって来る。価値転換にして裁きの剣、偉大なる正午がやって来る。そのとき、多くのことが明らかになる筈だ！

そして、自我《イッヒ》は健やかで神聖であると語り、自己追求欲は妙なる喜びをもたらすと語る者は、真に、預言者として知ることをも語るのだ。「見よ、それは遣って来る、それは近い、偉大なる正午は近いのだ」と。

このように、ツァラトゥストラは語った。

重力の魔

1

私の語り口は――民衆のそれ。絹の兎《うさぎ》には余りにもごわごわの布、だが痛烈に核心を突く。一方、私の言葉は、烏賊擬《いかもど》きやペン狐の総てにとって、思いも寄らないほど未知に聞こえる。

私の手は――自在に描く痴愚の手。あらゆる机や壁、更にその他自在に塗りたくられて、痴愚の飾りとなる場所こそ、哀れなるかな！

私の足は――馬の足。パカパカ、パッカ、パッカ、切り株や石を緩急自在に越え、縦横無尽に疾走する。そして速く走る時には、いつも快楽の余り悪魔の悦びに浸る。

私の胃は――多分鷲の胃だろうか？　というのも、羊の肉を最も好むからである。ともかく、天翔《あまかけ》るものの胃であることは確かだ。

自然の恵みで、而も僅かな量で我が身を養い、飛ぼう、飛び立とうと身構え、その瞬間を逃《のが》さじと気迫を漲《みなぎ》らせている――これがとにかく私の生き方である。鳥の流儀に通じていない筈があろうか！

取分け、私が重力の魔の敵であること、これが鳥の流儀である。真《まこと》に、不倶戴天《ふぐたいてん》の敵、宿敵、根源的な敵なのだ！　おお、私の敵意が飛ばなかった空の道があろうか、消え去っていかなかった空の道があろうか！

それについては、早速歌の一つは歌えるだろうし、――――実際、歌うつもりだ。たとえ誰もいない家で唯独り、自分自身の耳に歌って聞かせねばならぬとしても。

　無論、私とは異なる歌い手が存在する。満員の聴衆を前にしてはじめて、彼らの喉は柔らかく、手は雄弁になり、眼は表情に溢れ、心は目覚める。――私はこういう者たちと似てはいないのだ。

――

2

　いつか人間に飛ぶことを教える者は、総ての境界石の位置を狂わせてしまう。総ての境界石自体が吹っ飛んで行くと、この者は大地に改めて洗礼を施し――「軽く扱えるもの」と呼ぶだろう。

　駝鳥は最速の馬よりも速く走る。然し、その駝鳥も矢張り、重たげに自分の頭を重い大地に突っ込む。未だ飛ぶことのできない人間とは、そのようなものである。

　そんな人間にとって、大地と生命は重いという意味をもつ。そう重力の魔が欲している。然し、軽やかになり、鳥になりたいと願う者は、自分自身を愛さなくてはならぬ。――このように、私は教えておく。

　無論、病と死に魅入られた者、病的な欲望を懐く者の愛を以て愛するのではない。というのも、彼らの場合、自己愛さえも悪臭を放つからだ！

　自分自身を愛することを学ばねばならぬ――このように私は教えておく――健やかで潑溂《はつらつ》たる愛を以て愛するのだ。自分自身に負けず、あちこち彷徨《さまよ》わないために。

あちこち彷徨うことは「隣人愛」と命名されている。この言葉を用いて、このうえなく巧妙に、今まで嘘と偽善が恣《ほしいまま》に為されてきた。取分け、総ての世人にとって重きをなす者たちによって。

真に、自分自身を愛することを学ぶとは、今日明日の中《うち》に達成せよという命令ではない。寧《むし》ろ、これこそが、あらゆる芸術の中で最も精妙で、知恵の限りを尽くさねばならぬ、而も、最も忍耐を必要とする究極の芸術なのだ。

そのわけは、所有者本人に対して、総ての所有物が巧みに隠されているからだ。あらゆる宝探しの坑《あな》の中で、自分自身のものが最も遅く発掘される――そのように重力の魔は仕組む。

殆ど揺籃《ゆりかご》の中にいる時から、我我は重い言葉と価値を持たされる。「善」と「悪」――持たされた持参金は、そう名付けられる。それがために、我我は生活することを許される。

その上、世間では子供たちに依頼心を起こさせ、結果的に、自分自身を愛することを早めに阻止してしまう。そのように重力の魔は仕組む。

そして我々は――持たされているものを忠実に苦労して運ぶ。不屈の双肩に載せ、険しい山を越えて！　我我が汗を掻くと、誰ともなく言う「然り、人生は担い難い！」と。

否、人間だけが自身にとって担い難いのだ！　それは、人間が余りにも多くの他人の物を自分の肩に載せ、苦労して運ぶからだ。駱駝の如く人間は跪《ひざまづ》き、何も知らずに荷を背負わされている。

取分け、畏敬《いけい》の念篤《あつ》き逞《たくま》しく忍耐強い人間がそうだ。余りにも多くの担う謂れのない重い言葉と価値を、彼は我が身に背負う。――だから人生が彼には砂漠かと思われる！

確かに！　自分自身のものであっても担い難いものは幾つもある！　人間内部の多くは牡蠣《かき》に似ている。つまり、煩嘔《エッケル》（むかつき）を催させ、ぬるぬるして、把握し難いのだ――、

——故に、形のいい殻が妙《たえ》なる装飾を以て、執《と》り成《な》しの嘆願をせねばならない。とにかく、この芸術も学ばなければならぬ。つまり、殻と美しい外観と、目を瞑《つむ》る聡明さを持つことだ！

但、人間に纏《まつ》わる幾つものことに関して、繰返し欺瞞《ぎまん》が発生する。故に、多数の殻が軽視され、悲しげで、過度に殻に徹している。多くの隠れた善意と力は察知されない。この上なく美味《おい》しいものがあるのに、それを賞味する者がいないのだ！

婦人はそれが分かる。醍醐味《だいごみ》を知っている。僅かだけ脂肪分が多く、僅かだけ其れが少ない——おお、なんと多くの運命がその僅かだけのなかにあることか！

人間を発見することは困難であり、まして自分自身を発見することは、意外にも最も困難である。屢《しばしば》、知性は魂について嘘を吐《つ》く。そのように重力の魔は仕組む。

然し、これは私の善と悪である、と語る者は、自分自身を発見している。この言葉で以て、彼は「万人の善、万人の悪」などと唱える土竜《もぐら》や侏儒《しゅじゅ》を黙らせたのである。

実《げ》に、何もかも善《よ》き哉《かな》とし、その上この世を最善の世界とさえ嘯《うそぶ》く輩も、私は嫌いだ。こういう輩を、私は万事満足屋と呼んでやる。

万事に満足していれば、何でも味わうことができる。それは最善の趣味ではないのだ！「私《イッヒ》」と「然《ヤー》り」と「否《ナイン》」と言うことを習得したところの、一本芯を通して選り好みする舌と胃袋を、私は尊敬する。

それとは逆に何でも嚙み消化する——それは本物の豚の生き方だ！　いつでもイーアー（然《ヤー》りのパロディー）と言う——それは専《もっぱ》ら驢馬《ろば》と驢馬の精神をもつ者だけが学んだ！——

濃い黄色と情熱的な赤。それを私の趣味は望む。——この趣味こそが総ての色彩に血をめぐらす。

逆に自分の家を白く塗りたくる者は、白く塗られた魂の在り処を暴露している。

一方はミイラに恋し、他方は幽霊に恋する。両者等しく、血肉を持った総てに敵意を懐く。――おお、両者共に、なんと私の趣味に反することか！　つまり、私は血の通《かよ》った人間を愛するのだ。

誰もが唾や食べたものを吐き散らす所には、私は住むのはおろか、留まるのも嫌だ。私の趣味に照らすと、――未だしも泥棒や偽の宣誓者の下で暮らす方がいい。つまり、誰も口の中に黄金の言葉を身籠《みごも》っている者はいない。

然し、もっと不快なのが総ての阿諛追従者《あゆついしょうしゃ》だ。私の見つけた最も不快な人界《にんかい》の畜生、それを私は寄生虫と命名した。彼らは愛そうとはせず、愛を喰いものにする。

有害な獣《けもの》となるか、或いは質《たち》の悪い獣使いとなるか、どちらかを選ぶしかない者総てを、私は災いをもたらす者と呼ぶ。この類の輩の間に、私は何《ど》んな小屋も建てはしない。

また常に待たねばならぬ者をも、私は災いをもたらす者と呼ぶ。――連中は私の趣味に反する。つまり、あらゆる徴税吏と小売商人と王族、また新手の職業軍人と店番だ。

確かに、私も待つことを学んだ。而も徹底的に――然し、それはただ私を待つことであった。一方、私は何よりも立ち、歩き、走り、跳び、登攀《とうはん》し、踊ることを学んだ。

とにかく私の教えはこうだ。いつか飛べるようになりたい者は、先ず立ち上がり、歩き、走り、登攀し、踊ることを学ばねばならぬ。――飛行機を発明しても飛んだことにはならぬ！

縄梯子《なわばしご》を使って、私は頂上に登り詰め、幾多の窓を獲得した。素早い足取りで、私は高いマストの上に攀《よ》じ登った。認識の高いマストの上に坐ることは、決してちっぽけな浄福どころではないと思われた。――

――高いマストの上で小さな炎のように明滅する。確かに小さな灯にすぎない。然し、漂流する船乗りや難破船の生存者にとっては、何といっても大きな慰めなのだ！

多種多様な道と方法を試しつつ、私は私の真理に到達した。私は一直線の梯子に登って、私の眼力《がんりき》が私の将来を鳥瞰《ちょうかん》する高みへと到達したのではない。

但し、私は道を人に尋ねるのを快《こころよ》しとはしなかった。――それは常に私の趣味に反したのだ！　寧ろ、私は道自体に問い掛け、それを試みた。

私の歩みは総て、試みであり、問い掛けだった。そして確かに、このような問い掛けに答えることも学ばねばならぬ！　これがとにかく――私の趣味である。

善いとか、悪いとかではない。とにかく私の趣味なのだ。それを私は恥じもしないし、隠しもしない。

「さあ――これが私の道だ、――汝らの道はどこにあるのか？」と、私に「道を」尋ねた者たちに、私は答えてやった。つまり、いわゆる道など――ありはしないのだ！

このように、ツァラトゥストラは語った。

古い石板と新しい石板

1

ここに私は坐り、待っている。打ち砕かれた古い石板と、未だ書き終えていない新しい石板に囲まれて。いつ私の時はやって来るのだろうか？

——それは私が下山し、人間界に降る時である。つまり、今一度、私は人間たちのもとへ行きたいのだ。

その下山を私は今待つ。抑《そもそも》、私の時来たれりという徴《しるし》が——即ち、鳩の群れを伴った笑う獅子が先ず私の前に現れねばならぬ。

それまでの間、私は時を持つ者として、私自身を相手に話す。誰も私に目新しいことは話さない。だから私は、私に対して私自身を話して聞かせるのだ。——

2

人間たちのもとに行った時、私は彼らが古い己惚《うぬぼ》れの上で行詰《いきづま》っていると思った。人間には何が善くて何が悪いか、とっくに解っていると皆互いに思い込んでいたのだ。

徳について何を話しても、彼らには古臭く退屈な事だと思われた。一方、よく眠りたいと願った者は、就寝前に「善」と「悪」について少しは語っていた。

私は次の教えで、うとうとしている彼らを驚かせてやった。即ち、何が善くて何が悪いか、そんなことは未だ誰も解ってはいない。——但し、創造する者だけは別だ！

——これこそが、人間の目標を創造し、大地にその志と未来を与える者である。この者が初めて、或事が善くて或事が悪いという価値創造をやってのけるのだと。

そして、私は人間たちに古臭い講座を引っ繰り返せと命令した。また、此の古い己惚れが食い込んできた所を見つけ次第、私は彼らに命令した、汝らの高徳の師や聖者や詩人や救世主《きゅうせいしゅ》を笑い飛ばして遣《や》れと。

私は彼らに命令した、汝らの呪いをかける賢者たちや、誰であれ、黒い案山子《かかし》宜《よろ》しく生命の木の上に偉そうに食い込んできた連中を笑い飛ばして遣れと。

私は連中の墓の並ぶ大通りに身を置いた。直《す》ぐ近くに腐肉と禿鷹《はげたか》の気配さえも感じ——私は彼らの過去総てと、その朽ち果て崩壊しゆく栄華を笑い飛ばした。

真に、懺悔《ざんげ》説教師や道化の如く、私は彼らの偉大さ卑小さ総てを怒り、糾弾《きゅうだん》した。——彼らの最善のものがこんなにも卑小なのだ！　彼らの最悪のものもこんなにも卑小なのだ！——こう私は笑い飛ばした。

我が聡明な憧れは、このように私の中から叫び、そして笑った。彼女は山の上で生まれた。奔放《ほんぽう》不羈《ふき》な知恵である、真に！——私の偉大なる、翼を轟《とどろ》かせる憧れなのだ。

屢《しばしば》、憧れは、私が笑っている最中に、強引に翼に乗せ、高く遠くへと私を連れ去った。そのとき私は快適さに身震いし、一本の矢となり、日輪に酔い痴れた恍惚境《こうこつきょう》を抜けて飛んだ。

——未だ何《ど》んな夢にも現れなかった遥《はる》かな未来へ、嘗《かつ》て彫刻家たちが夢に描いたより、もっと情熱的な南の国へ、舞い踊る神々が何んな衣装をも羞じて身に着けようとはしない彼方へと。——結局、私は比喩で語り、詩人の如く足を引き摺《ひず》り、訥々《とつとつ》と話している。確かに、私は未《いま》だに詩人であらねばならぬことを羞じているのだ！——

其処では、あらゆる生成が私には神々の舞踏であり、神々の気晴らしだと思われた。そして、世界は呪縛から解放され、本然《ほんねん》の自己自身へと戻りつつあると思われた。——

——つまり、数多《あまた》の神々の永遠なる自己逃避兼自己再探求として、数多の神々が互いに敵対し、互いの声に再び耳を傾け、互いを自己の一部と再び認め合う至福として、私の心に映ったのである。——

其処では、自由の苦悶を至福の遊楽へと転換した絶体絶命が自由そのものとなった瞬間を、如何なる時（の神）が嘲笑したくても、その至福を喜ばずにはいられないのだと思われた。——

其処でまた、昔馴染《むかしなじ》みの悪魔にして私の宿敵である重力の魔と、彼の創った総てを、私は再発見した。即ち、強制、規定、苦境、結果、目的、意志、善と悪である。——

実際、それらは踏み越え、踊り越えられるために、現存せねばならぬのではないか？

軽いもの、最も軽いものが価値を示すためには——土竜《もぐら》や重い侏儒は現存せねばならぬのではないか？——

3

「超人」という言葉を、私が途上で拾い上げたのも其処だった。そして、人間は超越されねばならぬ何かであるという文言を拾い上げたのも、

――人間は一つの橋であり、目的に非ず、人間は自分の正午と落日の妙なる喜びに目覚めると、自らを新たな曙光に到る道として称《たた》えるのだという確証を拾い上げたのも其処だった。

――つまり、それらは偉大なる正午についてのツァラトゥストラの言葉と、その他《ほか》真紅の第二の夕焼けのように、私が人間たちの頭上に掲げたものである。

実《げ》に、新たな夜と一緒に、新たな星たちをも、私は彼らに見せてやった。そして、雲と昼と夜の上に、更に色鮮やかな天蓋《てんがい》のように、私は笑いを張りめぐらせた。

私は彼らに私の創作と本懐《ほんかい》の総てを、即ち、人間の断片と謎と、ぞっとする偶然であるものを蒐集《しゅうしゅう》し、一大詩に纏《まと》めることを教えた。――

――詩人、謎を解く者、偶然の救済者として、私は人間たちに未来に備えて創造することを教えた。嘗てあった総てを――創造的に救済すること。

つまり、人間の過去を救済し、総ての「然《そ》うだった」を創り変え、意志が遂に「だからこそ私は斯《こ》うしようとした！　だから私は斯う望むつもりだ！」と言うまで徹し抜くことである。――

――このことが救済なのだと私は彼らに釘を刺した。このことだけを救済と呼ぶようにと彼らに教えたのである。――

今、私は自分の救済を待っている――。最後に彼らのもとへ行く秋《とき》を待っているのだ。

実際、今一度、私は人間たちのもとへ行きたい。彼らの中で消え去っていきたい。死を迎えつつ、この上なく豊かな、私の贈物を彼らに与えたいのだ！

夕方の太陽から、私は其のことを学び取った。夕陽は沈むとき、あまりにも豊かな贈物となる。無尽蔵の富の粋たる黄金を、夕陽は惜しみなく海に降《ふ》り注《そそ》ぐ。――

――すると、極貧の漁師であろうとも、黄金の櫂《かい》で漕《こ》ぐのだ！　私は嘗て、この情景を飽くことなく眺め、涙を止める術《すべ》を知らなかった。――

夕陽のように、ツァラトゥストラも沈んでいきたい。今、彼はここに坐り、待っている。打ち砕かれた古い石板と、新しい――未だ書き終えていない石板に囲まれて。

4

見よ、ここには一つの新しい石板がある。然し、それを私と共に谷へと運び、血の通《かよ》った肉の心に届ける私の兄弟はどこにいる？

最も遠隔の人への私の偉大なる愛は、このように要求する、汝に最も近い者を労るな！　と。人間は超越されねばならぬ何かである。

超越の道と方法はさまざまである。だから汝が自分で努力せよ！　然し、道化師だけは思っている「人間も飛び越えられ得る」と。

汝に最も近い者の中の汝自身を更に超越せよ。汝が自分のために奪い取ることのできる権利を、他人から与えてもらってはならぬ！

汝のしていることを、誰も再現して汝に仕返すことはできない。いいか、いかなる仕返しも存在しないのだ。

自らに命令できない者は、自らに従わねばならぬ。自らに命令できる者は少なくない。然し、こういう者たちが自らに従うこともできるかというと、とても容易なことではない！

5

高潔な魂のあり方は斯《こ》うである。彼らは、訳もなく何かを与えてもらおうとはしない。まして、訳《わけ》もなく人生を与えてもらおうとは露《つゆ》ほども思っていない。

賤民根性の者は、感恩なく徒《いたずら》に生きようとする。だが、生命の妖精に身を委ねられた我らは、彼らと異なり、――妖精の献身と引き換えに何を贈るのが最善なのか、常に思案をめぐらす。

そして、真《まこと》に、考えついた此の事は、高貴な合言葉である。曰《いわ》く「生命が我らに誓っていることを、我らは――生命のために果たすつもりだ！」。

ひとに楽しい思いをさせないで、自分だけ楽しもうとしてはならぬ。それに――自分だけ楽しみを求めることなどあってはならぬ！

つまり、楽しみと無垢は、最も羞じらいに富む可愛い子だ。どちらも、決して探求されることなど望んではいない。人は生まれたときから、楽しみと無垢を与えられているにちがいないのだ。

——寧ろ、責任と苦しみの方こそ、却って探求されねばならぬ！——

6

おお、我が兄弟たちよ、初子《ういご》である者は、常に犠牲《いけにえ》に捧げられる。さて、然し、我らは初子である。

我らは皆、目には見えない犠牲の祭壇《さいだん》で血を流す。我らは皆、古い偶像の名誉のために焼かれ、炙《あぶ》られる。

我らの最良の初子は未だ若い。それが老人の食欲をそそる。我らの肉は柔らかく、皮膚は殆ど子羊だ。——どうして我らが老《ふ》けた偶像司祭を刺激しない筈があろうか！

我ら自身の中にも、あろうことか、彼、老けた偶像司祭が住み、最良の初子を自身の宴《うたげ》のために炙る。ああ、我が兄弟たちよ、どうして初子たちが犠牲にならない筈があろうか！

然し、我らの生き方は、それを望む。私は、自らの保身に努めない者を愛する。太陽のように下降する者を、私の満腔《まんこう》の愛を以て愛する。なぜなら、彼らは（回《めぐ》り来るために）彼方へと渡りゆくからである。——

7

本物であること――それは僅かな者にしかできない！　また、それが可能な者は、それを必ずしも意図しているわけではない！　ところで、善人は最も本物であることができない。

おお、これら善人よ！　善き人間たちは決して本当のことを話さない。そのように善良である事は、精神にとっては一種の病気だ。

これら善人は譲歩し、屈服する。彼らの心は受《う》け売《う》りで語り、彼らの性根《しょうね》はどうにでも翻弄される。然し、無節操に服従する者は、自分自身の声が聞こえない！

一つの真実が生まれるためには、善人に悪と呼ばれる総てが結集しなければならぬ。おお、我が兄弟たちよ、汝らも此の真理に足るほど十分に悪を束ねているか？

大胆な冒険、常識への粘り強い懐疑、血も涙もない否定、忍耐の限界、生命あるものに切り込むこと――これらが集結するのは、なんと稀なことか！　然し、このような種から――真実は生み出されるのだ！

これまで、総ての知見は、悪しき良心と並んで生長してきた。打ち砕け、汝ら認識する者たちよ、古い石板を打ち砕け！

8

水の流れに逆らって橋脚が固定され、橋桁と欄干《らんかん》が川に架かるとき、真《まこと》に、「万物は流転《るてん》する」と言う人物を、誰も信じようとはしない。

それどころか、うすのろさえも反論する「何だって？　万物が流転するだと？　何たって橋脚と欄干は流れないでじっとしているじゃないか？

流れの上では総て動かないよ。あらゆる物事の価値、橋、概念、総ての『善』と『悪』、これらが全く動かないんだよ！」と。——

そのうえ、川を凍らせる猛獣使いの冬将軍到来となると、肝心要を見据えている者たちさえも、不信に同調する。そうなると、「総てが——静止しているのではないか？」と言うのは、本当にうすのろだけではない。

「根本的には総てが静止している」——これは当に厳冬の教え、不毛の時代を仕切る代物《しろもの》、冬眠する者や暖炉の傍《そば》に蹲《うずくま》る者にとっては、都合のいい慰めである。

しかし、これに対して、暖かい風は説くのだ「根本的には総てが密かに息づいている！」と。

——

暖かい風、それは牡牛《おうし》。然し、耕作する牡牛ではなく——荒れ狂う牡牛、怒りの角で氷を突き破る破壊者だ。そして、突き破られた氷が、なんと——橋桁を突き破るのだ！

おお、我が兄弟たちよ、今や万物が流転しているではないか？　総ての欄干と橋桁が水の中に落ちたではないか？　誰が今なお「善」と「悪」にしがみついているのか？

「災いなるかな！　幸いなるかな！　暖かい風が吹いて来る！」――このように、おお、我が兄弟たちよ、あらゆる通りを巡って説くがいい！

9

古《いにしえ》より善と悪と呼ばれる一つの幻想が存在している。この幻想の歯車は、これまで預言者と星占い師を中心に回っていた。

嘗《かつ》て預言者と星占い師は、正しいと信じられていた。だから人々は思った「総ては運命だ。汝は為すべきだ。実際、汝は為すしかないのだから！」と。

それから、あらゆる預言者と星占い師は再び信用されなくなった。だから人々は思った「総ては自由だ。汝はできる。実際、汝は望んでいるのだから！」と。

おお、我が兄弟たちよ、星と未来については、これまで只思い込まれてきただけで、知見を基に了解されてはいなかった。だから善と悪については、これまで只思い込まれてきただけで、知見を基に了解されてはいなかったのだ！

10

「汝奪う勿れ！　汝殺す勿れ！」──こんな言葉が嘗て神聖だと見なされた。この言葉の前に、人々は跪《ひざまづ》き、頭《こうべ》を垂《た》れ、靴を脱いだ。

然し、私は汝らに問う。こんな神聖な言葉より以上に上品ぶった略奪者や殺害者が、嘗てこの世に存在したであろうか？

あらゆる生き方自体の中に──奪うこと、殺すことは含まれているのではないか？　あんな言葉が神聖だと評価されたことによって、真理自体が──打ち殺されたのではないか？

或いは、あらゆる生き方に矛盾し、逆らったものが神聖だと評価されたことは、死の説教だったのだろうか？　おお、我が兄弟たちよ、打ち砕け、古い石板を打ち砕け！

11

これが過去の総てに対する私の同苦だ。つまり、過去の総てが恣《し》意《い》に曝《さら》されているのを目《ま》の当《あた》りにすると、私は同苦する。──

──過去の総ては、後代に生まれ、過去の総てを自分の橋として解釈し直す、それぞれの世代の好みと気風と狂気の恣意に曝されているのだ！

途轍《とてつ》もない暴君が現れるかもしれない。奸智《かんち》に長《た》けた怪物ならば、己《おのれ》の好き嫌いの儘《まま》に過去の総てを力づくで溶かし、遂には己の橋・己の徴《しるし》・己の伝令・己の鶏鳴《けいめい》とするまで己の鋳型で焼き直すであろう。

然し、次の事は過去に対する新手の危機であり、私に同苦とは別の同情を起こさせる。——つまり、賤民の素姓を持つ者の記憶は、祖父にまでは遡《さかのぼ》る。——然し、祖父以前の時間は途絶えている。

このように、過去の総てが恣意に曝されている。実際、いつか賤民が支配者となり、浅い水辺で総ての時代を溺死させる事態が起こるかもしれない。

だからこそ、おお、我が兄弟たちよ、総ての賤民と総ての暴君の敵となって、新たな石板に新たに「高潔な」という言葉を記す、新たな貴族が必要なのだ。

即ち、貴族が生まれるためには、多くの高潔な者たち、多種多様に高潔な者たちが必要になる。或いは、私が嘗て比喩で語ったように「神々数多《あまた》あれど、唯一の神はなし。斯くなればこそ、神々しさ生ずるなり！」ということになるのだ！

12

おお、我が兄弟たちよ、私は汝らを新たな貴族に叙任しておく。汝らは未来を生み出す者、未来を育成する者、また未来の種を蒔く者とならねばならぬ——

——真《まこと》に、小売商の如く金で買うことができたり、または小売金額を付けた貴族に叙任するのではない。なぜなら、値段を付けた物は総て、僅かな価値しか持っていない。

汝らが何処《どこ》から来たかではなく、汝らが何処に行くのか、これが今からは汝らの誉《ほま》れとなれ！

汝ら自身を超えむとする汝らの意志と足――それが汝らの新たな誉れとなれ！

汝らが王侯に仕えたことは何の誉れにもならない。――今さら王侯に何の価値があろうか！――或いは、建っている物を一層固定するために汝らが防壁となったところで、何の誉れにもならないのだ！

汝らの一族が宮廷に仕えて宮廷風になり、汝らが目も彩《あや》な服装をして、フラミンゴのように長時間浅い池に立った儘でいられるとしても、何の誉れにもならない。

――というのも、立っていられることは、宮廷人の場合一つの稼《かせ》ぎなのだ。然し、総ての宮廷人は思っている、死後の無上の幸福は――坐ることが許されることであると！――

いわゆる聖霊なるものが汝らの父祖を約束の地へと導いたとしても、また何の誉れにもならぬ。私はその土地を称えない。というのも、総ての木々の中で最悪の木、即ち十字架の育ってきた所――そういう土地には、称えるべきものは何もないからだ！――

実に、この「聖霊」がその騎士たちを何処に導いていっても、こんな隊列の場合、常に――牝山《めすや》羊《ぎ》と鵞鳥《がちょう》と十字架狂いの旋毛曲《つむじまが》りが先頭に立っていたのだ！――

おお、我が兄弟たちよ、汝らの高貴さは後ろを振り返ってはならぬ、先をめざせ！　汝らは如何なる祖国・祖先の地からも、追放されたる者であらねばならぬ！

汝らの幼児たちの陸地を、汝らは愛さねばならぬ。この慈愛こそが、汝らの新たな高貴さであれ、――めざすのは、極めて遠い海に囲まれている、未だ発見されていない陸地だ！　私は汝らの船の帆に向かって、その陸地を何処までも探せと命令する！

汝らの幼児《おさなご》たちによって、汝らが父祖の子であることを償わなければならぬ。汝らは、そうやって過去の総てを救済しなければならないのだ！　この新しい石板を、私は汝らの頭上に掲げておく！

13

「何のために生きるのか？　何もかも虚しい！　生きるとは——麦藁《むぎわら》を打穀することである。生きるとは——火傷《やけど》をするだけで、温まらないことである」——

このような古風な軽口が今なお「知恵」として通用している。とにかく古くて黴臭《かびくさ》いがゆえに、一層畏敬の念が払われる。黴《かび》も貴族を創るものだ。——

子供たちがそう言うのは許された。火傷をしたら、彼らは火を恐れるからだ！　古い知恵の本には、子供っぽさが多々ある。

然し、常に「麦藁を打穀している」者は、打穀することを冒瀆しても許されるのか！　こんな道化がいたら、その口を縛って遣らねばなるまい！

こういう者は何も糧《かて》をもたらすことなく、食卓に就《つ》く。健やかな空腹さえ携《たずさ》えては来《こ》ない。——そのくせ彼らは「何もかも虚しい！」と呪いの言葉を吐くのだ！

然し、美味《おい》しく食べ、美味しく飲むことは、おお、我が兄弟たちよ、絶対に虚《むな》しい芸当ではないのだ！　打ち砕け、決して楽しまない者たちの石板を打ち砕け！

14

「清らかな者には、総てが清らかである」――そう民衆は語る。然し、私は汝らに言っておく。豚どもには、総てが下劣である！

それ故に、心が垂れ落ちている狂信者と無気力な者たちは、説教する「世界そのものが糞《ふん》に塗《まみ》れた怪物である」と。

実際、こういう者たちは皆、不潔な精神の持主だ。極め付きなのが例の、世界を後ろから見ない限り、安らぐことのない者、――即ち世界の背後を妄想する者たちだ！

この類の者たちには、好ましい言い方ではないが、私は面と向かって言っておく。世界は、尻を持つという点に於いて、人間と同じだ。――とにかく多いのは真実だ！

世界の中には多くの糞便が存在する。まあ多いのは真実だ！　然し、だからこそ世界そのものは、逆に決して糞に塗れた怪物ではないのだ！

世界の中で多くのものが悪臭を放っていれば、一方で知恵の発酵が自ずと進む。つまり、我慢ならぬ不快感《エッケル》自体が、翼を創り、泉を予感させる能力を創り出すのだ！

最良のものにも、なお吐き気《エッケル》を催させる何かがある。最良のものさえも、なお超越されねばならぬ何かなのだ。――

おお、我が兄弟たちよ、世界の中に多くの糞便がある以上、多くの知恵の発酵が自ずと進むのだ！

15

私は、盲信的な背後の世界を妄想する者たちが、次のような言葉を己の良心に対して語るのを聞いた。実《げ》に、誰か聞いているとも知らず、何も取り繕ってはいない。――だが、この本音以上に酷くて見当はずれなものは、この世には存在しない。

「俗世は俗世のまま放っておけ！　それに対抗して指一本も挙げることはない！」

「世人を絞め殺し、刺し殺し、その皮を剥《は》ぎ、肉を削ろうとする者が出現しても、そのまま放っておけ！　それに対抗して指一本も挙げることはない！　そうすれば、世人は孰《いず》れ俗世と手を切ることを学ぶのだ」

「そして、汝自身の理性――そんなものは、自分で騙《だま》し騙し絞め殺していけばいい。実際、それは、この俗世から与えられた理性なのだ。――そうすれば、汝自身が俗世と手を切ることを学ぶのだ」

――

――打ち砕け、おお、我が兄弟たちよ、盲信的な者たちの此の古い石板を打ち砕け、この世を誹謗する者たちの言葉を打ち砕け！

16

「多くを学ぶ者は、激しい欲求に駆られることを全く忘れてしまう」――今日、総ての暗い横町で、こんな囁きが交《かわ》されている。

「知恵をめぐらすと疲れる。何も――報われない。汝、欲求を抱く勿れ！」――この新しい石板が人で賑《にぎ》わう市場にさえ掲げられているのを私は見た。

打ち砕け、おお、我が兄弟たちよ、この新品の石板も打ち砕け！　世に疲れた者、死の説教者、また棒を持つ教師が其れを掲げた。解るか、またもや隷属の説教だ。――

彼らは学び方が拙く、最良のものを学ばず、何もかも余りに早くから且つ余りに性急に学んだ。つまり、彼らは身体に悪い食事をした。だから例の破滅型の胃袋が出来上がった。――

――要するに、彼らの精神は破滅型の胃袋であり、それが死を勧告しているのだ！　実際、我が兄弟たちよ、真に精神は一種の胃袋なのである！

生命は喜びの源泉である。然し、悲哀の父である、破滅型の胃袋を代言人にしている者にとって、あらゆる泉は毒されている。

認識。それは獅子の意志を持つ者にとっては、喜びだ！　然し、疲れた者は、逆に自ら他人の欲望の餌食となり、あらゆる波に弄《もてあそ》ばれる。

弱い人間の性とは常に然《そ》うだ。彼らは道半《みちなか》ばで姿を消す。最後に彼らの疲労がふと問いかける「何のために嘗て我我は道を進んだのか！　総ては同じだ！」と。

この類の者たちの耳には「何も報われない！　汝らは意欲を燃やすことはないのだ！」という説

教が心地よく響く。然し、これは隷属の説教である。

おお、我が兄弟たちよ、ツァラトゥストラから一陣の新鮮な疾風《はやて》が起り、歩み疲れた者総てに吹きつける。孰《いず》れ多くの鼻を刺激し、くしゃみをさせるだろう！

私の自由な息吹は石壁をも吹き抜け、牢獄の中に入り、囚われの妖精たちにも吹きつけるのだ！

意欲は解放する。というのも、意欲することは創造することだからである。そう私は教えておく。ただ創造するためにのみ、汝らは学ばねばならぬ！

そして、学び方、勝れた学び方をも、汝らは先ず私から学ばなくてはならぬ！——耳ある者は聞くがいい！

17

そこに小舟《ナッヘン》がある。——乗れば、もしかすると、現世を越えて偉大なる無の中に入っていけるかもしれない。——然し、誰がこの「もしかすると」に乗り込むつもりか？

汝らの中の誰一人、この死の小舟に乗り込もうとはしない！　なのに、どうして汝らは、現世に疲れた者であろうとするのか！

現世に疲れたのか！　然し、汝らはどうやら世捨人にさえならなかった。私は汝らが今なお大地に淫欲を募らせ、逆に己自身の土壌疲労に惚《ほ》れ込んでいると思った。

汝らの唇が垂れ下がるのは無理もない。——卑小な地上の願望がどうやら其の上に納《おさ》まっている！　また目の中には——忘れ得ぬ地上の快楽の名残雲《なごりぐも》が漂っているではないか？

此の世には、多くの貴重な発明がある。或る物は有益であり、或る物は心地よい。そういうものがあればこそ、此の世は愛されるべきだ。

また、多種多様に絶妙な出来映えのものが此の世に存在する。女性の乳房のように、つまり、有益であると同時に心地よいものが其れだ。

ともあれ、汝ら現世に疲れし者よ！　此の世の無精者《ぶしょうもの》よ！　汝らには枝の鞭《むち》を浴びせて遣《や》るしかあるまい！　汝らは鞭を食らって健脚を取り戻さねばならぬ。

というのも、汝らが、大地を疲れさせる病人や老けた小僧ではないとしたら、狡猾なナマケモノか、或いは盗み食いのために忍び込んだ発情猫であるからだ。再び楽しく歩き続けるつもりがないのであれば、汝らは——走り過ぎて身罷《みまか》る外ない！

治癒の見込みのない者に対しては、医者であろうとしてはならぬ。だからツァラトゥストラは次のように教えておく。——汝らは走り過ぎて身罷る外ない！

然し、終止符を打つのは、新しい詩句を一つ創るよりも、多くの勇気を必要としている。医者と詩人は皆、そのことを知っている。

18

おお、我が兄弟たちよ、絶対的な疲労の生んだ石板と、怠惰、而も腐敗している怠惰の生んだ石板とが存在する。両者が同様の話ではあるとしても、ともかく聞き分けが必要だ。——

ここにいる此の窶《やつ》れた者を見よ！ 目指す目標まで、あと一息という所に彼はいる。然し、疲労の余り無念にも、ここで埃の中に身を横たえてしまった、この勇敢なる者は！

疲労の余り、彼は道と大地と目標と自分自身を前にして、あんぐりと口を開けている。彼は最早梃《てこ》でも先に進もうとはしない、——この勇敢なる者は！

そこで灼熱の太陽がじりじりと迫り、犬どもが彼の汗を舐《な》める。然し、彼は自分の無念の只中に横たわり、寧ろ窶れ果てるつもりだ。——

——目標から一息の所で窶れ果てるのだ！ 真に、汝らは何とか彼の髪の毛を摑んで、目指す天国へと彼を引き上げて遣《や》らずにはいられなくなる、——この英雄を！

だが、それよりも、身を横たえた所に彼を放って置くほうが却《かえ》って良いのだ。そうすれば慰め上手の眠りの精が、爽快な忘我の雨と共に彼の許にやって来るからだ。

彼を放って置くがいい。彼が自ら目覚めるまで、——彼が自ら如何なる疲労をも払拭《ふっしょく》し、疲労から教え込まれたことを撤回するまで！

但、我が兄弟たちよ、彼の周りを忍び歩く怠惰な犬どもと、彼に群がる蛆虫ども総てを、せめて汝らに追い払ってもらいたい。——

——「教養人」という群がる蛆虫《うじむし》ども総て。彼らは英雄なら誰の汗でも舐めては——舌鼓《したつづみ》を打つのだ！——

19

私は自分の周りに同志の輪を作り、侵すことのできない境界とする。登る山が益益高くなるほどに、私と倶に登る者は益益少なくなっていく。益益侵し難くなる山々から、私は一つの山脈を築き上げる。——

然し、汝らが私と倶にどこに登ろうとも、おお、我が兄弟たちよ、一匹の寄生虫が汝らと倶に登らぬように気をつけるがいい！

寄生虫。それは忍び寄り纏《まと》い付いた虫けらであり、汝らの病み傷ついた片隅に食らいついて、肥え太ろうとする。

そして、上昇する魂のどこが疲れているのかを察知すること、其れこそが彼の芸術である。汝らの心痛や不満、汝らの思い遣り深い含羞《がんしゅう》の中に、彼は厄介な巣を作る。

強い者の弱点、高貴な者の寛大過ぎる所、——そこに彼は厄介な巣を作る。偉大な者が小さな傷を持つ片隅に、寄生虫は棲みつくのだ。

存在するもの総ての中で、最も高貴な種類は何か？　また最も卑しい種類は何か？　寄生虫は最も卑しい種類である。然し、最も高貴な種類の者が、最も多くの寄生虫を養っているのだ。

つまり、最も長い梯子《はしご》を持ち、最も深くへと下っていくことのできる魂、これほどの魂に、どうして最も多くの寄生虫が食い込んでいない訳《わけ》があろうか？——

——自らの内を隈《くま》なく踏破《とうは》し、迷い彷徨《さまよ》うことを厭《いと》わない広大無辺《こうだいむへん》の魂。喜んで偶然に身を投じる、最も絶体絶命を知る魂。——

——成長の中に見え隠れする生起の魂。意欲と欲求の中で模索する所与の魂。

——自分自身から逃《のが》れつつも、途轍もなく遠大な弧を描いて自分自身に追いつく魂。痴愚神から最も思《おも》い遣《や》り深く説得される最も聡明な魂。——

——万象の順流と逆流、引き潮と満ち潮を孕みつつ、自らを愛することを最もよく分かっている魂。——おお、この最も高貴な魂が、どうして最悪の寄生虫を背負《しょ》いこんでいない筈があろうか？

20

おお、我が兄弟たちよ、私は抑《そもそも》、残酷なのであろうか？　然し、私は言っておく。転落しつつあるものは、また逆に突き放さなければならぬ！

今日の総て——それらは転落していく、それらは衰退していく。誰がそれらを止めようとするだろうか？　然し、私——私はそれらを逆に突き放すつもりだ！

石を急斜面から谷底へと転がすときの痛快な喜びを、汝らは知っているか？——これら今日の人間たち。つまり、彼らが私の谷底へと転がっていくさまを見るがいい！

私は、より勝れた演奏家たちを生む前奏である。おお、我が兄弟たちよ、私が手本なのだ！　私の先例に倣って行動するがいい！

また汝らから飛ぶことを教わってもできない者には、教えて遣るがいい——できるだけ速やかに、落下していくことを！——

21

私は勇敢な者たちを愛する。然し、向こう見ずな人斬り《ひとき》は聡明とは言えぬ。——一撃を加えるべき真の敵を見極めることができなくてはならぬ！

また、逸《はや》る気持ちを抑えて通り過ぎるほうが、屢《しばしば》より多くの勇敢さを必要とする。それは正に、自分を成長させるに相応《ふさわ》しい敵に備えて力を蓄えておくためなのだ！

汝らは憎むべき敵だけを持たねばならない。だが、軽蔑すべき敵をもってはならぬ。つまり汝らは自分の敵を誇りにしなければならぬのだ。そのように私は一度教えた。

もっと自分に相応しい敵を求めて、汝らは力を蓄えておかねばならない。だから汝らは、多くの者の傍《そば》を通り過ぎていくしかないのだ——

——とりわけ、汝らの耳元で大衆だの国民だのと怒鳴《どな》っている、多くの賤民の傍に留《とど》まっていてはならない。

彼らの賛成と反対から離れて、汝の眼を清らかに保つのだ！　そこには多くの正義、多くの不正がある。実際、傍で見ていると、怒りが込み上げてくる。

実態を見ると、思わず斬りつける——見るも斬るもそこでは一の目。だから森へと逃れ、汝らの剣を寝かせるのだ！

汝らの道を進め！　そして、大衆や国民には彼らの道を進ませるがいい！——それらは、希望の稲妻の一つとて行く手を照らすことのない、真《まこと》に暗い道である！

ありったけの輝いているものが――小売商の金貨だという所では、小売商が存分に支配するがい
い！　最早王侯の時代ではない。今国民と自称するものは王侯に値しないのだ。

この国民たちが今や自ら小売商さながらに行動するさまを見てみよ。彼らは集められた塵芥《じんかい》の一つごとに吟味《ぎんみ》し、どんな卑小な利益でも見逃《みのが》さずに選《よ》り分けるのだ！

彼らは互いに待ち伏せし、互いに何かを探り出す。これを称して彼らは「善隣の誼《よしみ》」と言う。おお、至福の古《いにしえ》の時代よ、彼《あ》の頃、一つの民族は同胞に対して言った「我が民族こそが諸民族を統《す》べる――支配者たらむ！」と。

実際、我が兄弟たちよ、最善のものが支配すべきだ。また最善のものは支配しようとする！　教えが別様になっていれば、そこには――最善のものが欠けているのだ。

22

もし彼《あ》の連中が――無償でパンにありつくならば困ったことだ！　次に何を求めて叫ぶのだろうか！　一心不乱の遣《や》り繰《く》り――それが彼らにとって何物にも替え難い生き甲斐を生む。彼らは苦闘を糧《かて》としなければならぬ！
肉食獣とは然ういうもの。つまり、彼らの「働く」の中にも――必ず奪う要素が存在し、彼らの「稼《かせ》ぐ」の中にも――必ず欺く要素が存在する！　だから彼らは苦闘を糧としなければならぬ！

このように彼らは、より有能で、より洗練され、より聡明な、より人間に似通った肉食獣になっていかねばならぬ。つまり、人間こそが最も勝れた肉食獣なのである。

あらゆる動物から、人間は既に彼らの長所を奪い取ってきた。つまり、あらゆる動物の中で、人間が最大限の苦闘を経験してきたのである。

ただ鳥だけは、今なお人間の頭上にいる。もし人間が更に空の飛び方を習得したならば、困ったことだ！　どこまで高く——人間の略奪欲は飛んでいくことだろうか！

23

私は男と女にこう望む。一方は戦うことに長《た》け、他方は産み出すことに長けていて欲しい。とにかく、両者とも、頭と脚で踊ることに長けていて欲しい。

一度も踊らなかった日は、我らの負けとしよう！　また、高笑い一つ生み出さなかった真理は、どれも我らの信頼に値しないと言っておこう！

24

汝らの婚姻締結。それが的外《まとはず》れな結び付きとならぬように心するがいい！　汝らは余りに早く結婚した。その結果生じているのが——不倫だ！

ならば、意に反した結婚や嘘で固めた結婚よりは、不倫のほうが未だしも上等なのか！——一人の女が私に語った「確かに私は姦通を犯しましたよ。だけど、先ず最初に結婚が打ち砕いたのよ——私を！」と。

私は厄介な番《つが》いが最も厄介な復讐欲の権化《ごんげ》であると常に思っていた。つまり、彼らは総ての世人に対して、最早心を一つにすることのできない腹癒《はらい》せをするのだ。

それ故に、私は正直者たちが互いに斯う言うのを望む「我我は愛し合う。そこで互いに愛情を抱き続けることを見極めさせて欲しい！　言い換えると、我我の愛の誓いは取り敢えずの浅慮ということでいいだろうか？

——我我が長大な結婚生活に適しているか否かを見極めるために、短期の実験的な結婚生活を認めて欲しい！　常に二人でいることは大きな事態の変化なのだから！」。

このように、私は総ての正直者に勧める。もし私が別の方法を勧めたり、話したりすれば、超人や、来るべきもの総てに捧げる私の愛とは、いったい何であろうか！

汝らを生み殖《ふ》やすだけではなく、汝らを高みへと上昇させる——そのために、おお、我が兄弟たちよ、結婚の花園が汝らの助けとならんことを祈る！

25

太古の源泉《ウアシュプリュンゲ》を知り極めた者は、いいか、終には未来の泉《クヴェレ》と、未だ知られていない源泉を模索するであろう。——

おお、我が兄弟たちよ、遠からずして、新たな民衆が陸続として涌出で、新たな泉から出た人の流れは新たな谷を刳《えぐ》り、轟いていくだろう。

地震だ、一言にすると——。それは多くの井戸を埋め、多くの渇きに喘《あえ》ぐ者たちを生み出す。それはまた、内部に蓄えられていた力と秘密を明らかにする。

地震は新たな泉を歴然と示す。古い民衆の中で地震が起こり、新たな泉が突然、ほとばしり出てくるのだ。

そして其のとき「見よ、ここには、多くの渇きに苦しむ者を癒《いや》す井戸がある。多くの憧れる者たちを繋《つな》ぐ心がある。多くの道具を生み出す意志がある」と叫ぶ者あれば、——その人の周囲に一団の民衆が集る。これこそが即ち、多くの試練に挑む者たちである。

誰が命令できるのか、誰が従わねばならぬのか、——それがここでは試されるのだ！　ああ、何と長く、模索と推測と失敗と学習と新たな試みとが繰り返されてきたことか！

人間の社会、それは一つの試みである。然う私は教えておく、——長い間の模索。人間の社会は、とにかく命令する者を模索しているのだ！——

——一つの試みなのだ。おお、我が兄弟たちよ！　だが、それは何らの契約でもないのだ！　打ち砕け、柔弱な心や中途半端者たちのそんな言葉は打ち砕け！

26

おお、我が兄弟たちよ！　あらゆる人間の未来の最大の危険は、どんな者たちの間に兆《きざ》しているのか？　それは善人たちや義人たちの間に生じているのではないか？——

——つまり「我我は何が善くて公正であるか既に知っているし、またそれが身に付いている。未《いま》だにそれを模索するとは何事か」と本気で言う者たちの間に生じているのではないか！

然も、悪人どもがどんな害を及ぼそうとも、善人たちの害こそが、最も始末に負えない害である！

また、世界誹謗者がどんな害を及ぼそうとも、善人たちの害こそが、最も始末に負えない害なのだ。

おお、我が兄弟たちよ、嘗て或る人物が善人・義人の心を見抜いて言った「パリサイ人がいる」と。然し、彼は理解されなかった。

善人たちや義人たち自身が、彼を理解する正直さを持つ筈がなかった。彼らの知力は囚われの身の疚しくない良心でしかなかった。善人たちの愚蒙には、底知れない抜け目なさが潜んでいる。

だが、これが真実だ。即ち、善人たちはパリサイ人であらざるをえない。——彼らには外《ほか》の選択はないのだ！

善人たちは、独自の美徳を発明する者を磔刑《はりつけ》にせずにはいられないのだ！　これが真実なのだ！

然し、彼らの国、即ち善人・義人の風土と心情と土壌を発見した人物、つまり、彼所《あそこ》で「彼らは誰を最も憎むのか？」と問いかけた人は、イエスに続いたのである。

創造者を彼らは最も憎む。石板と古い価値を砕く破壊者を――彼らは犯罪者と呼ぶ。

つまり、善人たち――こういう輩《やから》は創造することができない。こういう輩は常に終わりの始まりである。――

――彼らは、新たな価値を新たな石板に記す者を磔刑にする。彼らは自分たちの利益のために、未来を犠牲にする。――彼らは、あらゆる人間の未来を磔刑にするのだ！

善人たち――こういう輩は常に終わりの始まりだった。――

27

おお、我が兄弟たちよ、汝らは、この言葉も理解したか？　また、私が嘗て「最低の人間」について話したことを？――――

あらゆる人間の未来の最大の危険は、どんな者たちの間に兆《きざ》しているのか？　それは善人たちや義人たちの間に生じているのではないか？

打ち砕け、善人・義人を打ち砕け！――おお、我が兄弟たちよ、汝らは、この言葉も理解したか？

28

汝らは私から逃げるのか？　汝らは驚いているのか？　汝らはこの言葉に戦《おのの》いているのか？

おお、我が兄弟たちよ、汝らに善人たちと善人の石板を打ち砕けと命じた時、私は漸《ようや》く人間を其の浪高き海へと船出させた。

そして今初めて、人間は大いなる驚愕に見舞われ、自らの周囲を遠大に展望し、偉大なる病気、偉大なる嘔吐《エッケル》、偉大なる船酔いを味わうことになる。

見せかけの海岸と間違った安心を、善人たちは汝らに教えた。汝らは善人の嘘の中で生まれ、嘘の中に匿《かくま》われてきた。総てが根底に到るまで偽りで固められ、歪められていた、善人の手を経ることによって。

然し、人間という陸地《しま》を発見した者は、また「人間の未来」という陸地をも発見した。今こそ、汝らは海を越えてゆく者、勇敢で忍耐強い航海者とならねばならぬ！

機が熟したら、毅然として進め、おお、我が兄弟たちよ、毅然として進むことを学べ！　海は荒れている。多くの者が汝らを見て、再び立ち上がろうとしているのだ。

海は荒れている。総てが海の中にある。よし！　いざ立て！　汝ら、昔なじみの船乗り魂よ！

祖国が何だ！　我らの幼児たちの陸地の待つ彼方へと、我らの舵は向かうつもりだ！　その彼方を目指して、海よりも凄まじく、我らの偉大なる憧れは突き進んでいくのだ！――

29

「なぜそんなに硬《かた》いのか！」——嘗て金剛石《ダイヤモンド》にむかって木炭が言った「我らは抑《そもそも》、近い親類ではないのか？」——

なぜそんなに柔らかいのか？　おお、我が兄弟たちよ、このように私は汝らに尋ねる。汝らは抑——私の兄弟たちではないのか？

なぜそんなに柔らかく、後退し、譲歩しているのか？　なぜ汝らの心には、それほど多くの否定と拒絶があるのか？　汝の眼差《まなざ》しの中には、そんなに僅かの運命しかないのか？

もし汝らが運命であろうとせず、仮借なき者であろうとしないならば、如何にして汝らは私と倶に——勝利を手にすることができようか？

もし汝らの硬さが煌《きら》りと光ろうとせず、区切ろうとせず、細かくカットしようとしないならば、如何にして汝らはいつか私と倶に——創造することができようか？

つまり、創造者は峻厳である。汝らの手を蠟《ろう》の上に刻印するが如く、数千年の未来の上に刻印することが、汝らにとって無上の幸せだと思われねばならぬ。——

——青銅の上で書き記すが如く、数千年の意志の上で——青銅よりも硬く、青銅よりも高貴に石板に書き記すことが、無上の幸せだと思われねばならぬ。最も高貴なるものだけが、完全に峻厳であるのだ。

この新しい石板を、おお、我が兄弟たちよ、私は汝らの上に掲げておく。峻厳となれ！——

30

おお、汝、私の意志よ！　汝、あらゆる困窮の転機よ、汝、我が絶対絶命よ！　如何なる小さな勝利からも私を守ってくれ！

私が運命と呼んでいる、汝、私の魂の試練よ！　汝、私の内なるものよ！　天なるものよ！　一つの偉大なる運命に備えて、私を大切に確保し続けるがいい！

また、私の意志よ、汝の究極の偉大さを汝の最後のものとして取って置いてくれ。――そうすれば、汝は勝利を手にしても、仮借《かしゃく》なき者となるのだ！　ああ、誰が自分の勝利に負けなかったであろうか！

ああ、この酩酊の薄明《はくみょう》の中で、誰の目が曇らなかったであろうか！　ああ、勝利の只中で、誰の足が蹌踉《よろ》めかず――立っていることを忘れなかったであろうか！――

――いつか偉大なる正午に抱き止められるとき、私はそれに相応《ふさわ》しく応えたい。さながら灼熱の青銅、稲妻を孕む雲、牝牛の張った乳房《ちぶさ》のように、魂を漲《みなぎ》らせて円熟していたい！――

――私自身に向かうために、最も見えなかった私の意志へと向かうために、覚悟を決めるのだ。即ち、己の矢を熱烈に求める弓となり、己の星を熱烈に求める矢となるのだ。――

――一つの星となり、その正午に相応しい実りを携え、灼熱の中に射抜《いぬ》かれるとも、焼き尽くす太陽の矢を前にして、無上の喜びに燃えるのだ。

――自らも一つの太陽となり、勝利の最中《さなか》にあっても些《いささ》かも追撃の手を緩《ゆる》めない、仮借なき太陽の意志となるのだ！

おお、意志よ、あらゆる困窮の転機よ、汝、我が絶体絶命よ！　嘗てなき偉大なる勝利に備えて、私を取って置きの切り札とするがいい！――

このように、ツァラトゥストラは語った。

快復しつつある者

1

或朝、ツァラトゥストラが洞窟に戻って間もない頃、彼は狂ったように寝床から跳び出し、恐ろしい声で叫んだ。その振舞《ふるまい》は、恰も寝床から立ち上がろうとしない、もう一人の誰かが傍《そば》にいるかのようだった。ツァラトゥストラの声が響き渡ったので、彼の動物たちが驚いてやって来た。一方、彼の洞窟近くの数々の穴や隠れ家からは、全ての鳥や獣が一斉に逃げ去った。――飛んだり、羽搏《はばた》いたり、這ったり、跳ねたり、各自の足や翼の類を頼みに遠ざかっていった。そして、ツァラトゥストラはこんな言葉を話した。

深淵の思想よ、私の奥底から起きてこい！　私は汝の雄鶏《おんどり》だ。汝の夜明けだ。寝ぼけた怪竜め。起きろ！　起きろ！　私の声は汝を起こすまで叫び続けるぞ！

汝の耳の鎖を外して聴け！　私は汝の声が聴きたいのだ！　起きろ！　起きろ！　墓石も聞き耳

を立てるほど、ここでは雷鳴が轟《とどろ》いているぞ！

そして汝の眼から拭《ぬぐ》ってしまえ、眠気や、総ての弱点と盲点とを！　汝の眼を使ってでも私の声を聞け！　私の声は、生まれつき目の見えない男女さえも癒す妙薬なのだ。

だが、汝がいよいよ目覚めたならば、汝は私のために永遠に目覚めていなければならぬ。曾祖母たちに——再び眠り続けてくれと命令するために、彼女らを眠りから目覚めさせるのは私の性には合わないのだ！

動いているな、伸びをしている、喉を鳴らしているな？　起きろ！　起きろ！　喉を鳴らしている場合ではない——汝は私に向かって話しかけねばならぬ！　神を無みする者、ツァラトゥストラが汝を呼んでいるのだ！

私はツァラトゥストラ、生命の代言者、苦悩の代言者、円環の代言者である——その私が汝を呼んでいるのだ、私の底知れぬ深淵の思想よ！

目出度《めでた》いことだ！　汝はやって来る。——汝の声が聞こえる！　私の深淵が話している。私の究極の奥底に日の目を見させてやったのだ！

目出度いことだ！　こちらに寄れ！　手を握らせよ！——あっ！　放せ！　ああ！——

吐き気《エッケル》、吐き気《エッケル》、吐き気《エッケル》————苦しい！

2

　これらの言葉を言い終えるや否や、ツァラトゥストラは死人の如く頽《くずお》れ、長く其のまま死者同然だった。やがて我に返ったとき、顔は蒼ざめ、身体《からだ》は小刻みに震え、横たわったまま長く、食べようとも飲もうともしなかった。こういう彼の容態は七日続いた。だが、彼の動物たちは昼夜を問わず彼の傍《そば》を離れなかった。但、鷲が食を求めて飛び立つことがあった。そして、鷲は調達したものや奪い取ったものを、ツァラトゥストラの寝床の上に並べたので、遂に彼は黄色や赤の漿果《しょうか》、葡萄、フトモモの実、香り佳き野菜、松毬《まつかさ》に埋もれてしまった。もちろん、彼の足元には、二匹の子羊が手足を広げて横たわっていた。それは鷲が苦労して羊飼いから奪い取ってきたものだった。

　七日目に漸く、ツァラトゥストラは寝床で上体を起こすと、フトモモの実を一つ手に取り、それを嗅いで香りを愛《め》でた。そこで彼の動物たちは、そろそろ彼と話していい頃だと思った。

「おお、ツァラトゥストラ」と彼らは言った「汝は既に七日の間、重い眼をして横になっている。この辺で、再び自分の足で立ってみてはどうか？

　洞窟の外に出てみよ、世界が花園のように汝を待っている。風が草木と戯れ、濃密な芳香が汝の許を目指し、小川という小川が汝を慕ってさんざめく。

　万象が汝を待ち焦がれている。汝が七日の間孤立したままだったから。――洞窟の外に出てみよ、万象が汝の癒し手となろうとしているのだ！

　多分、或る新しい認識、何か酸っぱくて重い認識が、汝の許に来たのだろう？　発酵し始めたパン生地のように、汝は横たわっていた。汝の魂は開かれ、如何なる限界も超えて膨張していた。――」。

――おお、私の動物たちよ、とツァラトゥストラは答えた。そのように、もっと囃《はや》し立《た》て、私に聞かせてくれ！　汝らが囃し立てれば、私は大層元気になる。囃子詞《はやしことば》の交わされるところ、世界は既に花園のようだ。

凡《およ》そ言葉と音声があるということは、何と愛すべきことだろうか。言葉と音声とは、永遠に隔てられたもの同士に架かる虹であり、仮象の橋ではないだろうか？

それぞれの魂には、一つの異なる世界が必要だ。それぞれの魂にとって、他の魂は総て、背後の世界である。

最も似たもの同士を直《じか》に結ぶとき、仮象は最も美しい嘘を吐《つ》く。というのも、最も些細な隔たりこそ、最も埋め難いからである。

私にとって――「我《われ》を忘れて」なんて有り得るものか？　肉体の外に我は存在しないのだ！　だが、凡そ音声を耳にするとき、その事を忘れてしまう。我我が忘れるということは、何と愛すべきことだろうか！

物事に名前と音声がプレゼントされているのは、人間が物事によって元気になるためではないのか？　語ること、それは高貴な癡愚である。その癡愚《ちぐ》で以て、人間は総ての物事を踊り越えていく。

凡そ話すということ、また音声を美事に感じさせる至芸の総ては何と愛すべきことだろうか！

音声と倶に、我らの愛は七色の虹の上で舞い踊る。――

――「おお、ツァラトゥストラ」と動物たちは彼の言葉に反応して言った「我らの如く受け取る者にとっては、万象自身が舞い踊っている。それらは遣って来て、手を差し延べ合い、笑い、消え去り――そして、戻って来る。

総てが姿を消し、総てが戻って来る。存在の歯車は永遠に回転していく。総ては死に、総ては再び花開く。存在の年輪は永遠に続いていく。

総てが壊れ、総てが新たに組み立てられる。存在という同じ家が永遠に建てられる。総ては別れ、総ては再び歓迎し合う。存在の循環は永遠に自らに忠実なのである。

どの瞬間にも存在は始まる。此岸の何処かで弧が動き出すと、それは即ち、目には見えない彼岸の球体が回転しているのだ。中心は何処にでもある。永遠の小道は曲がりくねっている」。――

――おお、汝ら、剽軽者《ひょうきん》よ、手回しオルガンよ！　とツァラトゥストラは答え、再び微笑んだ。七日かけて何が実現されねばならなかったか、汝らはなんとよく解っていることか。――

――また、あの怪物が私の喉に忍び込み、息を塞いだことを知っている！　勿論、私は怪物の頭を咬み切り、吐き捨ててやった。

ところが、汝らは――そのことを早くも手回しオルガンの歌にしてしまったのか？　とにかく私は今ここに横になっている。怪物の頭を咬み切り、吐き捨てる中《うち》に消耗した体力は未だ回復せず、而も己を悪夢から救済した後の昂《たか》ぶりが未だ鎮まらないからだ。

然し、汝らは一部始終を傍観していたのか？　おお、私の動物たちよ、汝らも残酷なのか？　汝らは私の偉大なる苦痛を人間たちがするように、傍観するつもりだったのか？　如何せん、人間というものは最も残酷な動物だ。

悲劇や闘牛や磔刑《はりつけ》を見て、人間は今まで此の世で最も胸の空《す》く思いを味わってきた。そして、人間が地獄なるものを発明したとき、なんと、それは此の世の天国だった。

偉大な人間が悲鳴を上げると、――卑小な人間が忽《たちま》ち走り寄ってくる。彼らの舌は、残忍で淫らな喜びの余り、頸根っこから垂れている。然し、卑小な人間は其れを自分の「同情」と呼ぶ。

卑小な人間、取分け詩人は――なんと躍起になって、言葉で生命を弾劾することか！　耳を傾けてみるがいい。だが、どんなに弾劾していても、そこに潜む悦楽を聞き漏らすな！

このような生命の弾劾者たちを、生命《いのち》の妖精は瞬《まばた》き一つで征服してしまう。「貴方は私を愛しているのね？」と此の元気娘は言って退《の》ける「でも未だ少し待っててね。今貴方に構っている暇はないの」。

人間は自分自身に対して、最も残忍な動物である。自らを「罪人」とか「十字架を背負う者」とか「懺悔者」などと称しているものに遭遇したら、その総てから、此の嘆きと弾劾の中に潜む恍惚の悦楽を聞き漏らすな！

ところで、私自身だが――こんなことを言って、私は人間の弾劾者であろうとしているのだろうか？　ああ、私の動物たちよ、私はこれまでこれだけを学んだ。即ち、人間の最悪のものは其の最善のものを創造するために必要だということ――

――つまり、総て最悪のものは、最も高貴な創造者にとって人間の最善の力となり、最も硬い石《ダイヤモンド》となるということ。また、人間はより良くなる一方で、より悪くならざるをえないということだ。

――

人間が病んでいると知って、そのことが私を苦しめる十字架となったのではない。――別の理由から、私は嘗て誰も発したことがないほどの叫び声を上げた。

「ああ、人間の最悪のものが真逆《まさか》これ程卑小であるとは！　ああ、人間の最善のものが真逆これ程卑小であるとは！」と。

人間に対する大きな厭気《いやけ》、――それが私の息を詰まらせた。私の喉に忍び込んでいたのだ。つまり「総ては同じだ。何の効《かい》もない。知ることが息を詰まらせる」と預言者の預言したことが私の息を詰まらせたのだ。

長い黄昏《たそがれ》が足を引き摺りながら、私の前をふらふらと歩いた。死ぬほど疲れ、死神の酒に酔った悲哀である。その悲哀が欠伸《あくび》をしながら言葉を洩《も》らした。

「汝を疲れさせる人間、即ち卑小な人間が永遠に戻って来る」――そう言って私に取り憑いた悲哀は欠伸をし、足を引き摺り、寝入ることができなかった。

人間の大地は、洞穴に一変してしまった。大地の胸は窪《くぼ》み、生きとし生けるもの総てが人間の腐敗物や骨や、朽ちた過去となった。

私の溜息《ためいき》は、あらゆる人間の墓場に嵌《はま》り込み、最早立ち上がることができなかった。私の溜息と問いは、昼夜を問わず呻《うめ》き、息を詰まらせ、かじり、嘆きの声を上げた。

――「ああ、人間が永遠に戻って来る！　卑小な人間が永遠に戻って来る！」

私は嘗て両者、つまり最も偉大な人間と最も卑小な人間、双方の素顔を見た。両者は互いに余りにも似ていた。――最も偉大な人間も意外に、余りにも人間的だった！

最も偉大な人間が、余りにも卑小だったのだ！――これが人間に対する私の厭気だった！　そして、最も卑小な人間さえもが永遠回帰するとは！――これが総ての現存に対する私の厭気だった！

ああ、吐き気《エッケル》！　吐き気《エッケル》！　吐き気《エッケル》！――――このようにツァラトゥストラは語り、溜息を吐き、身を震わせた。彼は自分の病気を思い起した。そのようすを見て、彼の動物たちは、ともかく彼の言葉を遮《さえぎ》った。

「もはや語るのは止《や》め、汝、回復しつつある者よ！」――と動物たちは彼に言った「外に行って御《ご》覧《らん》、そこでは世界が花園のように汝を待っている。

外の、薔薇と蜜蜂と鳩の群れを訪ねるといい！　だが、歌うことを学ぶには、歌い上手な小鳥たちの所が何よりだ！

つまり、歌うことは、回復しつつある者のためにある。健常者は存分に話せばいい。また、健常者も歌を望むものだが、矢張り、回復しつつある者とは別の歌を望んでいる」。

「おお、汝ら、剽軽者よ、手回しオルガンよ、もうそれくらいで黙ってくれ！」――とツァラトゥストラは答え、微笑んで往《い》なした。「私が七日かけて何《ど》んな励みを自らのために発明したか、汝らはなんとよく解っていることか！

私は再び歌わねばならぬのだ、――この励みを自らのために発明したからこそ、こうして回復しつつある。汝らは其の事も直ぐに手回しオルガンの歌にするつもりか？」。

――「もはや語るのは止め」と、動物たちが再び彼に答えた「それよりも寧ろ、回復しつつある者よ、先ず竪琴、新しい竪琴をしつらえよ！　その方がいい。

なぜなら、分かるよな、おお、ツァラトゥストラ、汝の新しい歌には、新しい竪琴が必要なのだ。

歌の翼となれ、そして轟き渡って往《ゆ》け、おお、ツァラトゥストラ、新しい歌で以て汝の魂を治療せよ、未だ嘗て何人の運命でもなかった、汝の偉大なる運命を汝が担うために！

実際、汝の動物たちは確かに解っている、汝が誰であり、また誰であらねばならぬかを。おお、ツァラトゥストラ、いいか、汝は永遠回帰の教師である、――。それが今から汝の運命となるのだ！
汝が最初に此の教えを説かねばならぬということ、――この偉大なる運命が、どうしてまた汝の最大の危険、汝の最大の病とならない筈があろうか！

いいか、我らは汝が何を教えるか解っている。即ち、万象は永遠に回帰し、我ら自身も倶《とも》に回帰する。そして、我らは既に永続的に繰り返し現存してきたし、万象も我らと倶に永続的に繰り返し現存してきたということだ。

汝は教える、生成を刻した長期の年輪、即ち、長期の年輪の怪物が存在すると。それは砂時計宛《さなが》ら、つまり、その怪物は新たに消え去り、出発するために、繰り返し新たに反転しなければならない。

――

――それ故、総てこれらの年輪は、最大また最小に於いても自ずと相等しい。それ故、個別の長期の年輪の中にいる我ら自身、最大また最小に於いても自ずと相等しい。

たとえ汝が今から死ぬつもりでも、おお、ツァラトゥストラ、いいか、我らは汝がそのとき自らに対《むか》って何を語るかも知っている。――だが、汝の動物たちは汝が未だ死なぬようにと願う！

そのとき汝は戦くこともなく、寧《むし》ろ至福の息遣《いきづか》いの中で語るであろう。なぜなら、大変な重苦しさと鬱陶《うっとう》しさは、汝から除《のぞ》かれているのだ、汝、忍耐を極めた人よ！――

『今から私は死ぬ。そして消え去っていく。』と汝は言うだろう。『忽ちの中《うち》に私は無に帰する。魂は肉体と同じように、死を避けることはできない。

然し、私を縺り合わせていた原因の結び目は戻ってくる。――その結び目が私を再び創造するのだ！　私自身が永遠回帰の原因として不可欠なのである。

私は再びやって来る。この太陽と倶に、この大地と倶に、この鷲と倶に、この蛇と倶に。――私は新たな別の生命、或いはより良い生命、もしくは類似の生命になるのではない。

――私は永遠に繰り返し、最大また最小に於いても同一の此の生命に帰って来る。繰り返し万物の永遠回帰(11)を教えるために。――

――繰り返し、偉大なる大地と人間の正午についての言葉を語るために、繰り返し人間たちに超人を告知するために。

私は私の言葉を語った、私は自分の言葉によって砕け散る。私の永遠の運命がそう望むのだ。――私は告知者として根本を窮めるのだ！

太陽のように下降する者が自分自身を祝福するための時が、今漸《ようや》くやって来た。――このようにして――ツァラトゥストラの降臨は終るのだ」――――

これらの言葉を語り終えたとき、動物たちは黙ったまま、ツァラトゥストラが彼らに何か言うのを期待していた。ところが、ツァラトゥストラは動物たちの沈黙に気づいていなかった。寧ろ、彼は静かに横になっていた。目を閉じて、眠っている者のようだった。然し、眠ってはいなかった。何となれば、彼は丁度自分の魂と念入りに話し合っていたのである。但、彼がそのように無口になっていると見て取った鷲と蛇は、彼を包む偉大な静けさを敬《うやま》い、物音を立てないようにして、其処から立ち去った。

偉大なる憧れ

おお、我《わ》が魂よ、私は汝に「何時《いっ》か」と「嘗て」と言うように、「今日」と言うことを教えた。また、ここ、そこ、あそこを踏み越えて到る所に、汝の輪舞を繰り広げることを教えた。

おお、我が魂よ、私は汝を総ての片隅から救い出した。汝に取り憑いていた埃と蜘蛛と薄明りを掃き落してやった。

おお、我が魂よ、私は汝に染み付いていた卑小な羞恥や片隅の徳を拭《ぬぐ》い取ってやり、太陽の眼差しを前にして裸で立つように説得した。

「精神」と呼ばれる嵐となって、私は汝の怒涛の海を吹き渡り、あらゆる雲を吹き飛ばし、「罪」と呼ばれる扼殺者《やくさつしゃ》さえも扼殺した。

おお、我が魂よ、私は汝に、嵐のように否という権利と、快晴の空が然りと言うように然りと言う権利とを授けた。汝は光のように静かでありながら、今では否定の嵐の中を突き進んでいく。

おお、我が魂よ、私は汝に、既に創られしものと未だ創られざるものを支配する自由を取り戻してやった。未来に生きる者の深い喜びを、誰が汝ほどに知っているだろうか？

おお、我が魂よ、私は汝に軽蔑することを教えた。それは、虫食いのような軽蔑ではなく、偉大な、愛する者の軽蔑、つまり最も軽蔑するときに最も愛する軽蔑である。

おお、我が魂よ、なんとか自分の高みに引き上げようと海を説得する太陽の如く、汝の奥底さえも汝の許に引き上げんと説得するようにと、私は汝に説得することを教えた。

おお、我が魂よ、私は汝から総ての服従、跪拝《きはい》そして臣従を取り除いてやった。私は汝に「困窮の転機」と「運命」という名前さえも授けてやった。

おお、我が魂よ、私は汝に新しい名前と多彩な仕掛けを授けた。汝を「運命」と呼ぶ一方で、「円周たちの円周」、「時の臍《へそ》の緒《お》」、「紺碧《こんぺき》の鐘《かね》」と呼んだ。

おお、我が魂よ、私は汝の土壌に総ての知恵を飲ませてやった。あらゆる新たな知恵のワインと、あらゆる想像もつかぬほど古くて強烈な知恵のワインまでも飲ませてやった。

おお、我が魂よ、私は汝の上に注いだ。あらゆる陽光と、あらゆる夜の闇と、あらゆる沈黙と、あらゆる憧れを。すると汝は葡萄《ぶどう》の木のように生長した。

おお、我が魂よ、汝は撓《たわわ》に実り、余りにも豊かな姿をして、今そこに立っている。幾つもの膨らんだ乳房のように犇《ひし》めき合う、鳶色がかった黄金色の房をつけた葡萄の木となって。――

――自分の幸福をはち切れんばかりに漲《みなぎ》らせ、余りの充実に耐えて待ち、自らの待つ姿に絶妙の羞じらいを放ちながら。

おお、我が魂よ、汝よりも愛を知り、包容力があって、大きな可能性を秘めた魂は何処にもないのだ！　未来と過去が汝のもとにあるとき以上に、親しげに睦《むつ》み合うところが何処にあるだろうか？

おお、我が魂よ、私は汝に総てを与えた。あらゆる私の手は、汝のために空になってしまった。

――さて！　今では汝は微笑みながらも、愁《うれ》いを隠さず、私に斯《こ》う言う「我らの中《うち》で、誰が感謝すべきなのか？――

――与えた者は、受け取る相手が受け取ったことに感謝すべきではないのか？　贈り与えることは、本能的欲求ではないのか？　受け取ることは――憐れみではないのか？」――

おお、我《わ》が魂よ、私は汝の愁いの微笑みをよく分っている。汝の有り余る豊かさそのものが、今憧れの諸手《もろ》を差し伸べているのだ！

汝の充溢《じゅういつ》は轟き渡る海の彼方へと眼差しを馳《は》せ、模索《もさく》し、期待に燃える。超充溢という憧れが汝の微笑む眼の空から煌《きら》めいている！

そして、真に、おお、我が魂よ！　誰が汝の微笑みを見て、涙に暮れないことがあろうか？　天使たちでさえ、汝の微笑みの超善意を目の当りにすると、涙に暮れる。

嘆こうとせず、泣こうとしないものこそが、汝の善意と超善意なのだ。とはいえ、おお、我が魂よ、汝の微笑みは涙に憧れ、汝の震える口は咽《むせ》び泣くことに憧れている。

「泣くことは総て、嘆くということではないか？　嘆くことは総て、誰かを告発するということではないか？」そのように、汝は汝自身にむかって話す。おお、我が魂よ、だから汝は汝の苦しみをぶちまけるよりは、寧ろ微笑んでいたいと思っている。

——総ての汝の苦しみを汝の充溢の上に、また摘み手とそのナイフに恋焦がれる葡萄の木の総ての懊悩の上に、洗《あら》い浚《ざら》い玉散る涙としてぶちまけるよりは！

だが、汝が泣こうとしないのなら、汝の真紅の愁いを泣いて晴らす気がないのなら、汝は歌わねばならぬ。おお、我が魂よ、見よ、私自身が微笑んでいる。それは、汝のために此のような預言をしてやれるからだ。

——歌うのだ、怒涛にとどく歌声で、海という海が静かに息を潜め、汝の憧れに耳を澄ますまで。

——やがて、静かで憧れに満ちた海の上を小舟《ナッヘン》が進んでいく。それは金色の奇跡、その黄金の輝きの周りでは、善くも悪しくも様々に不思議なものどもが身を躍《おど》らせ、――

――また多くの大小の生き物たちや、菫《すみれ》色の潮路を走れるほど軽やかで不思議な足を持つ、様々なものどもが跳ね回っている。――

――それらは皆、金色の奇跡、つまり、自由意志から死へと向かう小舟と其の舵取りの方向に付いていく。だが、その舵取りこそが、ダイヤモンドの鋏《はさみ》を手にして摘み取る秋《とき》を待つ生の収穫者なのだ。――

――それは、汝を生の結び目から解き放つ偉大なる者だ。おお、我が魂よ、偉大なる者の名前は未だ無い。――未来の歌声によって初めて、名前が見つかるのだ！　真に、汝の息吹は、早くも未来の歌声の芳《かぐわ》しい香りを放っている。――

――早くも汝は燃え立ち、夢見ている。早くも汝は、南から聞こえる総ての慰めの泉を口にして渇きを癒している。早くも汝の愁いは、未来の歌声の妙なる喜びの中で安らいでいる！――

おお、我が魂よ、これで私は汝に総てを、私の最後のものまでも与えてしまった。あらゆる私の手は、汝のために空になってしまった。――私が汝に歌えと命じたこと、分かるか、これこそ、私の最後のものだったのだ！

私が汝に歌えと命じたからには、言うがいい、さあ、言うがいい。我らの中で、誰が今――感謝すべきなのだろうか？――だが、それよりもむしろ、私のために歌ってくれ、歌え、おお、我が魂よ！　そして、私に感謝させてくれ！――

このように、ツァラトゥストラは語った。

新たな舞踏の歌

1

「おお、生命《いのち》の妖精よ、私は先頃、汝の目に見入った。汝の漆黒の夜のような瞳の中に、黄金が煌めくのを見た。――私の心は、このような魂の底から湧く喜び(12)に溢れ、佇《たたず》んでいた。

――宛《さなが》ら漆黒の夜を湛《たた》えたような水面《みなも》に黄金の小舟《カーン》を見たのだ。沈みかけ水に呑まれるかと思うと、再び目配せする黄金の浮き舟だった！

直ぐに踊り出そうとする私の足にむかって、汝は視線を投げかけた。笑うようで、問いかけるようで、人の心を溶かし揺さぶる煌めきだった。

ほんの二回だけ、汝は可愛らしい両の手で、お得意のカスタネットを打ち鳴らした。――すると忽《たちま》ち、私の足は踊りたくてうずうずしてきた。

私の踵《かかと》は自ずと持上がり、私の爪先は汝の本心を解ろうとして耳を澄ました。何と言っても、踊り手は其の耳を――足の爪先に付けているのだ！

汝にむかって、私は飛び掛かった。すると汝は、飛び掛かる私から身を反《そ》らして逃げた。そして、走って逃げながら、汝の髪の毛は翻《ひるがえ》り、炎の舌のように私に向かって、めらめらと燃え上がった。

私は汝から飛び退いた。汝の蛇どもから飛び退いた。すると汝は早くも立ち止まり、半ば身を翻し、愛して欲しいと言わんばかりに私を見詰めていた。

憎たらしいほど魅了する眼差しで――汝は私に紆余曲折《うよきょくせつ》の道を教える。紆余曲折の道を進みながら、私の足は習得していく――妖精の深謀遠慮を！

私は近くにいる汝を恐れ、遠くにいる汝をいとおしむ。汝が逃げれば、私は誘われ、汝が私を追い求めてくれれば、私は打つ手が見えなくなる。――つまり、私は悩む。とにかく、汝のために労を惜しまなかったことが何かあっただろうか！

その冷静さが人の共感を呼び、その憎しみが誘惑し、その逃走が追う者を縛《しば》りあげ、その嘲りが――感動させるのだ。

――誰が汝を、汝という偉大な束縛者、籠絡者、誘惑者、探求者、発見者を憎まずにいられようか！　誰が汝を、汝という天真爛漫《てんしんらんまん》で、忍従を嫌い、疾風《はやて》のような、子供の瞳をした罪深い妖精を愛さずにいられようか！

今度は私をどこに引っ張って行こうというのか、汝、桁外《けたはず》れの悪戯者《いたずら》よ？　またしても汝は私を捨てて逃げて行く気だな、汝、愛しいおてんばの恩知らずめ！

私は汝のあとから踊っていく。幽《かす》かな足跡を辿ってでも付いていく。汝はどこにいる？　手を貸してくれ！　指一本でもいい！

ここは洞窟と茂みだらけだ。汝も私も迷ってしまいそうだ！――止まってくれ！　静かに立っていてくれ！　汝には、梟《ふくろう》や蝙蝠《こうもり》が羽搏《はばた》いているのが見えないのか？

汝が梟か！　汝が蝙蝠か！　汝は私をからかうつもりか？　ここはどこだ？　今度は犬の真似をして、ワンワンキャンキャン吠えているな。

汝は私に愛らしく白い歯を剝き出す。汝の意地悪な両目が私に抗《あらが》って、波打つ長い髪の間から飛び掛かってくる！

これは切り株と石塊《せっかい》を跨《また》ぐ舞踏である。私は狩人《かりうど》だ。――汝は私の犬となるつもりか、それとも私の羚羊《かもしか》になりたいのか？

今私の隣にいるな！　と思いきや、急に消えた、汝、憎ったらしい飛び跳《は》ね娘《こ》め！　さあ、上に登れ！　そして越えよ！――痛い！　自分が跳《と》び損《そこ》ねて転《ころ》んだ！

汝、やんちゃめ、私が倒れて憐れみを乞うさまを見てくれ！　出来れば、私は汝と倶に――もっと快適な小径《こみち》を歩きたい！

――愛の小径を歩き、色とりどりの花がひっそりと咲く茂みを通り抜けたいのだ！　もしくは、あそこの湖に沿って歩きたい。そこでは金色の魚たちが水面を跳ね回《まわ》っている！

汝はもう疲れたのか？　あちらでは、夕焼けが羊の群れを包んでいる。羊飼いが笛を吹いたら眠るのは、美しいことではないだろうか？

そんなに酷《ひど》く疲れたのか？　汝を運んでいってやろう。さあ、腕を垂らしてくれ！　喉が渇いているのなら――飲ませてやりたいものが確かに有る。だが、汝はそれに口を付けようとはしないのだな！――

――おお、この忌《い》ま忌《い》ましくも、すばしこく、しなやかな蛇よ、神出鬼没の魔女よ！　汝はどこに消えてしまったのか？　いやはや、狩の獲物は、汝の手から付けられた顔の中の二つの斑点と赤い染みだけだ！

私は常に汝の頓馬《とんま》な羊飼いであることに、本当に疲れた！　汝、魔女よ、今までは、私が汝のために歌った。今からは、汝が私のために――声を張り上げて歌わねばならぬ！

私の鳴らす鞭《むち》の拍子に合わせて、汝を踊らせ、声を張り上げて歌わせてやるぞ！　私は鞭を忘れなかっただろうな！——忘れるものか！」——

2

　すると生命の妖精は、私に此のように答えながら、愛くるしい両耳を塞いだ。

「おお、ツァラトゥストラ、貴方の鞭をそんなに酷く打たないで！　喧騒は芽吹いた思想を殺すって、知ってるわよね。——今まさに、とても情愛の深い思想たちが、私の許に来るところなのよ。

私たち二人は、善いことはしない。さりとて悪いこともしない。善悪の彼岸に、私達は二人の島と緑の草原を見つけたでしょ——私たち二人だけが分かりあえるのよ！　だから、もうそれだけで、互いに仲良くしなければいけないわ！

　たとえ私たちが心底から愛し合っているわけではない場合でもね。——抑、心底から愛し合っているのではないからといって、それを恨んだり怒ったりしなくてはならないのかしら！

　私が貴方と仲良くし、屢《しばしば》仲良くし過ぎるってことは、貴方も知っているでしょ。その理由は、貴方の知恵の妖精と無性《むしょう》に張り合いたくなるからなの。ああ、あの気が変になりそうなほど素敵に老いを刻んだ、知恵の痴愚《ちぐ》女神《しん》に遅れを取りたくないわ！

　知恵の妖精が何時《いっ》の日か貴方の許から去っていくようなことがあれば、ああ、そのときは、私の貴方への愛も涙を呑んで去っていくでしょうね」——

その後、生命の妖精は物思わしげに、自分の周りや後ろを見、幽《かす》かな声で言った「おお、ツァラトゥストラ、貴方は私に対して、全く心変わりしていないわけじゃない！

貴方はとっくに、自分で言っているほどには、私を愛していないのよ。貴方が直《じき》に私から去ろうと思っているのが、私には分かるの。

古《いにしえ》より伝わる、深くずっしりと心に響く一つの鐘がある。その鐘の響きが夜中に、貴方の洞窟にまで登ってくる。――

――この鐘が真夜中の時を打つのを聞くと、貴方は最初の鐘から十二回目の鐘までの間に、其のことを思っている。――

――貴方は其のことを思っている。おお、ツァラトゥストラ、貴方が直に私から去ろうと思っているのが、私にはわかるのよ！」。

「そうだ」と私は躊躇《ためら》いながら答えた「だが、汝も其れがどういうことか分かっている――」。そして、私は彼女の耳に或ることを囁いた、何も知らずに狼狽した亜麻色のふさふさ髪どもを掻き分けて、其の真っ只中に。

「貴方は其のことを分かっ、て、い、る、の、？　おお、ツァラトゥストラ、其のことは誰も分かってないのよ。――」

そして、我らは互いに見詰め合い、折しも涼しげな夕暮れの最中《さなか》にあった緑の草原を見やった。

そして、一緒に泣いた。——そのとき、とにかく生命の妖精は、嘗て私を愛してくれた何《ど》んな知恵の妖精よりも、私には愛《いと》しかった。——

このように、ツァラトゥストラは語った。

3

一つ！

おお、人間よ、心して聴《き》け！

二つ！

深い真夜中は何を語る？

三つ！

「私は眠った、私は眠った——、

四つ！

深い夢から私は目覚めた。[13] ――

五つ！

世界は深い、

六つ！

昼が思っていたよりも深い。

七つ！

世界の嘆訴《なげき》は深い――、

八つ！

喜びは――意外にも心の傷より深い。[14]

九つ！

嘆訴は言う、過ぎ去れ！　と。

十！

だが、総ての喜びは永遠を求める——、

十一！

——深い、深い永遠を求める！」

十二！

七つの封印（或いは、然りとアーメンの歌）

1

私は一人の預言者である。二つの海の間に聳《そび》える高い山の尾根を悠々と歩く、預言者ならではの精神に満ちている。——

それは、過去と未来の間に重い雲となって垂れ籠める精神、——官能に噎《む》せ返る低地や、疲れ果てて死ぬことも生きることもできない総てを敵《かたき》とする精神、

黒々とした懐から今にも稲妻となり、救済の光となろうとする精神、然り！　と言い、然り！と笑う稲妻を孕み、預言者ならではの電光となる精神である。——

——このように孕んでいるものこそが、とにかく無上に幸せなのだ！　真に、いつの日か未来の光源に火を灯《とも》すべき者は、長い間、身重な雲となって山に懸かっていなくてはならぬ！——

おお、このような現実《うつつ》の中にいるならば、どうして私は永遠と一つに溶け合いたいと燃えずにいられようか？　めぐりあいの粋《すい》たる最高のめぐりあい、——永遠回帰のめぐりあいを、どうして本能が求めずにいられようか？

私は未だ幼児《おさなご》を生ませたいと思う女に出会うことはなかった。但、私が愛している此の女には、幼児を生ませたい。本当に汝を愛しているからだ、おお永遠よ！

本当に汝を愛しているからだ、おお、永遠よ！

2

私の怒りは嘗て墓を壊し、境界石を動かし、そして古い石板を打ち砕いて、険しい谷底に転がしてやった。

私の嘲りは嘗て黴《かび》の生えた言葉を吹き飛ばした。そして、私は箒《ほうき》の如く十字蜘蛛を追い払い、古い墓穴から鬱陶しい空気を払い退《の》ける風となった。

私は嘗て古い神々が葬られている所に一人楽しく坐り、古《いにしえ》の世界誹謗者の記念碑の隣で、世界を祝福し、世界を愛し続けた。

――というのも、破れた天井の裂け目から、ともかく空が清らかな眼差しを覗《のぞ》かせてくれさえすれば、私は教会や神の墓場でさえも愛するからだ。雑草や赤い罌粟《けし》の花のように、私は打ち砕かれた教会の上に坐っているのが好きなのだ。――

おお、このような現実の中にいるならば、どうして私は永遠と一つに溶け合いたいと燃えずにいられようか？　めぐりあいの粋たる最高のめぐりあい、――永遠回帰のめぐりあいを、どうして本能が求めずにいられようか？

私は未だ幼児を生ませたいと思う女に出会うことはなかった。但し、私が愛している此の女には、幼児を生ませたい。本当に汝を愛しているからだ、おお、永遠よ！

本当に汝を愛しているからだ、おお、永遠よ！

3

嘗て一つの息吹が私に漲《みなぎ》った。それは創造の息吹の派生であり、偶然さえも強いて星の輪舞を踊らせる、あの天上の困窮の為せる業だった。

私は嘗て創造的な電光の笑いと倶に笑った。そのあとに長く、電撃の雷鳴が憎々しげに、然し素直に続いた。

私は嘗て大地という神々のテーブルを囲み、神々を相手に賽子《さいころ》遊びをした。そのために、大地は震え、裂け、炎の川を吹き出した。——

——なぜなら、大地は一つの神々のテーブルであり、創造的な新しい言葉と神々の投賽に戦々恐々としているからだ。——

おお、このような現実《うつつ》の中にいるならば、どうして私は永遠と一つに溶け合いたいと燃えずにいられようか？　めぐりあいの粋たる最高のめぐりあい、——永遠回帰のめぐりあいを、どうして本能が求めずにいられようか？

私は未だ幼児《おさなご》を生ませたいと思う女に出会うことはなかった。但し、私が愛している此の女には、幼児を生ませたい。本当に汝を愛しているからだ、おお、永遠よ！

本当に汝を愛しているからだ、おお、永遠よ！

4

私は嘗て万物が絶妙に混ぜ合わされた、彼《あ》の泡立つ薬効壺から、絶妙の味をたっぷりと飲んだ。私の手は嘗て最も遠いものを最も近いものに注いだ。そして火を亡霊に、喜びを苦しみに、最も質《たち》の悪いものを最も善意に満ちたものに組み合わせた。

つまり、私自身は、壺の中で万物が絶妙に混じり合う決め手となる、彼《あ》の救済する塩の一粒なのだ。——

——実際、善と悪とを結ぶ一種の塩が存在する。最悪のものでも、味付けのため、究極の泡立ちのためには、決定的な最善の役目を果すのだ！——

おお、このような現実の中にいるならば、どうして私は永遠と一つに溶け合いたいと燃えずにいられようか？　めぐりあいの粋たる最高のめぐりあい、——永遠回帰のめぐりあいを、どうして本能が求めずにいられようか？

私は未だ幼児を生ませたいと思う女に出会うことはなかった。但し、私が愛している此の女には、幼児を生ませたい。本当に汝を愛しているからだ、おお、永遠よ！

本当に汝を愛しているからだ、おお、永遠よ！

5

私は海が好きだ。海の性《さが》をもつ総てが好きだ。また、それらが怒って私に異を唱えるとき、私は却《かえ》って、それらがこの上なく好きになる。

未発見のものを目指し帆を張って進む、彼《あ》の模索し続ける意欲が私の中に存在する。私の意欲の中には、一角《ひとかど》の船乗り気質があるのだ。

私は嘗て小躍りして思わず叫んだ。「岸壁が見えなくなった。——私を繋《つな》いでいた最後の鎖が、今や断ち切られたのだ。——

——果てしなきものが私の周りで、轟轟と音を立てている。遥か彼方に輝く星は、私に悠久の時間と空間を示してくれる。さあ！　進むぞ！　古《いにしえ》からの勇気よ！」——

おお、このような現実《うつつ》の中にいるならば、どうして私は永遠と一つに溶け合いたいと燃えずにいられようか？　めぐりあいの粋たる最高のめぐりあい、——永遠回帰のめぐりあいを、どうして本能が求めずにいられようか？

私は未だ幼児《おさなご》を生ませたいと思う女に出会うことはなかった。但し、私が愛している此の女には、幼児を生ませたい。本当に汝を愛しているからだ、おお、永遠よ！

本当に汝を愛しているからだ、おお、永遠よ！

6

私の美徳は舞い踊る者の美徳である。私は屢《しばしば》、両足を躍《おど》らせて、黄金と翠玉《エメラルド》の大歓喜の中に跳び込んだ。

私の悪意は笑う悪意であり、薔薇《ばら》の山腹や百合《ゆり》の生け垣の間を故郷《ふるさと》にしている。

——即ち、笑いの中には総ての悪が集《つど》っている。だが、笑い自身の妙なる喜びを通り抜ける中で、悪は浄化され、赦免される。——

そして、このことが私のアルファ（原因）とオメガ（結果）であるからこそ、総ての重いものが軽くなり、総ての肉体が踊り手になり、総ての精神が鳥にならむとする。つまり、このことは、絶対に、私のアルファとオメガなのだ！——

おお、このような現実の中にいるならば、どうして私は永遠と一つに溶け合いたいと燃えずにいられようか？　めぐりあいの粋たる最高のめぐりあい、——永遠回帰のめぐりあいを、どうして本能が求めずにいられようか？

私は未だ幼児を生ませたいと思う女に出会うことはなかった。但し、私が愛している此の女には、幼児を生ませたい。本当に汝を愛しているからだ、おお、永遠よ！

本当に汝を愛しているからだ、おお、永遠よ！

7

私は嘗て頭上に、静かな空を張りめぐらし、自らの翼で自らの空を飛んだ。

私が風と戯《たわむ》れ、深い光の遠方に漂っていると、私の自由に鳥の知恵が付いてきた。

──そこで、とにかく鳥の知恵は言う「見よ、上もなく、下もない！　汝をどこにでも投げ出せ、前にでも、後ろにでも、汝は軽やかなのだ、歌え、もはや語る勿れ！

──総ての言葉は、重い者たちのために作られているのではないか？　軽やかな者にとっては、総ての言葉が偽りとなるのではないか？　歌え、もはや語る勿れ！──

おお、このような現実《うつつ》の中にいるならば、どうして私は永遠と一つに溶け合いたいと燃えずにいられようか？　めぐりあいの粋たる最高のめぐりあい、──永遠回帰のめぐりあいを、どうして本能が求めずにいられようか？

私は未だ幼児《おさなご》を生ませたいと思う女に出会うことはなかった。但し、私が愛している此の女には、幼児を生ませたい。本当に汝を愛しているからだ、おお、永遠よ！

いい、いい、いい、いい、いい

本当に汝を愛しているからだ、おお、永遠よ！

第四部と究極の部分

ああ、同情者間の愚行よりも大きな愚行が、この世のどこで起きたであろうか？　また、同情者の愚行よりも多くの苦しみを、この世の何が惹き起こしたであろうか？

ああ、愚行の同情を超える高みに本当は達していないにも拘らず、人を愛する者は誰であれ、同じ愚行と苦しみを繰り返すのだ！

嘗て悪魔が私に対して、こう言った「神も神の地獄を有《も》っている。それは神の人間への愛だ」と。

また最近、私は悪魔がこう言っているのを聞いた「神は死んだ。人間に対する同情のせいで、神は死んでしまった」――

ツァラトゥストラは斯く語ったII部〈同情者〉より（一二〇頁）

蜂蜜の供物

——そして、再び幾年月がツァラトゥストラの魂の上を流れていった。彼はそのことを気に留めなかった。だが、彼の髪は白くなった。或る日、彼が洞窟小屋の前の石に坐って、静かに彼方を見遣《みや》っていると、——そこからは、幾重にも入江を刻んだ断崖越しに、とにかく海が望まれた。——そのとき彼の動物たちは気掛かりになって、彼の周りを行ったり来たりしていた。が、終に彼の前に進み出た。

「おお、ツァラトゥストラ」と彼らは言った「まさか汝の幸福を見張っているのでは？」——「幸福が何だ！」と彼は答えた「とっくの昔、幸福など求めてはいない。私は自分の仕事に努めている」——「おお、ツァラトゥストラ」と動物たちは再び話した「汝が然う言うのは、十分すぎるほど宜しきに与《あずか》っているからだ。空の如く青い幸福の湖に浸っているのでは？」——「汝ら、剽軽者《ひょうきん》め」とツァラトゥストラは答えて、微笑《ほほえ》んだ「なんと巧みに汝らは比喩を選ぶことか！　だが、汝らも知ってのとおり、私の幸福は重く、寄せては返す波のようではない。それは私にじわじわと迫ってきて、私から離れようとはしない。まるで溶けた瀝青《ピッチ》のようだ」——

すると、動物たちは再び気掛かりになって、彼の周りを行ったり来たりした。が、またもや彼の前に進み出た「おお、ツァラトゥストラ」と彼らは言った「だから汝の髪が白く亜麻のように見えるのに、汝自身は益益黄色く暗くなるのであろうか？　いやはや、汝は自分の瀝青の中に坐っているのだな！」――「何を言う、私の動物たちよ」と言ってツァラトゥストラは笑った「確かに、瀝青を引き合いに出したとき、私は冒瀆してしまった。つまり、熟れた総ての果実と同じことが私に起きている。私の血を濃密にし、また私の魂を平穏にするのは、私の血管を流れる蜂の蜜なのだ」――「然うだろうよ、おお、ツァラトゥストラ」と動物たちは答え、ここぞとばかり、彼の直《す》ぐ傍《そば》まで寄ってきた「ところで、今日汝は高い山に登ってみないか？　空気は澄み、嘗てないほど世界が見えるぞ」――「然うだな、私の動物たちよ」とツァラトゥストラは答えた「汝らは私の心を見事に推し量り、相応《ふさわ》しい助言をしてくれる。今日高い山に登ってみるとしよう！　だが、山上で蜂蜜が手に入るよう配慮してくれ。黄色く、白い、上等な、氷のように新鮮な黄金の蜂蜜を、蜂の巣もろともに頼む。つまり、そこで私は蜂蜜の供物《くもつ》を捧《ささ》げるつもりだ、知っておくがいい」――

　ところが山頂に着くと、ツァラトゥストラは彼を案内してきた動物たちを送り帰した。そして、やっと独りきりになれたと思った。――彼は心の底から笑い、辺《あた》りを見回し、そして、このように語った。


　私が供物、それも蜂蜜の供物について話したのは、ひとえに私の言葉遣《づか》いの謀《たばか》りだ。真に、有益なる愚行だ！　こうして頂上にいると、とにかく隠者の洞窟や隠者の愛玩動物の前で話すよりも、自由に話すことが許される。

　何を供《そな》えるというのだ！　私は、自分に贈られるものを惜しみなく使い果たす。私は千の手をもつ浪費家なのだ。どうして私がそのことを今さら——供えるなどと呼ぶ必要があるのか！

蜂蜜を欲しがったとき、私はただ餌《えさ》として、不平屋の熊どもや、性悪《しょうわる》で気難し屋の奇妙な鳥さえも舌舐《したな》めずりする、甘い濃密液・粘液を求めていたにすぎない。

——狩人や釣人が欲しがる最高の餌を求めていたのだ。何となれば、世界は暗い獣の森、また野生の血を滾《たぎ》らせる総ての狩人の楽園のようでありながら、却《かえ》って私には、寧ろ世界が底知れぬ豊かな海であると思われるからだ。

——それは、神々でさえも釣師《つりし》となり、投網師《とうあみし》となりたいと思わせるほど、色とりどりの魚や甲殻類に溢れた海である。つまり、世界は其れほど驚くべきもの、偉大なもの、また可愛らしいものに溢れているのだ！

とりわけ人間の世界、人間の海は然うである。——これから私は、この海に向かって私の黄金の釣竿《つりざお》を投げ入れ、そして言う、汝を開け、汝、人間の深淵よ！

汝を開け、汝の魚たちと煌《きら》めく甲殻類を私に投げて寄こせ！　私の最高の餌で、今日は最も不可思議な人間魚たちを誘《おび》き寄せてやるぞ！

——私は旭日と正午と日没の間に、私の幸福そのものを全方角へと投げ込む。多くの人間魚たちが私の幸福を引っ張ったり、触れて跳ねたりするようになるのではないか。

やがて彼らは餌に隠された私の鋭い釣針に食い付いたまま、私の山頂まで引き上げられる破目《はめ》になるのではないか、つまり、見たこともないほど色とりどりの深海魚たちが、人間釣師の中で最もしたたかな釣師の手に掛かるのではないか、それが見たいのだ。

実際、私は根本的に元初から、そのような釣師である。引きつつ、寄せつつ、引っ張り上げむとしつつ、吊るし上げようとしている。即ち、釣らむとして糸を垂れる私は生命育《はぐく》む者だ。また、嘗て自らに対して「汝自身になれ」と戒めたのも宜《むべ》なる哉《かな》というべき厳格な教師なのだ。

結局、今は人間たちに山上の私のもとへと来させたい。何となれば、私は依然として、私の下山の時を告げる徴を待っている。その徴《しるし》が見えない限り、逆に私の方から人間たちのもとへと下山することはないのだ。

私は彼らが上《のぼ》って来るのを待つ。この高い山の上で、策を練っては人間魚どもの反応を面白可笑しく思い浮かべる。苛苛《いらいら》しているのではない。忍耐しているわけでもない。「忍耐する」こともないので——寧ろ、忍耐さえも忘れた人物として待つのだ。

つまり、私の運命が暫しの猶予を呉れたのだ。もしかして運命は私を忘れたのだろうか？　或いは、大きな岩の陰に坐って、蝿を捕まえているのだろうか？

真《まこと》に、我が永遠の運命に感謝する。この運命は、私を嗾《けしか》けたり、急《せ》き立《た》てたりはしない。私のために悪戯《いたずら》や悪意《あくい》の時を与えてくれる。だから今日魚釣りのために、この高い山に登ったのだ。

嘗て人間が高い山の上で魚を釣った例《ためし》が果してあっただろうか？　然し、私がこの山の上で目論《もくろ》んでいることが、たとえ愚行であるとしても、あの下の方で私が待ち草臥《くたび》れて急に厳粛になったり、怒りで青緑になったり、妬みで黄色くなるよりは、その愚行のほうが未だしも良いのだ。——

——待ち疲れて大袈裟《おおげさ》な怒りに喘《あえ》ぐ者よりは、山々から激しく遠吠えする嵐よりは、苛立ちを抑えられず谷間に向かって「聞け、さもなくば神の鞭《むち》で汝らを打ちのめすぞ！」と吹き下ろす短気者よりは、未だしも良いのだ。——

だからといって、こうして怒る者たちを私が恨《うら》めしく思っているわけではない。彼らは、笑って遣《や》るだけで十分だ！　これらの下手《へた》な大太鼓どもは今日発言しないと、決して発言する機会に恵まれない。きっとそのせいで、忍耐に見切りをつけるしかないのだ！

だが、私と私の運命――我らは今日にむかって語るのではない。また決して来ない時にむかって語るのでもない。我らは、語るための忍耐と時間と超時間とを既に分かち合っている。何となれば、それはいつか必ずやって来るに決まっている。傍《かたわ》らを通り過ぎていくことなどあり得ないからだ。

誰が、いつか必ずやって来るに決まっていて、また傍らを通り過ぎていくことなどあり得ないのか？　我らの偉大なるハザール、それは我らの偉大且つ遠大なる人間世界、ツァラトゥストラの千年世界である。――

このような「遠大なる」とは、どれほど遠大なのだろうか？　私には何うでもいいことだ！　だからといって、その確かさが聊《いささ》かも揺らぐわけではない――。両足を踏み締めて、私は確《しか》と此の基礎の上に立っている。

――永遠の基礎の上、堅牢《けんろう》な原成岩の上、この最も高く、最も堅牢な始原岩層の上に立っているのだ。ここ天気境界には、あらゆる風がやって来て、汝はどこにいる？　汝はどこから来た？　汝はどこを目指しているのか？　と問いかける。

ここに立って笑え、笑うのだ、私の明るく健やかな悪意よ！　高い山々から、汝の煌めく嘲りの大笑いを投げ下ろせ！　汝の煌めきで、最も美しい人間魚を誘《おび》き寄せてくれ！

そして、あらゆる海の中で私に属するもの、万象の中の私それ自体――それを釣り上げてくれ、それを私の所まで引き上げてくれ。それこそ、あらゆる釣師の中で最もしたたかな私が待っているものだ。

私の釣針よ、遠くへ、遠くへと、飛んでゆけ！　我が幸福の餌よ、深く、下へと、沈め！　我が心の蜂の蜜よ、汝の最も甘い露《つゆ》を滴《したた》らせよ！　私の釣針よ、咬み付け、あらゆる先の見えぬ悲哀の腹に深く食い込め！

私の眼差《まなざ》しよ、彼方《かなた》を、彼方を見よ！　なんと多くの海たちが私を取り巻いていることだろうか、なんという夜明けが人間の未来を告げていることか！　そして、私の頭上には――なんという薔薇《ばら》色の静けさが！　なんという晴れやかな沈黙が存在することか！

困窮の叫び

翌日、ツァラトゥストラは再び洞窟の前の石に坐っていた。一方、動物たちは――新たな蜂蜜も含めて、新たな食物を持ち帰るために、外の世界を彷徨《さまよ》っていた。なぜなら、ツァラトゥストラは、昨日の蜂蜜を最後の一滴まで使い尽していた。然し、斯うして彼が坐り、杖を手にして地上に映った自分の姿の影をなぞり、思案していたとき――とはいえ、絶対に！　彼自身と彼の影について思案していたのではない――突然、彼は驚いて身を竦《すく》めた。なぜなら、自分の影の隣に猶一つの影を認めたからである。そして、彼が素早く振り返りながら立ち上がると、なんと、彼と並んで彼の預《あ》言者が立っていた。それは、彼が嘗て食卓に招いて飲食を共にした同じ人物、「総ては同じ、何の効《かい》もない。世界は無意味だ、知ることが息を詰まらせる」と説いた、彼の長《あ》大な疲労の告知者だった。然し、この男の顔貌は、あのときとは一変していた。また男の目を見詰めたとき、ツァラトゥストラの心はまたもや驚かされた。つまり、それほど多くの憂うべき前触れと絶望的な稲妻とが、男の顔を過《よぎ》っていたのだ。

ツァラトゥストラの魂の出来事に気づいた預言者は、手で自分の顔を拭《ぬぐ》った、宛《あたか》も顔そのものを拭い去ってしまおうとするかの如く。ツァラトゥストラも同じことをした。こうして両者は黙々と落ち着き、気を取り直した後、互いに旧知の間柄であることを示そうとして、手を差し伸べ合った。

「ようこそ」とツァラトゥストラは言った「汝、長大な疲労の預言者よ、嘗て汝を私の食卓に客として招いたのは、決して無駄ではなかった。今日も私の所で食べ、且つ飲むがいい。但、楽しげな老人が汝と食卓を共にするのを厭《いと》う勿《なか》れ！」——「楽しげな老人？」預言者は頭を振って答えた「然し、汝が何様であれ、或いは何様でありたくとも、おお、ツァラトゥストラ、汝はこんな高所で、極めて長い間、楽しげであり過ぎた。——汝の小舟《ナッヘン》は程なく、甲羅干《こうらぼ》しをしていられない破目になる！」——「私が甲羅干しをしているとでも言うのか？」——とツァラトゥストラは笑いながら問うた。——「汝の山を取り巻く波が」と預言者は答えた「益益高まりつつある。途轍《とてつ》もない困窮と悲嘆の波だ。その波が間も無く汝の小舟を持ち上げ、汝を運び去るであろう」——ツァラトゥストラはそれを聞いて黙っていたが、奇異の念をおぼえた。——「汝には、未だ何も聞こえないのか？」と預言者は続けて言った「深い所から、ざわざわ轟轟と寄せ上《のぼ》ってくるではないか？」——ツァラトゥストラは相変わらず、黙ったままで、耳を澄ました。すると、彼の耳に、或る長い、長い叫び声が聞こえてきた。その叫び声は入江から入江へと谺《こだま》して伝わってきた。どの入江も其れを留《とど》めて置きたくはなかった。それほど酷い響きだったのだ。

「汝、憂うべき前触れの告知者よ」とツァラトゥストラは遂に語った「あれは或る困窮の叫びであり、一人の人間の悲鳴だ。多分、どこかの黒い海から聞こえてくるのだろう。然し、人間の困窮が私と何《ど》う関わる！　私のために取って置かれてきた、私の最後の罪、――その罪が何という名前なのか、汝は多分知っているな？」

――「同情だ！」と預言者は溢れる気持ちから答え、両手を高く上げた。――「おお、ツァラトゥストラ、汝の最後の罪へと、汝を誘《いざな》うために、私はやって来たのだ！」――

この言葉が終わるや否や、またしても、あの叫び声が響き渡った。今度は一段と長く、一段と不安に満ち、またとにかくやたらに近くから聞こえた。「聞こえるか？　汝には聞こえるか、おお、ツァラトゥストラ？」と預言者は叫んだ「あの叫び声は汝に向けられている。汝に向かって『来い、来い、来るのだ、時は来た、将に其の時がやって来た！』と叫んでいるのだ」――

ツァラトゥストラは黙って答えなかった。心は掻《か》き乱され、衝撃を受けていた。遂に彼は、問うのを躊躇《ためら》う者の如く尋ねた「それで、あそこで私に向かって叫んでいるのは、誰なのだ？」

「おや、汝は先刻承知ではないか？」と預言者は語気鋭く答えた「どうして汝は恍《とぼ》けている？　汝を求めて悲鳴を上げている者こそ、高等人種であるぞ！」

「高等人種《ヒョーエレメンシュ》？」ツァラトゥストラは恐怖に襲われて叫んだ「その人間が何を求めている？　その人間は何をしたいのだ？　高等人種？　そんな者がここで何を望んでいる？」――彼の肌は汗に被《おお》われていた。

預言者はツァラトゥストラの不安には答えず、ひたすら谷間に耳を澄ました。然し、そちらは長い間静まり返っていたので、彼は眼差しを再び元の方に向けた。すると、ツァラトゥストラが戦《おのの》きながら立っているのが見えた。

「おお、ツァラトゥストラ」と預言者は悲しげな声で話し始めた。「汝は幸福で目が眩《くら》むというふうでもない。私の前で倒れないために、汝は踊らねばならぬだろう！

然し、汝が私の前で踊ろうとしても、また何んな脱線を遣《や》って退《の》けようとしても、矢張り私は「見よ、ここで最後の陽気な人間が踊っている！」などとは誰にも言わせないつもりだ。

もしこの人物を誰か一人が探しているとして、こんな高い所に登って来ても、徒労でしかない。たぶん洞窟や隠れ洞窟、人目を忍ぶ者の隠れ家は見つかるであろう。然し、幸福の竪穴《たてあな》や、宝の蔵、また新しい幸福の金鉱脈は、決して見つからぬであろう。

幸福——こんな埋もれた者たちや、隠者たちのもとで、まさか幸福が見つかるものか！ 最後の幸福は、矢張り喜びに満ちた島々で、遠く忘れ去られた海と海の間に探し求めねばならぬのか？

然し、総ては同じ、何の効《かい》もない。探しても無益だ。もはや喜びに満ちた島々も存在しない！

——

このように預言者は嘆息《ためいき》を吐《つ》いた。ところが、彼の最後の嘆息を聞いて、ツァラトゥストラは再び明るく確信に満ちてきた。深い奈落から這い上がって陽の光を浴びた者のようだった「違う！ 違う！ 何度言っても違う！」と彼は力強い声で叫び、自分の鬚《ひげ》を撫《な》でた。——「そのことは私がよく分かっている！ 喜びに満ちた島々は今も存在しているのだ！ それについては黙れ、汝、悲しみの風袋《ふうたい》め！

それについてピチャピチャ嘆くのは已《や》めよ、汝午前の雨雲よ！ 私は既に汝の悲嘆を浴びて、犬の如くびしょ濡れになっているではないか？

私は今から滴《しずく》を振るい落として、再び湿り気のない心身となるために、汝の許《もと》から退散するとしよう。別に驚くには当たらない！　私が無礼だと思うか？　だが、ここは私の宮廷なのだ。ともあれ、汝の言う高等人種は気になる。よし！　直ちに例の森の中を探してみよう。その方角から、その人物の叫びは聞こえてきた。もしかすると、人間を襲う獣に追われているかもしれぬ。叫び声の主は、私の聖域にいる。彼が危害を加えられてはならぬ！　本当に、私の所には、困りものの獣たちが数知れずいる」

　こう言って、ツァラトゥストラは立ち去ろうとした。すると預言者は言った「おお、ツァラトゥストラ、汝は人が悪い！

　私は疾《と》っくに分かっている。汝は私から逃《のが》れたいのだ！　寧《むし》ろ、森の中に駆け入って、悪《わる》さする獣たちを追っかけるほうがいいと思っているのだ！

　然し、そんなことをして何になる？　夕方には、どのみち汝は再び私と会うことになる。汝しか足を踏み入れたことのない洞窟の中で、私は丸太のように忍耐強く、腰を据えて――汝を待つとしよう！」

「そうしたければ、するがいい！」とツァラトゥストラは立ち去りながら、大声で答えた「私の洞窟の中にある私のものは、汝のものでもあるのだ、我が客人よ！

　もしも汝が洞窟の中に未だ蜂蜜を見つけたならば、さあ！　存分に舐《な》め尽くせ、汝、不平熊よ、そして、汝の魂を甘くするがいい！　我ら二人、夕べの時を上機嫌で過ごしたいものだ！

　――この日が終わったことを喜び、上機嫌で過ごそう！　汝自ら私の歌に合わせて、私の踊り熊として踊ってもらわねばならぬ。

そんなことは思いもよらぬだと？　頭《かぶり》を振っているな？　よし！　よし！　老《お》い耄《ぼ》れ熊め！　ところで、私も——預言者であるぞ！」

このように、ツァラトゥストラは語った。

王たちとの対話

1

彼の山と森の中を未だ一時間と歩まぬ中《うち》に、ツァラトゥストラは突然、奇妙な一行を目にした。彼が丁度降りて行こうとした正に同じ道を、王冠と緋色の帯で着飾った、フラミンゴのように色鮮《いろあざ》やかな二人の王が登ってきたのだ。彼らは、荷物を積んだ一頭の驢馬《ろば》を先頭に追い立て進んでいた。「この王たちは、私の世界で何をしたいのだろうか？」とツァラトゥストラは驚いて自分の心に対《むか》って語ると、素早く茂みの陰に身を隠した。然し、王たちが彼の所まで近寄って来ると、彼は独り言を話す人の如く小声で言った「奇妙だ！　奇妙だ！　これは何うしたら辻褄が合うのだ？　王は二人見えるのに——驢馬が一頭しかいないとは！」

すると二人連れの王は立ち止まり、微笑《ほほえ》み、声のした方を見遣《みや》り、それから互いに顔を見合わせた「我我の間にも、多分あのように考える者はいる」と右手の王が言った「但、それを口に出して言わないのだ」。

然し、左手の王は肩を竦《すく》めて答えた「あの声は多分山羊飼《やぎか》いだろう。或いは、余りに久しく岩や木の間で暮らしてきた隠者かもしれぬ。社会生活が全く無ければ、善い慣習も滅亡するということだ」。

「善い慣習だって？」と片方の王は機嫌を損ね、苦苦《にがにが》しく応酬した「我らは抑《そもそも》、何者から逃れてきたのか？『善い慣習』からではないのか？我我の『上流の慣習社会』からではないのか？

真に、金鍍金《きんめっき》で潤色され、偽物で過剰に粉飾された賤民と一緒に暮らすくらいなら、むしろ隠者や山羊飼いの間で暮らすほうがましだ。――賤民が自分たちを既に『上流の慣習社会』と名乗っているのであれ、

――彼らが自分たちを既に『貴族』と名乗っているのであれ、そこでは、とにかく総てが不実で腐っている。先ずは血の状態である。それは昔からの間違った生活習慣の病気と、その病気よりも有害な医術師のせいだ。

私から見て今日却《かえ》って最も好ましく最も信頼できるのは、粗削りで抜け目なく、一徹で耐久力のある健康な農夫だ。これこそが今日、最も高貴な種《しゅ》である。

農夫が今日では最も信頼できる。農夫の種が支配者となればいいのだ！　ところが、現にあるのは賤民の国だ。――私は決して騙されない。とにかく賤民とは、つまり、「ごたまぜ」のことだ！

賤民のごたまぜ。そこでは、総てが脈絡を失っている。聖者とならず者と田舎貴族とユダヤ人とノアの方舟から溢れ出た総ての家畜とが入り乱れての無礼講だ。

善い慣習だってよ！　総てが我我のもとでは、不実で腐っている。もはや尊敬することを誰も分かっていない。正にそういう事実から、我我は逃れてきたのだ。甘いことを言って取り入ってくる

犬どもばかり、棕櫚《しゅろ》の葉っぱに金鍍金するんだぜ。

吐き気に喉塞がれるのは、我我王自らが猫かぶりになったことだ。黄色くなった父祖伝来の豪華な礼服で全身を覆って変装し、自ら幾つもの記念メダルとなって、どんな愚か者でも、どんなに悪賢い者でも、また今どきの、何が何でも権力を利用して暴利を貪る者なら誰でも、手を合わせて拝みそうな気持にさせているのだ！

我我は最高の人間ではない。――にもかかわらず、最高の人間を象徴しなければならない。この誤魔化《ごまか》しに到頭《とうとう》嫌気がさして、吐き気がするようになった。

我我は賤民を避けてきた。あの手この手で叫び回る者たち、物書き面の青蠅、視野の狭い人間の腐敗臭、野心の足掻《あが》き、下品な吐息だ――。真っ平御免だ、賤民の間で生きるなんて！

――真っ平御免だ、賤民の間で最高の人間を象徴するなんて！　ああ、吐き気《エッケル》！　吐き気《エッケル》！　吐き気《エッケル》！　今さら我我王侯に何の価値があろうか！

「汝の持病が彷徨《さまよ》い出た」と、ここで左手の王が言った「吐き気の発作《ほっさ》が汝に取《と》り憑《つ》いたな、私の哀れな兄弟よ。ところで、分かっていると思うが、誰かが我我の話に耳を傾けているぞ」

この会話に耳目を大きく開いていたツァラトゥストラは、身を潜めていた場所から直ちに立ち上がり、王たちに歩み寄って語り始めた。

「汝ら王たちよ、汝らの話に耳を傾け、面白がっている人物は、ツァラトゥストラと呼ばれている。私こそが、嘗て『今さら王侯に何の価値があろうか！』と言ったツァラトゥストラである。非礼を許せ、汝らが互いに『我我王侯に何の価値があろうか！』と言い合ったとき、私は嬉しかった。

ともあれ、ここは私の世界《ライヒ》、私の支配地だ。汝らは私の世界で果して何を探したいのだろうか？

ところで、汝らはここに来る途中、もしかして、私が探しているもの、つまり高等人種《ヒョーエレンメンシェン》を見つけたかもしれない」。

この言葉を王たちが聞いたとき、彼らは互いに胸を叩いて、異口同音に言った「我我は承認されたぞ！

この言葉の剣によって、汝は我我の心に比類なく深く垂れ籠めていた闇を一気に断ち切る。汝は我我の困窮に気づいた。見よ、我我は、より高貴な人間《ヒョーエレンメンシェン》に出会おうとする途上に在る——

——我我が等しく王だとしても、我我より高貴な人間に出会いたいのだ。その人物に我我はこの驢馬を引き渡す。つまり、最も高貴な人間こそが、此の世で最高の支配者でもあらねばならぬ。

あらゆる人間の運命の中《うち》で、此の世の権力者が同時に最高の人間ではない場合ほど、過酷な不幸は存在しない。そのとき、総てが不実で歪められ、恐ろしいことになる。

まして、権力者が最低の人間であり、人間よりも寧ろ畜生の類であれば、賤民の相場はひたすら上昇し、終には賤民の徳さえも生まれ『いいか、俺だけが美徳だ！』と嘯《うそぶ》く！」——

「今しがた私は何を聞いたのか？」とツァラトゥストラは答えた「王侯にしては、何という明察！うっとりだ。真に、この機会に詩を一篇創りたくなってきた。——

——もっとも、誰の耳にも分かるとはいえない詩が出来るかもしれぬ。なにしろ、長い耳への気配りは疾っくの昔に忘れてしまった。さあ、創るぞ！

（ところが、ここで思いがけず、驢馬も発言を許された。驢馬は、とにかく明らかに邪悪な意志を籠めて然《イーアー》うやと言った）

その昔——イエス・キリストの生年——

巫女は語った、酒も呑まずに酔い痴れて。

『嘆かわしい、もう巧くいかない！

堕落！　堕落！　世界が斯《こ》う深く落魄《おちぶ》れたことはなかった。

ローマは身を持ち崩して娼婦となり、娼婦の巣窟《そうくつ》となった。

ローマの皇帝が信用を失墜させ、家畜に成り下がり、神さえも――ユダヤ人になった！』

2

このツァラトゥストラの短詩を聞いて、二人の王は喜んだ。そこで右手の王は語った「おお、ツァラトゥストラ、はるばるとやって来たからこそ、汝に会えたのである。我我はなんと的確な行動をしたことだろうか！

汝の敵が、彼らの鏡に映った汝の画像を我我に見せた。そのとき汝は悪魔の如き恐しい顔付きで、嘲笑しながら此方《こちら》を見ていた。だから我々は汝が恐くなった。

とはいっても、画像は何に役立ったのか！　汝は繰り返し、汝の箴言で我我の耳と心を突き刺した。それを味わっていたので、我我は遂に言った。彼の画像がどうであろうと、それが何《ど》うしたというのだ！

我我は彼の話を直《じか》に聞かねばならぬ。なぜなら彼は教えている『汝らは新たな戦《いくさ》のための手段として、平和を愛さなくてはならぬ。長い平和より、むしろ短い平和を愛さなくてはならぬ』

誰も嘗て此れほど好戦的な言葉を口にしたことはなかった『良いとは何か？　勇敢であることが良いのだ。総ての目的を神聖にするのは、良い戦い方である』

おお、ツァラトゥストラ、こんな言葉を聞くと、我我の体内を流れる父祖の血が騒いだ。それは、古いワインの樽に語りかける春の言葉さながらであった。

赤い斑紋をうねらせる大蛇さながら、敵味方の剣と剣とが入り乱れ、血飛沫《ちしぶき》が飛び交うと、父祖は生きている実感を味わった。平和の太陽は総て、彼らには惰弱で生温いと思われ、長い平和に至っては恥辱《ちじょく》となった。

壁に掛かったままの真新しく乾いた剣の数々を見たとき、我我の父祖は何《ど》んなに溜め息を吐いたことか！　剣と同じように、彼らは戦《いくさ》に飢えた。つまり、人剣一体となって血を吸わむとし、その欲望を漲《みなぎ》らせて煌《きら》めくのだ」──

──王たちがこのように熱心に父祖の幸福について喋《しゃべ》っていたとき、ツァラトゥストラは其の熱心さをからかってみたい好奇心に強く駆り立てられた。何となれば、彼が目前に見ていたのは、老けた華奢《きゃしゃ》な顔立ちをした、とても温和な王たちであることが明白だったからだ。然し、彼は其の欲望を抑えて「さあ！」と言った「この道をあちらへと進んでいけば、そこにツァラトゥストラの洞窟がある。今宵《こよい》は、ゆったりと過ごすとしよう！　然し、今は或る困窮の叫び声が、私に早く助けに来て欲しいと呼びかけている。

王たちが洞窟の中に坐り待ちたいのであれば、我が洞窟の誉れである。だが、無論、汝らは長く待たねばならぬだろう！

仕方あるまい！　苦しくはないぞ！　今日宮廷以上に待つことを学べるところがあるだろうか？

王侯たちに残された、ありったけの美徳を掻き集めると、——今日では『待つことができる』という意味になるのではないか？」

このように、ツァラトゥストラは語った。

蛭

それからツァラトゥストラは考え込みながら、更に深く山に分け入り、森を抜け、谷間の湿原に差しかかった。ところが、難しいことを考えていれば誰しもあるように、彼は其の際うっかりと一人の人間を踏み付けてしまった。すると、なんと、そのとき一つの苦痛の悲鳴と二つの呪詛と、二十もの罵詈雑言《ばりぞうごん》が彼に面と向かって一気に浴びせられた。彼も驚いて杖を振り上げ、踏み付けてしまった相手に対して思わず打ち掛かった。だが、直ぐに思慮分別を取り戻すと、彼の心は、犯してしまったばかりの愚かさを笑った。

「許せ」彼は踏み付けた相手に言った。その男は憤激して上半身を起こし、座り込んでいた「許せ、そして、何よりも先ず一つの比喩を聞くがいい。

現実離れの事柄を夢想して流離《さすら》う者が一人、ひと気のない通りを歩いていたら、思いがけなく日向《ひなた》で眠っている犬にぶつかる。

——すると両者は死ぬほど吃驚《びっくり》して跳び上がり、不倶戴天《ふぐたいてん》の敵同士のように怒鳴り合う。このようなことが我らの間に起きたのだ。

とはいえ！　本当に、――紙一重の差で、彼らは睦み合ったであろう、この犬とこの孤独な者とは！　彼らは何といっても――孤独な者同士なのだ！」

――「汝が誰であろうと」踏み付けられた男は、相変わらず憤激して言った「汝は譬え話を用いて、また私をきつく踏み付けている。足で踏んだだけでは飽き足らないのだな！

よく見てくれ、私のどこが、いったい犬なのか？」――そう言いながら、坐っていた男は、裸の腕を沼から抜いて立ち上がった。事の顚末《てんまつ》の始まりは、この男が地面に手足を伸ばして横たわり、沼の生き物を待ち伏せている者の如く、湿地帯の風景に溶け込んでいたことだった。

「ところで、汝は何をやっているのだ！」ツァラトゥストラは驚いて叫んだ。何となれば男の裸の腕を伝わって血が幾筋も流れるのを見たからである。――「何事が起きたのだ？　不運な男よ、厄介な虫に咬み付かれたのか？」

血を流している男は笑った。だが、依然として激怒の矛先《ほこさき》は収めていなかった「汝には関係ない！」彼は立ち去ろうとして言った「ここは我が家、私の領域。誰が私に問いかけようと勝手だが、頓馬《とんま》な奴に答えて遣りたくはない。

「汝は間違っている」とツァラトゥストラは気の毒そうに言い、男を引き留めた「汝は間違っている。ここは汝の勝手知ったところではなく、汝は私の世界の中にいる。その中では、誰も痛い目に遭わせたくないのだ。

まあともかく、私を何とでも好きなように呼ぶがいい。――私は、私とならねばならぬ者だ。私自身は自らをツァラトゥストラと呼んでいる。

さあ！　この道をあちらへと登って行けば、ツァラトゥストラの洞窟がある。遠くはない。――

私の所で、汝は傷の手当てをするつもりはないか？

汝、不運な男よ、この生命を得ていながら、汝は酷い目に遭った。最初は虫に咬みつかれ、それから──人間に踏み付けにされるとは！」──

ところで、ツァラトゥストラの名前を聞いたとき、踏み付けられた男の表情が一変した「目の前で本当に何が起きているのだ！」彼は急に大声で叫んだ「我が人生の中で、このツァラトゥストラという人間と、あの血を吸って生きる蛭という動物より以上に、私の思いを懸けた相手が果しているだろうか？

蛭のために私は此の沼の辺《ほとり》で、漁師のように身を伏せていた。私の垂らした腕は、既に十回咬み付かれていた。そのうえ、もっと素晴らしい蛭が、ここで私の血を吸おうとして咬み付いている。それが、ツァラトゥストラその人だ！──

おお、幸運よ！　おお、奇跡よ！　私をこの沼へと誘った、この日に称えあれ！　今日生きている、最善で比類なく活発な吸角に称えあれ！　偉大な良心の蛭、ツァラトゥストラに称えあれ！

このように、踏み付けられた男は語った。彼の言葉と、その上品で畏敬に満ちた調子を聞いて、ツァラトゥストラは喜んだ「汝は誰なのか？」と彼は尋ね、男に手を差し伸べた「我らの間には、解明し、晴れやかにすべきことが多く残されている。だが、既に清らかな明るい陽射しが差し込んできたように思える」。

「私は知的良心の信奉者である」と、尋ねられた男は答えた「知的な事柄に於いては、私が学んだツァラトゥストラその人を除くと、私以上に厳格、精密で、情を挟まない方法を貫ける者は、おいそれといるものではない。

多くのことを中途半端に分かるくらいなら、何も分からないほうがましだ！　他人の善意の思い込みに与《あずか》って賢者に成り済ますよりは、独力で物笑いの種になったほうがましだ！　私は——根底を目指すのだ。

——その根底が大きかろうが、小さかろうが、その根底が沼と呼ばれようと、空と呼ばれようと、それがどうしたというのだ？　手の平ほどの根底があれば、私には十分だ。それが本当に根底であり、基礎でありさえすれば！

——手の平《ひら》ほどの根底があるだけで、そこに立脚することができる。正しい学識と良識に於いては、偉大も卑小も存在しない」

「もしかすると、汝は蛭の研究者だな？」とツァラトゥストラは尋ねた「汝、知的良心の信奉者よ、汝は蛭の究極の根底に至るまで究めようとしているのだな？」

「おお、ツァラトゥストラ」踏み付けられた男は答えた「それは途方もない。どうして私がそんなことを成し得るだろうか！」

私がとにかく第一人者として精通している事象、それは蛭の脳である。——これが私の世界なのだ！

それも一つの世界なのだ！　ともあれ、ここは私の誇りにかけて発言する、大目に見よ。なぜなら、この分野で私と肩を並べる者はいない。だから『ここは我が家』と言った

どんなに長い間、私は此の一大事、即ち蛭の脳を追究してきたことだろうか！　摑み所のない真理が、ここでは私の手許から、もはや擦り抜けてはいくまいと願った！　ここに私の国があるのだ！

——このために、私は他の総てを抛《なげう》った。このために、私は他の総てに無関心となった。だから

私の学識の直《す》ぐ隣には、暗黒の無知が垂れ籠めている。

私の知的良心は、私に要求する、他の総ては知らなくても、一つの事を知っておくようにと。中途半端な知性、どんよりしたもの、地に足の付かないもの、熱狂的なもの、どれもこれも吐き気がする。

私の正直さが途絶えるところでは、私は盲目であるし、また盲目でありたい。然し、私が知ろうとするところでは、私は再び正直でありたい、つまり、不屈・厳格・厳密・精密で、残酷なほど仮借なき者でありたいのだ。

おお、ツァラトゥストラ、汝が嘗て言った『精神とは、自らの生命に切り込む生きざまである』という言葉、それが私を導き、汝の教えに誘《いざな》った。そして、本当に自らの血によって、私は自らの知見を増やしたのだ！」

——「見ての如くというわけだな」ツァラトゥストラは口を挟んだ。相変わらず、知的良心の信奉者の裸の腕を伝わって、血が滴《したた》り落ちていた。十匹の蛭がその腕に咬み付いていたのだ。

おお、風変りな奴よ、この有様、つまり汝自身が何れほど多くのことを私に教えていることか！然し、総てを汝の厳格な耳に注ぎ込むというわけには、とてもいかないであろう！

さあ、それではここで別れよう！　とはいえ、汝とはもう一度会いたいものだ。この道をあちらへと登って行けば、ツァラトゥストラの洞窟に通じている。今夜、汝はそこで私の親愛なる客人となればいい！

ツァラトゥストラが汝を足で踏み付けたことを、私は矢張り汝の肉体によって償《つぐな》いたい。それについては考えている。然し、今は或る困窮の叫び声が、私に早く助けに来て欲しいと呼びかけている」

このように、ツァラトゥストラは語った。

魔術師

1

それから、ツァラトゥストラがある岩角を曲がったとき、同じ道の下の方、遠くない所に一人の人間が見えた。その人は狂乱状態にあるかの如く、手足を抛《なげう》つ動作をしたかと思うと、終にがっくりと膝を折り、地面に腹這いになってしまった。「待てよ！」とツァラトゥストラは自分の心に対《む》かって語った「あそこにいるのが、きっと高等人種に違いない。彼からあの徒《ただ》ならぬ叫び声が聞こえたのだ。――助けられるかどうか見てみよう」。然し、その人間が地に伏している所に駆け寄ってみると、彼は虚ろな目をして震えている年老いた男だった。ツァラトゥストラがその老人を助け起こし立たせようと、何《ど》んなに骨を折ってみても無駄だった。その上、不幸な男は、誰かが自分の周りにいることに気づいていないように見えた。否、むしろ、絶えず涙ぐましい身振りで辺りを見回していた。そのさまは、総ての世界から見捨てられ、孤立させられた者のようだった。ともあれ、さんざん震え、痙攣し、全身をくねらせた挙句、その男は次のように、嘆きの歌を始めた。

誰が私を温めるのか、この期《ご》に及んで、誰が私を愛するのか？

熱い双手を差し伸べてくれ！
　心の火桶を与えてくれ！
長々と伸びて、身震いし
死にかけ、足を温めてもらう者さながら――
ああ、見知らぬ熱病に天地を失い！
氷柱《つらら》のような悪寒の矢を浴びて震え、
汝によって追い立てられた、思想よ！
名を拒む者よ！　覆面をした者よ！　恐るべき者よ！
汝、雲に隠れた狩人《かりうど》よ！
汝の稲妻によって打ち倒された、
汝、暗闇から私を見詰め、嘲る眼よ、
　つまり――そのようにして、私は横たわり、
身を曲げ、捩《よじ》り、あらゆる永遠の呵責に苛《さいな》まれ
汝によって射られたのだ、残忍この上なき狩人よ！
汝、見知らぬ――神よ！

もっと深く命中させよ！
今一度、命中させよ！
この心を刺して、刺しまくれ！

丸い矢尻で苦しめて何《ど》うする？
人間の苦悩に飽きもせず、
他者の失敗を喜ぶ神々の電撃の眼差《まなざ》しで、
汝は、またしても何を見ている？
殺すつもりはなく、
ひたすら拷問に次ぐ拷問で責め苛むのか？
何のために——私を拷問にかけるのか、
汝、私の不幸を喜ぶ見知らぬ神よ？——

ははっ！　忍び寄って来るのか？
こんな真夜中に
何をするつもりか？　言ってみろ！
汝は私に詰め寄り、私を圧迫する——
はっ！　既に余りにも近すぎる！
去れ！　去れ！
汝は私の息遣《いきづか》いを聞き、
私の心に聞き耳を立てる。
汝、嫉妬深き者よ！——
だが、何に嫉妬しているのだ？

去れ！　去れ！　何の目的で梯子《はしご》を手にしている？
入り込みたいか
心の中へ
侵入したいか、私の最も秘密にしている
思想の中に侵入したいか？
恥知らずめ！　見たことのない——泥棒よ！
何を盗み取るつもりだ？
何を盗み聞きするつもりだ？
私を拷問にかけて何を吐かせるつもりだ、
汝、拷問吏よ！
汝——処刑する神よ！
それとも、私に犬のように、
汝の前で転げ回れというのか？
身も心も捧げ、感激に我を忘れて、
汝に——尾を振り愛の誠を示せというのか？

無駄だ！　もっと刺すがいい、
残忍この上なき棘《とげ》よ！　否、
犬は当らず——私は汝の獲物にすぎぬ、

残忍この上なき狩人よ！
私は汝の最も誇り高き捕虜だ、
汝、雲に隠れた盗人よ！
ここらで言え！
私から何を望んでいるのだ、汝、追剝《おいはぎ》よ？
汝、覆面の電光よ！　見知らぬ者よ、言え、
汝は何を望んでいる、見知らぬ――神よ？

何？　身代金か？
どれほどの身代金が欲しいのだ！
多く要求せよ――これぞ我が誇りだ！
だが、手短《てみじか》に話せ――これも我が誇りの別の顔！

ははっ！
私を――汝は望んでいるのか？　私を？
私を――そっくり全てを？……

ははっ！
それで私を苦しめているのだな、汝が道化なればこそ、

私の誇りを酷い拷問にかけているのだな？
私に愛を与えよ——この期に及んで、誰が私を温めるのか？
この期に及んで、誰が私を愛するのか？——熱い双手《もろて》を差し伸べてくれ、
心の火桶を与えてくれ、
孤独を極めた私のために、
その私に氷は、ああ！　七重の氷は
敵さえ、
敵さえも欲しくて堪《たま》らなくなると教えてくれるのか、
与えよ、否、委ねてくれ、
残忍この上ない敵よ、
私に——汝を！————

逃げるのか！
ほら、彼が自ら逃げて行く、
私の最後の唯一の仲間、
私の偉大なる敵、
私の見知らぬもの、
私の処刑する神よ！——

——行くな！　戻って来てくれ、
総ての汝の拷問と共に！
総ての孤独な者の中で究極を窮めた者のもとへ、
おお、戻って来てくれ！
私の涙が幾筋もの小川となって
総て汝を慕って流れてゆく！
そして、私の最後の心の炎が——
汝を求めて燃え上がるのだ！
おお、戻って来てくれ、
私の見知らぬ神よ！　私の苦痛よ！　私の究極の——幸福よ！

2

——然し、ここでツァラトゥストラは、もはや自らを制することができなかった。杖を手にするや、嘆き悲しむ男めがけて、力の限り打ち掛かった。「止《や》めろ！」と彼は痛憤の余り皮肉な笑いを浮かべて怒鳴《どな》った。「止めろ、汝、役者め！　汝、贋金造《にせがねづく》りめ！　汝は根っからの嘘つきだ！　汝のことは、見抜いている！

汝の足を直《す》ぐにでも温めてやろう。汝、油断ならぬ魔術師め、汝のような奴に——気合を入れる骨《こつ》は、よく分かっているぞ！」

――「止めてくれ」と、老いた男は言って、地面から跳び上がった「もう打たないでくれ、おお、ツァラトゥストラ！　要するに、単なる演技だ！

こういうことも私の芸術だ。この試演《プローベ》を汝に見せたとき、私は汝自身を試そうとした！　ところが、真に、汝は私の思惑を確実に見抜いてしまった！

ともあれ、汝も――決して小さくはない実証《プローベ》を自ら私に示してくれた。汝は情に流されない。汝、聡明なるツァラトゥストラよ！　汝は容赦なく、汝の『真実』で以て打ち掛かる。汝の棍棒が私から――このような真実を否応なく吐かせるのだ！」

――「諂《ひつら》うな」とツァラトゥストラは、未《いま》だに興奮冷《さ》め遣《や》らず、怒りの眼差しを向けて答えた「汝、根っからの役者よ！　汝は当てにならぬ。汝が真実について――何を話すのか！

汝、孔雀《くじゃく》の中の孔雀よ、汝、虚栄の海よ、汝は私の前で何を演じていたのか、汝、油断ならぬ魔術師よ、あんな姿で嘆いていたとき、汝は私に何者だと思わせようとしたのか？」

「精神の懺悔者だ」と老人は言った「それを――私は演じた。抑《そもそも》、汝自身が嘗てこの言葉を発明した。――

――自分の精神を遂に自分自身に敵対させている詩人や魔術師と、悪しき良心・悪しき良識ゆえに凍死せんばかりに変心した者を私は演じたのだ。

そして、これだけは認めてくれ、おお、ツァラトゥストラ、私は演技しているのだと、汝が見破るまでには長く掛かった！　汝が私の頭を両手で支えたとき、汝は私の困窮を信じていた――

――私は汝が私を哀れみ『この男は愛に恵まれなかった。余りにも恵まれなかった！』と嘆いてくれたのを聞いた。汝をそこまで欺くことができて、私の悪意はしてやったりとほくそ笑んだ」

「汝は私より悧巧な者でも欺いてしまうかもしれない」とツァラトゥストラは激しい口調《くちょう》で言った
「ペテン師に対して、注意ばかり払ってはいられない。私は心を開いていなくてはならぬ。私の運命が然う望むのだ。

　ところが、汝ときたら——欺かずにはおれない。それほどまでに、私は汝の性根を分かっているのだ！　汝はいつも、二重、三重、四重、五重に曖昧《あいまい》であるしかないのだ！　汝が今しがた白状したことも、暫くは私にとって本当とも嘘ともつかないものだった！

　汝、油断ならぬ贋金造りよ、何うしたら汝に他の生き方が出来るだろうか！　自分の医者に裸身を見せる場合でも、汝は無意識の中《うち》に自分の病気に化粧することを忘れないだろう。

　汝が『要するに、単なる演技だ！』と語ったとき、汝はまさに私の面前で汝の嘘に化粧を施していたのだ！　そこには同時に本気も存在した。汝は幾らかは精神の懺悔者なのだ！

　私が汝の正体を言い当ててやる。汝は万人を魔法で欺く者となった。然し、汝には、もはや自身を欺く、如何なる嘘も策略も残されてはいない。——汝自身は、自分に対して魔力を失っているのだ！

　汝は自分の一大真実として、不快感《エッケル》を収穫した。汝の口にする如何なる言葉も本物ではない。然し、汝の口許、つまり、汝の口許から離れない不快感だけは本物だ」——

——「然し、汝が何者だというのだ！」と、ここで老いた魔術師は頑固な声で怒鳴った「現に生きている最も偉大な人物である私に対して、何者がこのような話し方をして許されるのか？」——彼の目から緑色の閃光がツァラトゥストラに向かって放たれた。だが、直ぐに彼の態度は一変し、悲しげに言った。

「おお、ツァラトゥストラ、私は疲れた。身に付いた芸に吐き気を覚える。私は偉大ではない。何うして私が偉大なふりをする！　然し、汝はよく知っている――私は偉大さを追い求めたのだ！　私は偉大な人間に成り済まそうとし、多くの者を説き伏せた。ところが、この嘘は私の力を超えていた。この嘘に突き当たって、私は砕け散る。

おお、ツァラトゥストラ、総てが私に触れると嘘になる。然し、私が砕け散るということ――この私の粉砕だけは本物だ！」

「見上げたものだ」とツァラトゥストラは暗い表情で脇を見遣りながら語った「汝が偉大さを追い求めたのは見上げたものだ。然し、それは汝の本性も露《あらわ》にする。汝は偉大ではない。

汝、老獪な魔術師よ、汝が自らに疲れ『私は偉大ではない』と口に出して言った以上、そのことは、私が汝を部分的に尊敬する所の、最も正直で最も良い点である。

この一点に於いて、私は汝を精神の懺悔者として尊敬する。たとえ、ほんの僅かの間であっても、この一瞬は汝が――本物だったのだ。

ところで、言ってみよ、汝はここ私の森と岩の間で何を探しているのか？　また、汝は私の行く手を遮りながら、何《ど》んな実験を私に仕掛けようと思い描いていたのか？

――私の何を汝は試したのか？――

このように、ツァラトゥストラは語った。彼の両眼は、きらきらと輝いていた。老魔術師は暫く黙っていたが、やがて言った「私が汝を試しただろうか！　私は――ただ模索しているだけだ。

おお、ツァラトゥストラ、私は本物を模索している。正義を知る者、複雑なごまかしをしない者、明快に言い切る者、あらゆる正直さを身につけた者、知恵の器、認識の聖者、偉大なる人間を！

おお、ツァラトゥストラ、汝は抑《そもそも》、分かっているのではないか？　私は黄金の星《ツァラトゥストラ》を模索している[15]のだ！」

——ここで、長い沈黙が二人の間に生まれた。ツァラトゥストラの方は、深く自身の中へと沈潜し、結局、両目を閉じた。然し、それから相手の方に向き直ると、彼は魔術師の手を取り、満腔の礼譲《れいじょう》と謀《はかりごと》を込《こ》めて言った。

「さあ、この道をあちらへと登って行けば、そこにツァラトゥストラの洞窟がある。その中で汝は自分の見つけたい人を探せばいい。

そして、私の動物たち、即ち、私の鷲と蛇に助言を求めよ。彼らに汝の模索を手伝わせよう。私の洞窟は何しろ広い。

私自身は無論——未だ偉大な人間を見たことはない。何が偉大かと感じる眼力は、今日最も繊細な者のそれさえも粗雑である。賤民の国が現実となっているのだ。

背伸びし、自分を大きく見せている人間なら、私は既に数多く見てきた。俗衆は『見ろよ、偉大な人間がいるぜ！』と叫んだ。然し、鞴《ふいご》の類《たぐい》がいったい何の役に立つ！　結局、空気は抜けていく。

余りに長く膨らんでいた蛙は、終には破裂する。忽ち空気は抜けていく。膨らんだ者の腹を針で刺してやれば、立派な気晴らしになるんだぞ、いたずらっ子たちよ、聞いておくがいい！

今日は賤民の時代だ。何が偉大で何が卑小か、誰が少しは分かっているものか！　誰がこれまで幸運にも偉大さを模索したであろうか！　道化だけだ。道化には、それが巧くいく。

汝は偉大な人間を模索しているのか、汝奇妙な道化よ？　誰がそうせよと汝に教えたのか？　今がそれに相応しい時か？　おお、汝油断ならぬ模索者よ、私の何を——汝は試すのか？」——

　このように、ツァラトゥストラは語り、心和《なご》み、笑いながら自分の道を素足で歩いて行った。

退職

　魔術師から自由になって程なく、ツァラトゥストラはまた誰かが道端に坐っているのを見た。黒衣を着た背の高い男で、痩せ衰えた蒼白い顔をしていた。彼は酷く不愉快にさせられた。「嘆かわしい」と彼は自分の心に対《むか》って語った「そこに覆面をした悲哀が坐っている。僧侶の類と見えた。いかいい、あの連中が私の世界で何をしようというのか？

　何ということだ！　やっとあの魔術師から逃れたばかりなのに、またそこで別の魔術師に出喰わす破目になるとは。——

　——あれは、どこかの按手礼《あんしゅれい》を十八番《おはこ》とする妖術使い、怪しげな奇跡で神の恩寵を触れ回る者、厳《おごそ》かな世界誹謗者だ！　あんな奴は悪魔に攫《さら》われてしまえばいいのだ！

　それにしても、悪魔というものは、来て欲しいところにはいないものだ。いつも余りに遅くやって来る、あのいまいましい蝦《えび》足の侏儒《しゅじゅ》め！

　このように、ツァラトゥストラは内心苛苛《いらいら》しながら、呪いの言葉を噛み締め、如何に目を背《そむ》けて黒衣の男の傍《そば》を擦《す》り抜けようかと思った。だが、なんと、そうは問屋が卸さなかった。何となれば、彼がそんな思いをめぐらせた将《まさ》に同じ刹那《せつな》、坐っている男は既に彼を見つけていたからだ。そして、思いがけない幸福に突然出会った人の如く跳び上がると、一目散にツァラトゥストラ目掛けて駆け寄った。

「汝が誰であろうと、汝、旅する者よ」とその男は言った「人を探して道に迷ってしまった老人を助けよ、危険な目に遭えば、なす術がないのだ！

ここは、私の勝手知る所とは、遠く懸け離れた世界だ。野獣の吠える声も聞こえた。生きていたなら、私を護ることができた人さえも、今は此の世にいない。

私は探していた、神を深く信じる最後の人間を。彼は独りで森に住み、今では世間の誰もが知っていることについて、未だ何も聞いたことのない隠者であり、聖者だった」。

「今では世間の誰もが何を知っているのだ？」とツァラトゥストラは尋ねた「おおかた、嘗て世間の誰もが信じていた古い神は、もはや生きていないということか？」

「図星だ」と老人は悄然として答えた「然し、私は、この古い神に最期の瞬間まで仕えたのである。今となっては、もはや仕える神はなく、礼拝を取り仕切ることもない。とはいえ、決して自由を得たわけではない。追憶に耽る以外、ひとときも心晴れることはない。

心晴れるように、私はこの山に入り登ってきた。元教皇にして教父に相応しい祝祭を、最後に再び催そうとしたためである。というのも、宜しいか、私は最後の教皇なのだ！――神を深く信じる礼拝の思い出を刻む祝祭を、何としても催したかったのだ。

然し、今はもう、あの最も深く神を信じた人、歌と朗詠によって、いつも自分の神を讃えていた森の聖者その人までも、死んでしまった。

私が彼の小屋を見つけたとき、彼自身の姿は最早なかった。――然し、彼の死を悼んで遠吠えをする、二匹の狼が確かにいた——つまり、あらゆる動物が彼を愛していたのだ。私は立ち去るしかなかった。

私がこの森と山に入って来たのは無駄だったのか？　そう自らに問うと、私の心は決まった。別の一人、即ち、神を信じていない総ての者たちの中で最も敬虔な人物を探そうと——、つまり、私はツァラトゥストラを探そうと決心したのだ！」

このように老人は語ると、鋭い眼差しで眼の前に立つ男を見詰めた。だが、ツァラトゥストラは元教皇の手を取ると、それを長い間感服しながら眺めていた。

そして「これは驚いた、汝、気品のある人よ」と彼は言った「なんと美しく、細長い手だ！　これは、常に祝福を分け与えてきた人の手だ。だが、その手は今、汝が探し求めている人、この私、ツァラトゥストラをしっかりと摑んでいる。

『私より神を無みする者が誰かいるだろうか？　いれば喜んでその教えを伝授してもらう』と言って憚らぬ者こそ、この私、神を無みするツァラトゥストラである」——

このように、ツァラトゥストラは語った。そして、彼の眼光で、元教皇の考えと下心を貫き通した。遂に、この人物は口を開いた。

「誰よりも神を愛し、誰よりも神を心に懐いていた者が、今では誰よりも大きな神の喪失を味わってしまった。——

——どうだろう、我我二人の中で、まさか私自身のほうが今では神を無みすること甚《はなは》だしいだろうか？　然し、誰がそんなことを喜んでいられようか！」——

——「汝が最後まで神に仕えたのなら」と、ツァラトゥストラは深い沈黙の後、思案しながら問いかけた「神が何《ど》のように死んだか、汝は知っているな？　同情が神の喉《のど》を塞いだと言われているのは本当なのか？

――神は、あの人間が十字架に架けられている様《さま》を見て耐えられなくなり、人間への愛が神の地獄となり、結局は神の死となったと言われているのは本当なのか？」――

然し、元教皇は何も答えず、おずおずと苦痛に曇った表情で脇を見遣《みや》った。

「逝く神は逝かせてやるがいい」とツァラトゥストラは、長く思案した後、依然として老人の目を見詰めながら言った。

「逝《ゆ》く神は逝かせてやるがいい。もう死んだのだ。そして、汝がこの死者について善いことしか話さないのは、また見上げた態度である。にもかかわらず、汝は私と同様に、その神が何者だったか知っているし、怪しげな道を通ったことも知っている」

「三つの目の下《もと》での話だが」と、元教皇（というのも、彼は片目が見えなかった）は快活になって言った「神の事については、私はツァラトゥストラ本人よりも啓蒙されている。――また、それが当然なのだ。

私の愛は長年彼に仕え、私の意志は万事彼の意志に従った。然し、勝れた召使いは、総てを分かっている、主人が自分自身に隠している色々なことまでも。

それは内緒の多い隠れ神だった。真に、一人息子を儲けるためでさえ、彼は抜け道を通らずにはいられなかった。彼の信仰の戸口には、不倫が出没する。

彼を愛の神として賛美する者は、愛自体について十分に高貴な思いを巡らせてはいない。この神は裁判官でもあろうとしたのではないか？　然し、愛を知る者は、報酬と報復の彼岸で愛を実践する。

東方から来た此の神は、若かりし時、頑なで復讐に身を焦がし、お気に入りを面白がらせようと、ある地獄を拵《こしら》えた。

然し、彼は遂に年を取り、涙脆《なみだもろ》くなり、気骨を失い、同情深くなった。その様は、父親というより祖父に似ていた。否、よぼよぼになった祖母をこの上なく彷彿とさせた。

彼は萎《しお》れて、暖炉に齧《かじ》り付き、弱くなった両脚を嘆き悲しんでは、愚痴っぽくなり、希望をなくしていった。そして、ある日、余りに大きな同情が喉に支《つか》えて死んだ――

「汝、元教皇よ」と、ここでツァラトゥストラは言葉を挟んだ「汝がそれを肉眼で見たのか？　多分、そういう経過を辿ったのかもしれぬ。そのとおりか、然し、また別の死に方だったのか。とにかく神々が死ぬときには、決まって様々な死に方をするものだ。

然し、もういい！　然《そ》うか、斯《こ》うか、然うだろうと、斯うだろうと、――あの神は逝ってしまった！　彼は私の耳目の趣味に反していた。死者のことを、これ以上悪しざまに言いたくはない。

私は明るい眼差しで正直に話す総てを愛する。然し、彼は――汝はそれを知っているではないか、汝、元教皇よ、この神には何処か汝の性《さが》、つまり、聖職者の性に通じるところがあった――だから彼は、その神格を幾重にも解釈された。

彼は表現も曖昧だった。我我が彼を理解できないからといって、どんなに此の荒ぶる神は我我に腹を立てたことか！　それならば、なぜもっと明確に話さなかったのか？

理解できないのは我我の耳のせいだったのなら、なぜ彼は自分の話を聞き取れもしない耳を、われわれに与えたのか？　聞き取れなかったのは、我我の耳に泥が詰まっているせいだったのなら、言ってやろうか！　誰が耳の中に泥を入れたのか？

奥義を窮めなかった陶工には、余りに多くのことが巧くいかなかったのだ！　然も、彼の壺や陶器の出来映えが良くないからといって、彼は自分で作ったものに腹癒せをした。――このことは、健全な趣味に反する罪業となった。

敬虔の中にも健全な趣味が存在する。その趣味が堪《たま》りかねて言った「こんな神など去っていけ！神はいないほうがましだ。自分の力で運命を切り拓いたほうがましだ。笑い者にされたほうがましだ。自分で神になったほうがましだ！」。

――「何を私は聞いているのだ！」と、ここで、耳を欹《そばだ》てていた元教皇が語った「おお、ツァラトゥストラ、そのように信仰心がないにもかかわらず、汝は自分で考えている以上に、敬虔な心を有《も》っている！　汝の中の何らかの神が、汝を自分の無神論へと改宗させたのだ。

汝をして最早一つの神を信じさせないのは、汝の敬虔そのものではないだろうか？　汝の並外れて偉大な正直は、汝をまた更に善悪の彼岸へと連れ去ることだろう！

ともかく見よ、何が汝に残されただろうか？　汝は目と手と口とを有っている。これらは劫初の昔から、祝福を与える使命をおびているのだ。手だけで祝福は為されない。

汝が最も神を無みする者であろうとしていると分かってはいても、汝の近くにいると、私は深い恵みを湛えた密かな芳香に清められ、癒される。ほろりと心地よくなるのだ。

おお、ツァラトゥストラ、どうか一夜、私を汝の客として欲しい！　今、汝のいる所以上に、私にとって心地よい場所は、地上のどこにもない！」――

「アーメン！　望みとあらばそうしよう！」と、ツァラトゥストラは大層怪訝《けげん》な気持ちに包まれて言った「この道をあちらへと登って行けば、そこにツァラトゥストラの洞窟がある。

汝、気品のある人よ、本当は出来れば、私が汝を自らそこへ連れていってやりたい。何となれば、私は総ての敬虔な人間たちを愛しているからだ。然し、今は或る困窮の叫び声が、私に早く助けに来て欲しいと呼びかけている。

私の聖域では、誰も酷い目には遭わせないつもりだ。私の洞窟は安息できる港である。悲しんでいる者がいれば、私は何としても一人残らず元気にして陸地の上に、しっかりとした脚で立たせて遣りたい。

とはいえ、誰が汝の憂鬱をその肩から取り去ってやれるだろうか？ そうしてやるには、私は余りにも力不足である。誰かが汝の神を再び呼び覚ますまで、我我は本当に長く待ってみるしかあるまい。

何となれば、この古い神は最早生きてはいない。それは完璧に死んでいるのだ」――

このように、ツァラトゥストラは語った。

最も醜い人間

――そして、再びツァラトゥストラの脚は山と森を抜け、彼の目は探し求め続けた。然し、どこを見ても、その目が見つけたかった人物、即ち、大きな苦難に見舞われ、大声で助けを求めている者は見当たらなかった。それでも全部の道すがら、彼の心は小躍りし、感謝した「なんと貴重なものを」と彼は言った「今日という日は、私に贈ってくれたことか！　不穏な始まりを埋め合わせるために、なんと不思議な話し相手を私は見つけたことか！
この者たちの言葉を、私は美味しい穀物を味わうように、今から気長に噛み締めていきたい。私の歯にそれらを細かく砕かせ、碾《ひ》かせてしまい、やがてそれらをミルクのように、私の魂の中に流れ込ませて遣りたい！」——

然し、彼が再び或る岩角を道なりに曲がっていくと、突然、風景が一変した。ツァラトゥストラは死の国に足を踏み入れたのだ。ここには、黒や赤の岩礁がそそり立っていた。草木はなく、鳥の声も全く聞こえなかった。そこは、猛獣も含めて総ての動物が近寄らない谷だった。ただ醜くて太い、日の下では緑色に見える蛇の仲間が老いると、死に場所を求めてここにやって来た。それゆえ、牧人たちは此の谷を「蛇の死」と呼んだ。

だが、ツァラトゥストラは不吉な記憶に深く包まれた。というのも、彼は既に一度、この谷間に立ったことがあるような気がしたからである。あれこれと重苦しさが、彼の五感に伸《の》し掛かってきた。彼の足取りは重くなり、益益重くなって、遂に動かなくなった。ふと目を開くと、道端に踞《うずくま》っている何かが見えた。一見人間の姿のようだったが、とても人間とは見えず、何とも名状し難いものだった。そして、そのようなものを目の当りにしてしまったことで、突然ツァラトゥストラは大きな羞恥に襲われた。白髪まで赤くなりながら、彼は目を背け、足を上げて、この不穏な場所から離れようとした。ところが、そのとき、死んだ荒れ地が音を漏《も》らした。その音は、夜中に水道管が詰まったときのように、地面から、がらごろぜいぜいと湧き上がってきた。そして、遂にそれは人間の声となり、人間の言葉となって、——こう語った。

「ツァラトゥストラ！　ツァラトゥストラ！　私の謎を解け！　言ってみよ、言ってみよ！　目撃者に対する復讐とは何だ？

私が逆に汝を誘《おび》き寄せてやる。ここには滑《すべ》り易《やす》い氷があるのだ！　気をつけろ、汝の誇りがここで脚を折らぬように気をつけろ！

汝は自分を賢いと思い込んでいる、汝、誇り高きツァラトゥストラよ！　ならば是非この謎を解け、汝、非情な胡桃《くるみ》割りよ、――私が存在する謎を解け！　さあ言ってみよ、私は誰なのだ！

――然し、ツァラトゥストラがこれらの言葉を聞いたとき、――彼の魂に何が起きたと諸子は思う？　同情が彼を襲ったのだ。彼は突然、崩れ落ちた。その様は、長いこと多くの樵《きこり》を手古摺《てこず》らせてきた槲《かしわ》の木が、切り倒さむとした当の樵たちさえ驚くほど、――重々しく、急に崩れ落ちるのに似ていた。然し、早くも彼が再び地面に立つと、その顔容《かんばせ》は峻厳になっていた。

「私は汝を十分見抜いている」と、彼は青銅の響きにも似た声で言った「汝は神の殺害者だ！　私を先へ進ませよ。

汝は汝を見た者に我慢ならなかった――汝がどこにいても、絶えず汝から目を離さない者に我慢ならなかった。最も醜い人間よ！　汝は此の目撃者に復讐したのだ！

このように言うと、ツァラトゥストラは立ち去ろうとした。然し、その名状し難い人物は、彼の衣の裾を掴み、改めて喉をがらごろ鳴らしながら、言葉を探し求め、遂に「留《とど》まってくれ！」と言った。――

――「留まれ！　見過ごさないでくれ！　私は、何《ど》んな斧《おの》が汝を地面に打ち倒したか察しが付いた。おお、ツァラトゥストラ、汝は再び立っている、本当に良かった！

汝は彼を殺した者——つまり、神の殺害者の胸中如何許《いかばか》りかを察してくれた。私にはよく分かる。留《とど》まれ！　私の傍《そば》に坐ってくれ、何かの巡《めぐ》り合わせだ。

汝の所でなければ、私は誰の所に行こうとするだろうか？　留まれ、坐れ！　然し、私をじっと見詰めないでくれ！　然《そ》う遣《や》って敬うがいい——私の醜さを！

汝以外は私を迫害する。今や汝は私の最後の避難所だ。彼らは憎しみで以て迫害するのではない。追っ手を差し向け、私を捕えるわけでもない。——おお、こんな迫害に遭ったのなら、私は嘲笑《あざけ》って問題にしない。却って誇らしく嬉しくなる！

　これまで総ての成功は、悪気はないのに迫害された者たちの間で、その礎が築かれたのではないか？　一方、悪気はないのに迫害している者は、容易く従うようになる。——どのみち——後から付いて来るのだ！　然し、問題は汝以外の者たちの同情である。——

　——まさに彼らの同情から、私は逃げ、汝の許に避難してきたのだ。おお、ツァラトゥストラ、私を護ってくれ、私の最後の避難所よ、汝、私の胸の中を察してくれた唯一の人よ。

　——汝は彼（神）を殺した者の胸中が如何なるものであるかを察した。留《とど》まってくれ！　行きたいというのなら、汝、せっかちな人よ、私の来た道を行くな、その道は破壊されている。

私がいつまでも閊《つっか》えながら喋るので、苛苛してきたのか？　早くも汝に忠告したのが気に食わないのか？　だが、知っておくがいい、私は他ならぬ最も醜い人間なのだ。

　——凡《およ》そ最も醜い人間は、最も大きくて最も重い足を持っている。私が歩いたあと、道は破壊されている。私が足を踏み入れると、どんな道も死んで潰《つぶ》れる。

然し、汝が黙って私の傍らを通り過ぎたこと、汝がその際に顔を赤らめたこと、これらの様子を私は紛れもなく見て取った。それによって、私は汝をツァラトゥストラであると見分けたのだ。他の誰かであれば、それなりの施し物、つまり眼差《まなざ》しと言葉による同情を私に投げ与えたであろう。然し、私はそれを有難がるほど──乞食に染まってはいない。そのことを汝は察していた。──私はそれを有難がるには、余りにも豊かである。偉大なものでも、恐るべきものでも、最も醜いものでも、名状し難いものでも、余りにも豊かに蓄えているのだ！ おお、ツァラトゥストラ、汝の羞恥こそ、我が誉れだ！

殺到してくる同情者たちから、私はやっとの思いで抜け出した。──『同情は厚かましい』と今日教えている唯一の人物に会うために。──おお、ツァラトゥストラ、その人物こそ、汝なのだ！

──神の同情であれ、人間の同情であれ、同情は羞恥との趣味の違いを見せつける。敢えて助けないほうが、直ぐに駆け寄る彼《あ》の美徳よりも、高貴な価値判断となる場合がある。

ところが、そのこと、つまり、同情が、今日では総ての卑小な世間の下《もと》で美徳そのものと見なされている。──彼らは偉大なる不幸、偉大なる醜さ、偉大なる蹉跌《さてつ》に対して、聊かも畏敬の念を懐いてはいない。

牧羊犬が蠢《うごめ》く羊の群れの背中に気を留《と》めないように、私は此れら卑小な総てを無視する。彼らは柔和で人当りもいいが、灰色でけち臭い者たちだ。

馬術にいそしむ人馬が頭を反《そ》らせて軽蔑しながら、浅い池を無視するように、私は灰色でけち臭い波や意欲や魂の蠢動《しゅんどう》を無視する。

余りに長い間、この卑小な世間の言い分が罷《まか》り通ってきた。そして到頭《とうとう》、彼らに権力までもが与えられた──今や彼らは教えている『卑小な世間が善いと呼ぶものだけが善いのだ』と。

そして、自身卑小な身分から生い立った説教師の語ったことが、今日では『真理』と見なされている。この人物こそ『私が――真理である』と、自らについて証言した、彼《あ》の奇妙な聖者であり、卑小な世間の代弁者だった。

この不遜な人物が、既に長い間、卑小な世間を自惚れさせて、現在に至っている。――『私が――真理である』と教えたとき、決して小さからぬ誤謬を植え込んだのは彼だったのである。どこにでもいる不遜な者に対して、嘗て此れより如何ようにも解釈できる答え方が為されたであろうか？――ところが、おお、ツァラトゥストラ、汝は不遜な人物に染まるのを拒絶して言った『違う！　違う！　何度言っても違う！』と。

汝は彼の誤謬に対して警告した。汝は同情に対して警告を促す最初の人として――万人のためではなく、さりとて存在しない者のためでもなく、汝と汝の種のために警告を発した。

偉大なる苦悩者の羞恥を見て、汝は羞恥を覚える。そして、真に『同情から、大きな雲が生じてくる。気をつけるがいい、汝ら人間たちよ！』と汝が言うとき、

――また『総ての創造者は峻厳である。総ての偉大なる愛は、愚行の同情を超越している』と汝が教えるとき、おお、ツァラトゥストラ、なんと汝が天気占いに通じていると思えることか！

然し、汝は自分で――汝の中から溢れてくる同情によって自分自身が流されぬよう注意するがいい！　なぜなら、大勢が汝の許に来る途上にあるからだ。多くの苦悩する者たち、疑念を懐く者たち、絶望する者たち、溺れる者たち、凍える者たちだ。――

私に対しても油断するなと汝に警告しておく。汝は私の最善最悪の謎、私自身と私の所業を言い当てた。私は汝を倒す斧を識っている。

然し、彼は死ぬほかなかった。彼は総てを見る眼で見た。——彼は人間の奥底と根底、その隠れた汚辱と醜悪の総てを見た。

彼の同情は羞じらいを知らなかった。彼は私の最も汚れた片隅にも忍び込んだ。この最も好奇心の強い者は、余りにも厚かましい者は、余りにも同情を寄せ過ぎる者は、死ぬほかなかったのだ。

彼は絶えず私を見ていた。これほどの目撃証人に、私は復讐してやりたいと思った。——さもなくば——自ら生命《いのち》を断ちたいと思った。

総てを見、この人間さえも見た神。この神は死ぬほかなかったのだ！　このような目撃証人が生きていることに、人間は耐えられないのだ」。


このように、最も醜い人間は語った。そこで、ツァラトゥストラは立ち上がり、そこから立ち去ろうとした。なぜなら、彼の内臓まで寒気がしてきたからである。

「汝何とも名状し難き者よ」と彼は言った「汝の道を繰り返してはならぬと、汝は私に警告してくれた。それに感謝して、汝に返礼する為に、私は私の道を誉め称えよう。いいか、この道をあちらへと登って行けば、ツァラトゥストラの洞窟がある。

私の洞窟は大きくて深いし、人目につかない多くの片隅がある。どれほど人目を避けたい者でも、自分の隠れ家を見つけ出す。

また、洞窟の直ぐ傍《そば》には、這ったり、羽搏《はばた》いたり、跳《は》ねたりする生き物たちの隠れ宿や抜け道が幾らでもある。

汝、追放された者よ、汝自身を追放したのは、他ならぬ汝だ。汝は人間たちの下で、人間たちの同情に浸《ひた》って暮らしたくないのだな？　よし、私の如くやってみるがいい！　そうすれば、汝も私から学ぶことになる。行動する者だけが学ぶのだ。

先ず差し当たり、私の動物たちと語り合ってみるがいい！　最も誇り高い動物と最も賢い動物――彼らは多分、我ら二人のために、格好の忠告者でありたいと思っているだろう！」――――

このように、ツァラトゥストラは語った。そして、自分の道を進んでいった。男と出会う前より深く物思いに沈んでいたので、歩みは一層遅くなっていった。というのは、多くのことを自らに問いかけたが、容易に答えを出すことができなかったからである。

「本当に、人間とは、なんと哀れなものよ！」と彼は心の中で思った「なんと醜く、なんと苦しそうに喘《あえ》ぎ、なんと隠れた恥に充《み》ちていることか！

人間は自分自身くらいは愛せるものだと、人は言う。ああ、それが本当ならばこの自分への愛は、なんと偉大でなければならぬことか！　その愛は自身に対して、どれほど多くの軽蔑を懐くことになるのか！

彼の者《あ》もまた、自身を軽蔑する如く自身を愛していた。――私から見ると、彼は偉大なる愛の実践者であり、また偉大なる軽蔑の実践者である。

彼以上に自身を深く軽蔑した者に、私は未だ出会ったことがない。あれもまた、頂点だ。ああ、もしかして、私が聞いた叫び声の主である高等人種《ヒョーエレメンシュ》とは、彼だったのであろうか？

――私は偉大なる軽蔑を実践する者を愛する。とにかく、人間は超越されねばならぬ何かなのだ」

義勇乞食

最も醜い人間から離れると、ツァラトゥストラは凍え、自らの孤独を感じた。多くの冷ややかさと多くの寂寥《せきりょう》を、五感を通して思い知らされ、手足までが一層冷たくなったのである。それでも、先へ先へと進み、登ったり、下ったり、時には緑したたる草地を過ぎ、また性急な小川が嘗ては流れていたらしい、石ころだらけの荒れ地となった川床も渡って行った。そうしているうちに、突然、彼は感性の温《ぬく》もりを取り戻し、心和《なご》んできた。

「いったい何《ど》うしたのだろう？」と、彼は自らに問うた「何か温かく、生き生きしたものが私を元気づける。それは近くにいるに違いない。

もうそれほど孤独なわけではない。姿こそ見えないが、道連れや兄弟たちが私の周りをぶらついているようだ。彼らの温かい息吹が私の魂にそっと触れる」

そして、彼が辺りを偵察しつつ、孤独を慰めてくれた相手を探し求めると、なんと、小高い丘の上に一群の牝牛《めうし》が立ち現れた。いつしかその近くにやって来ていて、知らずにその匂いを感じていたために、彼の心は温められたのだ。ところで、この牝牛たちは何か話をしている人物に一向《ひたすら》耳を傾けているらしく、近寄って来る人のことは少しも気に留《と》めなかった。だが、直ぐ近くに来ると、牝牛の群れの真ん中から、或る人間の声が話し掛けているのを、彼は紛れもなく聞いた。案の定、牝牛たちは全て、頭を話し手の方に向けていた。

そうと分かると、ツァラトゥストラはここぞとばかり駆け上り、牝牛たちを押し分けて前に進んだ。何となれば、誰かに危害が加えられていて、牝牛たちが同情してもどうにもならないのではないかと、心配になったからである。然し、それは思い過ごしだった。なぜなら、なんと、そこには一人の人物が地面に坐り、自分を恐れるなと、動物たちに語りかけているらしかったからである。それは温和な人、山上の垂訓者であり、その目には善意そのものが溢れ説教していた。「汝は、ここで何を探求しているのか？」と、ツァラトゥストラは意外の念に駆られて叫んだ。

「私がここで何を探求しているか、だって？」と、山上の垂訓者は答えた「汝が探求しているものと同じだ、平和を乱す者よ、つまり、現世の幸福だ。

そのために、私はこの牝牛たちから学びたい。というのも、いいかね、既に朝の半分を費やして、彼女らを説得したのだ。そして、丁度、彼女らは私の求めに応じて、回答を与えてくれようとしていた矢先だった。全く、なぜ汝は牝牛たちの邪魔をするのか？

行状を改め、牝牛たちのようにならねば、我我は天国に入《はい》れない。つまり、でき得るかぎり、我我は彼女らから一つのことを学び取らねばならぬ。それは反芻することだ。

真に、もし人間が全世界を我が物にしても、猶一大事、即ち、反芻することを学ばなければ、何の助けにもならない！　人間はその悲哀から逃れられないだろう。

――人間を覆い尽す悲哀。それはとにかく今日、煩嘔（むかつき）と呼ばれている。今日、心や口や眼を、煩嘔《エッケル》によって充たされていない者がいるだろうか？　汝にも煩嘔は有るだろう！　汝にも！　だが、この牝牛たちを篤と見よ！」――

このように語ると、山上の垂訓者は自らの眼差しをツァラトゥストラに向けた。――なぜなら、それまで彼の愛の眼差しは、牝牛たちから片時も離れなかったからである――だが、ツァラトゥストラを見るや否や、山上の垂訓者の態度は一変した。「私が話をしている相手は誰だ？」と、彼は驚いて叫び、地面から跳び上がった。

「これは煩嘔を離れた人間だ。これはツァラトゥストラその人、普《あまね》く蔓延《まんえん》する煩嘔の克服者、これがツァラトゥストラその人の目だ、口だ、心だ」

このように語りながら、彼は目に涙を浮かべて話相手の両手に接吻し、思いがけず貴重な贈物や宝石を天から授かった者のように振舞った。一方、牝牛たちは訳も分からず、一部始終を傍《かたわ》らで見遣っていた。

「私のことは言うな、汝、奇妙な男よ！　憎めない男よ！」と言って、ツァラトゥストラはその男の濃《こま》やかな情愛を拒んだ「先ず汝のことを語るがいい！　汝は嘗て大きな富を投げ捨て、乞食を志願した者ではないか？――

――自分の富と富裕な者たちを恥じ、最も貧しい者たちのもとに逃れ、彼らに自分の豊かさと心を贈り与えようとした者ではないか？　だが、最も貧しい者たちは、この人物を受け入れなかった」

「だが、彼らは私を受け入れなかった」と、義勇乞食は言った「汝はお見通しだ。それならばと、私は到頭、動物のもとに、この牝牛たちのもとに辿り着いたのだ」

「そういう理由で汝は学んだ」と、ツァラトゥストラは言葉を差し挟んだ「正当に受け取るよりも、正当に与える方が、どれほど難しいかを。また、上手に贈物をすれば、それは一つの芸術であり、究極の狡知を以て善意を伝える妙技であることを学んだ」

「とりわけ今日では然《そ》うだ」と義勇乞食は答えた「その理由は、あらゆる低劣なものが蜂起し、馬の如く興奮し、彼らの遣り方で、つまり、賤民の遣り方で驕慢を恣《ほしいまま》にしたからだ。

その背景を探るならば、汝も知ってのとおり、広く長く緩やかに進行する、賤民と奴隷の厄介な蜂起の時代がやって来た。その蜂起が日毎に嵩《かさ》を増しているのだ。

今や、どんな慈善や小さな施しをやってみても、逆に低劣な者たちを憤激させてしまう。余りにも富裕な者は、気をつけたほうがいい！

今日、誰かが胴の膨らんだ瓶さながら、余りにも細い頸から一滴ずつ小出しに与えたところで――そのような瓶の同類は、反感を掻き立て易く、頸をへし折られてしまう。

淫らな貪欲、気難しい嫉妬、心痛に窶《やつ》れた執念深さ、賤民の自惚《うぬぼ》れ、こういう総てが私の視野に飛び込んできた。貧しき者は幸いであるというのは、もはや真実ではない。ともあれ、天国は牝牛たちのもとにある」

「では、なぜ天国は富裕な者たちのもとにないのだろうか？」と、ツァラトゥストラは試すように尋ねながら、温和な人に親しげに鼻息を吹きかける牝牛たちを押し返した。

「どうして汝は私を試すのか？」と、この温和な人は応じた「汝のほうが私よりも、余程分かっている。おお、ツァラトゥストラよ、何が私を最も貧しい者たちのもとへと駆り立てたのか？　それは、我我最も富裕な者たちに対する煩嘔《むかつき》ではなかったのか？

――冷酷な眼差しで、好色な思惑を抱き、どんな塵《ごみ》の山からでも自己の利益を拾い漁《あさ》る、富の囚人に対する煩嘔ではなかったのか？　天に向かって悪臭を放つこの賤民に対する煩嘔ではなかったのか？

金鍍金《めっき》され、誤魔化《ごまか》しに満ちた賤民どもに対する煩嘔ではなかったのか？　彼らの父祖たちは掏摸《すり》か、死人から身ぐるみ剝《は》ぎ取る輩《やから》か、襤褸《ぼろ》拾いだった。その妻ときたら、誰にでも言いくるめられ、淫らで忘れっぽい——つまり、全く娼婦と変わらぬ手合いだった。——上から下まで賤民ばかりだ！　今更『貧しい』とか『豊か』とか言ってみても、何になる！　こんな区別は忘れてしまった。——それで私は逃げた。遠くへ、益益遠くへ、そしてやっと、この牝牛たちのもとにやってきた」

このように温和な人は語った。言葉を捲《まく》し立てたせいで、汗を掻《か》き、牝牛に劣らず荒い鼻息を弾ませていた。それを見た牝牛たちは、またもや訳が分からなくなってしまった。彼がこれほど激しく話していたとき、ツァラトゥストラは絶えず微笑みを浮かべて、彼の顔に見入っていた。そして、彼の話ぶりに対しては黙って頭《かぶり》を振った。

「山上の垂訓者よ、そんなに激しい言葉遣いをしていると、甚《いた》く体力を消耗してしまうぞ。汝の口も汝の目も、こんな激烈な語りをするようにはできていない。

それに、どうやら、汝の胃自体も然うだ。汝の胃は、そんな怒りや憎しみや異常な興奮の総てを、とても受け止めきれないのだ。汝の胃は、もっと穏やかなものを欲しがっている。汝は肉食の人ではない。

寧ろ、汝は菜食の人、根菜を好む人だと思われる。ひょっとしたら、穀物の粒を噛んでいるのではないか。孰れにせよ、汝が肉食の喜びに馴染めず、蜜を好むのは確かだ」

「私のことがよく分かるものだ」と義勇乞食は、心の重荷を下《おろ》したように答えた「私は蜜を好む。穀物の粒も噛んでいる。というのも、私は口当たりのいい、息を清らかにするものを探し求めたからだ。

——また時間をかけるもの、穏やかなのらくら者や、のうのうと暮らしている者に相応しい丸一日がかりの食事を探し求めた。

言うまでもなく、牝牛たちは、そういう食事を徹底させた。彼女らは反芻と日光浴を発明した。また彼女らは、心臓を肥大させる何《ど》んな深刻な思想にも、染まらないように身を慎んでいる」。

――「よし！」と、ツァラトゥストラは言った「汝にも、私の動物たちを見せて遣りたい。私の鷲と私の蛇だ。――彼らと肩を並べるものは、今日、此の世にはいない。

いいか、この道をあちらに行けば、私の洞窟に通じている。今夜はそこの客となるがいい。そして、私の動物たちを相手に、動物の幸福について話し合ってみるがいい。――

――そのうちに、私自身戻って行く。今は、或る困窮の叫び声が、私に早く助けに来て欲しいと呼びかけている。汝はまた、私の所で新しい蜂蜜を見つけるぞ。氷のように新鮮な、蜂の巣もろともの黄金の蜂蜜だ。そいつを食べてみよ！

ともかく今直ぐに、汝の牝牛たちに別れを告げよ。汝、奇妙な人よ！　憎めない人よ！　汝の辛い気持ちはよく分かる。何しろ、彼女らは、汝を最も温かく迎えてくれた友であり、教師だからな！」――

――「その他に私には、牝牛たちよりもっと好ましい御仁《ごじん》がいる」と義勇乞食は答えた「おお、ツァラトゥストラ、汝自身は信頼できる。一頭の牝牛より、何《ど》う見ても信頼できるのだ！」

「行け、失せろ！　腹の立つお追従者め！」と、ツァラトゥストラは悪意を籠めて叫んだ「何のために、汝はそんな誉め言葉と追従の蜜で私を害《そこな》うのだ？

行け、私の前から失せてしまえ！」と、彼はもう一度叫び、情の濃《こま》やかな乞食にむかって杖を振り上げた。乞食は慌てて、その場から逃げ出した。

影

然し、義勇乞食がその場から逃げ、ツァラトゥストラが再び独《ひと》りになったと思うと、彼は背後に一つ別の声を聞いた。その声は叫んだ「止まれ！　ツァラトゥストラ！　とにかく待ってくれ！私じゃないか、おお、ツァラトゥストラ、私だ、汝の影だよ！」。ところが、ツァラトゥストラは待たなかった。なぜなら、あれやこれやと風変りな連中がひっきりなしに彼の山に押し寄せてくるので、彼は急に腹立たしくなってきたのだ。「私の孤独はどこにいった？」と彼は言った。

「本当にあんまりだ。この山は押し寄せてくる連中でいっぱいだ。私の世界は、もはや俗世間と殆ど変わらなくなった。私には新しい山が必要だ。

私の影が私を呼んでいる？　私の影が何だ！　後から追い駆けたいなら来るがいい！　私は――影を置き去りにしてやる」

このように、ツァラトゥストラは自分の心に対《むか》って語り、逃げ出した。然し、彼の背後の者は彼の後を追った。それでいつの間にか、三者が一列縦隊となって進む仕儀となった。先頭を進むのが義勇乞食、二番手がツァラトゥストラ、そして第三の殿軍《しんがり》は彼の影であった。こうしてしばらく進むと、程なくツァラトゥストラは愚かな真似をしていることに気づいた。そして、突然、腹立たしさも、うんざりした気分も洗いざらい揺さぶり落してやった。

「よくぞこんなことが遣れたものだ！」と、彼は言った「我我年老いた者や聖者の間では、古《いにしえ》より笑止千万《しょうしせんばん》なことが起きていたのではないか？

真に、私の愚かさは山の中で大きくなったものだ！　今私には、老いた道化の六つの脚が隊列を組んでパタパタと音を立てているのが聞こえる！

それにしても、黄金の星《ツァラトゥストラ》は、影如きに追い付かれるのをまさか恐がっていいものか？　また、とどのつまり、影のほうが、私より長い脚を持っていると思われる」

目と臓腑で笑いながら、ツァラトゥストラはこのように語った。そして、立ち止まり、急に振り向いた。――するとなんと、彼の直ぐあとに続いていた影を、危うく地面に投げ倒しそうになった。それほどぴたりと踵《きびす》を接して、この影は追い縋《すが》っていたし、それほど力も弱かったのだ。だから影を具《つぶさ》に見るや否や、ツァラトゥストラは、突然目の前に幽霊が出現したかの如く驚いた。この追跡者は、そのように痩せて黒ずみ虚ろに、また老い耄《おぼ》れて見えた。

「汝は誰だ？」と、ツァラトゥストラは思わず腹を立てて尋ねた「汝はここで何をやっている？　また、何故に汝は私の影だと名乗っているのだ？　私は汝が気に入らない。」

「私が汝の影であることを許してくれ」と影は答えた「汝が私を気に入らないと言うなら、よし、おお、ツァラトゥストラ、それでこそ、私は汝と汝の優《すぐ》れた趣味を称《たた》える。

私は彷徨《さまよ》う者だ。汝の跡を追って、さんざん彷徨ってきた。絶えず途上にある。だが、到達点はないし、寛《くつろ》げる家もない。殆ど永遠のユダヤ人と変わりない。とはいっても、私は永遠でもなければ、ユダヤ人でもない。

どうしてだ？　私は永久に途上にあらねばならぬのか？　風が吹く度に舞い上がり、あてどなく駆り立てられるしかないのか？　おお、地球よ、汝が私には丸くなり過ぎた！

どんな表面にも私は坐った。疲れた埃《ほこり》のように、私は鏡や窓にへばり付いて眠り込んだ。総てが私から受け取るばかりで、何も与えない。私は痩せ細り、殆ど幻のようになっている。然し、おお、ツァラトゥストラよ、汝が翔べば、私はどこまでも続いて翔んだし、汝が大地を進めば、私はどこまでも続いて進んだ。汝の前から姿を消すことはあっても、私は矢張り汝の最善の影だった。汝が坐りさえすれば、私はどこにでも坐った。

汝と共に、私は最果ての世界、極寒の世界を旅して廻った。さながら志願して、冬の屋根や雪を越えて走る幽霊のようだった。

汝と共に、私は総ての禁制《タブー》の中へ、最も忌まわしいものの中へ、最果ての秘境の中へと勇んで進んだ。私に何か徳めいたものがあるとするならば、それは、私が如何なる禁制も恐れなかったということだ。

汝と共に、私は嘗て私の心が崇拝していたものを破壊した。あらゆる境界石と偶像を薙ぎ倒し、最も危険な願望を追い求めた。——真《まこと》に、私はあらゆる犯罪の洗礼を受けたも同然だ。

汝と共に、私は言葉や価値、また盛名への信仰を忘れてしまった。悪魔が脱皮すれば、その名前もまた抜け落ちるのではないか？　つまり、名前もまた皮だからである。或いは、悪魔自体が——皮なのかもしれない。

『何も真実ではない。総てが許される』こう私は自分を励ました。私は凍てつく水の中に飛び込んだ、頭と心もろとも。ああ、そのために幾度、赤い蟹の如き裸身をさらしたことか！

ああ、総ての幸運、総ての羞恥、善人への総ての信頼は、私から離れてどこに収まったのか！ああ、嘗て私の持味だった、彼の不正直な無責任、つまり、善人とその血統証付の嘘まやかしから成《あ》る無責任は、どこに去ったのか！

真に、余りにも屢《しばしば》、私は真理の足元にぴたりと迫った。すると、彼女は私の頭を蹴った。時折、私は嘘を言っていると思った。するとなんと！　そのとき初めて、私は――真理と出会ったのだ。余りに多くのことが解明された。今や何も私の心を繋ぎとめはしない。私の愛するものは、もはや何も生きてはいない。――どうしたら、せめて自分自身を愛していけるだろうか？

『喜びを有《も》てるように生きようとするか、さもなくば、全く生きていたくない』そう私は願う。最高の聖者であっても、願いは同じだ。然し、ああ、どうしたら私が少しでも――喜びを有てるだろうか？

私にはーー未だ目標があるのか？　私の帆船が目指す港があるのか？

私のために吹く風があるのか？　ああ、どこへ航海するかを知っている者だけが、どんな風が好ましい順風となるかを知っている。

何が私に残された？　疲れて図図しくなった心、長続きしない意志、落ち着かない翼、砕けた気骨。

こうして私の家を模索すること、おお、ツァラトゥストラ、汝はよく分かっている。この模索こそが、私に下された天罰だった。それが私を食らい尽しているのだ。

『どこだ――私の家は？』私は尋ね、探しに探した。それは見つからなかった。おお、永遠の『どこにでも』、おお、永遠の『どこにもない』、おお、永遠の――徒労よ！」

このように影は語った。その言葉を聞いて、ツァラトゥストラの視界は長く伸びた。「汝は私の影だ！」と、彼は終《つい》に悲しげに言った。

「汝の危険は決して小さくない。汝、自由な精神よ、彷徨う者よ！　汝は酷い昼間を過ごした。このうえ、もっと酷い夕暮れを過ごさないように気をつけるがいい！

汝のようにどこにも安住できない者たちにとっては、終に牢獄さえも至福を約束すると思われてくる。汝は獄中の犯罪者が眠るさまを眺めたか？　彼らは安らかに眠る、彼らは、彼らなりの目新しい安穏を楽しんでいるのだ。

墓穴《ぼけつ》を掘り、却って偏狭な信念や冷酷苛烈な妄想の虜《とりこ》とならぬよう気をつけよ！　なぜなら、この先汝を誘惑し試そうと待ち構えているものは総て、偏狭で固陋《ころう》なものばかりだ。

汝は目標を失った。ああ、汝はどうやってその喪失を笑い飛ばし、克服していくつもりか？　目標を失うと同時に——汝は目標に到る道をも失ったのだ！

汝、哀れな流離《さすら》い人よ、心酔者よ、汝疲れ果てた蝶よ！　汝は今晩寛《くつろ》げる宿が欲しいと思うか？　欲しいなら、私の洞窟へと登って行くがいい！

この道をあちらに行けば、私の洞窟に通じている！　然し、私は今から急ぎの用を果したい。汝とは再び別行動だ。早くも影のようなものが私の上に漂ってきた。

私の周りを再び明るくするために、私は独りで歩きまわりたい。そのためには、未だ長いこと脚を動かして楽しまなければならぬ。今宵はひとつ私のもとで——踊るぞ！」——

このように、ツァラトゥストラは語った。

正午に

——そして、ツァラトゥストラは歩きに歩いた。もはや誰に会うこともなく、独りきりで、繰り返し自らを発見しては、孤独を噛み締め味わい、何の憂《うれ》いもなかった。――然《そ》うして数時間。やがて正午となり、太陽が将にツァラトゥストラの頭上に懸かったとき、彼は曲がりくねり節くれ立った老木の傍《そば》を通りかかった。その木は葡萄の木の豊かな慈愛によって幾重にも抱き止められ、老木自身にさえ自分の姿が隠れていた。いきおい、この老木から撓《たわわ》に熟れた葡萄の房が大量に垂れ下がり、旅人に向かって差し出されていた。それを見たとき、彼は暫《しば》し喉の渇きを癒したい欲求に駆られ、葡萄を一房折ってみたくなった。ところがそうするために早速腕を伸ばしたとき、彼は何か別のもっと強い欲求の虜となった。つまり、完全な正午のひとときを求めて、老木の隣に身を横たえ、眠りたくなったのである。

ツァラトゥストラはそのとおりにした。身を横たえ、色とりどりの草花の穏やかさと故郷のような居心地の良さに包まれると、彼は忽《たちま》ち少しばかりの渇きなど忘れてしまい、眠り込んでしまった。というのも、ツァラトゥストラの格言が告げているように、一大事に徹すれば、他事おのずと所を得たりというわけだ。ただ、彼の目は開いたままだった。――つまり、老木と葡萄の木の慈愛を、どれほど見ても見足りなかったし、どれほど愛《め》でても愛で足りなかったのである。然《さ》りながら、到頭、眠りに包まれつつ、ツァラトゥストラは自分の心に対《むか》ってこのように語った。

「静かに！　静かに！　世界は将に完全になったのではないか？　だが、私の身に何が起きているのだろうか？

華奢な風の精が、人知れず、穏やかに凪いだ海の上で、軽やかに、羽毛の如く軽やかに舞うように、――眠りの精が、私の上で舞っている。

眠りの精は、私の瞼《まぶた》を重くはしない。私の魂を目覚めたままにする。それは軽い、本当に！　羽毛の如く軽い。

眠りの精は私を説き伏せる。なぜなのか、私には分からない。それは生命の内側から、媚びるような手で私にそっと触れる。すると、私は抵抗できなくなる。そうだ、抵抗できなくなって、私の魂は手足を伸ばして寛《くつろ》ぐ。——

——なんと長々となり、なんと疲れていることか、私の不思議な魂よ！　七日目の夕べが、時ならぬ正午に魂を訪れたのか？　魂は早くも妙《たえ》なる喜びに浸りながら、佳きものと熟れたものとの間を余りに長く彷徨《さまよ》ったのだろうか？

それは長々と手足を伸ばす。長々と——もっと長々と！　それはひっそりと横たわっている、私の不思議な魂は。それは余りに多くの幸運を味わった。その金色《こんじき》の物悲しさが魂をきつく抱き締める。魂の口は歪む。

——懐かしの穏やかな入江に入った船のように——これから其の幸運は、不安な海の長旅に疲れ、大地に凭《もた》れる。大地のほうが、より信頼できるではないか？

こんな幸運の船が陸地に接岸し、身を摺り寄せているときには——一匹の蜘蛛が糸を紡ぎ、陸から船へと張り渡すだけで十分だ。それより強い纜《ともづな》は必要ない。

どこまでも穏やかな入江に浮かぶ、こんな疲れた船のように、私も今は大地の近くで寛《くつろ》ぎ、大地を忠実に信頼して待っている。ほんの微かな糸だけで、私は大地と繋がっているのだ。

おお、幸福よ！　おお、幸福よ！　汝はきっと歌いたいのであろうな、おお、私の魂よ？　汝は草花に囲まれて横になっている。だが、汝がそうしている今こそ、何んな羊飼いでさえ笛を吹くのを憚《はばか》るほど、密《ひそ》かで厳《おごそ》かなひとときなのだ。

畏《かしこ》まるがいい！　熱き正午が野原を床にして眠っている。歌うな！　静かに！　世界は完全だ。

歌うな、汝、草むらの鳥よ、おお、私の魂よ！　囁《ささや》いてさえならぬ！　ともかく見よ——静かに！古《いにしえ》のままの正午が眠っている。彼が口を動かす。幸福の一滴《ひとしずく》を将に飲んでいるのではないか——

——黄金《きん》色の幸福、黄金色の葡萄酒《ワイン》の、古のままの芳醇な一滴を呑んでいるのではないか？　その一滴の上をさっと掠《かす》めていくものがある。正午の幸福が笑っているのだ。そうやって——神は笑うのだ。静かに！——

——『幸いなるかな、幸福になるためには、なんと僅かなもので足りることか！』と、私は嘗て言って、我ながら賢いと思った。だが、それは冒瀆だった。そのことを今や学んだ。賢い道化なら、もっと上手に話す。

正に最も僅かなもの、最も微《かす》かなもの、最も軽いもの、蜥蜴《とかげ》のかさこそ走る音、幽《かす》かな痕跡、さっと掠《かす》めては消える気配、瞬く刹那、——僅かなものこそが、絶妙の幸福の有無を決定するのだ。静かに！

——私に何が起きた、聞き漏らすな！　よもや時が飛び去ったのか？　私は落ちるのではないか？　落ちたのではないか——聞き漏らすな！　永遠の泉の中に入った？

——私に何が起きている？　静かに！　絶妙の幸福が私を突き刺す——痛い——心を突いたのか？　心に刺さった！　おお、壊れよ、壊れよ、心よ、これほどの幸福を手にしたからには、これほどの深手《ふかで》を負ったからには！

——どうしたことだ？　世界は将に完全になったのではないか？　円《まる》く熟《う》れたのか？　おお、黄金の円熟よ——その円熟がよもやどこかに飛び立つのか？　追うぞ！　さっ！

静かに——」（ここでツァラトゥストラは身体を伸ばし、自分が眠っていると感じた）

「起きろ！」と、彼は自分自身に対《むか》って言った「汝、眠る男よ！　汝、正午に眠る行者よ！　よし、さあ立て、汝ら昔馴染みの双脚よ！　今こそ、その時、また、時を超える秋《とき》だ。未だかなりの道程が汝らには残されていた——

汝らは充分眠った。だが、どれくらい眠っただろうか？　永遠の半分か！　よし、さあ頼むぞ、私の昔馴染みの勇気よ！　これほどの眠りの後で、汝らは先ずどれくらい長く——目を覚ましていられるだろうか？」

（然し、そのとき彼は早くも改めて眠りに落ちた。彼の魂が彼に対して異を唱え、従わずに再び身を横たえた）——「どうか、私をそっとしておいてくれ！　静かに！　世界は将に完全になったのではないか？　おお、黄金の完全なる球体よ！」——

「起きよ」と、ツァラトゥストラは言った「汝、小憎らしい女掏摸《すり》、怠け女！　どうしてだ？　相変わらず手足を伸ばし、欠伸《あくび》をし、溜め息を吐き、深い泉の中に落ちていくのか？

本当に汝は誰だ！　おお、私の魂よ！（ここでツァラトゥストラは驚いた。なぜなら、一条の陽光が空から彼の顔の上に注がれていたからである）

「おお、私の上なる蒼穹《そうきゅう》よ」と、彼は溜め息を吐きながら言い、上半身を真っ直ぐに起こした「汝は私をただ眺めているのか？　汝は、私の不思議な魂にただ耳を澄ましているのか？

いつ汝は、地上の万象に降り注がれた、この露の滴《しずく》を味わうのか、——いつ汝はこの不思議な魂を吸い上げるのか——

——いつ、永遠の泉よ！　汝、物凄く晴れ渡った正午の深淵よ！　いつ汝は私の魂を汝の中に吸い戻すのか？」

　このようにツァラトゥストラは語り、木の傍の寝床から立ち上がった。その様は、味わったことのない陶酔から覚めた者のようだった。だが、なんと、そのとき太陽は相変わらず将に彼の頭上に懸かっていた。そういうわけで、ツァラトゥストラはそのとき長くは眠らなかったのだと、誰かが推察したとしても不思議ではないだろう。

挨拶

　午後遅くなって漸く、長いこと跋渉《ばっしょう》し探索したツァラトゥストラは、その効《かい》もなく自分の洞窟に戻ってきた。然し、彼が洞窟の直前、二十歩と離れていない所に立ったとき、彼がその場では微塵《みじん》も期待していなかったことが起きた。もう一度、彼は大きな困窮の叫びを聞いたのだ。而も、驚いたことに！　今度はその叫び声が彼自身の洞窟から聞こえてきた。だが、それは多様な声の混じった、奇異な、長い叫びだった。遠くから聴けば、きっと唯一の口から出た叫びと同じように聞こえたかもしれないが、ツァラトゥストラは、それが多くの声から成り立っていると明らかに判った。

　そこでツァラトゥストラは彼の洞窟めがけて飛ぶように急いだ。すると、おお！　聞かせる劇がやっと終わったと思っていたら、なんという見世物劇が彼を待ち受けていたことか！　昼間通りすがりに彼と出会った者たちが、皆ずらりと勢揃いしていたのである。右手の王と左手の王、老魔術師、教皇、義勇乞食、影、知的良心の信奉者、悲観的な預言者、そして驢馬。ところで、最も醜い人間は冠を被り、緋色の帯を二本身体に巻き付けていた。——何となれば、総て醜き者の例に漏れず、彼は変装し、衆目に取り入ることを好んだからだ。これら悄然たる連中の真ん中には、ツァラトゥストラの鷲が毛を逆立て、落ち着かない様子で踏《ふ》み堪《こた》えていた。なぜなら、鷲の誇りに懸けて答えたくない、余りにも多くのことに対して答えを迫られていたからである。悧巧な蛇は、鷲の首輪となってぶら下がっていた。

この総てを見て、ツァラトゥストラは大いに訝《いぶか》った。但、そのとき彼は愛想のよい好奇心を懐いて、客の一人ひとりを吟味し、その魂を読み取った。そして、改めて訝った。一方、そこに集った者たちは自分たちの席から立ち上がり、ツァラトゥストラが説教するかと恭《うやうや》しく待っていた。ところが、ツァラトゥストラは次のように語った。

「汝ら絶望している者よ！　汝ら奇妙な者よ！　私は結局、汝らの困窮の叫びを耳にしたのかな？　今日足を棒にして探し廻っても見つからなかった相手、つまり、高等人種がどこにいるか、やっとわかったぞ——

——私自身の洞窟の中に、彼は、高等人種《ヒョーエレメンシュ》は坐っているのだ！　それにしても、どうして私が訝しがることがあろうか！　蜂蜜の供物と、私の幸福を囮にした狡猾な呼び声によって、私が彼を自ら誘ったのではなかったか？

ところで、どうやら、汝らは仲良くするのが苦手のようだな。汝ら困窮を叫ぶ者よ、ここに一緒に坐っているのに、汝らは互いに不愛想にしているのか？　先ずは、エースが来なければなるまい。

——汝らを再び笑わせるエースだ。陽気な御人好《おひとよ》し、踊り上手で風のような悪戯《いたずら》っ子、どこかに昔からいる道化のような男だ、——汝らには何だと思われる？

汝ら絶望している者よ、汝らを前にして、こんな下々の言葉で話すのを許してくれ。実に、こんな客人には相応しくない！　だが、何が私の心を弾《はず》ませているのか、汝らは分かっていないな。
——

——汝ら自身と汝らの光景が、私の心を弾ませるのだ。こんな言い方を許してくれ！　つまり、絶望している者を眺めれば、誰でも勇気が湧いてくる。絶望している者を励ます——それくらいの強さは十分有ると、誰しも思うのだ。

私自身にも、汝らはこの力を与えてくれた。——いい贈物だ、私の高貴な客人たちよ！　真っ当な手土産《てみやげ》だ！　よし、それでは私からも、私ならではのものを提供するので、怒らないでくれ！

この地は私の世界《ライヒ》、私の支配する所。然し、今宵今夜は、私のものは汝らのものとする。私の動物たちを汝らに仕えさせ、私の洞窟は汝らの憩いの宿としよう！

魂の故郷、心の家を求めて私の許にいる者を、私は誰も絶望の淵に置き去りにはしない。私の縄張りに出没する獣から、誰であろうと身を護ってやる。これが汝らに提供する最初のもの、つまり、安全である。

ならば次はというと、私の小指である。先ずこれを手にしたら、遠慮なく手全体を摑むがいい、さあ！　そして、それに加えて、私の心を受取るがいい！　ようこそここへ、ようこそ、私の客人たちよ！」

このようにツァラトゥストラは語り、愛と悪意を込めて笑った。この挨拶が終わると、客たちは再びお辞儀をし、恭しく沈黙していた。そこで右手の王が客一同を代表して、答辞の挨拶をした。

「おお、ツァラトゥストラ、汝が我我に手を差し伸べ、挨拶をした振舞を見て、我我は汝が紛れもなくツァラトゥストラだと認識した。汝は我我の機根に合わせてくれた。おかげで、我我の畏敬の念に、殆ど痛みが走ったほどだ。——

それにしても、誰が汝の如く斯くも誇らしく、衆生の機根に合わせることができようか？　そのことが我我を奮い立たせ、我我の目と心を蘇らせてくれる。

なんとかしてこれだけでも見ることができれば、この山よりもっと高い山々でさえも、我我は労を厭わず登るであろう。なぜなら、見て楽しむ者として、我我はやって来た。何が曇った眼差しを晴れやかにするか、我我は見てみたかった。

然し、どうだ、我我の困窮の叫びは総て、過ぎ去った。我我の五感と心は、早くも解きほぐれ、大きな喜びに満ちている。もう少しで、我我の勇気は弾むであろう。

おお、ツァラトゥストラ、この世では、気高く強い意志より悦ばしいものは、何も育ってはいない。それこそ、この世の最も美しい植物である。こんな木が一本立っていれば、風景全体が活気を帯びてくる。

おお、ツァラトゥストラ、汝の如く成長する者を、私は松の木に譬える。長い間、黙々と、過酷さに耐え、誰も当てにせず、最もしなやかな材質を育《はぐく》み、堂々としている。——

——然し、到頭、強い緑の大枝を伸ばし、自分の支配権を拡大しようとして、風や荒天など高みに住まうものからの強い問いを、改めて問い直し、

——而も、その強い問いよりも、一層強い答えを返す、命令する者、また勝利を収めた者として。

おお、こんな植物を見るためなら、高い山をも厭わずに登る者がいない筈があろうか？

おお、ツァラトゥストラ、ここの汝という木を見れば、陰気な者や出来の悪い者も、楽しむよう

になる。汝の姿を目にすれば、落ち着かない者も安心し、その心を癒すのだ。

そして、真に、汝の山と、汝という木に対して、今日多くの眼差しが向けられている。偉大なる憧れが湧き起こった。多数の者がツァラトゥストラとは何者か？　と問いかけるようになってきたのだ。

また、汝が嘗て汝の歌と蜂蜜を、その耳の中に滴《したた》らせてやった者たち、つまり、総《すべ》ての身を隠す者たち、孤独に暮らす者たち、二人だけで暮らす者たちが、突然、自分の心にむかって語った。『ツァラトゥストラは未だ生きているのだろうか？　もはや生きていく効がない。総ては同じ、総ては徒労である。さもなくば――我我はツァラトゥストラと共に、生きなければならぬ！』と。

『あれほど長い間、自らの到来を予告していた彼が、なぜ来ないのだろうか？』と、多くの者は問いかける『孤独が彼を呑み込んだのだろうか？　それとも、まさか我我のほうが、彼の許を訪ねなければならないのか？』

今では孤独自体が朽ち果て、ぼろぼろと砕ける。その様は、壊れ、死者たちを最早留《と》め置くことのできない墓のようだ。到る所に、墓から彷徨《さまよ》い出たものたちが見える。

おお、ツァラトゥストラ、汝の山を取り巻く波が、益益高まりつつある。どんなに汝の頂上が高くとも、多くの波が汝の許に登って来るのは避けられない。汝の小舟は、程なく最早甲羅干しをしてはいられなくなる。

そして、我我絶望している者が今こうして汝の洞窟に来てみると、もはや絶望はしていないというだけでも、正に、我我より勝れた者たちが汝の許に来る途上にあるという象徴であり、前触れにほかならない。――

――つまり、人間たちの間に燻《くすぶ》っている、神の最後の名残そのものが、汝の許に来る途上にあるのだ。それが即ち、偉大なる憧れと、偉大なる煩嘔《むかつき》と、偉大なる倦怠とに駆り立てられた総ての人間たちである。

――彼らは皆、再び希望を抱くようにならないかぎり――おお、ツァラトゥストラ、汝から偉大なる希望を学び取らないかぎり、生きようとはしない人間たちなのだ！」

このように右手の王は語り、ツァラトゥストラの手を取り、それに口付けしようとした。ところが、ツァラトゥストラは王の敬慕を受けようとはせず、驚いて後退《あとずさ》った。言葉を失い、突然遥か遠くへ逃れていくかのようであった。然し、それも束の間、彼は直ぐに客たちのいる現実に戻り、晴れやかな吟味する眼差しで彼らを見詰め、そして語った。

「私の客人たち、汝ら高等人種《ヒョーエレンメンシェン》よ、私は汝らとドイツ流に、はっきりと話がしたい。私は此処山の中で、汝らを待っていたのではない」

(「ドイツ流に、はっきりだって？　見当外れも極まれりだ！」と、ここで左手の王が脇を向いて言った「どうやら彼は親愛なるドイツ人を知らないな、この東洋の賢者は！

だが、待てよ、彼は『ドイツ流に、ぶっきらぼうに』と言いたいのだな。――よし！　それなら今日でも未だ最悪の趣味ではないな！」)

「汝らは一同、確かに、高等人種であるかもしれない」と、ツァラトゥストラは続けて言った「然し、私にとって――汝らは十分に高貴でもなければ、強くもない。

私にとってとは、私の中で黙ってはいるが、決して黙ったままではいない仮借なきものにとって、という意味だ。汝らが私の許に来るのが当然だとしても、だからといって私の右腕になるということではない。

何となれば、汝らの如く病弱で華奢《きしゃ》な脚《あし》でどうにか立っている程度の者は、自分で分かっているにせよ、自分に隠しているにせよ、何よりも当人が労ってもらいたいと願っているからだ。

だが、私は自分の腕や自分の脚を戦《いくさ》に投入することを厭《いと》わない。私は、自分の戦士たちに存分に戦ってもらうのだ。どうして汝らが、私の戦の役に立つだろうか？

汝らと一緒では、どんな勝利も却って台無しになる。我が陣太鼓の轟音を聞いただけで、汝らの大半は忽《たちま》ち転倒してしまうであろう。

また、汝らは代を重ねた美を十分に結実させてはいない。私の教えは、明澄なる鏡に反映されねばならぬ。汝らを鏡にすれば、その表面で私自身の肖像は逆に戯画になる。

数多くの重荷、数多くの記憶が、汝らの両肩を押し潰す。数多くの厄介な侏儒が、汝らの死角に身を潜めている。汝らの中にも、隠れた賤民がいるのだ。

たとえ汝らが身分高く、かなり高尚な性質を有っているとしても、私から見た汝らの多くの部分は、奇怪なほど曲がりくねっている。汝らを適切に腹蔵のない人間に鍛え直してくれる鍛冶屋は、此の世にはいない。

汝らは単なる橋にすぎない。汝らより高貴な者たちが、汝らを踏み越えていくがいいのだ！　汝らを見れば、ものごとの段階が分かる。汝らを踏み越えて、自分の頂点へと登りゆく者に腹を立てるな！

汝らの蒔いた種からも、将来いつか、紛れもない息子、完璧な後継者が育つかもしれない。然し、それは遥か先のことだ。汝ら自身は、私の遺志と名前を託す相手ではない。

私は此処山の中で汝らを待っているのではない。汝らと共に最後の山下りをすることはあり得ない。汝らより高貴な者たちが既に私の許に来る途上にあることを示す前触れとして、汝らは私の所に来たにすぎない。――

――私の待っている相手は、偉大なる憧れと、偉大なる煩嘔《むかつき》と、偉大なる倦怠とに駆り立てられた人間たちではないし、また汝らが神の残余と名づけたものでもない。

――違う！　違う！　何度言っても違う！　此処山の中で、私は汝らとは別種の者たちを待っているのだ。彼らとの絆を確かめ合うことなしに、私は足を上げてここから去っていくつもりはない。

――汝らより、もっと高貴な者たち、もっと強い者たち、もっと勝利を確信した者たち、もっと快活な者たち、肉体も魂も健やかな者たち、即ち、笑う獅子たちが来なくてはならぬのだ！

おお、私の客人、汝ら奇妙な者よ、――汝らは私の幼児《おさなご》たちについて未だ何も聞かなかったのか？　彼らが私の許に来る途上にあるということを聞かなかったのか？

どうか私に話してくれ、私の花園について、私の喜びに満ちた島々について、私の新たな美しい種族について。――なぜ汝らは、それについて私に話してくれないのだ？

汝らが私を敬愛しているのなら、私の幼児たちについての土産話を是非とも私に聞かせて欲しい。彼らとの絆を窮めたいがゆえに、私は今豊かであり、同じ理由で嘗て貧しくもなった。そのために私が捧げなかったものが何かあっただろうか。

――一つの事を窮め尽せるならば、私は今でも総てを捧げる。それは即ち、この幼児たち、この生命から生命への植え付け、私の意志と私の最も高貴な希望を伝持する、この生命の木立《こだち》だ！」

このように語ると、ツァラトゥストラは突然話を休《や》めた。憧れが魂の底から強く湧き上がってきたのだ。感動のあまり、彼は目と口を閉じた。彼の客人たちも黙っていた。狼狽し、言葉を失って立ち尽くしていたのだ。但、老いた預言者は、身振り手振りで何やら合図をしていた。

晩餐

つまり、ここに到って預言者は、ツァラトゥストラと客たちとの挨拶を遮ったのである。彼は一刻の猶予もならぬという風情で進み出、ツァラトゥストラの手を摑むと叫んだ「ところで、ツァラトゥストラ！

『一事に徹すれば、他事おのずと所を得たり』とは、汝自身の言葉である。正に今の私にとって、一事に徹すれば、他の総てが所を得るのだ。

つまり、時に適った言い方をすると、汝は私を食事に招待したのではなかったのか？　ここには長い道程《みちのり》を歩いてきた者が多い。汝はまさか、我我を話の御馳走だけで追い返すつもりではないだろう？

ここにいる汝らにしても、皆凍えるだの、溺れるだの、息が詰まるだの、あれこれと肉体の切羽詰まった苦しみをさんざん訴えたが、私の切羽詰まった苦しみ、つまり、死ぬほどの飢餓については、誰も話さなかった――」

（このように預言者は語った。ツァラトゥストラの動物たちはこの言葉を聞くと、吃驚《びっくり》して逃げ去った。何となれば、彼らが昼間のうちに運んで置いたものがあるにせよ、一方の預言者の腹を満たすにも十分ではないだろうと直感したからである。）

「死ぬほどの飢餓には、無論、死ぬほどの喉の渇きも含まれる」と預言者は続けた「先刻より、ここでは水のせせらぎが聞こえる。さながら知恵の言葉のように、つまり、滾々《こんこん》と湧き出て尽きることがない。然し、それはそれとして、私は——ワインが飲みたい！

誰もがツァラトゥストラのように、生まれつき水だけで十分というわけにはいかない。水は、そのうえ疲れた者や憔悴した者には効かない。我我に効くのはワインである。——先ずワインを飲んでこそ、たちどころに快復し、健康が五体を駆けめぐるのだ！」

預言者がワインへの渇望を示したのをきっかけにして、寡黙の人である左手の王も発言の機を摑んだ。「ワインのことなら」と彼は言った「我らが予め配慮しておいた。私と私の兄弟右手の王がワインを十分に持っている。——驢馬の背に載るだけ載せてきた。パン以外何も欠けていない」

「パンか？」と、ツァラトゥストラは返答して笑った「生憎《あいにく》パンだけは隠者の所にはない。だが、人間はパンのみにて生きるに非ず、上等の子羊の肉によっても生きていくのだ。そういう子羊を二頭持っているぞ。

——それを手早く屠り、サルビアを薬味にして料理しよう。その食べ方が私は好きだ。根菜や果実も揃っている。これだけあれば、美食三昧の連中が来ても、文句は言うまい。その上、割る手間を厭わなければ、胡桃もあるし、その他の謎も味わうことができる。

それでは、まもなく食事にしよう。だが、食事を倶にしたい者は、王といえども手伝わなければならぬ。ツァラトゥストラの許では、王が料理人であっても、不思議ではないのだ」

この提案は、皆の心に適った。但、義勇乞食は、肉とワインと根菜に抵抗を示した。

「さあ、とにかく此の美食家ツァラトゥストラの言い草を聞くがいい！」と、彼は茶化して言った「こんな食事がしたくて、人は洞窟や高い山に入っていくものだろうか？

もっとも、今になって漸く、彼が嘗て『細《ささ》やかな貧しさに称《たた》えあれ！』と教えたことが何だったのか、また、なぜ彼が乞食を無くしてしまおうとするのか、私にはよく分かる」

「機嫌よくしてくれ、私も機嫌よくしているのだ」と、ツァラトゥストラは答えた「汝の慣習を守り抜くがいい、汝、並外れたその道の大家よ、汝の穀物を噛み、汝の水を飲み、汝の食物を称えるがいい。つまり、汝が楽しければ、それでいいのだ！

私は、私と同じ生き方をする者にとってのみ、一つの原則である。私は、万人にとっての原則ではない。但、私と同種たらむとする者は、強い骨格に加え、軽快な足取りに支えられていなければならぬ。

——戦《いくさ》と祝祭が好きで、陰気な虫を寄せ付けず、夢想に惚ける愚か者でもなく、自分の祝祭を待つ気構えで最も困難なことに立ち向かうほど、丈夫で健やかでなければならぬ。

極上のものこそ、私と同じ生き方をする者と私に相応《ふさわ》しい。それが与えられなければ、我らはそれを手に入れる。最良の滋養、最も澄み切った空、最も強い思想、最も美しい女性《にょしょう》たちを！」——

このように、ツァラトゥストラは語った。右手の王はそれを聴いて言った「不思議だ！　これ程したたかなことが、嘗て賢者の口から聞こえてきただろうか？

それにしても、彼が何事に対しても矢張りしたたかであり、全く驢馬の類《たぐい》ではないとしたら、本当にそれこそ、賢者としては、この上なく不思議だ」

このように右手の王は語り、しきりに訝《いぶか》っていた。ところが、驢馬が王の言葉に対し、悪意を籠めて「然うや《イーアー》」と断《いなな》いた。ともあれ、これが歴史書の中で「晩餐」と呼ばれている、彼《あ》の長い食事の始まりだった。然し、この晩餐では、高等人種以外のことについては何も話されなかった。

高等人種《ヒョーエレンメンシエン》

1

私が最初、人間たちのもとにやってきたとき、私は隠者にありがちな世間知らずをやってしまった。途轍もない愚行だった。私は市場に身を置いたのだ。

そこで、総ての人間に向かって話していたとき、私は誰に向かっても話していなかった。晩には、なんと綱渡り師と亡骸（複数）が、私の仲間となっていた。私自身殆ど亡骸だったのである。

だが、新たな朝の訪れとともに、一つの新たな真理が私の行く手を照らした。そのとき、私は「市場や賤民や賤民の喧騒や、長い賤民の耳が、どうしたというのだ！」と言い切れるようになっていた。

汝ら高等人種よ、このことを私から学ぶがいい。市場では、高等人種がいるとは誰も信じていない。汝らが市場で話をしたいなら、やってみるがいい！　だが、賤民たちは「我我は皆平等だ」と目配せし合い反発する。

「汝ら高等人種よ」——斯《こ》う言って賤民たちは目配《めくば》せし合い反発する——「高等人種なんていない。我我は皆平等だ。人間は人間であり、神の前で——我我は皆平等なのだ！」

神の前だと！——だが、その神は今や死んだ。賤民の前で、我我は平等でありたいとは思わない。
汝ら高等人種たちよ、市場から立ち去るのだ！

2

神の前だと！——だが、その神は今や死んだのだ！　汝ら高等人種《ヒョーエレンメンシェン》たちよ、この神は汝らの最大の危険だった。

神が墓の中に横たわってから、汝らは漸く蘇ったのだ。今から漸く、偉大なる正午がやって来る。今から漸く、より高貴な人間《デア、ヒョーエレメンシュ》が——支配者となるのだ！

おお、我が兄弟たちよ、この言葉を理解したか？　汝らは驚いているな。心臓が目眩《めまい》を起こしているか？　汝らに向かって、ここで深淵が口を開いているか？　ここで地獄の犬が吠えかかってくるか？

さあ！　起て！　汝ら高等人種たちよ！　今漸《ようや》く、人間の未来を孕む山が回り、産みの苦しみを味わう。神は死んだ。今こそ我らは希《ねが》おう——超人万歳と。

3

今日、心配で仕方のない者たちは「どうしたら人間は生き延びられるのか？」と、問いかける。だが、ツァラトゥストラは唯一者で最初の者として「どうしたら人間は超越されるのか？」と、問いかける。

超人が私には気懸かりだ。それこそ、私の最高で唯一なるものである。――人間が気懸かりなのではない。つまり、隣人とか、最も貧しい者とか、最も悩める者とか、最も善良なる者が気懸かりなのではない。――

おお、我が兄弟たちよ、私が人間を愛する所以は、人間が太陽のように移りゆき、下降するものであるからだ。そして、汝らにも、私に愛と希望を懐かせる多くのものがある。

汝ら高等人種よ、汝らが軽蔑したということ、そのことが私に希望を懐かせる。何となれば、偉大なる軽蔑者は、偉大なる尊敬者であるからだ。

汝らが絶望したということ、そのことには敬うべき多くのものがある。というのも、汝らは魂を売り渡す方法を身に付けなかったし、小悧巧さに染まらなかったからである。

ともかく、今日では卑小な者たちが支配者となった。その輩は皆、恭順、身を慎むこと、怜悧、勤勉、気配り、その他長々とあれやこれやの小徳を説教する。

女々しいもの、奴隷の性を引き摺ったもの、とりわけ賤民流のごた混ぜ、そういう代物が今やあらゆる人間の運命を支配しようとしているのだ。――おお、吐き気《エッケル》！　吐き気《エッケル》！　吐き気《エッケル》だ！

そういう代物は、飽くことなく問い続ける「どうしたら人間は、最も善く、最も長く、最も快適に生き延びられるのか？」と。こんな問いによって――卑小な人間たちは、今日の支配者となっているのだ。

　これら今日の支配者を乗り越えよ。おお、我が兄弟たち、――これら卑小な世間を乗り越えよ。この輩こそ、超人を悩ます最大の危険だ！

　汝ら高等人種たちよ、乗り越えよ、下々の美徳を、けち臭い抜け目なさを、砂粒の気配りを、蟻塚の如き蠢動を、哀れむべき安逸を、「最大多数の幸福」を――！

　そして、魂を売り渡すよりも、寧ろ絶望するがいい。だが、実に、私が汝らを愛するのは、汝らが今日生きていく術《すべ》を知らないからである、汝ら高等人種たちよ！　それでこそ、汝らは――最善の生き方をしているのだ！

4

　我が兄弟たちよ、汝らは勇気を持っているか？　肚《はら》を据えているか？　他人に見てもらうための勇気ではない。いかなる神の照覧もない一人立つ勇気、空飛ぶ鷲の勇気を持っているか？

　冷酷な魂、騾馬《らば》、無智蒙昧ゆえの恐いもの知らず、酔っ払いなどを、私は肚を据えているとは呼ばない。恐怖を知り、とにかく恐怖に打ち勝つ者が魂の中心を喪ってはいない。深淵を見て、とにかく誇りを味方にする者が勇気を喪ってはいないのだ。

　とにかく鷲の目を以て、深遠を見る者、――鷲の鉤爪を以て深淵を摑む者、つまり、そういう種族が勇気を手にしているのだ。――――

5

「人間は邪悪である」――あらゆる最高の賢者たちが斯《か》く語ったので、私は励まされた。ああ、それが今日せめて未だ本当だと、実感されればいいのだが！　何となれば、悪こそが人間の最善の力となるからだ。

「人間は、より善くなると同時により悪くならざるをえない」――然《そ》う私は教えておく。最悪のものこそが、超人という最善のためには必要なのである。

　卑小な世間の彼《あ》の説教者にとって、人間の罪悪に苦悩し、耐え忍ぶのは善だったかもしれぬ。だが、私は、偉大なる罪悪を私への偉大なる励ましとして享受する。

　ところで、こんな話は、長い耳の輩に聞かせることではない。総ての言葉は、誰にでも咀嚼できるわけではない。悪についての話は、微妙で理解され難い、深遠な事柄なのだ。それを羊の爪で攫もうとしてはならぬ！

6

汝ら高等人種よ、汝らの意の儘にならなかった人生を埋め合わせるために、私がここにいるとでも、汝らは思っているのか？

それとも、私が今後汝ら悩んでいる者たちを、もっと気持ちよく寝かせつけようとしているとでも思っているのか？　或いは、汝らのような根無し草、道に迷った者たち、山頂を目指す経路を間違えた者たちに、誰も知らなかったもっと歩き易い道を、教えようとしているとでも思っているのか？

違う！　違う！　何度言っても、違うのだ！　汝らと同じ生き方をする益益多くの者たち、益益勝れゆく者たちに、根本を窮めさせたいのだ。――何となれば、汝らは益益厄介な目に、益益過酷な目に遭わねばならぬからだ。そうすることによってのみ――

――そうすることによってのみ、人間は稲妻に打たれて砕けるほどの高みにまで伸びていくのだ！　稲妻に打たれるほど、十分に高くなれ！

私の志と私の憧れは、微かな命脈、長く持ち堪《こた》えるもの、遥かなものを目指している。汝らのけち臭くて、多様な、小間切れの惨めさなど、私に何の関わりがあろうか！

汝らは未だ十分に悩んではいない！　なぜなら、汝らは自分のことで悩んでいる。人間、即ち評価する者であることに未《いま》だ悩まなかった。もしそうでないと言うなら、汝らは嘘を吐いている！　汝らは皆、私が味わった苦悩を未だ味わってはいないのだ。――

7

稲妻がもはや害を為さなければ、私には何とも興醒めだ。私は避雷針になるつもりはない。稲妻には私のために——働くことを学ばせてやりたいのだ。——

私の知恵は密集して、既に久しく雲のようだ。それは静けさと暗さを増していく。いつの日か必ず稲妻を産み出す知恵とは、総て然うしたものである。

私は、これら今日の人間たちのために光であろうとは思わないし、光と呼ばれたくはない。こやつらの眼を——私の眩《まぶ》しさで見えなくして遣りたいのだ。私の知恵の稲妻よ！　彼らの眼が節穴であることを告知せよ！

8

汝らの能力以上のことをやろうとするな！　自分の能力以上のことをやろうとする者たちの間には、むかつく二枚舌が存在する。

取分け問題なのは、彼らが偉大なことをやろうとするときだ！　何となれば、彼らは偉大なことに対する不信感を目覚めさせるからだ、この上品そうな贋金造りの役者どもは！——

——やがて遂に、彼らは自分自身に対しても二枚舌となり、自分を正視できなくなる。そして、強硬な言葉、ポスター用の美徳、派手さで誤魔化す仕事に隠れ続け、虚勢を張った虫食いだらけの結末を見る破目になる。

高等人種よ、この点、充分気をつけよ！　つまり、今日、正直より貴重で稀有なものは何もないのである。

今日この頃は、賤民の時代ではないか？　だが、賤民は何が偉大で何が卑小か、何が率直で何が正直かを知らぬ。賤民は、不正直であることに何ら疚しさを感じてはいない。この輩は常に嘘を吐くのだ。

9

今日では、それなりの不信も必要だ、汝ら高等人種よ、汝ら不敵な者よ、汝ら口の軽い者よ！　汝らの意見の根拠を秘密にして置け！　今日は賤民の時代なのだ。

賤民が嘗て根拠もなく信じるようになったことを、誰が根拠を捲《まく》し立てて――覆《くつがえ》すことができようか？

また市場での説得は、身振り手振りだ。根拠を挙げて説明したところで、賤民の不信感を掻き立てるだけだ。

また市場でいつか真実が勝利を博することがあれば、それなりの不信を懐いて自らに問うてみるがいい「どんな強力な鬼火が真実のために戦ったのか？」と。

学者たちにも警戒を怠るな！　連中は汝らを憎んでいる。彼らは不毛の土地だ！　彼らの眼は冷たく乾いている。その前では、どんな鳥でも羽毛を毟《むし》り取られて横たわる。

こんな連中が、学者には嘘がないと言って胸を張る。然し、嘘を吐《つ》けないことは、意外にも長い間、真実に対する愛となってはいない。警戒を怠るな！

情熱に駆り立てられないことは、むしろ長い間、認識となり得てはいない！　冷えきった知性の持主など、私は信用しない。嘘を吐くことのできない者は、真実の何たるかを分かってはいない。

10

高く登っていくつもりなら、自分の脚を使え！　他人から運び上げてもらうな、他人の背中や頭の上に乗るな！

ところが、汝は馬に乗って登ってきたのか？　騎行すれば、とにかく迅速に汝の目標に登り着くというわけか？　よかろう、我が友よ！　だが、汝の萎《しな》びた足も、倶に納まっているのだ！

目標に達して、汝が馬から跳び下りると、将に辿り着いた汝の頂上で、高等人種よ、汝は――躓《つまず》くことになるのだ！

11

汝ら創造する者よ、汝ら高等人種《ヒョーエレンメンシェン》たちよ！　人間は、自分自身の幼児《おさなご》を生むためにのみ、身重になるのだ。

もっともらしい言葉に誤魔化されるな、まやかしを吹きこまれるな！　抑《そもそも》、汝らに最も近い者《ネエスター》とは誰だ？　汝らが「隣人のために」行動することはあっても、――隣人のために、まさか創造することはあるまい！

この手の「ために」を忘れてしまえ、汝ら創造する者たちよ。汝らが「ために」とも「めぐって」とも「なので」とも関係を持たないようにと、汝らの美徳は正に希《ねが》っているのだ。この手の世知辛く裏表のある言葉に対して、汝らは自分の耳を塞がねばならぬ。

「隣人のために」は、世知辛い庶民特有の美徳だ。卑小な世間では「相見互い」とか「世の中持ちつ持たれつ」という意味である。――彼らには、汝らの自己愛惜《あいせき》を慮《おもんぱか》るほどの公正さもなければ、その力量もないのだ！

汝ら創造する者たちよ、汝らの自己愛惜の中にこそ、身重になった者の慎重さと、天の意《こころ》があるのだ！　誰も未だ肉眼で見たことのないもの、つまり、もう直ぐ生まれてくる果実を、汝らの完璧なる愛が護り、労り、育んでいるのだ。

汝らの完璧なる愛のあるところ、即ち汝らの幼児のもとに、汝らの完璧なる美徳もあるのだ！　汝らの仕事、汝らの意志こそが、汝らに「最も近い者」なのである。まやかしの価値を些かも吹き込まれるな！

12

汝ら創造する者よ、汝ら高等人種たちよ！　子供を産まねばならぬ者は、病苦に見舞われる。一方、子供を産み終えた者は、不浄に塗《まみ》れている。

女たちに問うてみるがいい。つまり、楽しくて産むのではない。痛苦があるからこそ、雌鳥《めんどり》や詩人は鳴いて歌うのだ。

汝ら創造する者よ、汝らには多くの不浄がある。それは、汝らが母とならねばならなかったからである。

一人の新生児あり。おお、何と多くの新たな汚れもまた、この世に生まれたことだろうか！　離れていよ！　子供を産み終えた者は、自分の魂を浄めなければならぬ！

13

汝らの力量以上に有徳者であろうとするな！　できそうもないと分かっているなら、自分に何も求めるな！

汝らの父祖の徳が歩んだ足跡を辿るがいい！　汝らの父祖の意志が汝らと倶に登っていかなけれ

ば、どのようにして汝らは高く登っていくつもりなのか？

とにかく初子であろうとする者は、同時に最後の子孫とならぬように気をつけよ！　父祖の不品行が知られている所で、汝らは聖者だと思われようとするな！

父と祖父が女を次々と求め、強いワインと猪《いのこ》をことのほか好んだのに、その子か孫が自らに純潔を求めるとしたら、どうなるのだ？

そんなものは道化芝居だ！　本当に、こういう男が一人か二人か、もしくは三人の妻で満足していれば、それは見上げたものだと私には思われる。

また彼が修道院を創設して、その入り口に「聖者への道」などと書いたとしても、──私は矢張り言うだろう「何が目的なのだ！　新手の道化芝居か！」と。

結局、彼は自分自身のために、牢獄と逃げ場を造ったことになる。それが「聖者への道」になれば乾杯だ！　だが、私はそんなことは信じない。

人知れず孤独の中に持ち込まれるもの、即ち、内なる畜生もまた、孤独の中で大きくなる。そんなわけで、多くの者には、孤独は勧められない。

砂漠の聖者より汚らわしいものが、これまで此の世に存在しただろうか？　奴らの周《まわ》りでは、悪魔だけではなく──豚も勝手に動き廻っていた。

14

怖ず怖ずと、ばつが悪そうに、さながら飛び損ねた虎のように、汝ら高等人種よ、私は屢《しばしば》、汝らが然うやって忍び足で脇へ去っていくのを見た。思惑どおりの賽子の目が出なかったのだ。

だが、汝ら賽子《さいころ》賭博者よ、それがどうした！　汝らは、賭けて遊ぶことと、嘲笑することを学ばなかった。つまり、汝らは、賭けの成功失敗を如何に解釈しなければならぬかということと、それを如何に笑いの種にしなければならぬかということを学ばなかったのだ！　我我は常に、成功失敗を笑いの種にしながら、人生の賭けを楽しむ巨大なテーブルに就いているのではないだろうか？

汝らが大きな賭けに失敗したとしても、だから汝ら自身が——失敗作だったということになるだろうか？　汝ら自身が失敗作だったとしても、だからといって、——人間が失敗作だったということになるだろうか？　但し、人間が失敗作だったのなら、うむ、さあ！　立ち上がれ！

15

ものごとが高貴な性質を帯びるほど、それだけ巧くいくのは稀である。ここにいる高等人種よ、汝らは皆——目標を見失ったのではないか？

勇気を失うな、それがどうした！　なんと多くのことが未だ可能であることか！　人が笑わずにはいられなくなるほど、自分自身を笑うことを学べ！

汝らが失敗作で半端者だったとしても、大したことではない、汝ら半ば壊れかかった者たちよ！　汝らの内部で犇《ひし》めき合い揉《も》み合っているではないか——人間の未来が？　人間の時空の遠大さの極み、深甚《しんじん》の極み、星の如く高みを極めたもの、人間の途轍《とてつ》もない力、これら総てが汝らの壺の中で、互いにぶつかり合い、発酵しているではないか？

幾つかの壺が壊れても、大したことではない！　人が笑わずにはいられなくなるほど、自分を笑うことを学べ！　高等人種よ、おお、なんと多くのことが未だ可能であることか！

そして、真に、なんと多くのことが早くも巧くいったことだろうか！　此の世は細やかながらも信頼できる完全なものや、出来映えのいいものを、なんと豊かに持っていることだろうか！

汝ら高等人種よ、細やかながらも信頼できる完全なものを、汝らの周りに置くがいい！　それらの黄金の熟成は心を治療してくれる。完全なるものは、希望の懐き方を教えてくれるのだ。

16

これまで此の世で最大の罪は何であったか？　それは「今笑っている者たちは、わざわいなるかな」と語った彼《あ》の人物の言葉ではなかったか！

彼は此の世で、自他を癒す笑いの花をどこにも見つけなかったのだろうか？　そうであれば、彼の探し方が却って拙かったのだ。幼児《おさなご》一人、当に此処ぞとばかり、笑いの花を見つける。

あの人物は——十分に人を愛さなかったのである。さもなければ、彼は我我、つまり、笑っている者たちをも愛したであろう！　ところが、彼は我我を憎み、嘲った。我我が泣き喚《わめ》き、歯軋りして悔しがるであろうと予告したのである。

愛していないからといって、直ちに呪わねばならないものだろうか？　それは——私には的外《まとはず》れな趣味だと思われる。然し、彼は、この絶対者はその趣味を実践した。彼は賤民の出だった。

彼自身が十分に人を愛さなかっただけだ。さもなければ、世人が彼を愛さないからといって、あれほど怒りはしなかったであろう。総ての偉大なる愛は、愛が欲しいのではない。つまり——その愛は、愛憎より多くのことを希っているのだ。

こんな絶対者たちは総て避けよ！　正に哀れで病的な種族、賤民の種族である。彼らは、この生命を斜めに見ている。此の世に対して、邪《よこしま》な眼差しを向けている。

こんな絶対者たちは総て避けよ！　彼らは、重い両足と噎《む》せ返るような心情の持主である。つまり——彼らは踊ることができないのだ。どうしたら大地は、こんな者たちに合わせて軽やかになれるだろうか！

17

あらゆる上機嫌は、曲線を描いてその目標に近づく。猫のように、それらは背中を丸める。近づいてきた自分の幸福を前にして、心の内で喉を鳴らす。——あらゆる上機嫌は笑うのだ。

歩き方を見れば、その人物が確かに自分の進路を歩んでいるか否かが分かる。私の歩き方を見るがいい！　ともかく自分の目標に近づいている者は踊るのだ。

真に、私は立像とはならなかったし、硬くて動かぬ石の如く、つまり、一本の円柱となって、ここに好き好んで立っているのではない。私は素早く走ることが好きなのだ。

この世には泥炭湿原と同様に、抜き差しならぬ濃密な悲哀が存在するとしても、軽やかな足を持つ者は泥濘《ぬかるみ》をこそ飛び越えて走り、そして、清められた氷の舞台にいるかの如く舞い踊るのだ。

我が兄弟たちよ、心を高めよ、高く！　もっと高く！　脚も忘れるな！　汝ら上流社会の踊り手たちよ、汝らの脚も高くせよ。むしろ逆立ちもありなら、猶いいぞ！

18

笑う者の此の極致、この薔薇の花輪の冠。私は自ら此の冠を頭上に戴《いただ》いた。私は自ら私の笑い声は神聖であると宣言した。私以外の何人《なにびと》も、今日自ら然《そ》う宣言するほど強くはないと思った。

舞踏者ツァラトゥストラ、翼で合図する軽やかな者ツァラトゥストラ、総ての鳥たちに手を振る飛翔開拓者、用意万端、早くも妙なる喜びの空を飛翔する者。――

預言者ツァラトゥストラ、真に笑う者ツァラトゥストラ、短気者でもないし、絶対者でもない、飛躍と脱線の愛好者、私は自ら此の冠を頭上に戴いたのだ！

19

我が兄弟たちよ、心を高めよ、高く！　もっと高く！　脚も忘れるな！　汝ら上流社会の踊り手たちよ、汝らの脚も高くせよ。むしろ、逆立ちもありなら、猶いいぞ！

幸福の中にあっても欝《ふさ》ぐ小動物のような者がいるし、生まれつき不器用な者もいる。可笑しなことに、彼らは逆立ちしようとする象の如く苦労を重ねる。

だが、不幸の前で笑われるよりは、幸福の前で笑われるほうが未だましだ。麻痺した足で歩くよりは、不器用に踊るほうが未だましだ。私の知恵を是非とも学び取れ。最悪のものごとにも二つの長所がある。

――最悪のものごとにも、健やかに踊る双脚があるのだ。汝ら高等人種よ、私から是非とも身を以て学べ、正真正銘の自分の足で立つことを！

何としても悲哀を吹き鳴らすことを忘れよ、また、あらゆる賤民の悲観主義と縁を切れ！　おお、賤民の道化《ハンスヴルスト》が、今日では意外にもなんと悲しげに見えることか！　今日は、とにかく賤民の時代なのだ。

20

私に倣《なら》って山の洞窟から吹き下ろす風のようになれ。その風は自ら吹く笛に合わせて舞い踊ろうとする。風の足跡を受け止めつつ、海は戦《おのの》き、跳ねながら走り回る。

驢馬に翼を与え、牝獅子の乳を搾る、この健やかで手に負えない精神に称えあれ。この精神こそが、今日の総て、賤民の総てに向かって、嵐のようにやって来るのだ。——

——薊の頭など詮なきことを考える頭や、あらゆる枯葉、雑草の類を一掃せむとする、この荒々しくも喜ばしい自由な嵐の精神に称えあれ。この精神こそが、悲哀の泥炭湿原の上で、緑したる草原にいるかの如く舞い踊るのだ！

痩せ犬根性の賤民と、あらゆる出来の悪い陰鬱な一味を憎む、あらゆる自由な精神の粋たる、この精神に称えあれ。この精神こそが、哄笑する嵐となって、あらゆる悲観好きと腫れ物好きの目に花粉を吹き込むのだ！

汝ら高等人種《ヒョーエレンメンシェン》よ、汝らの最も許せない点は、汝らが皆、人々の手本となる踊り方を、——つまり、自らを超えて舞い踊っていくことを習得しなかったということだ！　汝らが出来が悪かったとしても、それが問題ではないのだ。

なんと多くが未だ可能であることか！　だからこそ、自らを超えて笑うことを習得するがいい！　心を高めよ、汝ら上流社会の踊り手たちよ。高く！　もっと高く！　親しみのある笑いも忘れるな！

笑う者の此の極致、此の薔薇の花輪の冠。我が兄弟たちよ、私は此の冠を汝らに向かって投げ渡してやるぞ！　私は笑い声が神聖であると宣言した。汝ら高等人種たちよ、私から習得するがいい
——笑い方を。

憂鬱の歌

1

この話をしていたとき、ツァラトゥストラは洞窟の入り口近くに立っていた。だが、最後の言葉を言い終えると、彼は客たちのもとを脱出して、暫し戸外に逃れた。

「おお、私を包む清らかな香りよ」と彼は突然大声で言った「おお、私を包む至福の静けさよ！ところで、私の動物たちはどこだ？　此方《こっち》へ寄れ、此方へ寄れ、私の鷲と私の蛇よ！

さあ、言ってみよ、私の動物たちよ。あの高等人種は皆——もしかすると、良くない臭いがするのではないだろうか？　おお、私を包む清らかな香りよ！　私の動物たちよ、私は今漸く分かり、身に染みて感じている、どうして私が汝らを愛するのかということを」

——そして、もう一度ツァラトゥストラは言った「私は汝らを愛している、私の動物たちよ！」

一方、これらの言葉を聞いた鷲と蛇は、彼の傍に身を寄せ、彼を仰ぎ見ていた。このようにして、彼らは三者三様、静かに精気を分かち合い、良き空気を倶に嗅ぎ、倶に味わった。外の空気は、高等人種のいる洞窟よりも、ずっと美味だったのである。

2

然し、ツァラトゥストラが洞窟を離れるや否や、例の老いた魔術師が立ち上がり、狡そうに辺りを見回して言った「彼が出て行った！

では、早速、汝ら高等人種よ——ツァラトゥストラその人に倣って、私もこのお世辞めいた誉め言葉で汝らの心を擽《くすぐ》ってやる——私の厄介な欺瞞と魔術の霊が、私の憂鬱な悪魔が早くも私に取り憑こうとしている。

——この悪魔は、ここのツァラトゥストラに対する根本的な敵対者だ。それを咎めても詮なきこと！　今はとにかく、彼が汝らの前で魔術を試したくてうずうずしているのだ。ちょうど魔の刻となってしまった。この悪霊と私が戦ってみても、勝ち目は全く無い。

汝らは総て、悪魔に好かれている。汝らが言葉で以て如何なる栄誉を自らに与えようとしても、つまり、『自由精神』だ、『嘘を吐かぬ者』だ、『精神の懺悔者』だ、『鎖を断ち切った者』だ、『偉大な憧れを懐く者』だ、と自ら称してみたところで、

——汝らは総て、私同様、途轍もない煩嘔（むかつき・エッケル）に苦しみ、古い神には死なれ、新たな神の兆しを未だどこにも見出せてはいない。——そういう汝らは総て、私の悪霊で魔術に長けた悪魔に好かれているのだ。

私は汝らを知っている。汝ら高等人種よ、私は彼——つまり、私が意《こころ》ならずも敬愛している、あの怪物、ツァラトゥストラのことも知っている。彼自体が私には可成屢《しばしば》、美しい聖者の仮面を彷彿とさせる。

——つまり、私の悪霊、あの憂鬱な悪魔が身に付けて喜ぶ、目新しい美事《みごと》な仮装のように思われるのだ。——私はツァラトゥストラを敬愛している。そのことさえ、私の悪霊の差し金だと屡思われる。——

然し、こうしている間に、あいつが早くも私に取り憑き、私に強制する。この憂鬱の悪霊め、この黄昏《たそがれ》の悪魔めが。実に、汝ら高等人種よ、悪魔がいよいよその気になってきた。——

——さあ、刮目《かつもく》するがいい！——悪魔がいよいよその本性を露にするのだ。男の姿で来るのか、或いは、女の姿で来るのか、未だ分からぬ。とにかく、やつは来て、私に強制する。ああ！　汝らの五感を研ぎ澄ませ！

昼間の賑わいは消え去り、今は総てのものごとに、どんなに善いことにも、夕暮れが訪れる。汝ら高等人種よ、さあ、聞け、そして、見よ！　この夕暮れの憂鬱の悪霊は男か、女か、どんな悪魔なのかを！」

このように言うと、老いた魔術師は狡そうに辺りを見回してから、自分の竪琴を手に取った。

3

空の明るさが徐々に薄れ
早くも露が降り立ち
大地を慰める、

目に触れず、また音もなく――
なぜなら慰め手の露は柔らかな沓《くつ》を履く、
慈悲深く慰める者の常として――
そんな夕暮れ前になると、覚えているか
熱き心よ、覚えているか
嘗て汝が如何に渇望していたか
天使の涙と露の滴《しずく》を
身を焦がし、疲れ果てながら、如何に渇望していたかを。
あのとき、黄色くなった草の小径では、
意地悪い西日が
逆光で黒ずんだ木立の間を抜けて、汝の周りを駆け回っていた、
眩《まばゆ》い太陽の灼熱の眼差《まなざ》しだった、汝の渇望を嘲笑うような？

「いい、真理の求婚者だと？　汝が？」――灼熱の眼差しは然《そ》う嘲《あざけ》った――
「ちがう！　ただの詩人にすぎない！
獣だ。狡猾で、強奪し、潜行する獣だ。
嘘を吐《つ》く運命から逃れられず
嘘と分かっていて、故意に嘘を吐いてしまう獣。
獲物が欲しくて

多彩な仮面を使い分け
自らも仮面となり
獲物の振りをする——
いいいいいい
こんなものが——真理の求婚者だというのか？
ちがう！　ただの道化だ！　ただの詩人にすぎない！
ひたすら多彩な言葉で語り
道化の仮面に耳目を奪う言葉を叫ばせ
嘘で繋いだ言葉の橋を上ったり下ったり、
まやかしの天空と
まやかしの大地を繫ぐ
七色の虹の上を
あちこち彷徨い、漂っているだけではないか、——
いいいいいい
ただの道化だ！　ただの詩人にすぎない！

いいいいいい
こんなものが——真理の求婚者だというのか？
滑らかな冷たい円柱に
不動の姿を刻して
静謐の神像となったことはなく
神殿の前に立つ像として

神の警固《けご》を務めたこともない。
それどころか！　こういう真理の偶像には敵意を燃やし、
どんな原野にいても、神殿の前にいるよりは勝手知ったる心地。
猫も呆れるほど気紛れで
窓めいたものが少しでもあれば
どんな偶然の中にも、さっと飛び込んでしまうではないか。
原始の森の匂いを求め
血の中の故郷《ふるさと》に恋焦がれながら
汝はいつか原始の森で
多彩な模様をした猛獣たちに混じって
罪深いほど健やかに、また艶《あで》やかに美しく駆け回りたいと夢想している。
欲しくて堪《たま》らずに舌舐《したな》めずりし
嘲笑に酔い痴れ、地獄の業に酔い痴れ、血を求めて酔い痴れ
強奪せむとして身を潜め、様子を窺いながら、
駆け回りたいと夢想しているのだ。――

或いは、長く、じっと長く深淵を、
自分の深淵を見据える鷲のようになりたいと夢想しているのだ。――
おお、鳥瞰の深淵が其処では、

なんと急に下を向き、奥底を窮めんと、
見る見るうちに深さを増し、狙いを定めて旋回することか！――
と見るや否や、
突然、まっしぐらに
ここぞとばかりの飛び方で
子羊めがけて急降下するのだ。
だしぬけに降りて、むさぼるように、
子羊が食いたくて堪らなくなる。
鷲は、あらゆる子羊の魂に憤激している、
羊じみた目つきや子羊の目つきや、綿毛のような目つきや、
子羊と羊の善意に包まれた灰色の目つきを有《も》つ総てのものに対して
鷲は酷く憤激しているのだ！

このように
鷲の如く、豹の如く
というのが詩人の憧れだ、
千の仮面に隠れた汝の憧れだ。
汝は道化だ！　汝は詩人だ！

そんな道化詩人の汝は人間を
神として、また羊として見た。——
つまり、人間が人間の中の羊を引き裂くように、
人間の中の神を引き裂き
そして、引き裂きながら笑うのを見た——

これぞ、これぞ、汝の無上の悦びだ！
豹や鷲と同じ無上の悦びだ！
詩人や道化と同じ無上の悦びだ！」——

空の明るさが徐々に薄れ
早くも月の利鎌《とがま》が
深紅の夕焼けに緑色の翳《かげ》りをあたえ
妬ましげに、ひっそりと進んでいく。
——昼間を目の敵にし
一歩進むごとに、密かに
空に架かる薔薇の夢床を刈り取っていく。
やがて利鎌も床も沈んでいく、
夜の帳《とばり》に包まれ、蒼ざめて沈んでいく。——

そんな夕暮れに、私自身は嘗て沈んでいった。
私の生命を捧げる覚悟で信じていた真理から脱落して
私の昼間の憧れから脱落して
昼間に疲れ、日差しに病んで
――下方へと、たそがれ、影の如く沈んでいった。
つまり、私は未曾有の真理によって
火刑に処され、渇望を覚えた。
――汝は未だ覚えているか、熱き心よ、覚えているか？
汝がそのとき、どんなに渇望したことか――
い、い、い、い、い、い、い、い、い、い、
あらゆる真理から追放されていたい、
ただの道化でありたい、い、い！
ただの詩人でありたい！　と。

学問

このように魔術師は歌った。居合わせた者は皆、小鳥のようになって、知らず知らずこの男の狡猾で憂鬱な狂喜の網に掛ってしまった。ただ知的良心の信奉者だけは、その網を逃れた。彼は素早

く魔術師の手から竪琴を奪い取ると、叫んだ「風だ！　いい風を入れろ！　ツァラトゥストラを中に入れろ！　汝はこの洞窟を毒気で噎せ返るようにしているのだ、汝、老獪な呪術師め！　口の巧い嘘つきめ、とんでもない欲望を目覚めさせ、始末に負えない混乱を惹き起そうとしているな。汝のような連中が真理について勿体ぶった講釈を垂れるとは、なんという人災だ！　こんな魔術師どもに警戒しないのなら、どんな自由精神も人災となるだけだ！　彼らの自由は御《お》仕舞《しま》いだ。汝は人を教え導いているようで、実は魂の牢獄に逆戻りさせているのだ。——汝、年老いた憂鬱な悪魔よ、汝の嘆き節から誘惑の笛が聞こえてくる。汝は似ているぞ、純潔を称えることによって、密かに淫らな欲望へと誘う者たちに！」

このように知的良心の信奉者は言った。一方、魔術師は辺りを見回し、自分の勝利を噛み締めることによって、その信奉者から蒙った不愉快な気分を呑み込んだ。「静かに！」と、彼は控え目な声で言った「優れた歌は、優れた共鳴を望んでいる。優れた歌の後は、暫し沈黙しなければならぬ。ここなる高等人種は皆そうしている。然し、汝は、多分私の歌が殆ど解らなかったのであろうな？汝の中には、魔術の霊を解する知力が殆ど無いようだ。

「汝は私を誉めている」と知的良心の信奉者は返答した「私を汝とは異なる人種だと区別するとは、結構な手始めだ！　ところで、他の者たちよ、どうしたのだ？　汝らは揃いも揃って、淫らな欲望を中断されたような目つきをして、未だ立つことができないのか——

汝ら自由な魂よ、汝らの自由はどこに行った！　私の眼に映る汝らの姿は、いかがわしい裸踊りの娘たちを長いこと眺め惚けていた者と殆ど同じだ。つまり、汝らの魂が裸踊りしているのだ！

汝ら高等人種よ、汝らの中では、魔術師の言う彼の邪悪な欺瞞と魔術の霊なるものが私より多く蠢《うごめ》いているにちがいない。——我我は、きっと異なった感じ方をするしかないのだ。

実際我我は、ツァラトゥストラがこの洞窟に帰り着く前に十分話し合い、考え方を伝え合った。だから私と汝らが異なっているいることぐらい、分からない筈がない。

我我は、汝らと私は、この山上でも異なったものを模索している。私はできるだけ多くの確実性を探求している。そのために私はツァラトゥストラのもとに来た。何となれば、この人物こそ、今猶、最も堅牢な塔であり、最も強固な意志であるからだ。——

——だが、総てがぐらつき、総ての大地が揺れている今日、汝らの所作眼差しから察すると、汝らはできるだけ多くの不確実性を模索しているように私には思われる。

——できるだけ多くの戦慄を、できるだけ多くの危険を、できるだけ多くの地震を模索しているように思われる。汝らの魂はどうやら、汝ら高等人種よ、私の推測が気に障ったら許してくれ——

——汝らの魂は、私には恐ろしくて仕方のない最も酷くて最も危険な生き方を渇望しているのだ。野獣の生き方に血が騒ぎ、森と洞窟と険しい山々と、奈落への迷路を闇雲に求めているのだ。

また汝らが魂の底で最も気に入っているのは、そういう危険から汝らを救い出してくれる指導者ではなく、総ての道から汝らを踏み外させる誘惑者なのだ。然し、こんな暗い欲動が現実に魂の底から発動の機会を窺っているとしても、その現実が危険として共通の認識になり得るのは、その恐ろしさゆえに不可能であると私には思われる。

つまり、恐怖こそ——人間の中に太古より宿っている根本感情なのだ。恐怖から、原罪と原徳をはじめ、総てが説明されうる。恐怖から、私の徳も育ってきた。それが即ち学問である。

先ず野獣に対する恐怖が存在した——この恐怖は、極めて長い間、人間の利害に応じて其の意味を広げてきた。それとともに、人間が自身の中に匿《かくま》い恐《おそ》れている獣性も飼い馴らされてきた。――ツァラトゥストラが『内なる畜生』と名づけているものだ。

このように古より長く培養《ばいよう》されてきた恐怖が、遂には畏敬《いけい》から敬虔《けいけん》へと洗練され、聖職者風に知的性格を帯びて――今日、学問と呼ばれるようになったと私には思われる」――

このように知的良心の信奉者は語った。一方、将に洞窟に戻り、結論を聞いて、彼の説を察知したツァラトゥストラは、薔薇の花を鷲摑みにして信奉者めがけて投げつけると、彼の説く「真理」を笑い飛ばした。「なんということだ！」と、彼は叫んだ「耳を疑うようなことを言ってくれたな！心底、汝は道化だという気がする。さもなければ、私自らが道化だ。汝の『真理』を直ちに逆立ちさせてやる。

何となれば、恐怖は――我我の例外である。これに対して、気力、冒険、未知、未踏のものへの意欲、――つまり、勇気こそ、ヒトから人間への完全なる前史だと私には思われる。

比類なく野生的な最も勇敢な動物たちを、ヒトは羨み、彼らの長所を総て奪い、ヒトの生き方にそっくり加えた。そうしてはじめて、ヒトは――人間となったのだ。

この勇気、遂には洗練され、誇り高い精神、聡明な知力となった、この鷲の翼と蛇の賢さを備えた人間の勇気、それが今日何と呼ばれているかというと――」

「ツァラトゥストラ！」と、一緒に坐っていた全員が宛《さなが》ら声を一つに揃えたかのように叫び、大声で笑った。すると、重く垂れ籠めていた雲のようなものが消え去った。彼の魔術師も笑い、賢《さか》しらに言って退《の》けた「よし！　あいつが、私の悪霊が消え去った！

奴は詐欺師で嘘偽りの悪霊だと私が言ったとき、奴に警戒するようにと私自ら汝らに促さなかっただろうか？

取分け、悪霊が本性を露《あらわ》にしているときは、警戒しなくてはならぬ。とはいえ、あいつが何かを謀《はか》ったら、私に何ができるだろうか！　私が彼と世界を創造したというのか？

よし！　機嫌を直して、陽気にやろう！　ツァラトゥストラの目が怒っているとしてもだ。——彼をまあ見てみろ！　私に腹を立てている——

——夜が来る前に、彼は再び私を慈しみ、私を称えずにはいられなくなる。長く生きている彼は、そういう御人好しを繰り返すのだ。

あの人物は——自分の敵を慈しむ。これは芸術だ。私が出会った総ての人物の中で、彼はその芸術を最も深く理解している。ところが、彼は其の腹癒《はらい》せをやってくれるのだ——自分の味方に向かって！」

このように老いた魔術師は語った。高等人種たちは、それに拍手喝采を以て応えた。ツァラトゥストラも悪意と愛を籠めて、友の間を握手して回った。——その姿は、宛ら一同に何かを償い、許しを乞わねばならぬ者のようだった。だが、そうしているうちに洞窟の入口に来てしまい、なんと、またもや新鮮な空気が吸いたくなり、彼の動物たちと会いたくて堪《たま》らなくなってきた。——彼は洞窟から抜け出そうと思った。

砂漠の娘たちの下で

1

「行かないでくれ！」と、自らツァラトゥストラの影を名乗る流離《さすら》い人が言った「我我のもとにいてくれ、――さもないと、元の湿っぽい悲哀に、また突然襲われるやもしれぬ。

既に彼《あ》の老いた魔術師は、最も憂慮すべき御馳走をしてくれた。よく見るがいい、人の好い敬虔な教皇は、あそこで目に涙を浮かべ、またもや、すっかり憂鬱の海へと船出してしまった。

この王侯たちは、確かに我我の前では未だ機嫌のいい顔付きを見せているかもしれない。なぜなら、そういう芸当にかけては、今の我我全員の中で、彼らの右に出る者はいないからだ！　然し、誰も見ていなければ、賭けてもいい、彼らの間でも、良からぬ芝居がまた始まるぞ。――

――過《よぎ》っていく雲、湿っぽい憂鬱、重く垂れ籠めた天命、盗まれた太陽たち、泣き荒《すさ》ぶ秋風という良からぬ芝居が、

――我我が泣き叫び、困窮の悲鳴を上げるという良からぬ芝居がまた始まるのだ。おお、ツァラトゥストラ、我々のもとに留《とど》まってくれ！　ここには、口を開いて語ろうとする多くの惨めさが隠れている。多くの黄昏《たそがれ》、多くの雲、多くの湿っぽい空気が存在しているのだ！

汝は逞しい男の食べ物と力強い箴言で、我々に滋養を与えてくれた。そのデザートとして、軟弱で女々しい霊に再び我我を奇襲させないでくれ！

汝だけが汝の周りの空気を、力強く晴れやかにする！　汝の洞窟で汝のもとにいるときほど、此

の世で健やかな空気に触れたことが嘗てあっただろうか？

私は本当に多くの国々を見、私の鼻は多種多様な空気を吟味し、評価できるようになった。然し、汝のもとで、私の鼻孔は最大の喜びを味わうのだ！

但、格別なことがある――但、格別なことがある――、おお、古いことを思い出すが許してくれ！

私が嘗て砂漠の娘たちの下で作った、古い食後の歌を私に歌わせてくれ。――

何となれば、その娘たちの間には、ここと同等に健やかで澄み切った東洋の空気が存在したからである。そこでは、私は雲が多く湿っぽい憂鬱な古いヨーロッパから最も遠ざかっていた！

当時、私はそのような東洋の乙女たちを愛し、如何なる雲も如何なる思想も懸かっていない、別種の青空の王国を愛していた。

乙女たちが踊りの合い間、どんなに愛らしく坐っていたか、汝らは信じられないだろう。奥床しさを湛えながらも、全く思想に染まらず、小さな秘密のように、リボンで結ばれた謎のように、食後の胡桃のように坐っていた。――

確かに、色鮮やかな異国情緒だった。だが、雲一つ懸かっていなかった。自ずと解かれる謎だった。このような乙女たちを慈しむために、私は其の当時、食後の讃歌を一つ作ったのである」

影を名乗る流離い人はこのように語った。そして、誰かが応えて彼に何か言う前に、彼は早くも老いた魔術師の竪琴を手に取り、脚を組み、落ち着き払い、訳知《わけし》り顔で辺りを見回した。――宛ら新しい国々で、異国の空気を初めて味わう人のように、ともかく彼の鼻孔は、ゆっくりと、問いかけるように空気を吸い込んだ。それから、彼は咆えるように歌い始めた。

2

砂漠は嵩を増す。禍なるかな、砂漠を匿う者は！
——へへん！　厳かだ！
本当に厳かだ！
威厳のある歌い出し！
アフリカ風に厳かだ！
獅子の威厳というべきか、
或いは、道徳的な吼え猿に
打ってつけと言えようか——
——然し、汝らには関係なし、
汝ら何とも愛らしいガールフレンドたちよ、
汝らの足許に初めて
ヨーロッパ人の私が
椰子の葉陰で憩いながら
坐ることを許されたのだ、セラ。

不思議だ本当に！
ここに今私は坐っている、

砂漠に近く、それでいて既に
砂漠とは程遠い所に再びいるぞよ。
荒れ果てた部分の未だ全くない所へと、
この上なく小さなオアシスによって
すっぽりと呑み込まれてしまったからだ。――
――顚末を言えば、そのオアシスが今しがた欠伸をして
その愛らしい口を、
比類なく匂いのいい口を開けた途端、
なんと、私は忽ちその中に落ちていった、
下の方へ、通り抜け――
汝らの下にやって来たというわけだ、
汝ら何とも愛らしいガールフレンドたちよ！　セラ。

万歳、万歳、例の鯨、
呑み込んだ客をこんなに
気持よく迎えさせていたのか！
――汝らは私の学問的な寓意が分かるかな？
万歳、鯨の腹よ、
さて、彼《あ》の鯨の腹が此れほどまでに愛らしいオアシス腹だったのなら、

いやはやで御座候。つまり、
私は出来過ぎた鯨の腹の話を疑っている。
――真実を求めて私はヨーロッパから来た、
もう若くはない総ての女房よりも
疑り深いヨーロッパからやって来た。
神よ、ヨーロッパを改善し賜え！
アーメン！

ここに今私は坐っている。
この上なく小さなオアシスの中で
棗椰子《なつめやし》の実《み》のように
鳶色に染まり、すっかり甘くなり、金色の誓いを果たさんと
乙女のふっくらした口に渇える、
というより、むしろ、初々しい白雪のような門歯によって
その氷の冷酷さによって、咬み切られたいのだ。
そんな初々しい乙女の門歯こそ、
総ての熱き誓いに燃える、棗椰子の実の心を恋焦がれさせるのだ、セラ。

その名を挙げた南国の果実と

そっくりに、余りにもそっくりに
私はここに身を横たえ、
小さな昆虫どもに
嗅ぎ回られ、付き纏われている。
それぱかりか、もっとちっぽけで、
もっと馬鹿げて、もっと罪深い
願望や思いつきにも付き纏われる。——
汝らによって取り巻かれているからだ——
汝ら無言劇人よ、汝ら千里眼人よ、
猫族の乙女たちよ、
ドゥードゥーよ、ズライカよ。
——多くの感情を未曾有の一言に籠めるならば、
ヽヽヽヽヽヽヽヽヽヽ
私はスフィンクスの謎を解くように迫られているのだ。
(神よ、こんな言葉の罪を許し賜え!)
——ここに私は坐っている、この上なく健やかな空気を嗅ぎながら。
天国の空気だ、本当に、
明るく軽やかな空気、金色の縞《しま》のある空気、
こんな素晴らしい空気は、凡《およ》そ昔昔《むかしむかし》
月から降ってきた——

それが偶然であれ、
或いは、昔の詩人たちが語るように、
瓢簞《ひょうたん》から駒《こま》で然《そ》うなった？　のであれ、
ともかく疑い深い私は
そんなことは疑っている。
真実を求めて私はやって来た、
もう若くはない総ての女房よりも
疑り深いヨーロッパからやって来た。
神よ、ヨーロッパを改善し賜え！
アーメン！

この最高に美味い空気を吸おうと
鼻の孔を杯《さかづき》のように膨らませ
未来に思いを馳せるでもなく
過去の思い出に浸るでもなく
汝ら何とも愛らしいガールフレンドたちよ、
私はここに坐り、
また、椰子の木を眺めている。
椰子の木が宛ら踊り子のように

撓《たわ》み、しなだれ、腰を振るさまを眺めている。
――長く見物していると、こちらの腰も動き出す！
見做《みな》し踊り子、それは、見たところ、
既に余りにも長く、危険なほど長い間、いつも、いつも
ただ片方の脚で立っていたのだろうか？
――その間に、見たところ、もう片方の脚を
忘れ去ってしまったのだろうか？
行方不明になってしまった
宝の如き双子の片割れを
――つまり、もう片方の脚を――
私は探してはみたが、どう見ても無駄だった。
幻影の踊り子が身に付けていた、何とも愛らしく、何とも上品な
きらきらと扇形に翻るスカートの許されうる限界まで間近に
探してはみたが、無駄だった。
そうだ、汝ら美しいガールフレンドたちよ
汝らが私に輝きという片割れがあると信じたいなら、言ってやる。
あの踊り子は、その脚を失ってしまった！
それは消え失せたのだ！
永遠に消え失せたのだ！

もう片方の脚は！
おお、あの愛らしい、もう片方の脚がないとは何とも無念だ！
どこで――本当に、どうしている？
どこで、見捨てられた身の上を悲しんでいるのか？
ひとりぼっちの脚は？
ひょっとしたら、金髪の捲毛をもつ
獅子の如き怪物の獰猛さを前にして
恐怖に震えているのだろうか？
それとも、まさか既に肉を齧《かじ》り取られ、骨までしゃぶられてしまったのか――
可哀そうに、ああ！　ああ！　骨までしゃぶられてしまった！　セラ。

おお、泣かないでくれ、
優しい心よ！
泣かないでくれ、汝ら、
棗椰子《なつめやし》の心！　乳《ちち》を湛《たた》えた胸よ！
汝ら甘草の心の小嚢《こぶくろ》よ！
もう泣かないでくれ
蒼ざめたドゥードゥーよ！
元気を出せ、ズライカ！　勇気だ！　勇気だ！

——それとも、もしかして、
何か強くするもの、心を強くするものが
ここでは必要なのだろうか？
勿体ぶった箴言ではどうだ？
あらたまった激励ではどうだ？——

そら！　出て来い、威厳よ！
徳の威厳よ！　ヨーロッパの威厳よ！
吹け、また吹け
徳の鞴《ふいご》よ！
そら！
もう一度咆えるがいい
道徳的に咆えるのだ！
道徳的な獅子として
砂漠の娘たちの前で咆えるのだ！
——何となれば、徳の咆哮《ほうこう》こそ
汝ら何とも愛らしい乙女たちよ、
総てにまして
ヨーロッパ人の熱情、ヨーロッパ人の貪欲だからだ！

そして、ここに私は早くも立っている、
ヨーロッパ人として、
他にどうすることもできないのだ、神よ、私を助け賜え！
アーメン！

砂漠は嵩を増す。禍なるかな、砂漠を匿う者は！

1　覚醒

ツァラトゥストラの影を名乗る流離《さすら》い人の歌が終わると、洞窟は突然、喧騒と笑い声に溢れた。集っていた客たちは皆同時に喋り、驢馬もまた自分への一種の激励を感じて嬉しがり、もはや静かにしていられなくなった。そのため、ツァラトゥストラは来客たちに聊か反感を覚え、嘲りたくなった。もっとも彼は客たちの陽気さを喜んだ。快癒の徴候と思われたからである。そう納得した彼は、そっと洞窟の外へ抜け出し、彼の動物たちに語りかけた。

「さて、彼らの苦境はどこに行ったのか？」と言うと、彼は早くも客たちへの小さな嫌気を去り、安堵の溜息を吐いた。――「私のもとで、どうやら彼らは困窮の悲鳴を上げることを忘れたようだ！

──とはいえ、残念ながら喚くのは未だ忘れてはいない」そう言って、ツァラトゥストラは耳を側《そばだ》てた。何となれば、将に驢馬の「イーアー（然うや）」という嘶きが、高等人種《ヒョーエレンメンシェン》の歓呼喧騒と奇妙に入り混じって、聞こえてきたからである。

「彼らは楽しそうだ」と、彼は再び語り始めた「多分、宿の亭主の迷惑など少しも気遣っていない。彼らが私から笑うことを学んだとしても、彼らが体得したのは、断じて私の笑い方ではない。

然し、それがどうした！　彼らは老人だ。老人は老人の流儀で快復し、彼らの流儀で笑う。私の耳は、もっと酷いことを聞いても耐えてきたし、それが原因で無愛想にはならなかった。

この日は一つの勝利だ。彼奴、私の古来からの宿敵、重力の魔は、既に退き、逃げている！　あんなに酷く、重苦しく始まった今日という日が、なんと素晴らしく終わろうとしていることか！

この日は終わろうとしているのだ。既に夕暮れが迫りつつある。海を越えて天馬に乗った夕暮れが遣《や》って来るのだ！　帰郷するものが、その真紅の鞍に跨って、なんと至福に揺れていることか！

空は澄んだ眼差しで見遣り、世界は深く横たわっている。おお、汝ら私の許に来た、総ての奇妙な者たちよ、私の傍で生きるだけで、その効験《しるし》を見出すのだ！」


このように、ツァラトゥストラは語った。そして、洞窟の中から高等人種の喚き声や笑い声が再び聞こえてきたとき、彼は改めて語り始めた。

「彼らは食いついている。私の餌が効き目を発揮しているのだ。彼らの敵、重力の魔も、彼らから退散しつつある。早くも彼らは自分自身を笑いの種にする方法を身につけている。私の耳は確かであろうな？

私の男らしい生命の糧、私の生気と活力溢れる箴言が効いている。真に、私は彼らを腹の膨れる野菜の類で養育したのではない！　戦士の食事、王者の食事を与えた。彼らの知らない欲求を目覚めさせてやったのだ。

新しい希望が彼らの腕や脚に漲《みなぎ》り、心は波動を拡げる。彼らは新しい言葉を発見し、まもなく彼らの精神は、遊楽の息吹を吸い込むだろう。

このような生命の糧は、元より子供たちには相応しくないだろうし、切ない思いを懐く老若の少女的女性たちにも相応しくはないだろう。こういう者たちの内臓は、別の方法で説得される。孰れにせよ、私は彼らの医者でも教師でもない。

煩嘔《エッケル》（むかつき）が、これら高等人種《ヒョーエレンメンシェン》たちから消え去っていく。よし！　これは私の勝利だ。私の世界で彼らは自信を得、総ての無知な羞恥は逃亡し、彼らは心中の悩みを洗いざらいぶちまける。

彼らは自分の心をぶちまける。彼らに相応しい時間が戻り、彼らは祝い、そして、喜びを繰り返し噛み締めて——感謝の念に満たされる。

彼らが感謝の念に満たされる。このことを、私は最も善い徴候だと考える。孰《いず》れ程《ほど》なくして、彼らは祝祭を挙げることを思いつき、彼らの心に回帰した古来の歓喜《かんき》を記念して石碑を建立する。

彼らは快復しつつある者だ！」このように、ツァラトゥストラは晴れやかに自分の心に対《むか》って語りかけた。そして、彼方を見遣った。一方、彼の動物たちは、ひしと彼に寄り添った。彼の幸福と彼の黙秘に敬意を表したのだ。

2

然し、突然、ツァラトゥストラの耳に驚愕が走った。それまで喧騒と哄笑に満ちていた洞窟が、急に死んだように静まり返ったのだ。――而も、彼の鼻は、松の実を焼いているような朦朦たる乳香の匂いを嗅いだ。

「何ごとだ？　彼らは何をやっているのだ？」と、彼は自らに問い、客たちに気づかれずに様子を見てやろうと、忍び足で洞窟の入口まで近寄った。ところが、奇怪や、奇怪千万！　何というものを、彼は自分の肉眼で見る破目になったことか！

「彼らは総て、再び信心深い振りをするようになった、手を合わせて祈っている、羽目を外しているのか！」――と彼は言った。そして、途轍《とてつ》もない驚きに包まれた。全くの圧巻！　高等人種の総て、二人の王、退職した教皇、油断のならぬ魔術師、義勇乞食、ツァラトゥストラの影を名乗る流離《さすら》い人、年老いた預言者、知的良心の信奉者、最も醜い人間。これら総てが子供のように、また信心深い老婆のように跪《ひざまず》き、驢馬《ろば》にむかって手を合わせて祈っていた。将にそのとき、最も醜い人間が喉をがらごろぜいぜいと鳴らし、荒い鼻息を立て始めた。そのさまは、何か言葉で表現できないものが彼の中から外に出たがっているかのようだった。だが、彼がそれを実際に言葉にしたとき、なんと、それは、香煙の中で礼拝されている驢馬を褒め称える、盲信的で風変りな連禱だった。この連禱は次のように聞こえてきた。

アーメン！　称えと誉れと知恵と感謝と賛美と強さとが、永遠から永遠へと絶えることなく、我らの神にあらむことを！

――それに応えて、驢馬が「イーアー（然《そ》うや）」と嘶《いなな》いた。

我らの神は我らの重荷を背負い、僕《しもべ》の姿を取り、心から忍耐強く、決して「否《ナイン》」とは言わない。

自分の神を愛する者は、その神を懲《こ》らしめるのだ。

――それに応えて、驢馬が「イーアー」と嘶いた。

我らの神は自ら創った世界に対して、常に「然り《ヤー》」と言う以外には何も言わない。そうやって神は自分の世界を賛美している。語らぬことが神の狡猾さなればこそ、存在の不当を咎められることは稀なのである。

――それに応えて、驢馬が「イーアー」と嘶いた。

我らの神は地味な姿で、世の中を通り抜け、その徳を包み込む身体《からだ》の色は灰色であり、霊感を得ても、それを隠す。然し、誰もが神の長い耳を信じている。

――それに応えて、驢馬が「イーアー」と嘶いた。

我らの神が長い耳を持ち、ただ「然り」とだけ言い、決して「否」と言わないのは、なんという隠れた知恵であろうか！　神は世界を自分の姿に合わせて、即ち、できるだけ愚かなものとして作ったのではないか？

――それに応えて、驢馬が「イーアー」と嘶いた。

汝驢馬神は真っ直ぐな道も曲がった道も歩む。我我人間の心に何が真っ直ぐで、何が曲がっていると映るかは、汝の意に介するところではない。汝の国は善悪の彼岸にある。無垢とは何かを知らぬことこそ、汝の無垢である。

――それに応えて、驢馬が「イーアー」と嘶いた。

照覧《しょうらん》あれ、汝驢馬神は何人たりとも、乞食でも王でも撥ね付けないし、幼い子供にも嫌な顔をせず自分の許に来させる。また、悪童どもが汝を悪ふざけの罠に嵌《は》めようとするときにも、汝は一向《ひたすら》愚直に「イーアー」とだけ言う。

——それに応えて、驢馬が「イーアー」と嘶いた。

汝驢馬神は牝驢馬と新鮮な無花果《いちじく》を好む。汝は美食家であり、偶偶《たまたま》空腹になった場合には、棘《とげ》のある薊《あざみ》が汝の心を擽《くすぐ》る。このことの中には、或る神の知恵が差配されている。

——それに応えて、驢馬が「イーアー」と嘶いた。

驢馬祭

1

然し、連禱がここに及んだとき、ツァラトゥストラは最早自分を抑制することができなくなり、自ら却って驢馬より大きな声で「イーアー」と叫ぶと、羽目を外してはしゃぐ客たちの真っ只中に躍《おど》り込んだ。そして、祈っている者たちを地面から引き離しながら、彼は叫んだ「全く、何を遣っているのだ、汝ら人間の子よ？　ツァラトゥストラ以外の誰かに見られたら、とんだ恥さらしだ。

そのときは、誰でも思うぞ、汝らが新手のお縋り信心に取り憑かれて極めつきの瀆神者に成り下がったか、もしくは、誰よりも騙され易い老婆になり果てたと！

嘗ての教皇である汝までが、そんなふうにして驢馬をここで神として拝むとは、いったいどういうことなのだ？」——

「おお、ツァラトゥストラ」と、教皇は答えた「許せ、然し、神のこととなると、私は汝より少しは詳しい。また、それは当たり前であろう。

全く形のない神を拝むよりは、こうした形で神を崇拝するほうが好ましいのだ！　この言葉をよく考えてみよ、私の気高き友よ。汝なら直ちに、このような言葉には知恵が隠れている、と察知する筈だ。

『神は霊である』と語った者は——此の世でこれまで最大の行動と最大の跳躍を、無信仰の方角に向かって犯してしまった。このような言葉は、此の世では容易に償うことはできないのだ！

私の老いた心臓が、此の世に手を合わせて拝めるものが未だあると知って、跳び撥ねている。おお、ツァラトゥストラ、敬虔な元教皇の気持を汲み取ってくれ！——」

——「そして汝だ」と、ツァラトゥストラは影を名乗る流離い人に向かって言った「汝は自ら自由精神と称し、そのつもりでいるくせに、ここではこんな偶像崇拝を遣《や》って退《の》け、坊主の職務を熟《こな》しているのか？

真に、汝のいかがわしい鳶色の娘たちのもとで遣ったよりも、汝はここで、逆にもっといかがわしいことを遣っているんだぞ、汝陸《ろく》で無《な》しの新手の信者め！」

「いかがわしいのは、もっともだ」と、影を名乗る流離い人は答えた「汝の言うとおり。然し、私に何ができるというのだ！　おお、ツァラトゥストラ、汝が何と言おうと、古い神が再び生きている。総ての責任は、あの最も醜い人間にある。つまり、奴が神を蘇らせたのだ。奴は嘗て神を殺したと言っている。然し、死とは、それを神々に当て嵌めるならば、常に先入観にすぎない」

――「そして汝だ」と、ツァラトゥストラは言った「汝、老獪な魔術師よ、汝の行為は何だ！汝がこんな驢馬神ごっこを信じているならば、この自由な時代に今から誰に汝を信じさせようというのか？

汝のしたことは愚かとしか言いようがない。何事にも抜け目ない汝に、どうしてこんな愚かなことができたのか！」

「おお、ツァラトゥストラ」と、抜け目ない魔術師は答えた「汝の言うとおりだ。愚かなことだった。――あんなことはわたしにも十分気が重かった」

――「そして汝までもが」と、ツァラトゥストラは知的良心の信奉者に向かって言った「さあ、よく考え、鼻に指を置いてみよ！　こんな事をして、抑《そもそも》、何も汝の良心に反してはいないのか？この祈禱や、この似非信者どもの朦朧《もうろう》たる空気に染まるには、汝の知力は余りにも純粋すぎるのではないのか？」

「そこに何かが有る」と、良心の信奉者は答え、鼻に指を置いた「この祭芝居には、私の良心さえも快く感じさせる何かが有る。

もしかすると、私は神を信じられないのかもしれない。然し、確実なのは、私の神が此のような姿であれば、逆に最も信じるに値すると思われることだ。

最も敬虔な者たちの証言によれば、神は永遠であるという。それほど多くの時間を持っている者は、急がなくて済む。できるだけゆっくりと、できるだけ愚かに進めばいい。それでも、このような生き方をする者は、本当に大きな業績を成し遂げることができる。

知力を持て余す者は、ともすれば夢中になって愚かな道化役を演じる破目になる。おお、ツァラトゥストラ、汝自身について、よく考えてみるがいい！

汝自身――確かに！　汝もまた、溢れる知恵のせいで、ともすれば一頭の驢馬になるかもしれぬ。

完全なる賢者は、好んで最も曲がりくねった道を歩いていくのではないだろうか？　おお、ツァラトゥストラ、実例――汝という実例が然う教えているのだ！」

――「そして最後に汝さえもが」と、ツァラトゥストラは言うと、最も醜い人間に相対した。この人物は相変わらず地面に横たわったまま、腕を驢馬に差し出していた（彼は驢馬にワインを飲ませていた）「話せ、何とも名状し難き者よ、汝はそこで何をしでかしたのだ！

汝はすっかり変貌したように思われる。汝の眼は爛爛と燃え立ち、崇高なるもののマントが汝の醜さを包んでいる。汝は何をしたのだ？

汝が神を蘇らせたと、彼の者《あ》たちが言っているのは、果して本当なのか？　ならば何のために？

神が殺され片付けられたのは、然るべき理由があったからではないのか？

私の目には、汝自身が目覚めたように思われる。汝は何をしたのだ？　どうして汝は訳の分からぬ行動に及んだ？　どうして汝は回心して神の世話をした？　話せ、汝、何とも名状し難き者よ！」

「おお、ツァラトゥストラ」と、最も醜い人間は答えた「汝は悪戯《いたずら》好きの道化だ！

彼の神が延命しているのか、それとも再生しているのか、或いは完璧に死んでいるのか？――そのことを最もよく知っているのは、我々二人の中のどちらなのか？　私は汝に問う。

但、私は一つのことを了解している。――汝自身から嘗てそれを学んだ。おお、ツァラトゥストラ、その意《こころ》は、最も徹底的に消滅させせようとする者は、笑うということだ。

『怒りではなく、笑いを通して人の思いは殺される』――斯う汝は嘗て言った。おお、ツァラトゥストラ、汝隠れんぼっ子よ、汝怒らずに滅ぼす人よ、汝危険な聖者よ、――汝は悪戯好きの道化だ！」

2

ここで然し、客たちの専ら、正に悪戯道化風の答えを訝《いぶか》しがっていたツァラトゥストラは、洞窟の入口へ飛び退《すさ》ると、客たち一同に相対して、語気を強めて叫んだ。

「おお、汝らは揃いも揃って剽軽《ひょうきん》な道化だ、戯《おど》け者め！ 何の目的があって、汝らは私の前で、自分を偽り隠すのだ！

汝ら一人ひとりの心が、悦楽と悪意に溢れて、そわそわしているではないか！ 汝らが最後に一度、再び小さな子供のように、つまり、善意の盲信者になったことが、そんなに嬉しいか！――

――汝らが最後に再び、子供がやるようにやれて、つまり、祈り、両手を合わせて、『神様』と言えたことが、そんなに嬉しいか！

然し、もうこんな子供部屋を、あらゆる馬鹿げた遊びの巣窟《そうくつ》となった私自身の洞窟を、私に明け渡せ。逆上《のぼ》せた子供のようなはしゃぎ過ぎを外で醒《さ》まし、心の落ち着きを取り戻すがいい！

もっとも、汝らが小さな子供のようにならなければ、汝らは天国には入《はい》れない。（そして、ツァラトゥストラは両手で上の方を示した）

だが、我らは天国に行くつもりも全くない。我らは大人《おとな》の男《おとこ》である。――だから我らは地に足の付く世界を模索しているのだ」

3

そして、もう一度ツァラトゥストラは話し始めた。「おお、私の新たな友よ」と、彼は言った。――「汝ら奇妙な者たち、高等人種《ヒョーエレンメンシェン》よ。今漸く私は汝らが、何とも気に入っているぞ。――汝らは陽気さを取り戻したからな！　汝らは本当に皆花開いた。汝らのような花には、今までとは別の祭が必要なのだと、私には思われてきた。

――少し勇敢になって、たわいもないことをやってみること、例えば神事と驢馬祭の結婚のようなものとか、私にとっては憎たらしい陽気なツァラトゥストラ道化のようなものとか、要するに、汝らの魂を晴れ渡らせる荒れ狂う風が必要なのだ。

汝ら高等人種たちよ、今夜と此の驢馬祭を忘れるな！　これこそ、私のもとで汝らが探り当てたものだ。それを良い象徴だと私は受け止める。――このようなことは、快復しつつある者しか思いつかないからだ！

然し、汝らが再び其れを、この驢馬祭を祝うときには、自分に良かれと、また私にも良かれと思って遣れ！　そして、私を思い出す縁《よすが》とするがいい！」

このように、ツァラトゥストラは語った。

1 酔歌《すいか》

ところが、客たちは、いつの間にか一人また一人と洞窟の外に出ていった。外には、深き思いを涼しく包む夜があった。そこでツァラトゥストラ自身も、最も醜い人間の手を引いて連れ出した。彼に自分の夜の世界と、大きな丸い月と、洞窟の傍で月光を浴びて銀色に浮かぶ滝とを見せたかったのである。漸く彼ら一同は、寄り合いながら静かに立った。年老いた者たち許りだった。だが、安心し、勇気を得て、此の世がこんなに快適だったのかと、不思議な想いに包まれた。然し、夜の秘密は、益益近く彼らの心に迫っていた。そして、改めてツァラトゥストラは心の中で思った「おお、今漸く私は彼らが、率直に気に入っている、この高等人種たちが！」と。——一方、彼はそれを口に出して言わなかった。何となれば、彼らの幸福と彼らの黙秘に敬意を表したからである。

ところが、そのとき、彼《あ》の驚くほど長い一日の中で、最大の驚きだったことが起きた。最も醜い人間が今一度ここぞ最後の節目とばかりに、喉をがらごろぜいぜいと鳴らし、荒い鼻息を立て始めたのだ。そして、彼がその死に物狂いを遂に言葉にしたとき、なんと、完全且つ明快な問いが、彼の口から飛び出してきた。それは、その場に相応しい、深遠ながらも分かり易い問いだったので、彼に耳を傾けていた者総ての身体の芯を揺さぶった。

「私の友人たち、集《つど》った総ての者よ」と、最も醜い人間は語った「汝らは何う思うか？　今日という日のお蔭で——私は完璧な人生を生きたのだと初めて満足している。

だが、これほどのことを証言しても、私の思いを伝えるには未だ足りない。大地に生きることは報われる。ツァラトゥストラと倶に過ごした一日、一つの祭は、私に大地を愛することを教えてくれた。

私は死神にむかって言いたい『これが——生きるということだったのか？　よし！　もう一度！』と。

私の友人たちよ、汝らは何う思うか？　汝らは私のように、死神にむかって言おうとは思わないか？　これが——生きるということだったのか？　ツァラトゥストラのために、よし！　もう一度！　と」——


このように、最も醜い人間は語った。ほどなく真夜中になろうとする頃だった。ところで、読者の君らは、そのとき起きたことを果して信じているだろうか？　最も醜い人間の問いを聞くや否や、高等人種たちは突然自分たちの生命が一新され、快復したことを自覚し、また誰がそうしてくれたかを知った。そこで彼らはツァラトゥストラに駆け寄り、それぞれ独自の流儀で、感謝したり、敬意を表したり、身体を摩《さす》ったり、その手に接吻したりした。要するに、ある者は笑い、ある者は泣いたのだ。但、年老いた預言者は、楽しさの余り踊った。幾人もの語り部が言うように、彼がそのとき甘美なワインをしたたか飲んでいたにせよ、それよりもっと甘美な生命に満たされ、どんな疲労も感じなかったのは確かである。語り部の中には、そのとき驢馬が踊ったと話す者たちさえいる。最も醜い人間が前以て驢馬にワインを飲ませていたのは、そういう意図があってのうえだと言いたいのだ。驢馬が酔って踊ることは、現実にあるかもしれない。或いは、そんなことはないのかもしれない。また、本当は彼の晩驢馬は踊りはしなかったとしても、孰《いず》れにせよ、驢馬が踊ったという伝説よりも、遥かに偉大で、遥かに稀有な不可思議は、その時間帯に発生したのである。要するに、ツァラトゥストラの格言に即して言えば、驢馬の踊りの有無など「それがどうした！」となるのだ。

2

然し、最も醜い人間が端緒《たんしょ》となって、こういうことが生じていたとき、ツァラトゥストラは宛ら酩酊した者の如くその場に立っていた。眼光は消え、舌は縺《もつ》れ、両足はふらついていた。どのような思想が其の時、ツァラトゥストラの魂の上に去来したのか、誰に推測できるだろうか？　但、明らかに、彼の精神は肉体を放ったまま、遥か彼方に去っていた。言わば、この書に記されているように「二つの海の間に聳える高い山の尾根で、
――過去と未来の間に重い雲となって垂れ籠めて」いたのである。然し、次第に、高等人種たちの腕に支えられている間に、彼は少し我に返り、崇拝する者や心配する者の混雑を手で制止した。それでも彼は口を開かなかった。だが、突然、彼は素早く頭の向きを変えた。何かに耳を傾けていると見えた。そして、彼は指を口に当て、言った「適《ゆ》け！」と。

忽ち、周辺は静かになり、秘密を孕んだ。すると、奥深い所から、鐘の響きが、ゆっくりと上《のぼ》ってきた。ツァラトゥストラは、じっと耳を澄ました。高等人種たちもそれに倣った。それから彼は、再び指を口に当て、言った「適け！　適け！　針は真夜中を指している！」と。――彼の声は変容

していた。だが、彼は依然として、その場から動かなかった。辺りの静けさは更に深まり、秘密は一段と濃密になった。そして、総てが耳を澄ました。例の驢馬も、ツァラトゥストラの誉れ高き動物たち、彼の鷲と彼の蛇も耳を澄ました。同様に、ツァラトゥストラの洞窟や、あの大きい涼しげな月や、夜の闇さえも、人や動物に勝るとも決して劣ることなく、じっと耳を澄ました。そして、ツァラトゥストラは三度《みたび》手を口に当て、言った

「適け！　適け！　適け！　今こそ、探索してみよう！　時は来ている。夜のふところを探索してみようぞ！」

3

汝ら高等人種たちよ、針は真夜中を指している。そこで、あの古い鐘が私の耳に伝えるとおりに、私は汝らの耳に或る大事なことを聞かせて遣りたい。――

――あの真夜中の鐘が私に話すとおりに、重大な黙秘を密かに明かすように、戦慄させながら、心を籠めて聞かせて遣りたい。あの鐘は、生命限りある人間よりも、多くのことを体験してきた。

――あの古い鐘は既に、汝らの父祖たちの苦悶する心臓の鼓動を数えたのだ。――ああ！　ああ！なんと、溜め息を吐《つ》くのか！　なんと夢の中で笑うのか！　あの年老いた、深い、深い真夜中が！

静かに！　静かに！　昼間には声になれない、幾つもの声なき声が聞こえてくる。そして、涼しい微風《そよかぜ》によって、汝らの心の燥《はしゃ》ぎも総て収まった今、――

――今声なき声は語る。今それは聞こえる。今それは、夜のふところに抱かれて冴え渡る魂の中に忍び入ってくる。ああ！　ああ！　なんと、真夜中が溜め息を吐くのか！　なんと夢の中で笑うのか！

――汝の耳には聞こえないか、真夜中が、年老いた、深い、深い真夜中が汝にむかって、重大な黙秘を密かに明かすように、戦慄させせながら、心を籠めて語る様子が！

おお、人間よ、心して聴け！

4

禍来《わざわいきた》るか！　時はどこに行った？　私は深い黄泉《よみ》の中に沈んだのではないか？　世界は眠っている――

ああ！　ああ！　犬が吠える。月が皓々《こうこう》と輝く。私の真夜中が今将に何を考えているかを汝らに話すくらいなら、私は寧ろ死にたい、死んだ方がいい。

だから、私は、既に死んだ。そのようにして、重大な黙秘は無かったことになるのだ。蜘蛛よ、何故に汝は運命の糸を紡いでは、私を絡め捕るのか？　血が欲しいのか？　ああ！　ああ！　露が降りる。あの時がやって来る――

――私を震えさせ、凍えさせるあの時がやって来る。その時は問うて問うて問い詰める「誰がそれに耐えられる勇気を持っているのか？

——誰が大地の支配者とならねばならぬのか？　何者が『汝ら大小の河川よ、汝らを今のまま流れさせて遣る』と明言するつもりか！」と。

——あの時が迫る。おお、人間よ、汝、高等人種よ、心して聴け！　この話は、聡明な耳にむかって、汝の耳にむかって聞かせているのだ——深い真夜中は何を語る？

5

何かが私を運び去っていく。私の魂は揺れ動く。昼の仕業だ！　昼の仕業だ！　誰が大地の支配者とならねばならぬのか？

月は涼しい顔をする。風は黙る。ああ！　ああ！　汝らは既に十分高く飛んだのか？　汝らは踊った。だが、脚は矢張り翼ではない。

汝ら上流社会の踊り手たちよ、到頭、総ての悦楽は終わった。ワインは残り滓となり、総ての壺皿は砕け、黙秘の墓場は閊《つっか》えながら話す。

汝らは、十分高くは飛ばなかった。だから、その墓場は閊えながら言う「死者を救い出せ！　何故に斯う長い夜があるのか？　月が我我を酔わせているのではないか？」と。

汝ら高等人種たちよ、墓場をともかく解放せよ、屍を呼び覚ませ！　ああ、何のために、虫けらが未だ墓穴を掘っているのか？　迫ってくる。あの時が迫ってくる。——

——鐘の音が響く。未だ心をキリカリと齧《かじ》る音が伝わってくる。この期に及んで猶、害虫が、心を齧る虫けらどもが墓穴を用意しているのだ。ああ！　ああ！　世界は深い！

6

心に染みる竪琴よ！　心に染みる竪琴よ！　私は汝の音調《しらべ》を愛している、汝の酔い痴れた鈴蛙の音調を！——なんという悠久の時を従えて、なんという遥か彼方より、汝の音調は響いてくることか、はるばると、愛を湛《たた》えた池から！

汝、古き鐘よ、汝、心に染みる竪琴よ！　総ての苦しみが汝の心を引き裂いた、父の苦しみ、父祖の苦しみ、太古以来の祖先の苦しみが——。だからこそ、汝の語り口は熟成した、——

——黄金色の秋と其の午後のように、我が隠者の心のように熟成した。——そして、今汝は語る「世界そのものが熟成した。葡萄の実が狐色に熟れている。

——今葡萄の実は死にたいと願う、幸福の余り死にたい」と。高等人種たちよ、汝らは嗅いでいるのではないか？　ある香りが密かに湧いている。

——それは永遠の芳香であり、薔薇色の喜びに満ち、鳶色がかった黄金のワインの馥郁たる香りだ。そして、その香りには、年輪を重ねた幸福が宿っている。その幸福とは

——つまり、葡萄の幸福な死に酔い痴れた真夜中の幸福だ。その幸福は歌う「世界は深い。昼が思っていたよりも深い！」と。

7

私に構うな！　私に構うな！　汝の役に立つには、私は余りにも汚れを知らなさすぎる。私に触れるな！　私の世界は今将に完全になったのではないか！

汝の手で触れるには、私の皮膚は余りにも清らかすぎる。構うな！　汝愚かで、間抜けで、鬱陶しい昼よ！　真夜中のほうが聡明ではないか？

最も清らかな者が大地の支配者とならねばならぬ。最も見透かされない者、最も強い者、どんな昼よりも聡明で深遠な真夜中の魂こそが、大地の支配者とならねばならぬ。

おお、昼よ、汝は覚束ない足取りで私を手探りしているのか？　手で私の幸福に触れてみたいのか？　汝の眼には、私が豊かさを一人占めした宝の鉱脈や黄金の庫だと映るのか？

おお、世界よ、汝は私が欲しいのか？　汝から見て、私は世俗の心を捉えるのか？　聖職者として役に立つのか？　神のように祭り上げるに値するのか？　然し、昼と世界よ、汝らは余りにも人を敬うことを知らない。——

——もっと思慮深い手を持て、もっと深い幸福、もっと深い不幸を摑め、とにかく一端《いっぱし》の神を摑め、私に手を伸ばすな！

——私の不幸、私の幸福は深い、汝奇妙な昼よ。だが、孰れにせよ、私は決して神ではない、神の地獄でもない。世界の嘆訴（なげき）は深い。

8

神の嘆訴はもっと深い、汝奇妙な世界よ！　神の嘆訴を摑め、私に手を伸ばすな！　私は何だろうか？　酔い痴れた、心に染みる竪琴だ、——

——誰も理解しない真夜中の竪琴だ、鐘のように歌う鈴蛙だ。だが、この竪琴は語らずにはいられない、耳の聞こえぬ者たちの前で。汝ら高等人種たちよ！　つまり、汝らは私を理解していないのだ！

あそこへ！　あそこへ！　おお、青春よ！　おお、正午よ！　おお、午後よ！　とにかく、夕暮れとなり、夜となり、真夜中となったのだ。——犬が吠え、風が吠える。

——風は犬ではないか？　風は哀訴し、喚き、吠える。ああ！　ああ！　なんと真夜中は溜め息を吐くのか！　なんと笑い、なんと喉を鳴らし、なんと喘ぐことか！

真夜中は、この酔い痴れた女詩人は、正に、なんと思慮深く語っていることか！　彼女は、果たして陶酔をも呑み込んだのだろうか？　冴え渡っているのか？　来し方を嚙み締めているのだろうか？

——彼女は、この年老いた深い真夜中は、夢の中で自分の嘆訴を嚙み締めている。然し、それ以上に意外にも自分の喜びを嚙み締めているのだ。なぜなら、嘆訴は確かに深いものであるが、喜びは斯うだ。即ち、喜びは——意外にも心の傷より深いのだ。

9

汝、葡萄の木よ！　なぜ汝は私を賛美する？　私は汝を本当に切った！　私は残酷だ、汝は血を流している。――どういうつもりで、汝は私の酔い痴れた残酷さを賛美するのだ？

「完全になったもの、成熟した総ては――死を欲する！」そう汝は言う。祝福あれ！　葡萄摘みのナイフに祝福あれ！　然し、未熟なままの総ては生きようとする。災いなるかな！

嘆訴《なげき》は言う「過ぎ去れ！　汝、嘆訴よ、出て行け！」と。然し、苦しむもの総ては、成熟したい、楽しみたいと、憧れを抱いて生きようとする。

――より遠くのもの、より高いもの、より明るいものへの憧れを抱いて「私は後継者が欲しい」と、苦しむもの総てが言う「私は子供が欲しい。私は私を欲しくはない」と。――

然し、喜びは後継者を欲しがらない。自分の子供を欲しがらない。――喜びは自分自身が欲しいのだ。永遠が欲しいのだ。回帰を求めているのだ。総ての永遠なる自己同一を求めているのだ。

嘆訴は言う「裂けよ、血を出せ、心よ！　歩け、脚よ！　翼よ、飛べ！　浮き上がれ！　高く！苦痛よ！」と。よし！　さあ！　おお私の古来の勇気よ。嘆訴は言う「過ぎ去れ！」と。

10

汝ら高等人種たちよ、汝らにはどう思われる？　私は預言者か？　夢見る者か？　酔い痴れた者か？　夢占い師か？　真夜中の鐘か？

露の一滴《ひとしずく》か？　湧き立つ永遠の芳《かんば》しさか？　汝らには聞こえないか？　感じられないか？　今、将に私の世界は完全になった。真夜中もまた正午なのだ。——

苦しみもまた一つの喜びであり、呪いもまた一つの祝福であり、夜もまた一つの太陽であり、——立ち去れ、さもなくば汝らは学べ、賢者もまた道化なのだ。

汝らは嘗て一つの喜びに対して、然《ヤー》りと肯定を伝えたことがあるか？　おお、我が友よ、そう伝えたならば、汝らは総ての嘆訴《なげき》に対しても、然りと肯定を伝えたことになるのだ。総てのものごとは、連鎖し、運命の糸で繋がり、やみくもに愛し愛され合っている。——

——汝らが嘗て選りすぐりの「一度」を再び望んだならば、「汝、気に入ったぞ、幸福よ！　一息よ！一瞬よ！」と言ったならば、汝らは総てが戻ってくることを望んだのだ！

——総てが新たに、総てが永遠に、総てが連鎖し、運命の糸で繋がり、やみくもに愛し愛され合っている。おお、そのようなものとして、汝らは此の世界を愛したのだ。——

——汝ら永遠なる者よ。そういう世界をとこしえに、弛《たゆ》まず愛するがいい。そして、嘆訴に対しても言え「過ぎ去れ、だが、戻って来いよ！」と。なぜなら、総ての喜びは——永遠を求めるからだ！

11

総ての喜びは――総てのものごとの永遠を求める。蜜を求める。残り滓《かす》を求める。酔い痴れた真夜中を求める。墓場を求める。墓場を濡らす涙の慰めを求める。黄金色に染まった夕焼けを求める。――

――喜びの求めないものが何かあるだろうか！　喜びはどんな嘆訴《なげき》よりも、喜ばせることに渇え、真心を湛《たた》え、知恵に飢え、恐るべき力を持ちながら、それを人目から隠そうとする。喜びは自らを求め、自らに嚙み入る。喜びに包まれると、回帰への意志が格闘し始める。

――喜びは愛を求め、憎しみを求める。喜びは余りにも豊かであり、贈り与え、喜捨をし、誰かが自分を受け取ってくれるようにと懇願し、受け取る者に感謝する。そのために憎まれることを少しも厭わない。――

――それほど喜びは豊かなのだ。だからこそ、喜びは勇んで嘆訴の声なき声に耳を澄まそうとし、地獄や憎しみや恥辱をも避けようとせず、身体の不自由な者たちの精神の支えになろうとする。つまり、喜びは世界を渇望しているのだ。――なぜなら、此の世界は、おお、汝らはよく知っているではないか！

汝ら高等人種たちよ、喜びは汝らに憧れているのだ。手に負えない喜び、至福に満ちた喜びが――汝らの嘆訴に憧れているのだ、汝ら出来の悪い者たちよ！　総ての永遠の喜びは、出来の悪いものに憧れるのだ。

なぜなら、総ての喜びは、嘆訴から蘇った自分自身の姿を見たいと願う。だからこそ、心の傷を負うことさえ厭わないのだ！　おお、幸福よ、おお、苦痛よ！　おお、裂けよ、心よ！　汝ら高等人種たちよ、ともかく学ぶのだ、喜びは永遠を求めるということを。

――喜びは、総てのものごとの永遠を求める、深い、深い永遠を！

12

汝らは、もう私の歌を学んだか？　その意《こころ》が分かったか？　よし！　さあ！　汝ら高等人種たちよ、今から私の輪唱を歌うがいい！

汝ら自身で歌うのだ。歌の題目は「もう一度」、その意は「総ての永遠のふところへ」である。

――汝ら高等人種たち、ツァラトゥストラの輪唱を歌え！

おお、人間よ！　心して聴け！
深い真夜中は何を語る？
「私は眠った、私は眠った――、
深い夢から私は目覚めた。――
世界は深い、
昼が思っていたよりも深い。
世界の嘆訴は深い――、

喜びは——意外にも心の傷より深い。
嘆訴は言う、過ぎ去れ！　と。
だが、総ての喜びは永遠を求める——、
——深い、深い永遠を求める！」

徴《しるし》

この夜が明けた朝、ツァラトゥストラは寝床から跳び起きると、腰に帯を締め、洞窟の外に現れた。その姿は、燃えるように力強く、仄暗い山脈から昇りくる旭日のようだった。

「汝、偉大なる天体よ、」と、彼は嘗てと同じように言った「汝、深き幸福の瞳よ、もし汝の光を浴びるものがいないとしたら、汝の総ての幸福は何《ど》うなるのか！

汝が早くも目を覚まし、ここにやって来て、慈しみを分け与えているというのに、それを受け取る者たちが塒《ねぐら》から出て来ないとしたら、汝の誇りは辱しめを覚え、どんなに怒るだろうか！

よし！　私が目覚めているのに、彼らは、高等人種たちは未だ眠っている。あの者たちは、私の本当の道連れではないのだ！　この山中で、私は彼らを待っているのではない。

私の仕事を求めて、私は私の特別な一日[16]に成り切ろうとしている。然し、彼らは、私の朝の徴が何であるか理解していない。つまり、私の足音は、——彼らを眠りから覚ます合図ではないのだ。

彼らは私の洞窟で未だ眠っている。彼らの夢は私の酔歌の乳房に未だ吸い付いている。然し、私の発する音を聞き漏らすまいとする耳――私に従おうとする耳が、彼らの五体には欠けているのだ」

――このことをツァラトゥストラが自分の心に対《むか》って語り終えると、太陽が昇ってきた。そのとき、彼は問いかけるように空を見上げた。というのも、頭上から彼の鷲の鋭い叫びが聞こえたからである。「よし！」と、彼は空を見上げて叫んだ「気に入った。私に相応しいことだ。私の動物たちは目覚めている。私が目覚めているからだ。

私の鷲は目覚め、私同様、太陽に敬意を表している。鷲の鉤爪は、新たな光を摑もうとしている。汝らは、本当に私を解っている動物たちだ。汝らを愛しているぞ。

然し、本当に私を解っている人間たちが、今なお私の近くにはいないのだ！」――

このようにツァラトゥストラは語った。だが、そのとき、彼は突然無数の鳥が自分の周りに群がり、羽搏《ばた》くような音を耳にした。――果せるかな、夥《おびただ》しい数の翼が彼の頭の周りにばたばたと集まり、そのひしめき合いは途方もなく、彼は目を開けていられなかった。真《まこと》に、それは雲のように、新たな敵に注がれる矢弾の雲のように、彼の上に押し寄せてきた。ところが、なんと、それはここでは、新しい友に惜しみなく注がれる愛の雲だった。

「何が起きたのか？」と、ツァラトゥストラは内心驚きながら考えた。そして、洞窟の出口の傍《かたわ》らにある大きな石の上にゆっくりと腰を下ろした。然し、彼が双手を左右上下に動かしつつ、愛撫を競わんばかりの鳥たちを去《い》なしているうちに、なんと、もっと不思議なことが起きた。つまり、彼は気づかずに、濃密な温かい尨毛《むくげ》を摑んだ。すると、同時に、彼の前に或る咆哮が――穏やかで長い獅子の咆哮が轟き渡ったのである。

「徴《しるし》が姿を現した」と、ツァラトゥストラは言った。すると、彼の心は一新した。そして、本当に視界が開けたとき、彼の足許には、黄色い堂々たる獣が一頭その姿を現していた。獣は頭を彼の膝に摺り寄せ、彼を慈しむ余り、彼から離れようとはしなかった。そのさまは、懐かしい主人にやっと巡り合えた犬のようだった。だが、鳩たちも慈しみを示すことにかけては、決して獅子に負けてはいなかった。鳩が獅子の鼻先を掠め飛ぶたびに、獅子は頭《かぶり》を振り、驚き、そのうえ笑った。

　これら総てを受け止めて、ツァラトゥストラは唯一言だけ語った「私の幼児たちは近くにいる、私の幼児たちよ」と——。それだけ言うと、彼は全く黙ってしまった。然し、彼の心は解き放たれていた。彼の目から涙が零《こぼ》れ、その雫が両手を濡らした。彼は最早何事も気に留めず、身じろぎしないで坐り続け、動物たちを払い退けようともしなかった。鳩たちは繰り返し飛び去り飛び来たっては、彼の肩に留まり、その白髪を愛撫し、飽きずに細やかな情愛を注ぎ、小躍りして喜んだ。一方、強力な獅子のほうは、ツァラトゥストラの手に落ちてくる涙を絶えず舐め、そして控え目に咆え、唸った。孰れにせよ、目に見えない何かが此れらの動物を、このような行動へと駆り立てたのだ。——

　これら総ては、長い時間の出来事だった。さもなければ、短い時間のそれだった。なぜなら、本来、此の世には、このようなものごとを測る時間は存在しないからである——。ところで、その間に、ツァラトゥストラの山小屋の中では、高等人種たちが眠りから醒めていた。彼のいる所に赴いて、朝の挨拶をするために、彼らは整列した。なぜなら、彼らは目を醒ましたとき、ツァラトゥストラが既に洞窟の中にはいないことに気づいていたからである。然し、彼らが洞窟の出入口に達して、縦列の揃わぬ足音が逸早く外に伝わったとき、獅子は大いに訝しがって身構え、突然ツァラトゥストラのもとから跳び出し、猛々しく咆え、洞窟めがけて躍り掛かっていった。他方、高等人種たちは、獅子の咆える声を聞くと、恰も一つの口から出たように、一斉に叫び声を上げ、逃げ戻り、忽ち消えてしまった。

然し、ツァラトゥストラ自身、茫然自失の体《てい》で石の座から身を起こし、周りを見回し、驚いて立った儘、自分の心に問い、正気に返ると、独りきりになっていた。「本当に私は何を聞いたのだろうか？」と、彼は遂にゆっくりと語った「将に今、私に何が起きたのだろうか？」

すると早くも記憶が蘇ってきた。彼は比類なき洞察力を以て、昨日と今日の間《はざま》で起きたことの総てを理解した。「ここに本当に彼《あ》の石がある」そう言って。彼は髯を撫でた「この上に私は昨日の朝坐っていた。そこに彼《あ》の預言者が現れた。今し方聞いた悲鳴、あの大きな困窮の叫び声を、私はここで初めて耳にしたのだ。

おお、汝ら高等人種たち、汝らが窮地に陥る予兆を見たからこそ、昨日の朝、あの年老いた預言者は私に予め言った。——

——汝らの陥る窮地へと、彼は私を誘惑し、試そうとしたのだ。だから彼は私に言った『おお、ツァラトゥストラ、汝の最後の罪へと、汝を誘うために、私はやって来たのだ』と」。

「私の最後の罪？」ツァラトゥストラはそう叫び、自ら口にした言葉に腹を立て笑った「だが、何が私の最後の罪として、私のために残されていたというのか？」

——もう一度、ツァラトゥストラは自らを隈なく省みた。そして、再び大きな石の上に腰を下ろし、深く考え込んだ。突然、彼は跳び上がった、——

「同情だ！　高等人種への同情だ！」と、彼は叫び声を発した。すると彼の顔容《かんばせ》は青銅の厳しさを帯びた。「よし！　それは——終わった！

私の苦悩や私の同情——そんなものが何うしたというのだ！

私は抑《そもそも》、幸福を求めているのか？　私は、私の仕事を完成させるために努力しているのだ！

よし！　獅子は来た。私の幼児《おさなご》(17)たちは近くにいる。ツァラトゥストラは熟れた。私の時がやって来た。

これこそ、私の朝だ、私の特別な一日が始まる。昇って来い、さあ、昇って来い、汝、偉大なる正午よ！」——

このように、ツァラトゥストラは語った。そして、自分の洞窟を後にした。その姿は、燃えるように力強く、仄暗い山脈から昇りくる旭日のようだった。

訳注（本が重くなるので必要最小限に留《とど》め置く）

＊翻訳の原典は、Kröner Taschen-ausgabe Band 75 の *Also Sprach Zarathustra* (Stuttgart 1988) である。
尚、翻訳文中の波状傍点は原文の隔字体印刷 (der Sperrdruck) に対応した。

一二頁（1）この〈序説1〉第八連の原文は、Ich muss, gleich dir, u n t e r g e h e n, wie die Menschen es nennen, zu denen ich hinab will. である。ここは深甚の意味を孕む。本文中には、この文の遠近法的言い替えや敷衍が数多くある。本書の目的である認識から行為への架橋という意味に於いて、また本書の骨格である〈三段の変化〉の要となる「獅子」から「幼《おさ》児《なご》」への精神進化という意味に於いても、作品全体を凝縮する精髄と呼んでも過言ではない。要するに、個人の自立と価値創造の自由を求めて戦う「獅子」の精神が最も強く表れているのである。ここで最初の全訳者である生田長江の置かれた位置関係が見えてくるのではないか。つまり、言論に対する検閲・事前検閲が行われていた明治法制下では『ツァラトゥストラ』を翻訳して世に出すこと自体が〈三段の変化〉に於ける「獅子」から「幼児」を目指す戦いだったのである。一方、「獅子」の獲得せむとする自由を何としても阻もうとする「龍」の目線に立つならば、作品全体を凝縮する精髄であり、「獅子」の精神が最も強く表れている此の箇所を狙って容喙してくる可能性が極めて高いと言えるのではないだろうか。因みに一九一一年の森鷗外（序）・生田長江訳の同箇所は「我は汝の如く没落せざるべからず。我が降り行かむとする人々、これに名けて没落と云ふ」となっている。この狐に誑かされたような訳は、多分鷗外によって主導された可能性が高い。なぜなら、一九二一年の長江単独によるニーチェ全集訳では「我は汝の如く没落せざるべからず（わが降り行かむとするところの人々、これを称して没落と云ふ）」と大きく変わっているからだ。つまり、全く意味不明の括弧が生じている。結局、長江は奇異な一九一一年訳を一九二一年訳で更に一段と奇異にしてしまった。それによって没落というパロディー化を強制されたことを後世に向けて告発しているのだと受け止める外《ほか》ない。

三〇頁（2）Untergang を「没落」と解して構わない所。

四四頁（3）untergehen を「没落する」と解して構わない所。

七八頁（4）Untergang を「没落」と解して構わない所。

一部を概観したとき、右の三つの具体的な例から、明らかなように、本当に日本語で言う没落に相当するのは右の三例である。元来、日本語の没落には、辞書にあるとおり、ネガティブ以外の意味はない。だからこそ、残忍な意図を秘めたパロディーにもなり得る。落城を起源とする日本語の没落に極めて近いドイツ語は、同じく落城の意味をもつ

Fall（動詞は fallen）である。だから日本語の没落には無い、太陽の下降というポジティブな意味を起源としてもつ Untergang と untergehen がそのポジティブ性を捨てネガティブな Fall と fallen へと暗転した場合にのみ、訳者は「没落」という表象ありと解することができるのだ。それが右の三例である。

問題は、従来の翻訳に於ける〈序説1〉から〈4〉にかけて誘爆するダイナマイトのような働きをしてきた「没落」である。これは右の三例のような言語と表象との自然な脈絡には基づいていない。なぜならば、この「没落」は、一九一一年の鷗外・長江訳から明らかなように「没落する太陽の如く、私は没落しなければならぬ」と言っている。このような唐突な「太陽の没落」乃至は「太陽の如き没落」という心象を、果して誰が何処から得たのであろうか？　とにかく「大逆事件」とも重なり、人々が驚愕したであろうことは疑いない。然し「龍」の側にとってみれば、「仰天させる」は「証明する」ことであり、「判断力を狂わせる」は「納得させる」〈市場の蠅〉に外ならなかった。つまり、〈序説1〉第八連の「我は汝の如く没落せざるべからず」という言葉は白色テロに等しい、言わば最初のダイナマイトの爆発だったのである。この文言を見た多くの人が、生田長江よりも鷗外の影、そして鷗外よりも山県有朋の影を忖度した可能性は極めて高い。

それにしても、当局者側は、何故に言論の白色テロとも言うべき手の込んだ奸策を仕掛けてきたのだろうか？　それは、ニーチェ『ツァラトゥストラ』の思想が「太陽は万人のためのものであり、一人ひとりのものである」という思想だったからである。こんな子供にも自明の真理が日露戦争前後あたりから危険思想と見なされていたのだ。太陽は皇祖天照大神であり、神聖不可侵とされた。そして、軍人、官僚、政治家は、恰も太陽を一人占めできる人が存在するかの如く忠義を競い合った。だからこそ、万人の為の太陽である『ツァラトゥストラ』を骨抜きにして「没落」させようとした。まさに、そのような意図の下に、「太陽の没落」或いは「太陽の如き没落」という心象が捏ち上げられたのである。

一四六頁（5）〈舞踏の歌〉の此の部分は、〈新たな舞踏の歌1〉の冒頭部と並んで、〈新たな舞踏の歌3〉の輪唱に於ける謎かけ部分に対する謎ときの役割を果たしていると考えることができる。因みに、〈酔歌12〉の輪唱についても同様である。

一九二頁（6）『然うだった Es war』の es は非人称的代名詞である。一方、『だから私が斯うしようとした！　So wollte ich es!』の es は人称的代名詞である。

一九二頁（7）「これこそが私にとって、初めて救済と呼ばれるべき本来の姿なのだ das hiesse mir erst Erlösung」は、折り返し点に於いて、改めて目標を見据えたキーワードである。

二〇九頁（8）「これが初めて私の頂上と呼ばれるべき本来の姿なのだ Das erst hiesse mir G i p f e l」は（7）と呼応し、連動していると解釈できる。

二一八頁（9）（7）に於ける救済の夢の中での実現と見なすことができる。（7）（8）（9）から明らかなように、〈救済〉と〈旅人〉と〈幻影と謎〉では、永遠回帰を見ることのできる超人の「高み」が一貫して問われている。

二六三頁（10）未知だった自己を次から次へと発見しつつ、自己克服していく楽しみ（喜び）を「妙なる自己追求欲 selige Selbstsucht」と呼ぶのではないだろうか。逆説的に見て、このような高みを目指す試練の中に身を置かない限り、本能の喜びと支配欲と自己追求欲とが妙なる調和を見出すことさえ難しいと思われる。

三一一頁（11）ここの永遠回帰説は、厳密には永遠回帰への問いかけである。なぜなら動物が永遠回帰を説いているからだ。但し、動物をツァラトゥストラの遠近法、或いは彼の精霊、もしくは彼と一体の眷属《けんぞく》と見るならば、極めて興味深い童話的逆説《パラドックス》が成り立つ。動物が鷲と蛇という意味も其処にある。周知の如く、鳥類は爬虫類から進化した、つまり、自己克服した。だから最も誇り高い精霊（鷲）は、人間から超人への自己克服を、人間にできない筈はない、つまりそれほど自明の本能的命令だと見なしているのである。

三一六頁（12）既に（5）で触れたとおり、〈舞踏の歌〉と〈新たな舞踏の歌〉を象徴する文言が、言わば輪唱と合わせた対照的な舞踏として再登場することになると訳者は考える。

三二二頁(13)「深い夢から私は目覚めた」の原文は Aus tiefem Traum bin ich erwacht: – となっている。この二重点は、次行への移行を促すものではなく、作品の中から相応しい言葉を補えという謎かけだと訳者は解釈した。そして、其の謎ときが(5)即ち、「おお、生命の妖精よ、私は先頃汝の目に見入った。するとそのとき、底知れぬ深みに沈んでいくと思われた」である。だから此の文を補って朗読しなければならない。

三二三頁(14)「喜びは――意外にも心の傷より深い」の原文は Lust – tiefer noch als Herzeleid: となっている。この二重点も矢張り次行への移行を促すものではなく、先の場合と同じように、作品の中から相応しい言葉を補えという謎かけだと訳者は解釈した。そして、其の謎ときが(12)即ち、「おお、生命の妖精よ、私は先頃、汝の目に見入った。汝の漆黒の夜のような瞳の中に、黄金が煌めくのを見た。――私の心は、このような魂の底から湧く喜びに溢れ、佇んでいた」である。だから此の文を補って朗読する必要がある。そうやって二文を補うと、読者も目覚めるのではないか。

三六四頁(15)ここの波状傍点、即ち原文の隔字体《ゲシュペルト》は「ツァラトゥストラ」という言葉の具体的、或いは象徴的・詩的な意味をニーチェが何《ど》のように受け止めていたかを訳出しなければ、隔字体の意味が消滅してしまう。実は、本書のタイトル『黄金《ツァラトゥストラ》の星はこう語った』も、そのような意味を訳出したものである。

四七〇頁（16）偉大なる正午を迎える日、寿命を終える軌道（永遠回帰）に入る日。三部〈古い石板と新しい石板3〉並びに〈同30〉を参照。

四七四頁（17）〈三段の変化〉に照らすと、「幼児《おさなご》」は超人の隠喩だと解釈できる。つまり、超人は最も正直な人の別称なのである。だからこそ、最も過酷な迫害を受ける。此の意味に於ける幼児」は、〈三段の変化〉とは別に〈年老いた女と若い女〉、〈贈り与える徳〉、〈鏡を持った幼児〉、〈喜びに満ちた島々で〉、〈崇高なる者〉、〈教養の国〉、〈最も静かな時〉、〈意に染まぬ無上の幸福〉、〈古い石板と新しい石板12〉、〈同28〉、〈七つの封印〉、〈挨拶〉、〈高等人種11〉、〈同16〉、そして此処、〈徴《しるし》〉に出てくる。

尚、訳注については、難解な書物の性格上、末尾で触れるだけでは不十分なので、近いうちに補完できる仕事をしたい。最後に読み方について一言。『ツァラトゥストラ』を既に読んで、あらまし筋を知る読者には、四部の〈酔歌〉を先に読んでから、〈序説1〉に入るのを勧めたい。そのほうが鳥瞰できる筈である。

二〇一七年冬　訳者

後記

『ツァラトゥストラ』には絶妙な詩の世界がある。それがツァラトゥストラをめぐって張り合う、生命の妖精と知恵の妖精によって紡がれる美の極致だ。夢物語ではない。天敵の悪魔である重力の魔に打ち勝つ必勝法なのである。生命科学的に言えば、遺伝子の巧妙なる戦略と呼べるのではないか。因みに、重力の魔は本の中から飛び出して来て、読者に取り憑こうとするから、注意されたい。その誘惑に屈しないためにも、生命の妖精と知恵の妖精を深く読み取り、自分の味方にしていかなくてはならぬ。とにかく詩人ニーチェは先輩ゲーテに倣って妖精や悪霊をみごとに描いている。然し、哲人ニーチェは決して霊魂不滅を信じてはいなかった。また、宗教心理学者ニーチェは「霊《ガイスト》」という言葉に潜む嘘を鋭く見抜いていた。但、「深い海」の詩人であるニーチェは、儚きものや、声なき声に偉大なるものを見出し、ことのほか慈しんでいた。それを何よりも示しているのが『ツァラトゥストラ』である。

二〇一一年三月十一日、刷り上がったばかりの初版『黄金の星《ツァラトゥストラ》はこう語った』の一冊が石巻を襲った大津波に呑まれて消息不明となった。初子《ういご》の生《い》け贄《にえ》だった。私は石巻を留守にしていた私の身代りだと受け止めた。私はニーチェ教授から、残りの人生を総て此の翻訳の遣り直しに注ぎ込んではどうかと促されたと思った。紆余曲折はあったが、何とか産声《うぶごえ》を上げた。三度目の翻訳が三度目の正直となればと祈るばかりである。

二〇一八改訂『黄金の星《ツァラトゥストラ》はこう語った』を、私は石巻の空と海と大地（北上川の土手で栗駒おろしを受けて舞い踊るコスモスたち）に捧げる。

二〇一八早春　訳者・小山修一

訳者紹介

小山修一（こやま・しゅういち、本名・今井修一）

1948年　福岡県生まれ。
中央大学大学院文学研究科独文専攻博士後期課程修了。
1989年4月から2012年3月まで石巻専修大学経営学部准教授。
元『文芸東北』同人

著書：詩集『黄金のひみつ』（鳥影社 2001）
　　　詩集『韓国の星、李秀賢君に捧ぐ』（文芸東北新社 2008）
　　　『「ツァラトゥストラ」入門』（郁文堂 2005）
　　　『ニーチェ「ツァラトゥストラ」を少し深読みするための十五章』（鳥影社 2013）
　　　『根本思想を骨抜きにした「ツァラトゥストラ」翻訳史
　　　 ―並びに、それに関わる日本近代文学』（鳥影社 2018）
訳書：『ツァラトゥストラ』上（鳥影社 2002）
　　　『ツァラトゥストラ』下（　〃　2003）
　　　『黄金の星《ツァラトゥストラ》はこう語った』上（鳥影社 2011）
　　　『黄金の星《ツァラトゥストラ》はこう語った』下（鳥影社 2011）
　　　※訳書の原典は、いずれも *Also Sprach Zarathustra*

2018改訂
黄金の星《ツァラトゥストラ》はこう語った

定価（本体2800円+税）

乱丁・落丁はお取り替えします。

2018年8月15日初版第1刷印刷
2018年8月21日初版第1刷発行
著　者　フリードリッヒ・ニーチェ
訳　者　小山修一
発行者　百瀬精一
発行所　鳥影社 (www.choeisha.com)
〒160-0023 東京都新宿区西新宿3-5-12トーカン新宿7F
電話 03-5948-6470, FAX 03-5948-6471
〒392-0012 長野県諏訪市四賀229-1(本社・編集室)
電話 0266-53-2903, FAX 0266-58-6771
印刷・製本　モリモト印刷

ISBN978-4-86265-694-0 C0010